U0732723

民商法评论

MINSHANGFA PINGLUN

第**6**卷

（2017）

主　编／田土城

副主编／张付领　申惠文

郑州大学出版社

郑州

图书在版编目(CIP)数据

民商法评论.第6卷/田土城主编.—郑州:郑州
大学出版社,2017.7
ISBN 978-7-5645-4568-0

Ⅰ.①民… Ⅱ.①田… Ⅲ.①民法-中国-学术会议
Ⅳ.①D923.04-53

中国版本图书馆 CIP 数据核字(2017)第 157203 号

郑州大学出版社出版发行
郑州市大学路 40 号   邮政编码:450052
出版人:张功员   发行部电话:0371-66966070
全国新华书店经销
新乡市豫北印务有限公司印制
开本:787 mm×1 092 mm   1/16
印张:19.75
字数:446 千字
版次:2017 年 7 月第 1 版   印次:2017 年 7 月第 1 次印刷

书号:ISBN 978-7-5645-4568-0   定价:58.00 元

目 录

一

民法典编纂的基本理论

中国民商法典编纂的重大疑难问题

——附《中华人民共和国民商法典"通则编"草案建议稿(黄河版)》

王明锁①

【摘要】 要编纂出真正具有中国特色、中国气派的社会主义民法典,面临着诸多问题。制定民商法典,开创民商立法的新路径,调整对象的表述应当由笼统民事关系,转变为具体市场要素和民事法律行为。不能固守"单纯的私"的传统理念,坚持"公私须兼备"的时代要求。结构上采取六编制:通则、人身权、物权、知识产权、继承和债。《中华人民共和国民商法典"通则编"草案建议稿》(黄河版)二百二十六个条文,共分为七章:原则与适用、民商主体、民商客体、民商权利、民商行为、民商责任、民商责任时效。

【关键词】 民法典 民商法典 民商法律行为 通则编 草案建议稿

党的十八届四中全会提出了"加强市场法律制度建设,编纂民法典"的伟大任务,再次吹响了编纂中国社会主义民法典的嘹亮号角。新中国的民商立法,特别在改革开放以来,取得了举世公认的巨大成就,但毕竟尚未形成民商法典。② 编纂民法典当采何种模式,具何种品质特色,体系内容怎样,这些问题皆须深入探讨。

一、中国民商法典编纂须在世界民商法之林占一席之地

民商法典编纂源于古巴比伦的《汉穆拉比法典》。③ 罗马法时期,法典编纂与研究空

---

① 王明锁,河南大学法学院教授。

② 王明锁:《中国民商法体系及民商法法典化的再思考》,载《中国法学》,纪念改革开放30年专刊,2008年。

③ 《汉穆拉比法典》共282个条文,属民商法内容的条文237条,占总条文的84%。具体统计分析参见王明锁:《中国民商法体系哲学研究》,中国政法大学出版社,2012年版,第107页。

前繁荣,私家编纂法典者甚为常见。① 直至查士丁尼《民法大全》达到巅峰,对后世影响深远。资本主义时期,拿破仑于 1804 年编纂《法国民法典》,分编颁布,洋洋 2283 条,成为民法典编制之典范;②于 1807 年制定《法国商法典》,创民商分立之模式。德国亦采民商分立之模式。1907 年通过的《瑞士民法典》,则采民商合一模式,民法典之外并无独立之商法典。此后,有效仿法国、德国民商分立者,如日本;有追逐瑞士民商合一者,如苏俄、泰国、越南。罗马法的直接后继者——意大利则尊其传统,坚守民商合一,只制定《民法典》,并将劳动、公司、知识产权等编纂其中。

中国向有法典传统。新中国成立伊始,1950 年率先颁布《婚姻法》,1954 年宪法颁行,即开始起草民法典,并于 1956 年完成。1962 年二次起草民法典,1964 年完成。党的十一届三中全会后,1979 再次起草民法典,1980 年形成民法草案稿;在此基础上,1981 年形成草案二稿、三稿,1982 年形成草案四稿。真可谓紧锣密鼓,即成现实。但社会快速变革,以致民法典难以有效表达,故 1985 年不得不先行单独颁布继承法,并于 1986 年制定了具有民商法总则或民商法典压缩版性质的《民法通则》。新千年民法典编纂重启,并于 2002 年经全国人大审议《中华人民共和国民法(草案)》。但终因问题复杂而未能成功。③但值得注意的是,在民法法典化进程中,不仅颁行了大批民商单行法律,还形成了几个各具特色的民法典草案稿,④为中国民法法典化进程起到了积极的推动作用,对繁荣民法典的学术研究具有重要价值。特别是现今民法学研究会正起草的《中华人民共和国民法典总则编草案稿》,更成了中国民法典编纂的现实。

由上可知,民商法典之编纂,既是近现代国家法治完善之必然要求,也是我国传统之延续。因此,我国民商法典的编纂,不仅是社会主义法治建设的不二选择,更应当在世界民商法之林中占有一席之地。

---

① 如《格列奇利法典》《赫尔莫杰尼安法典》《狄奥多西法典》和以后的各种法典加以统一。参见曲可伸:《罗马法原理》,南开大学出版社版,1988 年版;王明锁:《查士丁尼与〈民法大全〉的编纂》,载《河南大学学报(社会科学版)》,1998 年第 1 期。

② 马克思、恩格斯称之为"典型的资产阶级社会的法典","成为世界各地编纂法典时当作基础来使用的法典"。参见《马克思恩格斯全集》(第 4 卷),人民出版社,1958 年版,第 248 页,第 484 页。

③ 笔者将新中国民法典的编纂概括为"三起两落久徘徊,过一甲子未成功"的状况。参见王明锁:《中国民商法体系哲学研究》,中国政法大学出版社,2012 年版。也有学者将之概括为"四起四落"。参见尹田:《中国民法典编纂的障碍及其克服》,载《北方法学》,2015 年第 4 期。

④ 分别有中国社会科学院法学研究所梁慧星为组长形成的《民法典草案稿》,中国人民大学王利明为组长形成的《民法典草案稿》两个专家建议稿和全国人大法工委在专家草案稿基础上形成的《民法典草案》,这三个草案稿通常被称为官方版本或者红色版本。除此之外,厦门大学徐国栋教授牵头形成的《民法典草案》,被称为海洋版本或者绿色版本。参见梁慧星:《中国民法典草案建议稿》,法律出版社,2003 年版;王利明:《中国民法典草案建议稿及说明》,中国法制出版社,2004 年版;徐国栋:《绿色民法典草案》,社会科学文献出版社,2004 年版。

二、法典模式——由"民法典"到"民商法典"

法典模式是指民法典与商法典的关系问题。自法国民法典与商法典颁布以来,长期有民商分立与民商合一之争论,立法上各有代表。编纂法典过程中,即使现在搁置不论或者不许争论此问题,①但终究还是难以回避。② 笔者主张应当突破传统民商分立与民商合一的束缚,开创民商立法的新路径。③

汉穆拉比法典和罗马法乃民商合一之源。民商分立,本在对中世纪商人利益之特别保护。随商品经济占主导地位而具有普遍性即马克思所说的"普照之光"之时,商人特殊利益便失去其特有基础,才有法德民商法律制度的统一。④ 在我国,民商合一符合市场经济要求,顺应现代平等正义精神,立法司法上协调顺畅、成本节俭,适用上便捷明了。

"民为商之根本,商为民之生命"⑤,民商难解难分是不争之事实,故民商合一当为固有坚定之主张。然民法本以商品经济(市场经济)为根本对象,但法典名称上却未彰显,于闻其名而晓其意,观其形而知其实论之,则甚为不利,由此长期为民商分立留下口实。同时社会生活中"商品、商业、商事、商人、商标"等,亦为普遍通用范畴,不得也难以其他取替,故中国民法典制定采"民商真正合一"当为最佳选择。

所谓民商真正合一,乃法典名称上取民商两意,有民有商、合而为一,谓《中华人民共和国民商法典》。此,远者,承袭着世界古汉穆拉比法典和罗马法之本;近者,继载着国外瑞士、苏俄,特别是意大利、泰国等立法的有益经验及我国传统民商法思想的价值取向,并有对民商分立教训的克服和对民商合一经验的升华;目前者,契合了最大多数民商合一的立法论者,也吸纳了少数民商分立者的意愿;未来者,既容纳了我国台湾传统民商合一的做法,包容了澳门民商立法的理念,与香港(英美法系)中以商盖民的做法也能调和,更与已称民商法典国家的立法拉近了距离,特别是凝聚着中国当代市场经济规律的地气和闪现着大众创业万众创新思想的灵光。

---

① 尹田:《中国民法典编纂的障碍及其克服》,载《北方法学》,2015 年第 4 期。

② 在主张制定民法典的同时,主张制定商法典或者商事通则者仍不在少数。有学者从有民法学研究会和商法研究会的角度着眼,认为民法典和商法典乃车之两轮和鸟之两翼。若以此立论,有经济法学研究会,也必然要制定经济法典的。但对相关观点平心认真研究后即会发现,主张商法独立并不在其具有科学合理的依据,而在为其打造地盘和学术位置。参见王明锁:《论账簿及其法律关系的性质——兼论商事通则的不可行》,载《法学杂志》,2012 年第 5 期;王明锁:《票据法学》,法律出版社,2007年版。

③ 王明锁:《中国民商立法及其模式选择》,载《法律科学》,1995 年第 5 期。

④ 应当注意的是,法国、德国虽然在民法典之外单独制定有商法典,但其商法典只是民法典的附属性法典,其精神与民法典一致,都统一于所谓的私法范畴之内,商法典未有规定者,完全适用民法典之规定。其所谓的民商分立,也并不同于我国现代有的民商分立者的主张。

⑤ 王明锁:《中国民商立法及其模式选择》,载《法律科学》,1995 年第 5 期。

三、法典对象——由笼统民事关系到具体市场要素和民商法律行为

我国民法理论与立法都将民法的调整对象确定为"民事关系"或"平等主体的公民之间、法人之间、公民和法人之间的财产关系和人身关系"，而没有将行为作为民法的直接规范对象。但法律是"行为规范的总称"。① 由此出现民法的对象与法律规范的对象不一致的情形。尽管二者有关联，但将调整对象规定为民商主体行为更具意义。

首先，有利于与一般法律的性质保持一致性。如果将民法的对象也规定为对民商事行为的规范，则直接明了，也与法律的一般性质保持一致，并使整个法律体系的对象相协调。

其次，可避免民事关系类型化中的矛盾。通说将民法对象规定为民事关系，并类型化为财产关系和人身关系，以此将民事权利区分为财产权和人身权两类。但于知识产权上，又说知识产权既包含财产权，也包含人身权。另外，人身权本质上与财产联系密切。② 如此，知识产权、人身权是否为独立一类将成疑问。而如果将民法对象从行为角度着眼，则可避免"财产与人身"二分制方法在知识产权等领域中所遇到的逻辑尴尬。

其三，可与民法规范的实际内容更加协调一致。从民法调整的实际范围看，其内容主要是民法总则、物权、债权、亲属和继承中的各类行为。从行为的角度着眼，可包括行为之主体、客体、种类、后果。从民法实际的规定内容看，民法首先是对民商主体资格的认定；取得民商主体资格后，民商主体享有哪些民商权利和义务，可以进行哪些具有民商法律意义或后果的行为；民商主体是通过什么样的民商行为来设定、变更或消灭民商权利和义务的；如果违反民商义务，将给民商主体带来什么样的后果，即承担什么样的民商法律责任。这样，民商主体进行商品经济的基本条件与各种行为的基本规则都将被放入其中，并使现代行为主义哲学思想得到凸显，与中国法律为"行为规范"的观点相切合。

其四，传统理论将民法的调整对象界定为平等主体之间的财产关系和人身关系，也有现实漏洞。原因在于平等主体之间的财产关系和人身关系实际上并非只是民法的调整对象，刑法、行政法亦有涉及：刑法保护的公私财产，都是民商主体的合法财产；刑法中规定的侵害人身权利的犯罪，都是对民商主体的人身权中的生命权、健康权、自由权、名誉权、隐私权等进行的规定和保护。所以，民法与其他相关法律的区别，并非在对象上有区别，实际上更重要的是在调整方法上的差异；并不是简单地在规范和调整民商主体之间的关系，而是涉及和规范到诸多的具体行为。如民事事实层面的行为、民事权利义务

---

① 法律的基本概念即为国家制定或认可并由国家强制力保证实施的体现统治者（在我国为共产党领导的最为广大的人民群众）意志（该意志是由其赖以生存的社会物质文化生活条件所决定）的行为规范的总称。参见《中国大百科全书》（法学卷），中国大百科全书出版社，1984年版，第76页。

② 魏振瀛：《民法》（第四版），北京大学出版社、高等教育出版社，2010年版，第10页，第36页。

方面的行为、民事客体行为、民事违法行为及民事责任行为等。①

综上,可以把现行民法通则中规定的"民法调整平等主体的公民之间、法人之间、公民和法人之间的财产关系和人身关系",改革拓展为"确定民商主体资格,规范民商法律行为,界定民商权利义务,明确民商法律责任"等。如此,更为确切明了,便于认识把握,其体例与表述也将气派大方而不致琐碎,内容翔实明白而不致空泛含混。

四、法典性质——由"单纯的公法""单纯的私法"到"公私须兼备"或"公私不必分"

关于民法性质,多认为民法是私法②,但于法典编纂中,无须顾及于此。

首先,民法既然为法,即为公私兼容之结果。所谓民法,自当为法,必有"统治者意志"之特质,为集体意志之表现。民法是私法的观点在理论和实践许多情况下会制造出不必要的矛盾和难题。对此,似乎根本没有必要强调民法为私法。具体理由如下:

第一,公法与私法划分源于罗马法,③是法学理论的重要范畴。但公法私法划分,自其产生起,即从来没有停止过争论,其划分标准从未有过统一。因法律本身乃统治阶级意志,为最为广大的人民群众的个人利益和意志上升为国家或者统治者的意志的体现,是最为广大的多数人之意愿,是私人个人意志之间的相互妥协之结果。所以,既然多数个人的意志已经上升为法律,以民法的形式出现,就不好再说民法是私法,纯属私人利益之体现。

第二,在主体体系中,国家也是民商主体,尽管在民商法关系中,国家也是以平等主体的身份出现,但国家作为民商主体,享有民商权利,参加民商活动,则是代表着国家的利益和意志,这种意志和利益,并不是某个私人的利益和意志,而是全体人民的共同的或者至少是绝大多数人的共同的利益和意志。这种情况下,也不好说民商法就是对私人利益的调整,是私法。

第三,关于民法是私法的观点,曾受到诸多质疑。最著名的是列宁曾经反对私法的观点。认为"社会主义国家……无论如何不承认私法……经济领域的一切事项属于公法的范围,不属于私法的范围"④。列宁的说法虽然有两点需要推敲:一是说我们不承认私法。这里公法私法的划分应当是一个客观存在的问题,如果客观上确实存在着科学的公法和私法的问题,不承认便是主观认识问题,而问题是客观上有没有公法和私法。如果

---

① 如主体订立合同、遗嘱的行为,主体对物的占有、利用等支配行为,一方对另一方的请求行为,侵害他人权利利益的行为,应当承担的返还原物、赔偿损失、赔礼道歉等行为。参见王明锁:《民事法律行为的守成与完善》,载《北方法学》,2013 年第 1 期。

② 魏振瀛:《民法》(第四版),北京大学出版社、高等教育出版社,2010 年版,第 10 页。

③ 罗马法认为:"法律学习分为两部分,即公法与私法。公法涉及罗马帝国的政体,私法则涉及个人利益。"参见[罗马]查士丁尼:《法学总论——法学阶梯》,张企泰译,商务印书馆,1989 年版,第 5 页。

④ 列宁:《列宁全集》第 3 卷,人民出版社,1984 年版,第 258 页。

客观上有，我们硬不承认，那是自欺欺人。再说经济领域的一切事项都属公法范围。在纯粹公有制年代，确实一切都属公法。但民法里面许多内容属私法，如财产中的生活资料仍归个人所有。列宁领导制定的苏俄民法典，除婚姻家庭问题外，物权、债和继承仍为传统法典之内容。但实际情况是婚姻家庭问题也并非全属私法。如婚姻年龄，本质上虽取决于人之本性，但也体现着国家整体利益，涉及人口与发展问题。婚前检查的理论与实践，也不全是私人之事，而关系到人口质量和社会问题。所以，说一切都属公法不全面，但硬是要把民法说成是私法，更是片面且脱离实际。

许多民法理论教材上，都一边倒地说民法是私法；许多法律院校和科研部门，也多设专门的私法研究中心或研究所之类；许多学者强调民法是私法，似乎这是绝对真理和科学定论，是解决侵犯个人权利问题的金钥匙，似乎一切社会问题只要从民法是私法的角度认识就会迎刃而解。但正确的做法应当是无论公有还是私有，只要是合法财产，就应当给以平等的保护。

其次，公法私法之划分并无价值意义。在公法和私法的划分中，通常认为诉讼法属于公法范畴。但在具体论述私法的时候，又说民事诉讼法是私法。诉讼法中设立的审判、执行，本来是为了统一国家的司法权，是通过国家的审判权来维护正常的解决纠纷的秩序的，这实际上是国家利益和公共利益所在。至于现在有国际公法和国际私法的学科和划分标准，那只是历史习惯而已。因为如果法被一分为二，划分为公法和私法是科学的，如果必须将所有的法都划分成国际公法和国际私法，那么国际经济法又为何独立？国际经济法、国内经济法究竟是公法还是私法？如果私法和公法都涵盖不了，那此种划分有何价值和用途？司法适用上，在统一的法治原则下，每个法律部门都有各自的原则，并不是所谓的公法都适用公法原则，所有的私法都适用私法原则。如今在传统民法的基础上出现独立的劳动法部门。民法适用的基本原则是平等、自愿、公平、诚信等，而劳动法的基本原则①，与民法的平等自由原则，经济法的调控原则，行政法的依法行政原则都有明显区别。如此，劳动法属于何种范畴？可见，在现代社会，划分公法和私法没有价值。特别是在我国，强调民法的私法性质，弊大于利。故此在制定中国民商法典的理念上，应当甩掉传统观念的束缚，一切从实际出发。

五、法典原则——由矛盾分散到和谐统一

民商法原则，是民商立法、司法和行为活动的基本准则，贯穿于整个民商法律规范，为民商立法指导思想之延展，民商法精神之凝练，也是民商法观念最集中之反映。

---

① 通常认为劳动法的基本原则是维护劳动者合法权益与兼顾用人单位利益相结合，贯彻以按劳分配为主的多种分配方式与公平救助相结合，坚持劳动者平等竞争与特殊劳动保护相结合，实行劳动行为自主与劳动标准制约相结合，坚持法律调节与三方对话机制相结合的五项基本原则。参见郭捷：《劳动法与社会保障法》，法律出版社，2011 年版。

对法律之基本原则,罗马法最早论及,认为"为人诚实,不损害别人,给予每个人他应得的部分"①。对法国民法,学界多以所有权绝对、契约自由和过失责任为其三大原则。②一部法典无论有无明确基本原则,其内容欲协调一致,各种规则与价值观念应当不产生矛盾,应当反映时代精神。

《民法通则》规定其基本原则为平等,自愿,公平,等价有偿,诚实信用,合法民事权益受保护,遵守法律政策、尊重社会公德,不得损害社会公共利益、破坏国家经济计划,扰乱社会经济秩序。③ 而在后来的民法理论上,通常把民法的基本原则概括为平等、自愿、诚信、禁止权利滥用、公平和公序良俗。④《民法通则》的基本原则是对于其下属法均应适用,但在其中的不少单行法律中,都仍然规定相应的原则,如物权法中的物权法定、平等保护、婚姻、继承法中的男女平等,合同法、证券法中的诚实信用等。这使得民商法律中的原则彼此重复、矛盾。对彼此重复者,编纂中自然可以省却;而对彼此矛盾者,必须有所取舍。

大陆法系的民商法基本原则都统一于所谓的私法范畴。但是在我国,为了使商法独立,理论上强调商法原则不同于民法原则,认为商法之所以能够独立,重要原因之一就在于它具有区别于其他部门法的基本原则。⑤ 商法的基本原则是对商法通则立法时必须优先解决的问题之一。⑥ 认为商法的基本原则包括商主体法定,维护交易公平,保障交易迅捷,保障交易安全;⑦或者强化商事主体、维护交易公平、保障交易安全、提高交易效率。⑧可以看出,这些所谓的商法原则,无不是民法或者法律基本原则的具体化。

首先,任何法律主体都是法定的。民事主体的权利能力、行为能力、主体种类都是民法所重点规定的。结婚主体、收养主体、诉讼主体、选举主体、犯罪主体,哪一种主体不是由法律规定?而基本原则是贯穿于该法律部门始终的,主体法定又怎能成为其基本原则?

其次,任何的法律都是讲公平、讲效率、讲安全的。如果把这些作为商法特有的基本原则的话,似乎别的法律就不讲公平、效率和安全。就民法中的基本原则看,公平本身已经是基本原则。至于效率和安全,民事行为形式的多样化、时效制度等都是为了效率而设计,主体资格、权利登记等,则无疑是为了安全而设置。

最后,所谓商法基本原则中的公平、效率、安全,都是局限在交易环节。而交易仅仅是商品经济的一个环节,因此不能成为贯彻于该法律部门始终的原则,即难为其基本

---

① [罗马]查士丁尼:《法学总论——法学阶梯》,张企泰译,商务印书馆,1989年版,第1页。
② 魏振瀛:《民法》(第四版),北京大学出版社、高等教育出版社,2010年版,第20页。
③ 《民法通则》第2-7条。
④ 魏振瀛:《民法》(第四版),北京大学出版社、高等教育出版社,2010年版,第22页。
⑤ 雷兴虎:《略论商法的基本原则》,载《中外法学》,1999年第4期。
⑥ 范健:《我国商法通则立法中的几个问题》,载《南京大学学报》,2009年第1期。
⑦ 林敏:《商法基本原则研究》,载《中国人民大学学报》,2000年第4期;
⑧ 张秀全:《商法基本原则研究》,载《现代法学》,1999年第5期。

原则。

六、民事法律行为,守成、退却,抑或创新前行

民事法律行为,源于法律行为。罗马法有收养、遗嘱、买卖、赠予、侵权行为等具体行为,但未抽象使用法律行为、民事行为或者民事法律行为范畴。① 法国民法有继承、赠予、契约等"取得财产的各种方法"一卷,但也没有抽象概括法律行为。② 意大利民法典除续编外,第一编为人与家庭、第二编继承、第三编所有权、第四编债(债的总论、契约总论、各类契约、单方许诺、有价证券、无因管理、非债给付、不当得利、不法行为共九章)、第五编劳动(包括企业劳动、公司合作社、企业、智力作品权和工业发明权、竞争规则等11章),第六编权利的保护(登记、证据、财产责任、权利司法救济、消灭时效与失权等5章),也没有抽象使用法律行为概念。③ 这是大陆法国法系的做法。

法律行为的范畴直接源于德国民法。德国民法典抽象和规定总则编,其中第三章为"法律行为",以概括以后的合同、遗嘱等。④ 德国民法典也被称为潘德克吞民法典,因为"1900 年的《德国民法典》终于直接运用潘德克吞体系的研究成果来进行构造。"⑤"潘德克吞法学中的法律行为理论奠定了民法总论的逻辑基础"。⑥ 德国民法抽象化与体系化的典范是法律行为概念和制度。有了法律行为这一上位概念,也就有了债权行为、物权行为等下位概念,这些概念构成了一个完整的抽象概念体系。正是法律行为概念体系的产生,使得《德国民法典》所代表的严格体系化思维和立法技术,都达到了一个前所未有的高度。⑦ 可见,"法律行为"成了德国民法典大厦的核心支柱,并产生深远影响。《日本民法》第四章规定"法律行为"。⑧《大清民律草案》第五章为"法律行为",《民国民律草案》第三章为"法律行为",《中华民国民法》第四章为"法律行为"⑨。台湾地区民法学说

---

① [罗马]查士丁尼:《法学总论——法学阶梯》,张企泰译,商务印书馆,1989 年版。

② 《法国民法》,马育民译,北京大学出版社,1982 年版。

③ 《意大利民法典2004 年》,费安玲等译,中国政法大学出版社,2004 年版。

④ 《德国民法典》,郑冲、贾红梅译,法律出版社,2001 年版。

⑤ 苏永钦:《民法典的时代意义——对中国大陆民法典草案的大方向提几点看法》,载《月旦民商法杂志》,2004 年第 3 期。

⑥ 杨代雄:《潘德克吞法学中的行为与法律行为理论——民法典总则诞生的序曲》,载《西南政法大学学报》,2005 年第 4 期。

⑦ 李少伟:《我国民法典应采用潘德克吞立法模式》,载王利明:《中国民法学年刊2010》,法律出版社,2011 年版,第 172 页。

⑧ 《日本民法》,曹为、王书江译,法律出版社,1986 年版。

⑨ 杨立新:《中国百年民法典汇编》,中国法制出版社,2011 年版。

上完全从之。①

我国民事法律行为理论与苏联民法中的法律行为理论联系密切，②原先也同苏联一样采"法律行为"范畴，如《民法原理》第八章为法律行为。③直至《民法通则》制定，始创"民事法律行为"概念，以此概括合同和遗嘱具体行为类别。④此后，民法学说理论上始用"民事法律行为"范畴。如佟柔主编《中国民法》⑤、张俊浩主编《民法学原理》⑥、王利明主编《民法学》第七章为民事法律行为⑦，郑立、王作堂主编《民法学》第六章为民事法律行为⑧，魏振瀛主编《民法》第八章为民事法律行为。⑨特别是2002年形成的《民法(草案)》第一编总则第四章仍为民事法律行为⑩。当然，也有同时使用"民事行为"与"民事法律行为"两个概念范畴的。⑪

《民法通则》中使用民事法律行为这一概念，与法律行为概念相比，一是将传统的法律行为界定为民事法律行为；二是认为传统民法上无效法律行为是一个自相矛盾的概念⑫，由此认为创设了民事法律行为和其上位概念民事行为；三是认为民事法律行为是合法性行为。学界给予了很高评价，认为这一制度作为观念的抽象，不仅统辖了合同法、遗嘱法和收养法等具体的设权行为规则，形成了不同于法定主义体系的独特制度，并且它能够涵盖和规范许多新的交易形式；而且又以完备系统的理论形态概括了民法中一系列精致的概念和原理，形成学说中令人瞩目的独立领域。⑬

但是，我国民法通则中关于民事法律行为合法性的认定，在学说上也出现了新的矛盾。认为我国民法通则创设民事行为的上位概念，将合法的民事行为称为民事法律行

---

① 如《民法要义》第四章即为"法律行为"。参见梅仲协：《民法要义》，中国政法大学出版社，1998年版。

② 笔者对我国民事法律行为与苏联民法中的法律行为理论的联系进行了研究，认为"民事法律行为"的概念是我国民法学者和民法通则制定中的贡献。参见王明锁：《民事法律行为范畴的守成与完善》，载《北方法学》，2013年第1期。

③ 佟柔：《民法原理》(修订本)，法律出版社，1987年6月版。需要说明该书虽为1987年版，但实际上并没有把1986年颁行的民法通则的规定放进去，仍然是以前法律行为的概念。

④ 《民法通则》第四章第一节为"民事法律行为"。第54条规定"民事法律行为是公民或者法人设立、变更、终止民事权利和民事义务的合法行为。"

⑤ 佟柔：《中国民法》，法律出版社，1990年版。

⑥ 张俊浩：《民法学原理》第8章为民事法律行为，中国政法大学出版社，1991年版。

⑦ 王利明：《民法学》第七章民事法律行为，中国广播电视大学教材，1995年第1版。

⑧ 郑立、王作堂：《民法学》(第二版)，北京大学出版社，1994年版。

⑨ 魏振瀛：《民法》，第八章为民事法律行为，北京大学出版社、高等教育出版社，2000年版。

⑩ 杨立新：《中国百年民法典汇编》，2002年12月23日《民法(草案)》，中国法制出版社，2011年版。

⑪ 如《现代民法学》第三编为民事行为论，第九章为民事行为，第10章为民事法律行为。余能斌，马骏驹：《现代民法学》，武汉大学出版社，1995年版。

⑫ 顾昂然：《新中国民事法律概述》，法律出版社，2000年版，第35页。

⑬ 董安生：《民事法律行为》，中国人民大学出版社，1994年版，前言。

为,将不合法的民事行为称为无效的民事行为或可变更、可撤销的民事行为,由此形成了与传统民法完全不同的一套概念体系,认为"这一新的概念体系纯属添乱。"①

近来中国民法学者对此矛盾思考和解决的耐心明显不足,随后便对之采批判、抛弃的态度。其具体做法,有的将民事法律行为重新与法律行为混同,认为民事法律行为即法律行为:"行为、民事法律行为又称法律行为,它是指民事主体旨在设立、变更、终止民事权利和民事义务,以意思表示为内容的行为。"②;有的干脆放弃民事法律行为概念而改用法律行为,如原来使用"民事法律行为",后改采德国民法中法律行为。彭万林主编《民法学》,1994年版仍使用民事法律行为,但于1997年后改用法律行为。③ 或者简单认为"民事法律行为这一概念来源于苏联",便放弃民事法律行为范畴,将其恢复至德日民法中的"法律行为",④或者将民事法律行为改称为"民事行为"。⑤

但在我国使用法律行为概念,又会出现新的更大的缺陷和矛盾。首先,使用法律行为范畴,会使民法中的民事法律行为与法理学或者法哲学中的法律行为的一般概念成为同位概念。因为除了民法中形成的专门的法律行为制度外,法律行为早已成了我国法学理论及法哲学中的重要范畴。⑥ 其次,在我国其他部门法中,已经有相应的法律行为概念,如经济法律行为、行政法律行为、刑事法律行为等。如果将民事法律行为以法律行为替代,就会使民法中的法律行为与其他法律部门中的法律行为相冲突。⑦ 再次,将我国民法通则创造的民事法律行为退回到法律行为,是一种学术自信丧失的表现。因此,我们对民事法律行为不应当是退却,而应当是坚守,更应当是对之完善改进、科学创新和稳步前行。第一,在称谓上可以将民事法律行为简称为民事行为或者民商行为。第二,在其性质上,民事行为可以包括合法的民事行为和违法的民事行为。第三,在其意蕴上,民事行为,不仅包括民事事实层面的即民事主体设立、变更、终止民事权利义务关系的行为,

---

① 柳经纬:《关于中国民法学体系构建问题的思考》,载《中国民法学年刊》(2010),法律出版社,2011年版,第5页。

② 王利明:《关于我国民法典体系构建的几个问题》,载《法学》,2003年第1期。

③ 彭万林:《民法学》,中国政法大学出版社,1994年版,第六章为"民事法律行为";1997年修订版,第七章为"法律行为";1999年修订版第七章为"法律行为";2002年(修订第3版)第七章为"法律行为"。

④ 江平:《民法学》,中国政法大学出版社,2007年版,第145页,第151页;彭万林:《民法学》,中国政法大学出版社,2007年版,第101页。

⑤ 魏振瀛:《民法》,北京大学出版社、高等教育出版社,2007年版,第137页,及第二版后记;2010年第4版,第137-139页。

⑥ 系统的民法学著作中无不涉及法律行为,另有对法律行为进行研究的理论文章或者于法哲学著作中对法律行为的专门研究。参见李林:《试论法律行为的性质与特征》,载《宁夏社会科学》,1987年第2期;张文显:《法哲学范畴研究》,中国政法大学出版社,2001年版,第67页。

⑦ 张文显先生认为"法律行为应当是各部门法律行为(宪法行为、民事法律行为、行政法律行为、诉讼法律行为等)和各类别法律行为(如合法行为、违法行为、犯罪行为等)的最上位法学概念(或法学范畴)"。参见张文显:《法理学》,高等教育出版社、北京大学出版社,1999年版,第100-101页。

还可以包括民事权利行为、民事义务行为、民事客体行为、民事违法行为和民事责任行为等,形成多层次、多类型的行为科学体系。① 如此,民法典中调整和规范之民事行为,即不再局限于现在民法理论中所谓的合同和遗嘱行为,也不局限于德国民法中所谓的物权行为、婚姻行为、收养行为,而含义更广,更切合民法实际调整的行为范围。

七、法典体系——德国民法典的五编制,拟或以民法通则为基础的六编制

民法典体系结构让人称道的《法国民法典》以罗马法的人法、物法、诉讼法三分法体系为基础,将民法典定为人、财产及其权利的各种变更、财产的各种取得方法三卷。《德国民法典》分总则、债、物权、亲属、继承五编。其后,各国民商立法对法国、德国民商立法内容借鉴取舍,形成自己的法典体系。《瑞士民法典》为人法、亲属法、继承法、物权法、债法(含合同、公司、有价证券)的五编制体系。《意大利民法典》除序编外,是人与家庭(含婚姻、收养、监护)、继承、所有权、债(含有价证券)、劳动(含公司、企业、作品权、发明权)、权利的保护六编制。《越南民法典》为总则、财产和所有权、民事义务和民事合同、继承、土地使用权转让、知识产权和技术转让权、涉外民事关系七编制。在我国民法典制定过程中,占主导地位者为以《德国民法典》五编制体系为基础的结构体系或其简单变体②,或者在学说上所主张体系过于分散琐细。③ 故笔者所主张《民商法典》是以我国《民法通则》④为基础的六编制体系⑤。

第一编:通则 通则乃适用于普遍或一般情况并放在法典最前面的概括性条文,是

---

① 王明锁:《民事法律行为的守成与完善》,载《北方法学》,2013 年第 1 期。

② 如有的主张民法典体系为:总则、物权、债权、亲属、继承、侵权行为;有的主张为总则、物权、债法总论、债法分论、亲属、继承、人格权、侵权行为。但似乎都放弃或者忘记了以《民法通则》的权利类型为根据来构建民法典体系。

③ 笔者曾对学说上的 14 种法典体系的观点进行统计分析:主张有总则、物权的占 100%;主张债编(但分歧是有债总、债分、合同各论等)的占 100%;主张继承编的占 85.7%;主张知识产权编的占 71.4%;主张人身权编的占 64.2%;主张侵权行为编的占 35.7%;主张亲属编的占 21.4%;主张民事主体成编的占 14.2%;主张有附则、国际私法、民事行为等独立成编的占 0.07%。参见王明锁:《中国民商法体系哲学研究》,中国政法大学出版社,2012 年版,第 13-14 页。

④ 《民法通则》在我国民商立法史上具有不可磨灭的重要价值,正如王利明教授指出的那样:"1986 年《民法通则》的颁布,是我国民事立法发展的一个重要里程碑。"参见王利明:《民商法研究》(第三辑),法律出版社,1999 年版,第 12 页。

⑤ 王明锁:《论中国民法法典化》,载《法学研究》,1995 年增总第 1 期;《罗马法体系沿革及中国民法法典化》载《法律科学》,1995 年第 5 期;《中国民商立法及其模式选择》,载《法律科学》,1999 年第 5 期;《人身权制度及中国民商法法典化》,载《河南省政法管理干部学院学报》;《中国民法应当具备的科学体系》,载《中州民法论坛荟萃》,法律出版社,1990 年版;《中国民商法体系哲学研究》,中国政法大学出版社,2012 年版。

法典内容之抽象,法典精华之浓缩,具有普遍指导价值意义。从国内学说和国外民法典规定看,皆为总则编。但将其称为"通则"更为科学。总则与分则相对,而民商法中向无分则概念或像刑法典中真正意义的总则、分则编,通常所说民法分则实则牵强附会。若本编名称为总则,还会与物权法、继承法中的总则重叠,逻辑结构上发生矛盾。德国民法典和我国民国时期的民法典在篇章之下曾设通则,如今可把通则作为编之名称而把总则设于有关编内之首。现行《民法通则》自颁行已近 30 年,早已深入人心,成为中国民商立法中的一个明显标志与显著特色。因此"通则"一编,是对新中国民法传统的尊重继承和重大创新。

第二编:人身权　罗马法、法国民法、瑞士民法、意大利民法等都规定有人法编。其内容为主体资格与婚姻家庭内容之混合。我们对此借鉴吸收、抽象概括,并以民法通则中所定人身权为基础,规定为"人身权"专编。其根据在于,"世间一切事物中,人是第一个可宝贵的"①。人是现代市场经济社会最重要、最根本的资源。民商法典中专编规定人身权,将进一步有效增强社会人权观念,使世界认可中国的人权保护。人身权编中,将包括通常的人格内容和婚姻家庭方面的人身关系。这既有对国外经验的借鉴,也有对我国现实有关人身权法的变革与整合。② 但就其内容,学界有的将人格权与身份权分离,主张单独制订人格权法③,或者将人身权与人格权概念等同或混同使用。④ 如此,一是脱离民法通则这一里程碑式的法律所确立的人身权统一范畴;二是阻断了人格与身份的密切联系;三是忽略了罗马法、法国民法等民法中关于人格与婚姻家庭身份关系的科学判定,过分关注了德国民法中亲属单独为编使人格身份分离的并不科学合理的做法。

第三编:物权　物权的重要根据在于"人们首先必须吃、喝、住、穿"⑤;"人类的生产活动是最基本的实践活动,是决定其他一切活动的东西。"⑥我国物权法的颁行,为我国民商法法典化提供了重要基础。物权为民商法典专编,无需多言。惟世界范围民法典模式中,物权与债权次序不一。把物权置于债权之前更为合理。物权为静态权利,其产生早于债权,关系到物的归属和利用,对稳定社会关系意义重大。人类先认识或享有物权者为通常现象。于物权编,应当使所谓担保物权回归到债的担保制度。经过对物权科学整合,应当包括自物权和他物权。自物权即所有权,有国家、集体和个人所有权。他物权

---

① 《毛泽东选集》,人民出版社,1964 年版,第 1401 页。

② 我国现行民事立法中,自然人的出生、死亡、监护被规定在民法通则的公民一章,代理被规定在民事法律行为一章,生命权、健康权、肖像权、姓名权、名称权、名誉权、荣誉权、婚姻自主权被规定在民法通则第五章的人身权专节,婚姻法、收养法都以单行法的形式存在。

③ 王利明:《民商法研究》(第三辑),法律出版社,1999 年版,第 19 页。

④ 王利明:《民商法研究》(第四辑),法律出版社,1999 年版,第 151 页。

⑤ 《马克思恩格斯选集》(第 3 卷),人民出版社,1972 年版,第 574 页。

⑥ 《毛泽东选集》(合订一卷本),人民出版社,1964 年版,第 259 页。

中,可以其与所有权分离状况,分别规定控占权、占用权、用益权和经营权。① 这将是法典编纂中对物权内容的原始创新,也将是对传统民法物权法理论的重大贡献。

第四编:知识产权　支配物质财富的关系反映为物权,支配精神财富的关系体现为知识产权。科学技术是第一生产力,其成果商品化愈益明显,应当将知识产品这一重要资源置于基本法内容的重要地位,于民商法典中专编规定。② 物权之后为知识产权而非债权,其依据在于知识产权与物权均属支配权和静态权。债适用于物权转移,也适用于知识产权转让,且债权或因物权人对物进行支配发生,或因知识产权人对知识产品进行支配发生,因此让知识产权随物权而使继承和债两种动态性权利放在一起则更显科学适当。于知识产权编,可规定知识产权一般规则、著作权、专利权、商标权和其他知识产权③。

第五编:继承　继承是物权和知识产权移转的重要途径。我国宪法和民法通则都在保护公民个人财产所有权的规定之后紧接着规定继承权。从继承的起源、沿革、适用范围及功用上看,继承属民商法典之内容无何争议,且于债前规定更显合理。继承制度产生发达较债要早。现实生活中人们最先可能享受到的权利是继承权而非债权。胎儿即可继承到遗产,而极少享有债权。继承与物权和知识产权联系密切,在对遗产的规定中首先明确的是物权和知识产权。继承发生于家庭成员之间,与人身权中的婚姻亲属关系紧密,将继承置于债前,使继承与人身权接近,其结构合理、内容紧凑。罗马、法国、瑞士、意大利立法均将继承置于债前,仅德日及旧中国民法将继承置于债后。我们把继承置于债前和知识产权之后,理由充分,特色明显。

第六编:债。债是继承之外社会财富移转的另一重要方式。债编中,债与合同不应分开,也无需分出债之总则专编。因合同所生之债虽是最大量最重要之债,但合同毕竟是民事法律事实层面的行为,是债的根据而非具有独特性质的能与债平行的民商权利,因此民商法典中,债应是完整统一的一编,而合同应是债编之内容。需特别说明的是,侵权行为亦属债之范畴,为债之根据。从债的三要素分析,因侵权行为而引起的权利义务关系仍然具有债的性质和特征④;侵权行为之债与合同之债的区别,主要在于其发生根据不同;所有民法典无不将其规定于债编。尽管我国业已颁行侵权行为责任法,但从其性质特点和科学严谨的角度论,其显为侵权行为之债,当属传统债法范畴。

---

① 王明锁:《论我国他物权体系的整合与重构》,载《政法论坛》,2005 年第 2 期,中国人民大学资料中心《民商法学》,2005 年第 8 期;王明锁:《论所有权占有权能与他物权控占权二元制法律体系的构建》,载《法律科学》,2009 年第 6 期,中国人民大学资料中心《民商法学》,2010 年第 2 期。

② 如王利明教授所言:"我国未来民法典中,应包含知识产权法的内容。""未来制订民法典,将现行立法加以整理,即可纳入到民法典中去。"参见王利明:《民商法研究》(第三辑),法律出版社,1999 年版,第 22 页,第 14 页。

③ 王明锁:《知识产权法学》,河南人民出版社,1994 年版;《知识产权法学》,郑州大学出版社,2004 年版;《中国民商法体系哲学研究》,中国政法大学出版社,2012 年版,第 231-255 页。

④ 王明锁:《侵权行为之债及其立法路径选择》,载《中国法学》,2007 年第 4 期。

将债放在最后，并非债不重要，而是债具有潜在的重要的总结性质和功用。民法理论中至今尚无继承权专门保护措施，而因债包括侵权行为之债、不当得利之债、无因管理之债和合同之债，因此将侵权行为之债放在各种债之首来对前面的人身权、物权、知识产权和继承权一起共同保护，免却了并无实用价值的所谓物上请求权等烦琐学说①，债编中，可依次规定债的一般原则、侵权行为之债、不当得利之债、无因管理之债与合同之债。其中又可用合同之债的违约责任来对合同之债予以保护。此实在巧好至极，妙不可言。且会避免整部法典有虎头蛇尾或头重脚轻之感，使法典匀称美观。这似乎也是罗马法及法国、瑞士、意大利等民法典将债置于继承之后的未言理由。

此六编制体系，科学精细、严谨周密②，既继承传统又变革创新，学理厚重、大气包容，具有中国社会主义特色和气派。

八、《中华人民共和国民商法典"通则编"草案建议稿》(黄河版)③

第一章　原则与适用

第1条　本法典以宪法为根据，以市场经济为基础，以科学理论为指导，联系实务经验，确定民商主体，界定客体范围，厘定民商权利，规范民商行为，明确民商责任，正确调整民商关系，保障民商主体权益，服务百姓生活④，方便安全交易，促进社会文明进步与全面和谐发展。

第2条　民商事活动应当遵守平等原则。民商主体在民商事活动中具有平等的地位和均等的机会，人人都有通过正当途径获得社会财富和幸福生活的权利。法律对妇女、儿童、老人、残疾人、劳动者、消费者等特殊群体有特别保护性规定的，依照其规定。

第3条　民商事活动中，应当遵循意思自由的原则。民商主体有权按照自己的意愿进行民商事活动，任何组织和个人不得对民商主体的民商行为进行干涉或者强迫。

但是对于从事有关特殊行业和特殊物品经营的民商行为，必须依照法律的特别规定进行。

第4条　民商事活动应当遵守公平正义的原则。民商主体都应当得到其应当得到的那一部分，公平享受社会利益和社会发展成果。

在民商事活动中，法无禁止即可为，为无损害不必禁，鼓励民商主体公平竞争，创造性地经营和生活。

---

① 王明锁：《物上请求权及其民法保护机制》，载《中国法学》，2003年第1期。

② 王明锁：《论法律的修改技术及其价值判断》，载《河南师范大学学报》，2009年第1期。

③ 由于涉及问题很多，除上述重大问题进行专门论述外，对有些似乎必须指出或者说明的问题笔者用注释的方式说明。对另外的不少问题即不再指出和说明。

④ 所有官员，只要进入市场，进入民商领域，进行商品的交易和消费，就要脱去官服官袍，放弃官驾官气，成为平民百姓，成为地位平等的民商主体。

第5条　民商事活动中,应当遵守诚信友善的原则,不得尔虞我诈或者欺行霸市,不得损人利己或者贪图利益而规避义务。

第6条　民商事活动中,应当遵守社会公德与善良风俗,遵守社会主义法制,禁止任何人滥用权利。

第7条　民商主体的合法民商权益受法律保护,任何组织和个人不得侵犯或者刁难①。

第8条　民商主体资格、民商权利取得等重大事项,国家实行辅助登记证明制度。对依法需要进行登记的,民商主体应当进行登记,取得相关证明文书。法律以此对当事人的民商权益给以充分保护。

对法律未有明文规定必须登记或者证明之事项,任何组织和个人不得强行要求民商主体进行登记或者证明,不得以证明、登记为名而行收取费用之实。

登记行为由国家规定机关进行。有关证明行为,在国家规定机构组织难以证明的情况下,当事人所在的基层组织或者当事人住所地两名以上有良好信誉或威望的知情人也可进行证明,并具有证明的效力。登记证明者对自己所登记证明的事实承担保证真实的责任。②

第9条　本法典名为《中华人民共和国民商法典》,并不影响公司法、证券法、劳动法等民商事单行法的制定与存在。但是其他民商单行法及适用性规定,不得与本法典的原则精神和基本内容相违背。③

第10条　本法典于年月日公布,于年月日起生效实施。④

自本法生效之日起,适用本法规定。《中华人民共和国民法通则》及其相关规定停止其效力。

本法规定与原有相关法律规定不一致的,民商行为发生在本法生效之前的,仍然适用原有相关法律的规定,但是当事人双方同意适用本法规定者除外。⑤

第11条　在中华人民共和国领域内的民商活动,适用本法,但是特别行政区基本法和其他法律另有规定者除外。

民族自治地方人民代表大会可以结合当地民族婚姻家庭的具体情况,根据本法基本原则,就人身权编中的婚姻、收养规则制定变通的或者补充性的规定。自治州自治县制

---

① 第2-7条,民商法典的基本原则。

② 民商法中的登记证明规定,排除刁难性的不必要性的登记证明问题。

③ 法典名称与其他民商单行法的关系。

④ 本法典可以分编陆续公布施行;依党的十八届四中全会决定看,一起颁行已完全可以成功。"万事俱备,东风成就",参见王明锁:《中国民商法体系哲学研究》,中国政法大学出版社,2012年版,第28-31页。

⑤ 我国法律中通常在最后专门规定附则一编,有的仅规定颁布和实施时间。首先从编章结构上极不协调;其次将法的时间效力与空间效力、人的效力相分离;再次,让阅读和使用法律者先知道从什么时间生效更具合理性;最后,《法国民法典》第1条即规定法律的公布及生效时间,更符合认知规律。

定的规定,须报请省、自治区人民代表大会常务委员会批准。自治区制定的规定,须报全国人民代表大会常务委员会备案。

第12条　本法之规定,适用于在中华人民共和国领域内进行民商事活动的民商主体,但是法律另有规定者除外。

第13条　对于民商行为,适用本法。本法与其他法律都没有规定的民商事活动行为,依据习惯。没有相应习惯的,依据本法规定的基本原则。

对民商主体争议的民商行为,法官不得以法律没有明文规定而拒绝受理和审判案件。本法允许法官在穷尽法律规定时,依照本法的目的与原则正确自由裁量,妥当而创造性地审理解决民商事纠纷。①

第二章　民商主体
第一节　自然人

第一分节②　自然人的民商权利能力

第14条　自然人的民商权利能力是自然人依法能够享有民商权利和承担民商义务的资格。

自然人的民商权利能力一律平等。

第15条　自然人的民商权利能力始于出生。出生系指胎儿与母体完全脱离且具有生命体征。自然人出生发生其人身关系成立的法律后果。

未出生的胎儿获得法律所承认之利益取决于其出生。生父母无须就受孕或者对胎儿造成的损害对子女负责。

对胎儿利益当事人有特别约定的,从其约定;没有约定的,依照法律规定。③

第16条　自然人的民商权利能力随自然人死亡而终止。死亡系指人的呼吸与心跳完全停止。

自然人在毋庸置疑其死亡的情况下失踪,无法寻回或者辨认其尸首,经有关机关组织证明该自然人不可能生存的,视为该自然人已经死亡。④

同一事件中有继承关系的数人死亡,不能确定先后死亡时间的,推定长辈先死亡;辈分相同的,推定没有其他继承人的人先死亡;都有其他继承人的,推定同时死亡。

---

①　第10—13条,为法典的时间、空间、主体、事项的适用范围问题。

②　使用"分节"结构,重在使各类民商主体都处于一个平等的地位或者机制系统。次在法国、德国等国民法典中都有分节、小节的结构。如此编制形式,更具合理性与科学性。参见王明锁:《法国民法典为何能常青?——法典的编纂修订技术及其价值判断》,载《中国民商法体系哲学研究》,中国政法大学出版社,2012年版,第53—63页。

③　第2款情形:如子女不得以父母不应当生育自己为由,放弃赡养父母或让父母承担其他责任。同时借鉴了澳门民法典的规定。第3款情形:如对保留胎儿,当事人约定有财产利益的,从其约定;放弃胎儿的,即失其应得财产利益。有实际纠纷案例依据。

④　现代社会空难、海难、自然灾害事故中此种情况可能出现,有适用价值,故借鉴吸收澳门民法典中的规定,不必进行宣告死亡程序。

自然人死亡发生其人身关系消灭的法律后果，但法律规定有不受时间限制保护的人身利益者除外。

第 17 条　自然人出生与死亡，应当依法进行登记。在民商事活动中，与自然人出生或者死亡有关的利益关系，以登记部门所登记的时间为准。未经登记的，应当先行补办登记。

第二分节　自然人的民商行为能力

第 18 条　自然人的民商行为能力，是自然人依法能够以自己的意思行为实际取得民商权利和承担民商义务的能力。

依据自然人的年龄和智能，自然人的民商行为能力被区分为完全民商行为能力、限制民商行为能力和无民商行为能力。

第 19 条　年满十八周岁的自然人是完全民商行为能力人。完全民商行为能力人可以独立进行本法典所允许的各种民商行为。

婚姻方面的行为能力，符合本法典人身权编关于结婚年龄规定的，始具有婚姻行为能力。

年满十六周岁不满十八周岁的自然人，以自己的劳动收入为主要生活来源或者能够维持当地中等生活水平的，视为完全民商行为能力人。

第 20 条　年满八周岁不满十八周岁，且不符合前条第三款规定的人是限制民商行为能力人。限制民商行为能力人可以进行与其生活密切、年龄智能相适应的民商行为；其他的民商行为应由其法定代理人代理进行，或者由相对人征得法定代理人的同意后进行。①

不能完全辨认自己行为的智能障碍者是限制民商行为能力人。佌②们可以进行与其生活密切、智能健康状况相适应的民商行为；其他民商行为应由其法定代理人代理进行，或者由相对人征得法定代理人的同意后进行。

第 21 条　不满八周岁的未成年人是无民商行为能力人，由其法定代理人代理进行民商行为。

不能辨认自己行为的智能障碍者是无民商行为能力人，由其法定代理人代理进行民商行为。

---

①　现在民法学界较普遍认为民法通则中规定 10 周岁为限制民事行为能力人的年龄偏高，而主张 6、7 岁，但似乎缺乏科学依据。此处主张 8 周岁为限制民商行为能力人的最低年龄，比民法通则规定的 10 周岁小了两岁。8 周岁的合理根据是：生理医学方面，《黄帝内经》中有女 7、男 8 的说法；以此可确定 7 的 2 倍 14 岁为最低刑事责任年龄；8 的 2 倍 16 岁可参加工作劳动；并因劳动收入状况可视为完全民商行为能力人；18 岁为成年人的年龄。教育方面，6 岁入小学，尚需监护人接送，待 2、3 年级时，学过了加减乘除四则混合运算，并有了离开父母独立生活的必要经历。

②　"佌"是指他或者她，"佌们"中包括有男有女或男或女的状况。对该字的见解与论述，参见王明锁：《对"他、她"及其复数用法方面的一个新见解——兼谈法律人的语言表达》，载《韶关学院学报》，2009 年第 10 期。

第 22 条　无民商行为能力人、限制民商行为能力人进行接受奖励、赠予、报酬等纯获利益行为的,其法定代理人对其所获利益进行监督和保护。

第 23 条　因智能障碍因素确认自然人为无民商行为能力人或者限制民商行为能力人的,根据医院诊断证书或者司法鉴定书进行判定;或者由法院按照规定程序进行认定。

第 24 条　无民商行为能力人、限制民商行为能力人的法定代理人由其监护人担任。监护人由本法典人身权编规定。①

第三分节　自然人的住所与居所

第 25 条　自然人的户籍所在地为其住所。自然人经常或者不经常居住的地方为其居所。

自然人的住所是自然人的事务利益主要所在地。自然人的住所应当依法登记。

自然人的经常居住地与户籍所在地不一致的,经常居住地视为住所。经常居住地是指自然人离开户籍所在地最后连续居住一年以上并愿意永久居住或者虽未连续居住一年但被自然人选择确定为经常居住的地方。

第 26 条　无民商行为能力人或者限制民商行为能力人以其监护人的住所为住所。共同监护人的住所不同的,以与其共同生活的监护人的住所为被监护人的住所。

第 27 条　自然人由其户籍所在地迁出后至迁入另一地之前,无经常居住地的,仍以其户籍所在地为住所。相关事务仍由户籍所在地主管办理。

第四分节　自然人的宣告制度

第 28 条　自然人的宣告制度有禁治产宣告、失踪宣告和死亡宣告。

第 29 条　心神丧失常态不能正常进行交易的人,为禁治产人。禁治产人的利害关系人,可以向住所地的基层法院申请宣告禁治产人为无民商行为能力人或者限制民商行为能力人。

给自己或者家庭的财产造成严重经济损失的浪费人,吸食毒品或者酗酒成性经常影响正常处理事务的人,视为禁治产人,也可以被宣告为无民商行为能力人或者限制民商行为能力人。

禁治产人被宣告为无民商行为能力或者限制民商行为能力的,应设置和适用监护人制度。

被宣告为无民商行为能力人或者限制民商行为能力人的禁治产人,根据其心神行为恢复或者矫正情形,本人或者利害关系人可以向法院申请,要求宣告恢复其为限制民商行为能力人或者完全民商行为能力人。②

第 30 条　自然人离开自己的住所下落不明满二年的,利害关系人可以向下落不明

---

①　监护与婚姻家庭中的抚养比与主体资格的关系更为密切,故将现行民法通则中的监护规定调整到人身权编。

②　增加禁治产人的规定,符合社会生活实际,可矫正社会不良风气;同时借鉴传统民法中的此类规定。

人住所地的法院申请宣告该下落不明人为失踪人。

宣告失踪发生对失踪人的财产进行代管和清偿的法律后果。

第31条　失踪人的财产依次由其配偶、父母、成年子女或者关系密切的其他亲属、朋友代管。代管有争议,或者没有代管人的,由法院指定的人代管。法院指定失踪人的财产代管人,应当根据有利于保护失踪人财产的原则指定。有关组织也可以被指定为失踪人的财产代管人。

第32条　财产代管人应当对失踪人的财产进行妥善保管和谨慎处置,因明显过错而给失踪人财产造成损害的,应当承担责任。

失踪人所欠税款、债务、赡养费、抚育费和因代管财产所需的管理费等费用,由代管人从失踪人的财产中支付。对代管财产的收支状况,代管人应当制作财产代管收付清单。

财产代管人向失踪人的债务人要求偿还债务的,可以作为原告提起诉讼。因财产代管人拒绝支付引起诉讼的,财产代管人应当作为被告。

第33条　失踪人的财产代管人以无力履行代管职责申请变更代管人的,或者失踪人的利害关系以代管人不能依法履行代管职责要求变更代管人的,由法院依照程序审理决定。

第34条　自然人离开自己的住所,下落不明符合下列情形之一的,利害关系人可以向法院申请宣告下落不明人已经死亡:

(一)通常下落不明,从失去音讯之日起满五年的;

(二)因意外事故下落不明,从事故发生之日起满三年的;

(三)因战争期间下落不明,从战争结束之日起满四年的。

自然人因犯罪或者为逃避法律责任而下落不明的,不适用宣告死亡的规定。[1]

第35条　下落不明人被宣告死亡的,其死亡时间以死亡宣告判决中确定的死亡时间为该下落不明人的死亡时间。[2]

被宣告死亡的,申请人应当凭死亡宣告判决书由户籍部门对被宣告死亡人进行死亡登记。法院应当在被宣告死亡人住所地和法院所在地进行公告。

---

① 国人习俗,自然死亡,尚守孝3年;只是下落不明,未满5年就宣告死亡,心理上不好承受。故通常为5年,而因意外事故、战争下落不明的,有对死亡的心理准备,各为3年和4年较妥。另适应反腐惩治犯罪行为、防止逃避债务行为,增加因贪腐犯罪,逃避惩罚者,不能适用宣告死亡的规定。

② 宣告死亡的判决做出时间与推定失踪人的死亡时间不应当是一个时间。2010年应某事故失踪,2015年做出宣告死亡的判决,推定的失踪人的死亡时间应当是2010年的事故发生时间。学说上有人认为:"宣告死亡的判决应确定被宣告死亡人的死亡日期,判决中未确定死亡日期的,以判决宣告之日为被宣告死亡人的死亡日期。"参见魏振瀛:《民法》,北京大学出版社、高等教育出版社,2000年版,第61页。笔者以为法院做出宣告死亡的判决,本应确定被宣告死亡人的死亡时间,但竟然未确定被宣告死亡人的死亡时间,此何必进行宣告死亡? 何谈为法院判决? 如此或者是对法律的亵渎,或者纯属无稽之谈。

自然人被宣告死亡的,发生死亡的法律后果。

第36条　申请宣告下落不明人死亡的利害关系人,依次为下落不明人的配偶、父母、子女、其他近亲属与其他利害关系人两个次序。同一次序的利害关系人对于申请宣告下落不明人死亡的意见不一致的,以多数人的意见办理;不能区分多数人意见的,应当同意宣告下落不明人死亡的申请。

第37条　申请宣告下落不明人死亡的,不必先行申请宣告下落不明人为失踪人。但下落不明人已经被宣告为失踪人,又被申请宣告死亡的,仍然需要符合申请宣告死亡的条件。

第38条　被宣告失踪的人重新出现或者确知其下落的,经本人或者利害关系人申请,法院应当撤销对其所做出的失踪宣告。

失踪宣告被撤销的,相应撤销失踪人的财产代管关系,由财产代管人向本人进行财产移交。财产代管期间发生的权利义务关系具有法律效力。

第39条　被宣告死亡的人重新出现或者确知其没有死亡的,经本人或者利害关系人申请,法院应当撤销对其所做出的死亡宣告。

被撤销死亡宣告的人在被宣告死亡后的期间内按未死亡对待。

第40条　死亡宣告被撤销的,恢复其自然人的主体资格与人身关系和财产关系。但是其配偶已经又结婚的,则不能恢复;其子女被依法收养的,需收养人和被收养人同意解除收养关系,才可恢复;其财产已经被处理的,取得财产者应当返还财产及其相关收益,原物不存在的,应当给以公平补偿。

第二节　法人

第一分节　一般规定①

第41条　法人是具有民商权利能力和民商行为能力,依法独立享有民商权利和承担民商义务的组织。其民商权利能力是依法能够独立享有民商权利和承担民商义务的资格。其民商行为能力是依法能够以该组织的意思行为取得民商权利和设定民商义务的能力。

法人的民商权利能力和民商行为能力,从法人成立时产生,于法人终止时消灭。

法人的民商行为能力与其民商权利能力的性质和范围一致,以其成立时确定的性质和范围为准。

第42条　设立法人,应当具备以下条件:

(一)有独立的名称、组织机构和场所;

(二)有独立的财产、经费或者资信;

(三)有特定的设立人;

(四)依照法律规定允许设立。

第43条　设立法人,应当依照法律规定程序向主管部门申请设立,提供相应的证明

---

① 法人部分贯彻分类管理、方便快捷,降低进入市场门槛,加强事中监督监管的精神。

材料和履行相应的登记备案手续或者审核批准手续。

第44条 设立法人,设立人应当对设立过程中所产生的民商权利和义务负责。被设立的法人成立后,法人设立过程中所发生的民商权利和义务关系,可以由设立后的法人承担。

第45条 法人成立,取得法人资格。法人资格,以经主管机关备案登记并领取营业执照为标志,或者以经主管部门审核登记为标志,或者以主管机关批准成立为标志。

第46条 依照法律规定或者法人组织章程的规定,在法人机关中能够代表法人行使职权的负责人,是法人的法定代表人。法定代表人只能是依照规定方式产生的特定的自然人。

第47条 法人可以设立分支机构,经法人授权,分支机构可以自己的名义进行民商事活动,由此产生的民商权利义务关系,最终由设立分支机构的法人承担。

第48条 法人的法定代表人、法人分支机构的负责人、法人的其他工作人员在执行法人工作任务中所产生的法律后果,由法人承担。

第49条 法人以其全部财产独立对外承担民商责任。法人的设立人和投资人以其投入法人的财产数额承担民商责任,但法律有特别规定者除外。

第50条 法人应当按照法律规定建立财务账簿和会计制度。

法人应当按照规定于设立时及每年年初或者年终制作财产目录和成员名册。成员变更的,应当订正。

法人制作财产目录与成员名册,应当真实反映法人的人、财、物状况,做到账表相符、账账相符、账实相符。

法人应当接受主管部门或者主管机关依法进行的考核与监督。

第51条 法人以其主要办事机构所在地为其住所。法人的住所应当确定并进行登记。

法人登记的住所与法人业务实施地不一致的,第三人可将法人业务实施地视为法人的住所。

法人可以因特别的事务活动确定特别住所。特别住所应当登记并公告。

第52条 法人变更,应当符合设立法人所应具备的条件,并应当履行法人成立时的程序和手续。

法人发生合并、分立,或者发生名称、住所、性质、业务范围、法定代表人事项的变更,除履行法人成立时的程序和手续外,还应当进行公告。

第53条 有下列情形之一的,法人终止:

自行解散;

依法被宣告破产;

因违反法律规定被主管部门依法撤销;

其他导致法人难以继续存在的事由。

第54条 法人终止,应当依法进行清算。清算终结的,应当由清算人向主管机关办理注销手续。完成注销的,法人资格消灭。

第二分节　企业法人

第55条　企业法人是从事生产、流通、科技、金融等活动,以满足社会合理需要、创造社会财富并获取盈利、增加资本积累为目的的法人。

符合设立法人条件的经济组织,经主管机关备案登记或者核准登记,取得企业法人资格。

从事易燃、易爆、剧毒、放射性等与社会公共安全有关的业务经营的,须经公安与环境保护主管部门审核批准,方能取得企业法人资格。

第56条　企业法人包括国有企业法人、集体合作社企业法人和私营企业法人。

在中华人民共和国领域内设立的中外合资经营企业,中外合作经营企业和外资企业,具备法人条件的,依法经主管机关核准登记,取得中国企业法人的资格。

第57条　企业法人可以采用公司、合作社等形式进行经营。

公司包括有限责任公司和股份有限公司。

以公司形式成立企业法人,依照《公司法》规定。成立金融、保险等专业领域的企业法人,依照《公司法》及专门规定。

第58条　全民所有制企业法人以国家授予它经营管理的财产承担民商责任。

集体所有制企业法人以企业所有的财产承担民商责任。合作社企业法人以合作社所有的财产承担民商责任。

中外合资经营企业法人、中外合作经营企业法人和外资企业法人以企业所有的财产承担民商责任,但法律另有规定的除外。

第59条　企业法人应当在核准登记的经营范围内从事经营。

企业法人对它的法定代表人和其他工作人员在企业经营范围内的经营活动,承担民商责任。

企业法人的法定代表人和其他工作人员,以法人名义从事经营活动,给第三人造成损失的,企业法人应当承担民商责任。

第60条　企业法人分立、合并或者有其他重要事项变更,应当办理登记并公告。

企业法人分立、合并,它的权利和义务由分立、合并后的法人享有和承担。

法人分立时对原来法人的债务承担没有确定或者确定不明确的,分立后的法人对原来法人的债务承担连带责任。

第61条　企业法人终止,应当向登记机关办理注销登记并公告。

第62条　企业法人解散,应当自行清算。企业法人被撤销的,由其主管机关组织清算小组进行清算;企业法人被宣告破产的,由主管机关或者法院组织有关机关和人员成立清算组织,进行清算。

清算组织是以清算企业法人债权、债务为目的而依法成立的组织,可以自己的名义进行与清算有关的活动,负责对终止的企业法人的财产进行保管、清理、估价、处理和清偿。

以逃避债务责任为目的而成立的清算组织,其实施的民商行为无效。

第三分节　非企业法人

第63条　非企业法人是指企业法人以外的具有法人资格的民商主体。非企业法人包括国家机关法人、事业单位法人、社会团体法人和基金团体法人。

第64条　国家机关从依法成立之日起,具有法人资格。事业单位法人、社会团体法人和基金团体法人依法不需要办理法人登记的,从成立之日起,具有法人资格;依法需要办理法人登记的,经核准登记,取得法人资格。

第65条　非企业法人的民商权利能力,依照其性质或者依法核准登记的活动范围确定。非企业法人应当在其民商权利能力范围内进行民商活动。

第66条　国家机关依其性质,只能进行因行使职权需要所进行的民商活动。国家机关及其工作人员不得从事企业性经营活动,不得与企业共同经营,其工作人员不得在企业兼任职务、领取报酬和获得利益。

国家机关对其工作人员在执行职务中所进行的行为承担责任,对给自然人或者其他法人的合法权益造成损害的,应当承担民商责任。

第67条　事业单位法人经主管机关批准成立,依照法律规定或者章程规定进行活动。因其资金来源不同,应当对投资人和社会公益事业同等负责,但不得以营利为主要目的。以营利为主要目的的业务活动,应当改制为企业模式,独立经营。

第68条　社会团体法人,经主管机关批准并由团体登记部门登记成立。社会团体法人应当制定章程,依照章程从事社会公益活动。为从事章程允许的活动而进行相应的民商事活动,但不得进行以营利为目的的经营活动。从事以营利为目的的经营活动的,应当改制为企业法人独立经营。

社会团体法人的成员可以是自然人或者法人及其他组织。

社会团体法人的经费主要由收取会费、接受社会赞助、捐款及机关拨款组成。经费收支状况应当向团体成员报告,接受监督。

第69条　基金团体法人是对企业、事业单位、社会团体、其他组织或者个人自愿捐赠的资金以特定领域范围的公益事业为目的的进行管理利用的非营利性法人。基金团体法人包括基金会法人和宗教团体法人等。

设立基金团体法人,应当经过主管机关批准并办理登记手续。

第70条　基金团体法人应当依据基金捐献人的目的和基金团体法人的章程进行活动。对于所得捐款及其所产生的收益,只能用于和成立基金社会团体法人宗旨相一致的社会公益性事业。

基金团体法人财产基金的使用管理情况,应当接受捐助人和社会的查询和监督。

基金团体法人不得进行以营利为主要目的的业务活动。开展或从事以营利为主要目的的业务活动的,应当与基金团体法人分离,设立为企业法人,独立经营。①

---

① 本分节关于非企业法人的有关规定,贯彻和体现反腐倡廉和政企分开、产权明晰的精神。

第三节　非法人企业

第一分节　合伙企业

第71条　合伙企业是依法成立、由各合伙人依照合伙协议,共同出资、共同经营、共享收益和共担风险,并对合伙企业债务必须有合伙人承担无限连带责任的营利性组织。

合伙企业的合伙人,可以是自然人,也可以是法人或者其他组织。

第72条　合伙企业的合伙协议,应当采用书面形式,并由合伙人签字或者盖章。

合伙协议应当包括合伙组织的名称、合伙人各自的出资数额、合伙组织的负责人、合伙盈余的分配、债务的承担、入伙与退伙、合伙的终止事项等内容。

第73条　合伙企业应当具备以下条件:

(一)合伙企业人数应当为二人以上二十人以下。超过二十人的,应当以公司的形式进行登记和经营。合伙人不足二人时,丧失合伙组织资格。

(二)合伙企业应当有自己的名称或者字号,名称或者字号中应当标明为合伙。

(三)合伙人应当按照合伙协议缴付出资和分享利益。

(四)合伙人当中必须有人对合伙债务承担无限连带责任。

第74条　合伙企业依法应当进行企业登记。合伙组织在登记的经营范围内进行民商事活动。

合伙人之间虽然签订合伙协议,但并未成立合伙企业组织,也未进行合伙登记或者以合伙字号的名义进行民商活动的,以债权编中的合伙合同的规定办理。

第75条　合伙企业的财产为合伙人的出资财产和以合伙企业的名义取得的财产及合伙经营积累的财产。

合伙财产为合伙人共同所有,由合伙人按照约定统一管理和使用。

合伙企业应当按照法律规定建立财务会计制度。

合伙的财产和经营活动,应当接受合伙人和主管部门的监督。

第76条　合伙企业对合伙组织的负责人和经营管理人员的经营活动负责。

合伙企业对所聘管理人员的行为后果按照聘任合同约定办理。

第77条　合伙企业的合伙人对于合伙债务承担无限连带责任。但应先以合伙财产进行清偿。合伙财产不足清偿时,各合伙人应当承担无限连带清偿责任。

合伙人所承担清偿数额超过自己应当承担的数额时,有权向其他合伙人追偿。

第78条　合伙协议约定部分合伙人仅以自己的出资数额承担责任时,为一般的有限责任合伙。

合伙协议约定部分合伙人由于自己的原因给合伙造成损失而为合伙债务承担无限责任,其他合伙人以自己的出资数额承担责任时,为特殊的有限责任合伙。

法律承认合伙人关于有限责任合伙协议的效力。

第79条　合伙的入伙与退伙,协议有约定的,按照协议约定。协议没有约定或者约定不明确的,对新合伙人的加入,应当经全体合伙人同意,并订立入伙协议;对合伙人的退出,应当随时允许,并为退伙人进行结算。

第80条 对于入伙与退伙的债务,有约定的,按照约定,没有约定的,入伙的新合伙人对入伙前的合伙企业的债务承担无限连带责任。退伙人对其退伙前的合伙企业债务与其他合伙人承担无限连带责任。

第81条 合伙企业解散的,应当依法进行清算。

合伙企业解散后,原合伙人对于合伙企业存续期间的债务仍应承担连带责任。但债权人的债权超过民商责任时效期间的,该责任消灭。

第82条 对于合伙企业的规范,还可由《合伙企业法》专门规定。

第二分节 家户企业

第83条 家庭由自然人因婚姻或者血缘关系组成。家庭可以家庭组织的形式进行民商事企业经营活动。

家庭应当有家长或者户主。家庭的民商事活动通常以家长或者户主的名义进行。夫妻之间均有代表家庭进行民商行为的资格,但夫妻之间另有约定或法律另有规定者除外。

第84条 家庭成员在法律允许的范围内,依法经核准登记,从事工商业经营的,为个体工商户。个体工商户可以起字号。

以字号为名义的个体工商户,以其字号和营业执照登记的家庭成员为其代表人。

第85条 农村集体经济组织的成员,在法律允许的范围内,按照承包合同规定从事商品经营的,为农村承包经营户。

农村承包经营户以其承包合同上规定的家庭成员为其代表人。

第86条 家户以其家庭财产作为股份投资加入合作社或者公司进行经营的,以其投入的财产数额对合作社或者公司的债务承担有限责任。

以公司、合作社加农户等形式进行联合经营的,经营各方的责任以合同约定承担责任。合同没有约定或者约定不明确的,以前款规定方式承担责任。

第87条 家庭、个体工商户、农村承包经营户的债务,个人经营的,以其个人财产承担;家户成员共同经营的,以家户的共同财产承担。

虽以家户成员个人名义登记,但以家户共同财产投资,或者收益主要部分供家户成员共同享用的,其债务应以家户的共同财产承担。

第88条 家户的债务,如以其家户共同财产承担清偿责任时,应当保留家户成员的生活必需品和必要的生产工具。

第三分节 个人独资企业

第89条 个人独资企业是由一个自然人投资,财产为投资人个人所有,投资人以其个人全部财产对其独资企业债务承担清偿责任的企业。

第90条 个人独资企业的名称应当与其责任形式和从事的经营业务相适应。

个人独资企业申请领取营业执照后,才可以个人独资企业的名义从事经营活动。

第91条 个人独资企业投资人对本企业的财产享有所有权,其财产和相关权利依法可以进行转让和继承。

第92条　个人独资企业投资人进行设立登记时,以家庭财产作为个人出资的,应当以家庭共同财产对企业债务承担清偿责任。

投资人将其经营收益转移与家庭成员的,以投资人个人财产承担责任外,享受转移利益人应当承担补充责任,但以其享受的转移利益为限。

第93条　个人独资企业因投资人决定解散、投资人死亡、被依法吊销营业执照等原因终止的,应当进行清算,并就其财产依法定顺序进行清偿。

清算结束的,投资人或者清算人应当到登记机关办理注销登记。

第四节　国家

第94条　国家在下列情况下直接作为民商主体:

（一）以国家的名义发行国债;

（二）以国家的名义依法对特有资源享有专属所有权;

（三）以国家的名义对自然人或者法人的财产进行征收、征用;

（四）以国家的名义进行捐助、救济或者赠予、奖励的;

（五）以国家的名义进行损害赔偿的;

（六）以国家的名义接受捐赠或者进行民商交易活动的;

（七）以国家的名义进行其他民商行为的。①

国家作为民商主体进行民商事活动,与其他民商主体处于平等的地位,不得享有任何特殊权利。

第95条　国务院代表国家作为民商主体进行民商行为。国家的民商行为依照法律规定可以通过各级政府进行。

国务院和地方政府依照法律规定,分别代表国家对国家出资企业履行出资人职责,享有出资人权益。

第96条　国家各级政府机关依法维护国家和人民的利益。对损害国家和人民利益的行为,国家机关及其工作人员应当依法予以追究。对其失职、渎职、滥用职权等行为造成的损害后果,国家机关及其负责人应当承担法律责任。

第五节　代理人②

第97条　民商主体可以亲自进行民商法律行为,也可以由代理人以本人的名义和资格代为进行,但根据法律规定或者契约约定,必须由民商主体本人亲自进行的民商法

---

① 如果将民商主体依法应当缴纳的税款也作为债务,是一种法定之债的话,国家在依法收税的关系中,也处于民商主体的地位。如果债务人违反纳税义务,国家在民商法方面即应当提起诉讼,通过法院判决的方式来实现完税的目的。纳税债务的观点可参见魏振瀛:《民法》,北京大学出版社、高等教育出版社,2010年版,第613页。

② 代理人在民商事活动中,是以被代理人即上述民商主体的资格出现的,或者所实施民商行为的法律后果是由被代理人享有和承受的,因此将代理人直接放入主体部分,顺理成章,更为明晰,便于适用。

律行为,或者法律禁止进行代理的民商行为,则不能由代理人代为进行。

代理人可以是自然人,也可以是自然人以外的其他民商主体。自然人作为代理人,必须是具有完全民商行为能力的人。

第98条 代理人分法定代理人、意定代理人和指定代理人。根据法律的直接规定承担代理职责的,为法定代理人。根据当事人的意愿,委托他人作为代理人的,为意定代理人。根据有关机关的指定作为代理人的,为指定代理人。

第99条 法定代理人专为无民商行为能力人和限制民商行为能力人的自然人设置。无民商行为能力人和限制民商行为能力人的监护人是其法定代理人。

法定代理人依照法律规定的监护人的职责范围行使代理权。

第100条 民商主体可以根据自己的意愿,决定代理人。意定代理人根据委托契约所产生的授权范围进行代理,并不得损害被代理人的利益。

意定代理的委托根据依照债编中委托契约和信托契约的规定。

第101条 民商主体由于失踪或者其他特殊情形不能亲自进行有关民商活动,又没有法定代理人或者意定代理人的,由基层组织或者法院为其指定代理人。民商主体已经有财产代管人的,由财产代管人履行指定代理人的职责。

第102条 代理人可以直接以被代理人的名义进行民商法律行为,而使其效力直接归属于被代理人。

代理人也可以以代理人自己的名义进行民商法律行为,其行为后果先由代理人承担,然后移交于被代理人承担。①

第103条 代理人可以是单独一人,也可以是二人以上。二人以上的代理人共同进行代理的,意定的共同代理人按照约定承担责任,非意定的共同代理人共同承担责任。

第104条 没有代理人资格而以代理人名义进行代理或者代理人资格消灭后仍以代理人名义进行代理的,为无权代理。无权代理和越权代理,除经被代理人追认者外,由行为人承担责任。被代理人对无权代理或越权代理的行为知情而不表示反对的,视为同意,由其承担责任。

因本人原因致第三人合理相信无权代理人具有代理资格的,无权代理人所为行为由本人承担责任;但有第三人疏于审查或者行为人伪造、盗窃相关证件情形者除外。

无权代理人或越权代理人因其行为给本人造成损害的,依法应当承担责任。

对无权代理或越权代理人的行为,第三人知情的,其行为后果由第三人和无权代理人负连带责任。

代理人与第三人串通,损害被代理人利益的,由代理人和第三人承担连带责任。

第105条 代理人应当亲自行使代理权,不得转托他人。需要转托他人代理的,应当事先征得被代理人同意。未经同意的,代理人应当对自己的转托行为承担责任,但在

---

① 包括直接代理与间接代理。理论上简单,适用上方便,融合学说优点,符合实务情形,整齐划一,内外一致。

紧急情况下,为了保护被代理人利益而转托他人代理的除外。

第106条 代理人知道被委托的事项违法仍然进行代理的,或者被代理人知道代理人的代理行为违法而不表示反对的,由被代理人和代理人承担连带责任。

第107条 意定代理中授权不明的,被代理人应当向第三人承担责任,代理人负补充责任。

第108条 法定代理人资格因监护人资格丧失而丧失。

非法定代理人资格因代理事项完成、期限届满,或者代理人资格丧失、辞却、被取消等而终止。

代理人资格终止的,不得再以本人的名义和资格进行民商行为的代理活动。

第三章 民商客体①

第109条 民商客体是存在于民商主体之外的客观事物。民商主体不得仅以主体自身为中心,而应当尊重和敬畏客体的独立价值,重视民商客体对主体自身的功能作用和价值影响。

民商客体可以是物,可以是人身利益,可以是知识产品或者智力成果,还可以是特定主体之行为。

第110条 作为民商客体的物,具备以下条件:

由民商法规定;

能够为民商主体控制和支配;

具有一定价值,能够满足民商主体的某种需要,或者对人类生活具有不利影响;

存在于自然人的身体之外或者能够与自然人的身体相分离;

占据有一定的空间。空间包括自然空间和网络空间。

物是物权之客体,本法中物与财产可以同义。

本法所称之物,不包括权利。但物与其上附着之权利,可以同时作为民商之客体。

第111条 物通常以能够满足人类实际生存需要的形式存在:

(一)土地、水流、空气、海洋、森林、矿藏、草原、荒山、湿地、滩涂、岛屿、山峦、丘陵等自然物;

(二)房屋、食品、衣物、工具、设备、用品等人造物。

土地、水流、海洋、空气、森林、矿藏、草原、湿地等重要自然资源,承载人类和养育人类,对人类生存发展不可或缺,除本法典所做规定外,依照专门法规定。

第112条 物有的以票证的形式存在,代表或者表示着对一定的实物或者利益具有一定的权利或价值。这类物品有:

(一)货币;

(二)债券;

---

① 本章是关于客体方面的一般性规定,有关客体的具体类型等,将放在以后各编做周详规定。如物中的动产、不动产之类,将放在物权编结合物权进行规定;生命、健康等在人身权编具体界定。

(三)股票;

(四)票据(汇票、本票、支票);

(五)存款单;

(六)收据、发票;

(七)借条;

(八)提货单;

(九)车船票;

(十)机票;

(十一)门票;

(十二)邮票;

(十三)购物卡;

(十四)信用卡;

(十五)保险卡;

(十六)证书、证明;

(十七)其他类似的票证物品。

对于债券、股票和票据,除本法规定外,依照证券法和票据法等专门的民商单行法规定。

第113条　物有的以文物的形式存在。文物是人类历史遗留下来的在人类文化发展上具有价值的物,如建筑、碑刻、工具、武器、生活器皿和各种艺术品、作品等。

国家对文物进行专门立法,分级别进行管理、保护和利用。民商主体在享受文物利益时,应当珍惜、爱护和保护文物。

第114条　物有的以动物的形式存在。动物是人类以外的有神经、有感觉、能运动的生物,与人类具有更多的共性。

国家对动物进行专门立法,分级别进行保护和利用。民商主体在民商事活动中,应当珍爱动物和善待动物。对饲养动物不得遗弃或者虐待。对动物进行管理、利用或者享受动物利益,应当改进方式,尽力减少或者避免动物的痛苦。

第115条　有的物以植物的形式存在。国家对植物进行专门立法,保护植物种类的多样性和对人类生存环境的影响。民商主体在民商事活动中,应当爱护和保护植物,营造良好的人类生存环境。

第116条　与自然人的身体已经分离或者能够与自然人的身体相分离的东西,也是物。但是对其进行利用,因与人类的伦理道德观念和人身权利关系密切,应当依照相关特别法规定。

第117条　自然人死亡,其主体资格消灭,其遗体、骨灰也是物。但对遗体、骨灰的保存、处置和管理、利用,应当充分尊重乡情民意,依照丧葬习俗和丧葬法规的规定。

第118条　有的物以毒品的形式存在。对于毒品,无论是植物中的毒品或者人造毒品,均应遵守法律的特别规定。民商事活动中,对于毒品物质,实行严格的管制和禁止措施,远离毒品和拒绝毒品,禁止吸食毒品。

第119条　有的物以废物、垃圾的形式存在。对于废物类物品,应当有效处置和科学利用,不得对他人或者公共利益造成不利影响。

第120条　有的物以易燃易爆剧毒放射等严重威胁和影响公众安全的形式存在。对于易燃易爆剧毒放射类物品的生产、储存、保管、运输、流通、使用等一切经营环节,实行严格的行政管控措施。除适用民商法规定外,必须严格遵守行政特别法规定。

第121条　物有的以虚拟财产的形式表现出来,并以一定的实际财产为基础或者能与一定的实际财产发生转化。网络虚拟财产也属于物的范畴,受到法律保护。

第122条　作品、发明、设计、商标、商业秘密等知识产品,独立存在于民商主体之外,为民商客体的重要类型。

应当弘扬劳动光荣、技能宝贵、创造伟大的风尚,重视和保护科技成果,促进技术创新,对于重要知识产品成果,给以奖励或者授予民商主体专门利用的权利,促进科学技术进步和社会文明发展。

第123条　在民商主体的相互关系中,人身利益也是民商客体。

自然人的生命健康、容貌特征、身体自由、隐私信息、名誉荣誉等,即以人身利益的形式成为民商客体。

其他民商主体的名称、信息、名誉、荣誉等,也可以人身利益的形式成为民商客体。

第124条　民商主体之间相互约定的具有特定意义或者体现特定利益的行为,也可以成为民商权利义务的客体。

第四章　民商权利①

第125条　民商权利是民商主体依法对特定的民商客体可实现的某种利益或者可实施的一定行为。

民商权利是民商主体生存发展的基本权利,受到国家法律的充分尊重和严格保护。

民商权利有的可以被民商主体自愿放弃,但任何人不得侵害他人的民商权利。侵害他人民商权利的,应当承担法律责任。

第126条　民商主体依法可以享有以人身利益为内容的人身权利和以财产利益为内容的财产权利。

第127条　民商主体依法享有对特定客体或者利益进行支配的权利,也享有请求特

_____

① 本章固守并张扬民法通则中关于民事权利的一般规定,仍在"通则编"对民商主体之民商权利做基础性规定,是了解认识民商权利与民商法殿堂的初步阶梯;第二步阶梯是民商法典的后面五编;第三步阶梯是公司、证券、海商等单行民商法律;第四步阶梯是各国关于民商法的相关规定与比较适用。作为市场经济社会百科全书的民商法典来说,人人都应当对民商法典的通则编内容熟知和了解,因此民商法典的内容也应当具有科学性、实用性、可阅读性和可欣赏性。当然本章内容需要与后面各编内容很好地衔接糅和并避免重复。本章不分节,为了避免与后面编名重复。后面各编内容形成时,本章少数条文可能会有改动。

定的人为一定行为或者不为一定行为的权利,以实现对特定客体的支配或者对利益的享受。

对于权利人一方的请求,被请求一方享有抗辩的权利。

第128条 根据民商权利的利益性质和客体内容,本法将民商权利规定为人身权、物权、知识产权、继承权和债权等几种基本类型。

第129条 民商权利基于某种事实或者行为的发生并依照本法的规定产生、存在、变更、消灭。

第130条 关于民商权利的规定,除本章所作一般规定外,其具体内容、取得、行使、保护、消灭等规则,由本编之外的各编分别规定。

第131条 自然人享有人格权和身份权。自然人的人格尊严不得侵犯,自然人的身份利益受到保护。

第132条 自然人享有生命权和健康权。

自然人依法享有自由权。自由包括其人身自由和思想自由。

民商主体依法享有自主经营活动的权利,其经营活动和经营方式由民商主体自主决定。

第133条 自然人享有姓名权,有权决定、使用和依照规定改变自己的姓氏或名字。禁止他人干涉、盗用、假冒自己的姓名。

法人和其他单位主体依法享有名称权。不得侵害、假冒或者故意使用容易与其他主体相混淆的名称。

第134条 自然人享有肖像权。未经同意,不得拍摄他人的肖像或者将他人的肖像进行传播。未经协议许可,不得以营利为目的使用自然人的肖像。

单位主体依法享有形象标志权。禁止他人擅自模仿或者利用。

第135条 民商主体依法享有名誉权,禁止用侮辱、诽谤等方式损害他人名誉。

第136条 民商主体依法享有荣誉权。荣誉权的取得应当遵守诚实信用原则,应当与事实状况一致。

禁止骗取或者用不正当手段获得荣誉,禁止非法剥夺他人的荣誉称号。

第137条 自然人享有婚姻自主权,禁止买卖、包办婚姻和其他干涉婚姻自由的行为。

第138条 自然人依法享有家庭成员身份权、亲情权和团聚权,享有家庭生活的安宁权。禁止侵害或破坏他人家庭的稳定与安宁。

第139条 民商主体依法享有对物进行支配和利用的权利。物的权利归属是民商主体对物进行支配和利用的基本权能。

物权包括自物权和他物权。

第140条 民商主体依法享有的对物进行完全支配和利用的权利是自物权。自物权是完全物权,也称所有权,所有权人有对自己的物进行占有、使用、收益和处分的全部权能。

第141条　所有权人通过合同约定或者遗嘱决定是对自己财产进行处分的最重要方式。

所有权人行使其所有权,不得对他人、公共利益或者公共环境造成不利影响。

第142条　民商主体依法享有的对他人具有所有权的物进行支配和利用的权利是他物权。他物权为限制物权,他物权人对物的支配和利用,受到来自物的所有权人约定方面的限制,也受到来自法律规定方面的限制。

第143条　他物权依照契约的约定或者法律的规定产生。根据财产所有权的权能和与财产所有权的分离状况,他物权包括控占权、占用权、用益权和经营权四种类型。

他物权人行使权利,应当遵守法律规定和契约约定,并不得对公共利益和公共环境造成不利影响。

第144条　物权人行使物权,应当按照优化环境、方便生活、有利生产、团结互助、公平合理的精神,正确处理相互之间的关系。

第145条　物权人应当珍惜爱护和合理利用土地,不得污染土地和浪费土地。

对于公用道路,不得私自占用或影响他人使用。

由于地理自然因素,对自己享有物权的土地,应当允许邻人正常通行。

第146条　物权人应当爱惜保护和合理利用水源,不得对水源造成污染。

物权人应当保护水源清洁,不得向水源、河流、溪流、河道中抛弃废物或排放废水。排放废水的,应当达到国家法律规定的排放质量标准。

物权人应当遵重水的自然流向,不得擅自截水、排水,损害他人利益。应当公平合理地分配和利用水资源。

第147条　物权人行使物权,应当采取措施,保护空气质量,不得排放有害气体和有害物质,排放的气体和物质应当达到国家法律规定的质量标准。

第148条　物权人修造建筑物,应当不低于法律规定的质量标准,进行环境绿化和优化环境,保证通风采光要求,不得影响邻人的合法利益。

第149条　物权人应当珍惜物品和节约利用物品,不得挥霍浪费,并不得随意丢弃废物、扔放垃圾,影响公共卫生。

第150条　物权受到法律同等的尊重和保护。不同民商主体的物权和不同类型的物权受到法律的平等保护,以满足民商主体对物的支配利用和对物质文明的需要。

第151条　民商主体对知识产品依法享有支配利用的权利,以满足对知识产品或者智力成果的需要,促进物质文明、环境文明、制度文明和精神文明的发展。

第152条　民商主体依法对创作的作品享有著作权(版权、作品权)。

作品是在文学、艺术和科学领域内,具有独创性并能以某种形式复制的智力创作成果。创作作品的人是作者,也称著作权人。

第153条　著作权人对作品享有署名、发表、出版和获得报酬的权利。

作品不论是否已经发表,作者对自己的作品均享有著作权。

第154条　作者死亡后,著作权在法定保护期限内由著作权人的继承人继承或者其他利益关系人保护。著作权中的署名权和修改权不得继承,也不受保护期限的限制。

第 155 条　民商主体对自己的发明创造、科学发现和其他科学技术成果享有权利。

第 156 条　民商主体对自己的发明创造可以申请国家专利,对获得的专利享有独占和专门利用的权利。

专利权人对自己的专利,可以转让他人利用,并获得报酬或者费用。

第 157 条　民商主体在经营活动中,为了使自己的商品或者经营与相似的商品或经营区别开来,可以使用商品标识。对商品标识依法进行注册的,取得对注册商标的专有权。

第 158 条　国家实施知识产权战略措施,对知识产权予以严格保护,对侵害知识产权的行为予以法律制裁。对知识产权的保护,应当根据法律规定适用相关国际知识产权协议的规定。

第 159 条　对于著作权、发明权、发现权、专利权、商标权等知识产权的取得、行使、消灭等具体规则由知识产权编规定。

第 160 条　自然人死亡,所遗留物权、知识产权等财产利益,依法由死者亲属中的继承人继承。

第 161 条　继承人依法享有取得被继承人所留遗产的权利。其他民商主体不享有继承权,但是可以依照被继承人的遗嘱接受遗赠或者根据法律规定取得被继承人的遗产。

第 162 条　继承应当尊重被继承人的意愿。被继承人留有遗嘱的,按照遗嘱继承;没有遗嘱的,按照法定继承。

被继承人生前与他人签订有遗赠扶养协议的,按照遗赠协议办理。

被继承人的遗产无人继承的,按照无人继承遗产处理。但是对被继承人生前进行了必要照顾的人,可以从无人继承的遗产中分得适当的遗产。

第 163 条　继承的开始,遗产的范围,继承人及其继承顺序,遗嘱的条件,遗产的分配与分割,无人继承遗产的处理等,由继承编规定。

第 164 条　民商主体通过债的方式,可以对自己的人身权、物权、知识产权以及继承权进行保护,更可以通过债的制度对物权、知识产权以及人身权利益进行交换和流转。

债是按照契约的约定或者法律的规定,在特定的民商主体之间产生的特定的权利和义务关系。

按照债的发生根据,债有侵权行为之债、不当得利之债、无因管理之债和契约之债。侵权行为之债和不当得利之债对人身权、物权和知识产权担当民商法的保护功用。无因管理之债和契约之债对物权、知识产权以及人身利益担当流转取得的作用。

第 165 条　在债的关系中,享有权利的一方是债权人,负有义务的一方是债务人。

债权人享有请求债务人为一定行为或不为一定行为的权利,债务人对债权人负有为一定行为或不为一定行为的义务。债务人不履行特定义务的,应当承担民商法律责任。

第 166 条　债权人为二人以上的,按照确定的份额分享权利。债务人为二人以上的,按照确定的份额分担义务。

第 167 条　债权人或者债务人一方为二人以上的,依照法律的规定或者当事人的约定,享有连带权利的每个债权人,都有权要求债务人履行义务;负有连带义务的每个债务人,都负有清偿全部债务的义务,履行了义务的人,有权要求其他负有连带义务的人偿付其应当承担的份额。

第 168 条　债权人享有的请求债务人履行特定义务的权利,是请求权。对于债权人的请求权,债务人依法享有以合法事由予以抗辩的权利。抗辩权不成立的,债权人的请求权应当得到保护。

第 169 条　债的成立、履行、保全、担保、转移、消灭,侵权行为及其民商责任、契约行为及其权利义务关系、违约责任等,依照债编的规定。

第五章　民商行为[①]
第一节　一般规定

第 170 条　民商行为是民商主体实施的具有民商法律意义或后果的行为,也称民商法律行为。

第 171 条　民商行为以民商主体进行的意思表示,做出意思表示由民商主体的外在行为表示和内在真实意思构成进行民商行为,其外在行为表示和内在真实意思应当一致。

第 172 条　民商行为包括:

(一)民商原因行为;

(二)民商权利行为和义务行为;

(三)民商违法行为和违约行为;

(四)民商责任行为。

第 173 条　民商行为具备以下条件:

(一)由民商主体实施;

(二)民商主体实施了特定行为;

(三)民商主体实施的行为是民商主体行为人的意思表示;

(四)行为具有民商法律上的意义和后果。

---

①　根据上述关于民事法律行为的研究,民商行为是民商法律行为的简称,它不同或者宽泛于我国现行民法通则中的民事法律行为或民事行为。传统民法理论中的法律行为、我国民法通则中的民事行为或者民事法律行为,相当于本章所说民商行为中第二节的原因行为。实际上传统民商法理论中,在谈到证券、票据及相关行为时,所言无因证券、无因行为客观上已经承认有原因行为。参见谢怀栻:《票据法概论》,法律出版社,1990 年版,第 18、37、45 页。还有的认为物权行为是引起物权变动的普遍的、主要的原因。并把根据合同进行的"请求交付的行为"认为是债权行为,把根据请求而为的"交付行为"认为是物权行为,并认为两者都是民事法律行为。参见张俊浩:《民法学原理》,中国政法大学出版社,1991 年版,第 370–371 页。根据笔者研究,这些行为属于债的关系中的民商权利行为和民商义务行为,而不同于作为契约或者合同的原因行为。

第 174 条　民商行为可以是主体单方的意思表示;也可以是两个以上主体共同的意思表示。

第 175 条　民商行为符合法律规定的,受到法律的保护;不符合法律规定,则不能发生受法律保护的后果;违反法律规定的,应当承担民商法律责任,受到法律的制裁。

第二节　原因行为

第 176 条　民商原因行为是民商主体实施的旨在发生、变更或者消灭民商权利义务关系或者旨在取得民商权利的行为。

第 177 条　民商原因行为有原始取得民商权利的行为和传来取得民商权利的行为。

原始取得权利的行为是民商主体实施的第一次对某项民商客体内容具有民商权利的行为。

传来取得权利的行为是民商主体之间相互实施的对某项民商客体内容进行转让而取得权利的行为。

第 178 条　民商原因行为有的是民商主体具有利益目的而实施的行为;有的是没有利益目的而实施的行为。

第 179 条　具有利益目的的原因行为,是旨在特定主体之间发生、变更或者消灭特定民商权利义务关系的行为。

下列行为属于有利益目的的原因行为:

婚姻行为;

收养行为;

契约行为;

遗嘱行为;

其他有利益目的的原因行为。

第 180 条　有利益目的的原因行为,应当有明确的成立时间和生效时间。

成立或者生效的时间以行为人的约定或者法律规定的时间为准。所定时间可以是日历上将来的具体时间,也可以是行为人约定或者法律规定的特定事物条件发生或者成就时的具体时间。

第 181 条　没有利益目的的原因行为,是主体虽然没有在特定主体之间发生特定的权利义务关系的意愿,但实施特定行为后,依照法律规定则在特定主体之间发生相应民商权利义务关系的行为。

下列行为属于无利益目的的原因行为:

侵权行为;

不当得利行为;

无因管理行为;

其他无利益目的原因行为。

无利益目的的原因行为,其法律后果发生的时间为行为发生的时间。

第 182 条　有利益目的的原因行为,符合下列条件的,具有法律约束力:

民商主体合格,有相应的民商权利能力和民商行为能力;

意思表示真实,行为表示与内心意思一致;

所实施的行为不违反法律规定;

行为的形式符合法律规定。

符合前款有效条件的原因行为,法律保护行为人实现所实施行为的目的。

第183条　不符合前条规定有效条件的原因行为为无效行为。

下列原因行为为无效行为;

主体不合格;

意思表示不真实;

行为的性质或内容违反法律规定;

行为在形式上不符合法律的特别规定。

无效的原因行为,不具有法律上的约束力,法律不保护行为人实现其行为目的。但是法律另有规定,经补正追认或者利益受损人未提出撤销者除外。

第184条　主体不合格的行为,经资格补正,可以转化为有效的原因行为。资格补正,根据对方行为人的催告或要求做出,不能或者不愿意对主体资格补正的,仍为无效行为。

第185条　行为人意思表示不真实的,有权提出撤销所实施行为或者要求变更行为的内容,以恢复到行为未进行或者达到行为后果公平的状态,但是行为人能够容忍而没有提出撤销或者要求变更的,仍为有效行为。

第186条　行为人意思表示不真实的情形有:

行为人对于主体、行为性质或者内容有重大误解;

行为人是在被欺诈或者胁迫的情形下做出意思表示的;

行为人是在处于危难之际的情形下做出意思表示的;

行为的权利义务关系设置及其后果明显不公平。

第187条　因意思表示不真实提出要求对行为进行撤销或者变更的,应当在对行为权利义务关系履行之前或者履行之后一年内提出。

行为履行后满一年未提出撤销或者变更的,法律不再予以补救。

要求撤销或者变更行为的请求,应当向人民法院提出。

第188条　原因行为除适用本节一般规定外,婚姻行为、收养行为、遗嘱行为、侵权行为、不当得利行为、无因管理行为、契约行为应当分别适用人身权、继承和债编的规定。

第三节　权利行为和义务行为

第189条　民商权利行为是民商主体对民商客体进行支配或者向相对人进行请求的行为。

第190条　民商主体有权对自己的财产、知识产品及人身利益进行支配,可以控制占据、使役利用、收享利益、设置处分等;也可以对他人的财产利益进行支配。

民商主体进行支配性的权利行为,应当节约资源,优化支配方式,保护环境,注重与自然及他人的和谐。

第191条　民商主体对特定相对人进行请求,是根据契约约定或者法律规定,请求特定人实施特定的行为。

民商主体进行请求行为,不得对相对人的财物利益进行直接支配,而只能请求相对人将特定的财物交付给自己,或者要求相对人为一定之行为。

第192条　民商主体根据请求人的请求所为之交付行为或者为特定之行为是民商主体的义务行为。

义务行为也即履行行为,包括约定履行行为和法定履行行为。

第193条　民商权利行为可以放弃。民商义务行为必须实际履行,拒绝履行或者未按照约定或者法律规定进行履行的,将导致承担民商法律责任的后果。

第194条　义务人根据民商权利人的请求所应当实施的行为,包括义务人交付标的物的交付行为,也包括义务人按照约定或者法律规定应当直接作为或者不作为的行为。

第195条　交付行为应当由义务人向有权利接受交付的权利人为之。但是当事人另有约定或者法律另有规定的除外。

交付行为的标的应当符合契约的约定或者法律的规定。交付的方式也应当符合契约的约定或者法律的规定,或者以交付的习惯方式为之。

第196条　权利人请求义务人应当交付的对象为交付的标的。义务人所应当交付的财产物品是标的物;义务人应当进行或者交付的以满足权利人利益需要的行为是标的行为。

第四节　民商违法行为

第197条　民商主体侵犯他人权利或者违反义务的行为是民商违法行为。民商违法行为产生对违法行为人不利的法律后果。

第198条　民商违法行为主要包括民商侵权行为和违约行为。

违反法律规定,侵犯他人的人身权、物权、知识产权和继承权的,为民商侵权行为。

违反契约约定,无论是否给权利人造成损失,都构成违约行为。

第199条　构成民商违法行为的,应当对造成的不利于权利人的后果进行矫正,违法行为人应当承担侵权的民商责任或者违约的民商责任。

第六章　民商责任①

第一节　责任的方式与适用

第200条　民商责任即民商法律责任,是民商主体侵害他人的人身权、物权、知识产

---

① 民商责任,违法行为人可以自觉承担,也可以与权利受害人达成和解或调解协议而履行。如果违法行为人不自觉承担或者达成和解或调解协议后又不履行的,权利受害人则只能通过诉讼方式予以解决,由法院依照判决强制违法行为人承担民商责任,拒不执行的,便强制执行,进行法律制裁。参见王明锁:《物上请求权与物权的民法保护机制》,载《中国法学》,2003年第1期;法苑精萃编辑委员会:《中国民法学精萃》(2004年卷),高等教育出版社,2004年版。

权、继承权及其他合法权益或者违反契约约定后依法应当承担的民商法律后果。

第201条　民商责任依法应当由民商违法行为人向民商权利受害人主动实施的补救或者矫正行为。民商违法行为人不主动实施民商责任行为的,由法院根据诉讼结果强制执行。

第202条　民商责任的方式主要有:(一)停止侵害;(二)排除妨碍;(三)消除危险;(四)返还原物;(五)恢复原状;(六)修理、重作、更换;(七)赔偿损失;(八)支付违约金;(九)消除影响、恢复名誉;(十)赔礼道歉;(十一)支付精神损害抚慰金。

第203条　承担民商责任方式,可以单独适用,也可以合并适用。

法院审理民商事案件,除适用上述民商责任方式外,根据情况,还可以予以训诫、责令具结悔过、收缴进行非法活动的财物和非法所得、停业,并可以依照法律规定处以罚款、拘留。

民商违法行为人同时违反行政法或者刑法的,依法追究相应的法律责任。

第204条　行为人因同一行为应当承担行政责任或者刑事责任的,不影响依法承担民商责任;承担民商责任的,也不影响承担其他法律责任。

行为人因同一行为应当承担民商责任和行政责任、刑事责任,其财产不足以支付的,应当先行承担民商法律责任。

第205条　民商责任发生后,当事人依法可以通过和解、调解或者仲裁的方式解决,不能协商解决或者协商达不成一致意见,或者不服仲裁的,通过诉讼方式解决。当事人依法也可以直接通过诉讼方式解决。

第二节　当事人的责任分担

第206条　当事人双方都有过错导致损害发生的,应当分别承担各自应负的民商责任。

受害人对损害的发生有重大过失的,可以减轻行为人的责任。但行为人因故意或者重大过失致人损害,受害人只有一般过失的,不减轻行为人的责任。

第207条　当事人一方被造成损害后,应当采取适当措施防止损失的扩大;没有采取适当措施致使损失扩大的,不得就扩大的损失要求赔偿。当事人因防止损失扩大而支出的合理费用,由违法行为人承担。

第208条　因不可抗力不能履行契约或者造成他人损害的,根据不可抗力的影响,可以减少或者免除行为人的责任,但法律规定不可抗力发生是行为人承担责任的条件者除外。

不可抗力,是指不能预见、不能避免并不能克服的客观情况。

第209条　当事人一方所承担的民商责任,应当不低于另一方因此所受到的损失。但当事人另有约定或者法律另有规定的除外。

第七章　民商责任时效①

第一节　责任时效与责任时效期间

第 210 条　民商权利受损害人要求违法行为人承担民商法律责任,应当在本法规定的责任时效期间内向人民法院提起诉讼。超过法律规定责任时效期间向法院提起诉讼,请求追究违法行为人的民商法律责任,保护权利人的民商权利的,法律不再保护和追究。

第 211 条　一般的责任时效期间为二年,法律另外规定的为特别责任时效期间。特别责任时效期间或者不足二年,或者长于二年。不足二年的责任时效为短期责任时效,长于二年的责任时效为长期责任时效。

第 212 条　下列的责任时效期间为一年:

(一)身体受到伤害要求赔偿的;

(二)出售质量不合格的商品未声明,受损害人要求商品生产者或者销售者承担责任的;

(三)承租人延付或者拒付租金,出租人要求支付的;

(四)寄存财物被丢失或者损毁,财物托管人要求保管人承担责任的;

(五)通过电子网络交易而产生的网上购物纠纷。

第 213 条　涉外契约民商法律关系中的责任时效期间,法律另有规定的,按照该规定办理。

法律或者当事人之契约关于索赔时间和对产品质量等提出异议的时间有规定的,按规定办理。

第二节　责任时效期间的起算

第 214 条　责任时效期间从权利受害人知道或者应当知道自己的权利被侵害之日起计算。

义务人应当履行义务之日而未履行的,为权利人知道权利被侵害之日。

第 215 条　人身损害赔偿的责任时效期间,伤害明显的,从受伤害之日起算;伤害当时未曾发现,后经检查确诊并能证明是由侵害引起的,从伤情确诊之日起计算。

第 216 条　侵害处于缓慢渐进状态,受害人要求侵害人停止侵害、排除妨碍、消除危险、消除影响、恢复名誉的,其责任时效期间,从受害人超过忍耐限度,首次向侵害人提出请求,要求保护权利之日起计算。

第三节　责任时效期间的中止和中断

第 217 条　在责任时效期间的最后六个月内,因不可抗力或者其他障碍致使权利人不能行使请求权的,责任时效期间暂停计算,从中止时效的原因消除之日起,责任时效期间继续计算,算满本该具有的诉讼时效期间。

责任时效期间的最后六个月内,权利被侵害的无民商行为能力人没有法定代理人能

---

① 我们不用消灭时效、取得时效和诉讼时效概念,使用民商责任时效,使一切都变得清晰而简单方便。

够代为行使请求权的,认定为其他障碍,适用责任时效中止的规定。

第218条　责任时效因提起诉讼、权利人提出请求或者义务人同意履行而中断。从中断时起,责任时效期间重新计算。

第219条　权利人向债务保证人、债务人的代理人或者财产代管人主张权利的,认定为责任时效中断。

权利人向基层调解组织或者有关单位提出保护权利请求的,认定为责任时效中断。调解或处理达不成协议的,责任时效期间从调处之日重新起算;调处达成协议,义务人未按协议所定期限履行义务的,责任时效期间从期限届满义务人仍未履行义务之日重新起算。

第220条　责任时效中断后,权利人在新的时效期间内,再次主张权利或者义务人再次同意履行义务的,为责任时效再次中断。

第四节　最长责任时效期间及其延长

第221条　本法规定最长的责任时效期间为二十年。

二十年的责任时效期间从权利被侵害之日起计算。超过二十年的,法律不再予以保护。但是有特殊情况的,法院可以延长责任时效期间,对权利人的权利依旧保护。

第222条　婴儿的继承权受到侵害,或者因不可归责于权利受害人的因素而致权利人长期不能提出权利保护请求的,适用最长责任时效的规定。

第五节　超过责任时效期间的法律后果

第223条　超过责任时效期间,法律不再依照强制程序追究侵权行为人的侵权责任和违约义务人的违约责任。

不再追究行为人的民商责任,并不影响依法追究行为人的其他法律责任。

第224条　超过责任时效期间,权利人向义务人提出请求,要求履行义务,而义务人同意履行的,视为当事人之间重新建立起债权债务关系。

第225条　超过责任时效期间,违法行为人自愿向权利受害人承担民商责任的,不受责任时效期间的限制,权利人有权接受。

第226条　超过责任时效期间,债务人履行义务或者违法行为人承担民商责任后又以超过责任时效期间为由进行反悔的,法律不予支持。

九、结语

以上226条,为民商法典通则编之内容。笔者尽力使其具有科学性、系统性、抽象性、针对性、实用性、效力性、现实性、民族性,特别是逻辑上的严谨周密性;尽力切合市场经济规律,紧系社会生活实际,体现民商法品格;厉行大道致简、亲民为民、方便实用、精细立法之理念;梦想有一部不愧于中华民族传统优秀文化、不愧于改革开放发展时代要求,真正具有中国国情、中国特色、中国风格和中国气派的民商法典,也使法治中国的民商法典在世界民商法史上留下应有印记。经岁半耕耘①,于黄河岸边黄土地上终长出黍稷之苗,至于其能否成穗结实,则要看天时地利与人和。不论如何,行迈未糜,中心未摇、未噎也未醉。但仍仿以黍离最后两句做结:知我者谓我心忧,不知我者谓我何求。悠悠苍天,此何人哉!

黑格尔曾说,"真正的法典是从思维上来把握并表达法的各种原则的普遍性和它们的规定性的。"②恩格斯明曰:"如果说民法准则只是以法律形式表现了社会的经济生活条件,那末这种准则就可以依情况的不同而把这些条件有时表现得好,有时表现得坏。"③黑格尔还说,如果"否认一个文明民族和它的法学界具有编纂法典的能力,这是对这一民族和它的法学界的莫大的侮辱。"④

因此,我们做了以上我们认为应当做的事情。

---

① 李星、袁昊、李雪茹、李桂敏四位学生积极参与收集整理工作,特此鸣谢。
② 黑格尔:《法哲学原理》,第 219 页。
③ 《马克思恩格斯选集》第 4 卷,人民出版社,1972 年版,第 248—249 页。
④ [德]黑格尔:《法哲学原理》,范扬、张启泰译;商务印书馆,1961 年版,第 220 页。

中国民法典编纂与社会诚信体系构建之契合与互动

尚国萍①

【摘要】 诚信作为一种道德准则与行为规范,乃是社会发展的伦理基石。随着市场经济快速发展和社会结构急剧转型,传统道德体系解构和市场主体失信问题突出。民法作为最具伦理性的法律部门,与社会伦理道德规范的融合程度,反映了社会诚信体系建设的水平。编纂民法典与构建社会诚信体系必须相互契合与互动,才能实现社会主义市场经济的健康发展与和谐社会的良性运行。将诚实信用原则辐射到各个具体编章,将信用权法定化,完善信用利益保护与失信惩戒机制,为社会诚信体系奠定私法基础与提供规范支撑。

【关键词】 民法典 社会诚信体系 诚实信用原则 诚信义务

2014 年 10 月,党的十八届四中全会提出了编纂民法典的立法目标,吹响了全面推进依法治国和建设法治国家重大战略部署的号角。《民法总则》的制定已列入 2016 年全国人大常委会立法计划。民法作为市民社会和市场经济的基本法,规范着社会公众民事行为和维护着社会经济秩序。在民法典编纂和民法总则制度的进程中,必须直面回应民法和社会诚信两者之间的交织关系,寻求民法典编纂与社会诚信体系构建的契合之道使诚信之德与法治之力得以互补共进,建立德法合一型诚信建设模式,为社会和经济提供一个和谐发展的环境。

一、诚信乃社会发展之伦理基石

(一)诚信的内涵解读

诚信既是美德,又是中华文化积淀。从词源和古籍中考查,"诚"和"信"最初是两个各有侧重、相对独立的德目。

---

① 尚国萍,女,河南林州人,河南大学法学院讲师,中南财经政法大学 2014 级民商法学博士研究生。

1."诚"与"信"的词源考证 "诚"最早现于《尚书》中,"神无常享,享于克诚"①,此"诚"指笃信鬼神的虔诚心理。《周易》中有"修辞立其诚,所以居业也"②,"诚"指君子言论应不欺无妄,才能立业。此时已具人伦道德意义,后经诸子百家的演绎提倡,渐成经世致用的伦理规范。③ 儒家重视品性修养,以诚为万物本性,境界颇高,应当尊效。《大学》列"诚意"为八条目中的重要环节。周敦颐视诚为"五常之本、百行之源"④,是恒至善之实体,是道德观念、规范之源。至此,诚在古代道德修养中奠定了基础性的地位。纵观古论,以伦理视之,诚是指真实妄欺的品性和做人原则。

"信"本义是"从人""从言",指言谈真实,表里一致,字形结构上原本和诚一样,讲人在神面前祷告和盟誓的诚实不欺之语。《诗经》中"言笑宴宴,信誓旦旦"的"信"指诚意、真实可信。后经儒家提倡,渐去宗教色彩而成为道德规范。《论语》多次提到信,有诚实、相信、信任等多种含义。信被视为立身、处事以及执政的重要基础。《论语》中有"人而无信,不知其可也。"⑤"人无信不立","民不信不立"。⑥ 可见,孔子把信看作人立世的基点,并把"言必信,行必果","敬事而信"作为规范弟子言行的基本要求。荀子则发扬该思想,认为信既是养性修身的根本原则,又是区分悫士(诚信的人)和小人的道德标准。孟子将信作为处理五种人伦关系的规范之一,提出"朋友有信"。西汉董仲舒则总结孔孟思想,并将信列入为"五常",使其成为具有普遍意义的最基本的社会道德规范之一,从此确立了信在中国传统道德体系中的重要地位。

诚与信均要求对人诚实不欺,故而在传统文化中关系密切,可以互释。《说文解字》:"诚,信也,从言成声";信,诚也,从人言"便是佐证。⑦ 正因如此,从先秦起,二者开始连在一起使用。管子说:"先王贵诚信。诚信者,天下之结也。"⑧荀子也说:"诚信生神,夸诞生惑。"⑨西汉《盐铁论·世务》中讲:"诚信著乎天下。"唐代吴兢也曾讲:"君之所保,惟在于诚信。诚信立则下无一心。"⑩隋唐以后,诚与信经常连用,成为重要的社会道德规范。二者在伦理上也是统一的:诚是里,信是表;诚是神,信是形。"诚信"要求人们内诚于心,外信于行。诚给信加上了个人的、内在的限制,而信给诚加上了外在的、关系的限制。⑪ 由是观之,传统诚信仅仅是局限于伦理道德规范。

---

① 《尚书正义》,上海古籍出版社,1990年版,第116页。
② 《周易·乾》。
③ 唐献玲、张成飞:《论诚信之德与法治之道的和谐共进》,载《工会论坛》,2013年第6期。
④ 《通书·诚下》。
⑤ 《论语·为政》。
⑥ 杨伯峻:《论语译注·论语·学而》,中华书局1983年版,第21页。
⑦ (汉)许慎撰:《(清)段玉裁注、说文解字注》,中州古籍出版社,2006年版,第92页。
⑧ 《管子·枢言》。
⑨ 《荀子·不苟》。
⑩ 《贞观政要(卷五)》。
⑪ 付子堂、类延村:《诚信的古源与现代维度之辩》,载《河北法学》,2013年第5期。

2. 诚信的现代内涵释解　时代变迁、诚信含义渐丰。见于词典中，乃其释义俱增。现代汉语词典较之古时更为具体。《辞海》1999年版中并没有"诚信"词条，但有作为民法基本原则的"诚信原则"词条，其释义是"诚实"和"信用"。《现代汉语词典》2002年版对"诚信"的解释是："诚实，守信用。"可见现代词典皆以"诚实"和"信用"来解释"诚信"。这表明现代的"诚信"被当作一个由"诚实"和"信用"缩合而成的联合词。① 由此从词语释义项观之，诚信的现代内涵及价值基础较之以往有所不同，内涵更加丰富，看待诚信问题的视角愈发从不同视阈探讨，通常在个人、社会、经济、政治、法律等领域关注诚信问题。于个人，诚信是品德之基和修身之本。于社会，诚信是赖以发展的必要条件和文明进步的重要标志。于经济，诚信是重要的伦理约束和交往准则。于政治，诚信是民主的内在要求，是法治和文明的前提条件。于法律，诚信是重要的价值追求和社会目标，现代私法制度渗透着诚信的文化基因和道德价值。

（二）诚信与市民社会

诚信作为一种经济上的交往准则和伦理上的道德约束，在现代经济社会彰显出和隐含着重要经济价值和社会意义。在法治社会中，社会主体的行为操守和道德准则共同构建了实现公共福祉和社会正义的基础和平台，伦理道德上的精神文化不可避免渗透到人们的思想观念和行为活动中来，并通过行为规范折射出对个体自由和社会正义的价值考量和利益平衡。

市民社会是社会成员按照契约性规则，以自愿为前提和以自治为基础进行私人活动的领域，② 其秩序的维持通常依靠两个方面，一是道德，二是法律。但在两者的背后有一个共通性的基础链接——诚信。现代人对"诚信"的使用，不再过多地探究超越"诚信"的基础层面的本体论意义，而是从行为规范层面上取其"诚实信用"的基本含义。现代社会中的诚信不仅是个人道德的评价尺度，而且含有经济内容的利益要求和法律要求。可见，市民社会之所以能够具有自治自律功能，正在于它以诚信为核心内容建构起了市场道德体系和法律规范体系。这些规范与规则作为"活"的法律，对市场主体行为起着直接的指导、调整与约束作用。市场经济作为"逐利型"的社会经济形态，无法律、道德规制就会失序。人在选择诚信背后的动机，不管是因自身精神追求的价值诚信，还是将其视为达到预期目标中介的工具诚信，都暗含着市民社会对诚信的需要③。诚信在现代社会中

---

① 杨方：《诚信内涵解析》，载《道德与文明》，2005年第3期。

② "市民社会"（Civil Society）这一概念在公元1世纪由西方哲学家西塞罗最早提出，其原意是表示一种区别与部落和乡村的城市文明共同体。洛克第一次将市民社会作为人类社会发展的一个逻辑阶段，即有政治的阶段。黑格尔沿用了市民社会概念，被认为是西方思想史上将市民社会与政治国家进行二元区分的理论先驱。马克思在黑格尔的意义上来使用市民社会概念的，他认为市民社会是指私人利益关系领域，"包括各个个人在生产力发展的一定阶段上的一切物质交往的社会组织"。

③ 唐献玲、张成飞：《论诚信之德与法治之道的和谐共进》，载《工会论坛》，2013年第6期。

的突出作用,还表现为市民社会中契约的普遍化。在现代契约的范围内体现的诸多伦理道德观念中,诚信仍处于基础性地位,是契约社会的内在道德基石。

二、民法典编纂与社会诚信体系构建之关系

市民社会是民法的原生地,诚信是市民社会的伦理基石,亦是民法典的伦理和道德基础。如何让诚信成为人们强有力的行为准则和制度约束,便产生了由道德的诚信上升为法律的诚信的路径需求,这也正是诚实信用原则成为民法基本原则的根源和初衷。民法作为一种伦理性规范,诚信的伦理内容必然需要民法规范进行充分吸收和合理建构。民法发达的程度是市民社会和法治国家成熟的主要标志。[①] 编纂民法典为我国社会诚信体系的全面构建提供了良好的融合契机和制度支撑。

(一)编纂民法典是我国构建社会诚信体系的客观要求

正是社会上诚信缺失的种种乱象,凸显出诚信体系建设的紧迫性。有关调研数据表明[②],现实经济社会生活中普遍存在的"诚信危机"严重地阻碍了社会主义市场经济的健康发展和社会秩序的良性运行。为此,党的十八大报告明确提出,加强政务诚信、商务诚信、社会诚信和司法公信建设,全面推进社会信用体系建设。党的十八届三中全会进一步指出,要建立健全社会征信体系,褒扬诚信,惩戒失信。2014 年 6 月,国务院印发的《社会信用体系建设规划纲要(2014—2020 年)》是对党的社会诚信体系全面构建政策的具体落实和细化实施。

社会诚信体系建设不应仅渗透于日常道德规范之中,因为"一切道德体系都在教诲向别人行善……但问题在于如何做到这一点。只有良好的愿望是不够的"[③]。道德规范之外是外在的规则、制度和法律的约束,《民法通则》将"诚实信用原则"确立为民法的基本法律原则之一。这既是对社会诚信体系在法律层面上的回应,也是私法对道德失序的一种补救。法律制度天然所具有强制性、稳定性与可操作性等特征,对诚信道德价值的重塑和建构可避免其停留在纯粹道德说教模式与形而上的随意理解状态,从而为公众诚信道德的养成进而推动诚信体系的建设提供制度前提。[④] 仅将诚实信用原则确立为一项

---

① 章礼强:《民法本位论》,上海人民出版社,2013 年版,第 97 页。

② 2011 年 2 月 11 日至 14 日,新华社《瞭望》新闻周刊联合国内专业调查机构——新生代市场监测机构,对北京、上海、广州、杭州、成都 5 个大中城市的民意调查数据显示,被访者对当前中国社会诚信状况总体评价较低,仅有 4.8% 被访者评价"好",48.7% 被访者评价"一般",而 46.6% 被访者认为社会诚信状况"差",甚至"很差"。转引自李松:《诚信:中国社会的第一项修炼》,新华出版社,2013 年版,172 页。

③ [英]F. A. 哈耶克:《致命的自负——社会主义的谬误》,冯克利、胡晋华译,中国社会科学出版社,2000 年版,第 9 页。

④ 刁胜先:《论诚信原则的社会功能》,载《甘肃社会科学》,2003 年第 6 期。

基本原则是远远不够的,民法典编纂中从宏观价值到微观规范均需和社会诚信体系的构建相契合,使诚信真正由道德的准则上升为民事义务。

民法典编纂作为构建社会诚信体系的客观要求,主要体现在以下几个方面:首先,民法围绕诚信原则所创制的一些行为规范,如对违约行为、欺诈行为、无因管理行为等的处理,可使诚信道德规范变为实实在在的规范,保障人们的权益,同时又制约不法行为。其次,法律的稳定性为诚信道德的养成提供了途径。因为道德不能一蹴而就,它的养成须经历相当长的时间。民法中诚实信用原则的确立是在习惯到规则的反复博弈过程中凝聚为制度的规则,它具有极强的生命力、适应力和调控力。在稳定的法律制度环境中,诚信行为能够大量地反复出现,人们可以正确预期它、褒奖它,并反对与之相悖的行为,这就使更多的人去反复实践它,促使人们积极的向善。最后,民事责任的强制性和惩戒性,使恶的行为得到惩治,这同样是对道德正气的弘扬。诚信原则作为法律制度的一部分,将产生直接而广泛的伦理道德效应。对个人来说,它是从民事法律义务规范人与人利益以及人与社会利益之间平衡的工具;对社会来说,它又是民法典与社会诚信体系建设协调治理的联结点,是标本兼治的契合口。

(二)构建社会诚信体系推动着民事法律制度的不断完善

诚信体系对民事法律制度的完善主要体现在诚实信用原则在民法不同领域中的具体建构和适用上。近代民法典编纂运动以及民法法系的形成中,诚信原则从一般的契约义务最终上升为民法的基本原则地位。无论大陆法国家的民法典[①],还是英美法国家的衡平法和判例法[②],都十分强调诚信原则在民事生活中具有的独特作用。如法、德、日本、瑞士等大陆法国家的民法典以及美国《合同法重述》等,都明确规定了当事人在行使权利和履行义务时应严格遵守诚实信用原则。各国民法的发展历程证实了以社会

---

① 诚信原则起源于罗马法中的诚信契约,即诚信契约的当事人不仅要承担契约规定的义务,而且必须承担诚实、善意的补充义务。此时的诚信不过是履约原则,是契约法中的具体规定,还未上升到民法的基本原则。其次是近代民法阶段,《法国民法典》第1134、1135条规定了诚信条款,"契约应以善意履行之","契约不仅依其明示发生意外,并按照契约的性质,发生公平原则、习惯或法律规定所赋予的义务。"《德国民法典》第242条也是诚信条款:"债务人须依诚实信用,并照顾交易惯例,履行期给付。"此时该原则虽已从契约的具体原则发展到债的基本原则,但仍然不是适用于整个民法领域的基本原则。再次,是现代民法阶段,从《瑞士民法典》至今的时期是诚信原则所经历的现代民法时期,该法第2条规定:"任何人都必须诚实、信用地行使权利并履行义务。"这是第一次将其规定为民法的基本原则,并且作为一种能满足现代社会需要的立法方法为大陆法系各国所仿效。引自徐国栋:《民法基本原则解释》第82、84页。

② 允许"法官创法"的英美法在早期没有明确的制定法规定诚信原则,但是衡平法和判例法早就确立了诚信原则(Good Faith)。20世纪以来,各英美法国家又在相关的制定法中确立了诚信原则,如《美国统一商法典》第1201条和第2103条分别在总则编和买卖编做了一般和较为具体的规定,该法第1102条第二款还规定了当事人不能用合同排除对诚信原则的适用。引自蒋超:"诚信原则与市场经济",载《康定学刊》,1996年第2期。

伦理观念为基础的诚实信用原则,其适用范围已冲破债法的范围扩展到了民法的各个领域。

诚信体系的建立和完善首先以法律制度和法律体系的健全为基本前提。在现行立法层面,诚信体系和民事法律制度以诚实信用原则为核心纽带,具体体现为,其一,诚实信用原则是对民事主体主观上持有诚实信用、善意态度的要求,反对一切"恶性";其二,诚实信用原则是对民事主体在民事活动中保持良好的行为,反对任何欺诈、不守信用的行为;其三,诚实信用原则是现代民法所追求的公平正义的民法精神,保证民事主体之间相互的利益平衡,维护一般正义和个别正义的平衡。因此,诚信原则成为市场经济条件下对民事主体进行民事活动的根本要求,是将诚信体系中的道德技术化为法律规范,其效力贯穿于全部民法的始终,成为克服法律局限性的工具。无疑,将伦理价值和道德准则融入民事规范中,夯实了民法的社会根基和彰显了私法的正义价值。

三、现行民事制度中诚信的立法现状与不足

(一)诚信在我国现行民法制度中立法现状

1. 诚实信用原则乃我国民法的一项基本原则 我国《民法通则》第4条规定:"民事活动应当遵循自愿、公平、等价有偿、诚实信用原则。"这意味着该原则要贯穿整个民事领域。清末以来,我国立法和法学理论深受德国影响,以不同术语表达两种诚信。客观诚信以"诚信"的术语表达,要求人们正当的行为;主观诚信以"善意"的术语表达,要求人们具有尊重他人权利的意识。[①] 这在我国现行立法中同样有所体现,如在合同法中使用的"诚信",在物权法中以"善意"术语出现。虽然在立法中使用了不同的称谓,但许多学者认为诚信原则的适用不限于债法,而是适用于整个民事领域。如梁慧星教授认为,诚信原则适用于"一切权利的行使和一切义务的履行"。李开国教授认为,诚信原则的立法目的,在于反对一切非道德的、不正当的行为。但是,由于主观诚信长期盘踞于物权法研究领域,仍有部分学者实际上只将客观诚信视为"诚信",将主观诚信以"善意"的范畴称之。对此,徐国栋教授批判了将诚信局限于客观诚信的理论缺陷,认为无论是客观诚信还是主观诚信,都是对社会契约的信守,维持当事人之间利益平衡和维持当事人与社会利益的平衡。[②]

2. 诚信是一项基本的民事义务 当诚信被确定为法律原则之后,就被赋予了区别于道德的权威性和强制性。一项基本原则意味着一种基本要求,而法律的基本要求无疑就是基本的法律义务。在一个以契约关系为核心的市场经济中,诚信更为重要和突出。诚信作为基本的民事义务,意味着其不必受其他义务的牵制,而应优先考虑和严格执行。

---

① 徐国栋:《诚实信用原则研究》,中国人民大学出版社,2002年版,第21页。
② 徐国栋:《诚实信用原则研究》,中国人民大学出版社,2002年版,第118页。

法律规范意义上的诚信与道德意义上修身养性的诚信属性不同,属于强制性法律义务的范畴。诚信是纳入道德范畴还是法律范畴或其他范畴,没有一个抽象的逻辑标准,而是与诚信所代表的经验内容与主体感觉有关。出于高尚的道德动机和因道义逼迫而转换为自愿的诚信行为明显属道德范畴;出于明智的功利动机者,则是法律允许并鼓励的正当行为,需要法律强制的诚信则是法律的基本要求,这两种情况下的诚信显然属于法律范畴。当法律的基本义务不被遵守,其他义务的遵守便因失去重要前提而难以论及。因而,诚信作为一项民事基本义务,是法律对人的行为和活动做出的一种基本要求。①

(二)我国现行民法中诚信规范的主要不足

1. 诚实信用原则适用的法效性较弱　诚实信用原则作为大陆法系民法的"帝王原则",其具有的模糊性和宽泛性导致在现代民法中其适用性不足。首先,诚实信用原则的序位比较落后,在公平原则和自愿原则之后,这与其在民法中的"帝王条款"和"最高行为标准"的地位不符。其次,诚实信用在司法实践中的法效性与其"帝王条款"地位名不副实。法国的判例里没有直接适用过诚实信用原则。德国司法实践中适用诚实信用原则是充满偶然性的。之所以被理论界视为德国民法中的帝王条款,完全是法官造法的结果。尽管英美法没有成文民法上的诚实信用原则,但其通过其他制度来解决诚实信用的社会道德要求。我国民法中的诚实信用原则虽然在学理上具有帝王原则的地位,但其如大陆法系民法一样仅具宣示意义和价值,其法效性并未达到与"帝王条款"的法律地位相匹配。因而,诚实信用原则需要演化成一个具有生命活力的制度规则,可以在司法实践中具体适用和自由裁量。②

2. 社会诚信立法缺乏体系性　信用是市场经济的基础,法治是信用的保障。诚信义务不仅在《宪法》、《刑法》、《反不正当竞争法》等相关的条文中有间接体现,而且作为调整市场经济基本法的民法已经将诚信作为一项基本原则规定下来,在《合同法》中体现最为集中。但是由于经济、社会等多种原因,我国法律、法规对诚信的规定在不同程度上带有"救火队"的色彩,致使所出台的法律、法规缺乏体系的完整性、前瞻性和统一性。一些法律条款原则性很强,缺乏具体的可操作性,使条款流于形式。虽然法官可本着公平正义及良知行使自由裁量权,能动地裁判案件,但由于我国法官的素质良莠不齐及司法程序不完善等诸多问题,立法目的在司法实践中有可能被扭曲,在某种程度上社会诚信的司法保障上也经常出现漏洞。故而,在民法典编纂中必须针对社会诚信体系的顶层设计在民法规范充分进行合理设计和制度安排,为社会诚信机制的有效运行提供私法保障。

3. 与诚信相关的具体制度欠缺　缺乏健全有效的制度约束,"失信预期"就可能成为

---

① 刁胜先:《论诚信原则的社会功能》,载《甘肃社会科学》,2003 年第 6 期。

② 张路:《诚信原则在现代金融法中的复活》,载《佛山科学技术学院学报》,2004 年第 6 期。

最符合自身利益最大化原则的理性选择。①受到惩治的成本远远小于因失信所获得的利益时,人们便会选择失信。要扭转这一趋势,必须建立褒奖守信、惩戒失信的社会信用机制,提高失信成本,明确"失信惩罚预期"。我国《侵权责任法》、《不正当竞争法》、《食品安全法》、《商品房买卖合同司法解释》等只限于特定的领域才能适用惩罚性赔偿,致使许多其他的失信行为没有得到有效的惩治。因此,失信惩戒机制及其相关制度的建立是社会诚信体系构建的重要方面。

四、民法典编纂与社会诚信体系构建之契合

(一)诚实信用原则具体规则化

我国《民法通则》已确立诚实信用为民法基本原则,但囿于法律原则内容的广泛性、抽象性与模糊性,不是某一行为模式与法律后果,以及法律的确定性与法律的不周延性是一对矛盾②,立法相对于科学技术所引发的社会变化的滞后性或者说不周延性是无法克服的,但立法必须弥补这种缺陷,"解决法律局限性问题的关键在于怎样防范人以及在多大程度上引入人,以完成法律的安全、正义、灵活诸价值的协调。"③在民法理论发展史上,关于如何克服前述这一对矛盾的种种探讨,无不围绕着法的严格规则与人的自由裁量这两个因素的关系而展开。总体而言,解决方案大致分为两类:一类是对两种因素中的某种因素的极端强调,可称之为绝对的自由裁量主义或绝对的严格规则主义;另一类是倾向于把这两种因素加以结合,例如,民法原则规则化的解决方案即属此类。因此,法律的确定性要求法律提供尽可能多的规则,从而对其所调整的社会生活拥有最大的涵盖面。同时通过授予法官自由裁量,克服严格规则主义的缺陷,实现了法的妥当性和延续民法典的生命。此重要步骤,可在物权法律制度、债权法律制度等具体制度中予以有效的贯彻。

1. 物权制度中的契合

第一,完善善意取得制度。我国《物权法》第 106 条规定了善意取得,这里的"善意"指的是主观诚信。为了维护交易安全,保护善意第三人的利益,平衡财产动的安全和静的安全两种价值。实践中如何判定"善意"主观状态,《物权法司法解释(一)》进行进一步解释,在实践中如何具体操作仍需进一步探讨,客观上维护诚信的基本判断。第二,确立取得时效制度。取得时效者,乃无权利人以行使其权利之意思继续行使该权利,经过

---

① 唐德鑫:《刍议社会信用体系建设中失信惩戒机制的构建》,载《征信》,2012 年第 6 期。

② 法律基于作为防范人性弱点的工具之特性必须警惕人,同时又不得不依靠人:一方面必须追求安全,另一方面又不得不部分地牺牲安全以换取灵活,这就是法律的不周延和法律价值选择的二律背反情景。参见杨明:《论民法原则的规则化》,载《法商研究》,2008 年第 5 期。

③ 徐国栋:《民法基本原则解释——成文法局限性之克服》,中国政法大学出版社,1992 年版,第 144 页。

一定期间后遂取得其权利之制。① 在某种意义上，取得时效制度是基于诚实信用原则对消极行使财产所有权的民事主体进行惩戒，保护积极发挥财产效用占有人的合法权益，从而平衡了所有人与非所有人（占有人）与社会三者利益。现代大陆法系国家大都确认了该制度，遗憾的是我国物权法并没有确立该制度。第三，完善相邻关系。所谓相邻关系，系法律为调和相邻不动产之利用，而就起所有权人间所定之权利义务关系。② 其适用于不动产所有权人或使用人不得滥用排除妨碍请求权的场合，使所有权或使用权的内容受到限缩或扩张，平衡了个人利益与社会利益的冲突，乃所有权相对化的结果。我国《物权法》第 84 条至第 92 条对相邻关系进行了明文规定，调和了个人利益和社会利益的冲突。第四，完善占有制度。占有具有权利推定效力，占有人无需证明自己的占有是善意的，法律推定其为善意的，而否定这种占有的人有义务证明其占有的恶意性质。依《物权法》第 242 条、243 条、244 条的规定，善意占有人与恶意占有人所负义务不同。这种区分善意和恶意而导致的不同法律后果是诚实信用原则的具体贯彻。

2. 合同制度中的契合

第一，确立情事变更原则。它是诚实信用原则在解除或变更合同时的具体应用，情事变更原则的目的是消除履行合同过程中因无法预测的情事变更导致的不公平结果，维持了契约当事人利益的平衡。它是为了对"契约必须严守"原则严苛性的矫正，德国民法中的"法律行为基础丧失"理论、法国民法中的"非常损失规则"、英美法中的"契约受挫"理论、意大利民法中的"给付负担过重"理论等等，虽名称和情事变更原则不同，但实质上起着异曲同工的作用。然而，令人遗憾的是 1999 年颁布的《合同法》并没有规定情事变更原则，但《合同法解释（二）》第 26 条明确规定了情事变更原则，并界定了其适用条件。第二，缔约过失责任。缔约过失学说是鲁道夫·冯·耶林根据自己的认识于 1861 年发展起来的，在此之后则被建构在不同的罗马法基础之上。③ 耶林关于缔约过失的论述被认为是具有"开拓性的"④ 因为其冲破了罗马法以来的契约理论框架。缔约过失是指当事人因自己过失致使契约不成立者，对信其契约有效成立的相对人，应赔偿基于此项信赖而产生的损害。⑤ 换言之，当事人违反了因诚实信用原则而产生的先契约义务就应负缔约过失责任。晚近产生的先契约义务理论把当事人承担义务的时间扩展到了合同的存续期之外，是一种强调社会团结的理论。⑥ 先契约义务包括诚实谈判的义务、披露真相的义务、保密义务、说明义务；等等。我国《合同法》第 42 条、43 条正式确立了缔约过失责任。先契约义务来源于诚实信用原则，缔约过失责任本质是违反诚实信用原则的责任类

---

① 谢在全：《民法物权论》（上册），中国政法大学出版社，2011 年版，第 142 页。

② 林诚二：《民法问题与实例解析》，法律出版社，2008 年版，第 165 页。

③ ［德］迪特尔·梅迪库斯：《德国债法总论》，杜景林、卢谌译，法律出版社，2001 年版，第 95 页。

④ ［美］富勒：《合同损害赔偿中的信赖利益》，韩世远译载梁慧星：《民商法论丛》（第七卷），法律出版社，1995 年版，第 451 页。

⑤ 王泽鉴：《民法学说与判例研究》（第一册），中国政法大学出版社，1998 年版，第 79 页。

⑥ 徐国栋：《诚信信用原则研究》，中国人民大学出版社，2002 年版，第 126 页。

型。第三，扩张合同义务。例如从给付义务、附随义务、后合同义务等。扩张合同义务原则能够实现合同和诚实信用原则的目标，即实现利益的平衡。从给付义务是依据法律明文规定和当事人的约定产生，但也可以是基于诚实信用原则产生。它不决定债的关系类型，只是为了确保债权人的利益能够获得最大的满足，如：电子产品出售后，有交付出售物的发票、保修卡的义务；房屋的出卖人有向买受人交付房屋登记文件的义务。附随义务是在债的关系的发展过程中，依据诚实信用原则产生的义务，或者说是附随于主从给付义务的补充性义务。我国《合同法》第60条第2款规定："当事人应当遵循诚实信用原则，根据合同的性质、目的和交易习惯履行通知、协助、保密等义务。"此通知、协助、保密等义务即为附随义务，且其依据诚实信用原则产生。后合同义务是与先合同义务相配套的义务体系。《合同法》第92条规定了后契约义务，第118条规定的当事人一方因不可抗力不能履行合同的，应当及时通知对方的通知义务也是后契约义务的体现。在实践中体现为：离职的受雇人应有保守雇主的营业秘密的保密义务；因不可归责于债务人的事由造成给付不及时，债务人应通知债权人的通知义务。第四，不真正义务。我国《民法通则》第114条和我国《合同法》第119条规定了当事人一方违约后，对方应当采取适当措施防止损失的扩大，此即为依据诚实信用原则产生的违约相对人防止损失扩大义务。如果违反了该义务，违约相对人没有采取适当措施致使损失扩大的，不得就扩大的损失要求赔偿。第五，格式条款的规制，格式条款是现代经济产物，便利的同时易致不公平。对于损害当事人利益平衡的格式条款，各国均引用诚实信用原则加以限制，以此保护弱者的利益，实现契约的正义。我国《合同法》第39条、40条、41条、53条，《合同法解释（二）》第6条、9条、10条以及《消费者权益保护法》第24条从立法上对格式条款进行了限制，在具体个案中法官同时要斟酌诚实信用原则对格式条款的效力进行判断。

3. 在婚姻法中的契合

第一，强化夫妻之间的忠诚义务。婚姻法是身份法，亲属身份关系是伦理关系，由此决定其蕴含的伦理性最强。婚姻法中的法律规范同时也是道德规范，两者有很大的重叠性。我国《婚姻法》的第4条规定了夫妻之间的忠诚义务，体现了夫妻之间应遵循诚实守信原则。因此，"互相忠实"是夫妻的法定义务，但这一法定义务虽是诚实信用原则的体现，但该规范仍是原则性并无具体规定。第二，离婚时夫妻共同财产的分割和债的清偿。根据诚实信用原则，我国《婚姻法》第47条第1款规定："离婚时，一方隐藏、转移、变卖、毁损夫妻共同财产或伪造债务的一方，可以少分或不分。离婚后，另一方发现上述行为的，可以向人民法院提起诉讼，请求再次分割夫妻共同财产。"此规定是为防范离婚时一方恶意行为侵害另一方的权益。而且家庭财产构成日趋复杂化和多样化，流转日益频繁，一方有意隐瞒的时候，很难取得证据，不利于保护弱势方尤其是妇女的合法权益。《1993年离婚财产分割司法解释》第7条规定："对个人财产还是夫妻共同财产难以确定的，主张权利的一方有责任举证。当事人举不出证据，人民法院又无法查实的，按夫妻共同财产处理。"该规定是为防范夫妻双方为逃避债务的履行，恶意串通，进行"虚假离婚"。由是观之，婚姻法及司法解释规定了离婚时夫妻共同财产的分割和债的清偿，然而现实生活的复杂多变性和法律的滞后性,仍不可避免的存在法律的漏洞或不能穷尽之处,此时更加凸显出人们内心诚信道德规范指引作用和外部诚实信用原则的约束规范之间契合的必要性。

4. 在继承法中的契合

第一,完善限定继承制度。我国现行《继承法》第33条规定了限定继承原则,而我国的限定继承为无条件的限定继承,缺乏对遗产状况、范围的规定,在继承人有隐匿财产、在遗产清册上为虚假记载、不当处分遗产等欺诈债权人行为时,无法加重其责任。其结果是,保证了继承人的固有财产不被强制用于清偿被继承人的债务,却无法保证遗产首先用来清偿被继承人的债务,殊为不公。诚实信用原则要求对不恪守该原则的继承人科以无限责任义务。对此,我国学者有不同见解,有观点认为我国应采有条件的有限责任继承制度①,即使遗产保持独立,脱离继承人控制,保证被继承人的财产首先用于清偿遗产债务的作用。这些制度和有条件的限定继承制度,接受、放弃继承制度的有机结合,体现了继承法公平地保护继承人和遗产债权人的指导思想,体现了诚实信用的民法原则。而我国现行继承法对继承人和遗产债权人的保护却难谓公平,继承人可以长期占有遗产而不为接受继承、放弃继承的意思表示,即使有隐藏、转移、虚报遗产等不当行为,亦可只承担无条件的有限责任损害了债权人的权益。第二,细化遗产保管的义务。我国现行《继承法》第24条规定了存有遗产的人,应当妥善保管遗产,任何人不得侵吞或者争抢。从此规定可知,遗产保管人是在被继承人去世时存有遗产,依法应当对该遗产承担保管责任的人。根据诚实信用原则,首先是妥善保管遗产的法定义务,遗产保管人对遗产的权利仅限于保管,没有使用、收益、处分的权利,对于遗产的保管期限止于该遗产移交至合法权利人。其次是遗产保管人对保管的遗产负有与处理自己事务相同的注意义务,即应当像管理自己的财产一样管理遗产,应当尽量排除防止对遗产的自然侵害和人为侵害。如果因遗产保管人未尽到责任,致使遗产遭受毁损、被盗、散失等,遗产保管人应承担赔偿损失的责任。

（二）构建和完善信用制度

1. 信用权的法定化　法律意义上的"信用"是对社会诚信体系在理论上的回应。全面推进社会诚信体系建设与建立健全信用信息主体权益保护机制如同一枚硬币的两个面同样重要,不可或缺。我国《民法通则》的制定到《侵权责任法》的颁布均未规定信用权,凸显了我国社会主义市场经济在民事立法层面对信用利益保护的不足。信用与名誉是两种不同内容和标准的社会评价。长期以来,司法实践中通过名誉权制度对信用利益进行间接保护的做法已无法适应现代市场经济的科学发展和诚信社会的迫切要求。民事立法中明确规定信用权制度是建立和完善社会诚信体系以及失信惩戒机制的必要前提,强化民事主体信用权益的法律保护成为下一步民法典编纂的一种必然和期许,同时将为信用信息侵权的司法救济提供了法律依据。信用在法律意义上,最初体现在诚实信

---

① 张玉敏:《继承法律制度研究》,法律出版社,1999年版,第301页。

用原则中,是对民事主体相互关系的基本要求。① 因此,信用不仅体现一种权利,也是一种义务,具有权利义务的统一性和对等性。信用之义务,如有直接的法律规范以其为请求权基础,如无则可解释为诚实信用原则的要求。信用之权利,是民事主体享有信用权益的体现,是对民事主体清偿能力评价或者经济能力评价。信用权是民事主体依法享有对其经济、社会活动信息和预期履约能力与履约意愿进行真实记载与客观评价并排除他人干涉的一项人格权,其法定化意义重大,十分必要。

2. 完善失信惩戒机制 失信惩罚机制是现代诚信制度的有益补充,通过完善失信的惩罚机制进一步巩固诚信的制度,进一步促发和约束人们的道德愿望。当人们意识到诚信能够获得更多的利益时会选择诚信。反之,人们会置若罔闻。② 因此构建社会诚信体系必须建立完善的失信惩罚机制,提高失信成本,明确"失信预期"。我国社会信用体系建设面临的最大问题在于没有形成有关信用交易和管理的完备制度体系,导致对失信行为的惩处机制落不到实处,因为没有明确的处罚措施而只能流于道义上的谴责。实际上,道义谴责并不具有强制约束力,必须通过强制性的司法惩戒给予失信行为严厉处罚,遏制失信行为,加大失信成本。对失信行为主体给予司法惩戒,还能形成强大的社会威慑力,对失信主体是事后惩罚,对潜在的失信主体则是"事先警告"。当务之急是加快推动信用立法,形成系统完整的规范信用活动的法律体系,使失信惩戒机制有充分的法律依据。

惩罚性赔偿作为一种有效的失信惩罚手段,在民事责任领域具有广泛的适用空间。我国传统民法理论固守民事责任的补偿性功能,忽视民事责任的惩戒与制裁功能,不论是违约责任,还是侵权责任,在确定损害赔偿范围时,坚持损失填补的赔偿原则。此种责任观念和机制,不能有效地制约和惩戒社会中的失信行为。《消费者权益保护法》第49条首次在民事立法中确立惩罚性赔偿制度。此后,《产品质量法》《食品安全法》《侵权责任法》及最高人民法院《关于审理商品房买卖合同纠纷案件适用法律若干问题的解释》均规定了惩罚性赔偿。在民法典编纂中,可以结合我国的现实国情,适度扩大惩罚性赔偿的适用范围,将恶意的债务不履行行为适用惩罚性民事责任,加大失信者的违约成本,以惩戒失信行为。

---

① 《瑞士民法典》第 2 条规定:"任何人都必须以诚实、信用的方式行使权利和履行义务。"

② 王小锡:《社会主义核心价值观研究丛书·诚信篇》,江苏人民出版社,2015 年版,第 272 页。

论中国编纂民法典的现实思考

王少禹[①]

【摘要】 民法典编纂如火如荼地进行,已成为一项重大的政治任务。随着立法工作的逐步展开,相关问题的讨论也十分热烈。要坚持问题导向,更多关注司法实践中遇到的问题,不能陷入学术上的纷争和单纯立法技术的权衡。要追求科学性和体系性,但不应过于抽象和深奥。要具有前瞻性和开放性,但要避免泛法律化倾向。

【关键词】 民法典 司法意识 科学化 体系化 泛法律化

2014 年 10 月,《中共中央关于全面推进依法治国若干重大问题的决定》明确指出,要"加强市场法律制度建设,编纂民法典"。在 2015 年全国两会上,张德江委员长在工作报告中指出,"抓紧研究启动民法典编纂工作"。本文在此谈谈作为司法实务部门的关注与期待。

一、民法典的制定要坚持问题导向,更多关注司法实践中遇到的困难和问题

民法典的制定意义重大。尤为重要的一点是可以为人民法院审理案件提供法律依据。因此在立法过程中,应当充分考虑司法实践对民法典的需求,认真调研当前民事审判中的突出问题。

当前民事审判工作中的具体法律适用问题很多,这些问题大致可以归纳为文义歧义型、规范冲突型、法律漏洞型、边界问题型、交叉问题型、无法可依型、价值判断型等类型。虽然该归纳仅仅是经验总结,未必定周延,但仍可说明:尽管有大量的民事单行法、司法解释、批复等规范性文件,但由于这些规范存在诸多矛盾、漏洞、歧义等问题,给民事审判造成了很大的困难。要尽量减少民事法律适用过程中的争议,最好的办法就是制定一部体系完整、内容完备、逻辑严谨、稳定成熟、易于操作的民法典。

需要注意的是,学术界、立法部门和司法部门对待民法典有各自不同的视角,学术研

---

① 王少禹,男,河南省高级人民法院研究室副主任,法学博士。

究追求求异存同,且往往要在理论上进行抽象,使其适用于一般情况;立法部门则倾向于求同存异,最大限度地追求各方面意见的一致和平衡,如果某一问题争议太大,往往采取搁置争议的办法,以求草案顺利通过;司法部门则期望法条能更好地解决实际问题,因为每个案件都是具体而真实的。理论上高度抽象的"人"变得具体了,搁置的争议毫不客气地出现了,法官对此不能回避。当前司法权威不高,法官都希望所办案件能够找到对应的条文,如果法律太过抽象、简陋,会使司法审判陷入被动。所以,笔者认为民法典的制定应以司法需求为导向,以解决实践中的问题为导向。当然,并不意味着民法典的制定要走经验主义和实用主义的老路,而是说立法工作要更接"地气",不能过多陷入纯粹的学术纷争和单纯立法技巧的权衡,毕竟实践才是检验真理的唯一标准。

以司法实践的眼光来检视当前民法典制定过程中的一些争议,会发现一些激烈的争议并无太多价值。比如人格权是否独立成编的问题,实际上侵犯人格权纠纷在实践中并没有多少疑难。笔者认为,将人格权规定在民法总则编自然人一章中,并通过侵权责任法保护即可,独立成编徒增烦扰,并无实益。再如民商分立与否问题,笔者认为像《公司法》《票据法》等完全规定在民法典中是不现实的。

二、民法典的制定要追求科学性和体系性,但不应过于抽象和深奥

目前,民事法律规范可谓诸侯割据、礼崩乐坏。诸侯割据,指《合同法》《物权法》《侵权责任法》等单行法规,架空了《民法通则》的一般规定。有学者形象地称之为"碎片化"。而礼崩乐坏,则指各规范之间矛盾、交叉的现象严重,特别是繁多的司法解释对民事法律构成严重解构之势。造成这种局面的原因是立法缺乏"顶层设计"和"整体设计",遵循"成熟一个,制定一个"的经验主义立法政策以及回应型立法思维,造成法律规范的大厦越盖越高,但系统性、连续性、稳定性较差。这体现在"规范冲突型"疑难问题中。比如,《合同法》第51条和《买卖合同》司法解释关于无权处分的思路并不一致,法官不得不在相互矛盾冲突的法条中进行选择,并向当事人进行解释,但这种解释其实是无力的。查阅繁多的司法解释也多有不便。因此,借民法典制定之机,必然要删减矛盾、繁杂的法律规范,使其科学化和体系化。

同时,学术界对一些基本问题仍存在分歧。比如,要不要规定民法总则、是采用民事法律行为的概念抑或法律行为概念、物权与债权的区分,等等,笔者希望在这些基本问题上要尽量达成共识,以免将来在实践中产生重大分歧。为实现民法典的科学性,当然还应对传统的一些理论进行反思,在此基础上,制定出统领民法规范的总则,贯穿民法始终的法律行为概念,明确物权和债权的概念、侵权和合同的概念等。司法实践中"文义歧义型"疑难问题的产生多是因为概念内涵和外延模糊不清造成的,如果构筑民法大厦的基本柱石都出现了松动,对将来的司法实践造成的影响将是破坏性的。

在民法典科学化和体系化的过程中,笔者认为应坚持大陆法系的传统,对于英美法

系具体问题具体解决的做法可以借鉴,但决不能以牺牲民法典的体系性为代价。在成文法传统下,法官只能依法裁判,如果没有明确具体的法律规范,法官还可以在总则中找到处理问题的思路。如果像某些学者主张的不要总则,具体问题具体解决,就难免陷入各自为战的境地,法律的统一性和权威性将受到极大影响,而法律解释中重要的体系解释也将无从谈起。说到法律解释,笔者建议在民法总则中专门规定一条法条解释的方法和顺序。成文法的适用均需要解释,由于民法没有对解释的方法做出明确规定,使得对法律的解释乱象丛生,这也是导致同案不同判现象的原因之一。

追求民法典的科学性和体系性,我们还不能忽视民法与相关法律法规之间的关系。比如民法与刑法的关系,在"交叉问题型"疑难问题中,刑民交叉案件在司法实践中大量存在,而由于相关司法解释尚未出台,此类案件究竟该如何处理至今尚无定论。有时民事审判人员与刑事审判人员对一个法律事实的认识截然相反,分别定性为"合法的民事行为"和"违法犯罪行为"。如何厘清民事救济手段和刑事制裁手段之间的关系,也是在民法典制定过程中需要考虑的。另外,如何协调民法与民事诉讼法的关系也是一个需要考虑的问题,比如举证责任分配问题,既是一个诉讼法上的问题,更是一个实体法上的问题。《德国民法典》在制定的时候,充分考量了举证责任分配问题,举证责任分配的困难便迎刃而解。我国目前民事立法较少考虑举证责任分配,表述几无,导致如《物权法》第106条关于善意的举证责任如何分配这样的争论。关于民法和宪法的关系,已有宪法学者对宪法规定之于民法典制定的影响进行了论述,此类研究非常必要的。另外,民法内部须解决民法典与《劳动合同法》《婚姻法》等具体单行法之间的关系,自不待言。

笔者认为,民法的科学性与体系性也体现在法条并非越抽象越好,更不能有所谓"抽象癖"。诚如一些学者所言,法典完备性只是一个假想,法典的不周延性是其固有的缺陷。一部法典不可能涵盖所有需调整的社会现实,即使《普鲁士普通邦法》制定了19000余条,也不可能穷尽一切情形。但笔者还是希望民法典尽量的具体而完备,如果法条过于抽象,法官解释难免产生歧义,会对裁判结果造成不利影响。另外,如果法条过于抽象,就还要通过制定司法解释来使其更具可操作性,所谓的司法解释解构民法典的情况仍然会不可避免地发生。当前,无法可依或依据不明的情形大量存在,例如,胚胎的法律地位问题、寺庙财产的归属问题等等,这些问题对法官的业务能力提出了严峻的挑战。而在我国法官素养还达不到理想状态的情况下,法律还是越具体越好。另外,在民法典语言文字方面,应追求通俗易懂,尽量避免过于深奥。法律乃天下之公器,像《法国民法典》一样能够为每一个民众所理解应当是立法的追求,而不能像《德国民法典》一样只有职业法律人才能够完全读懂。毕竟中国是十几亿人口的大国,地域辽阔,民族众多,应当尽量照顾到大多数人的知识水准。

三、民法典的制定要具有前瞻性和开放性,但要避免泛法律化倾向

成文法天然具有滞后性,这似乎是不可克服的局限,即便如此,我们还是希望民法典

多一点前瞻性,尽量对未来所可能发生的变迁有所预见,以免经常需要修改和补充,损害法的权威性和稳定性。当然,这可能与许多学者的观点相悖。大多学者还是持保守的见解,认为民法典的制定应当谦抑多于超前,并以缔约过失责任为例,证明虽然理论上已经成熟,但要等到实践发展成熟方能入法。对此笔者并不反对,只是既然明知有滞后性,何不通过一定的制度设计使其具备一定的前瞻性和包容性?《德国民法典》已沿用100多年,是以其科学性和体系性为基础的,所以前瞻性和开放性实际上是与科学性和体系性密切联系的。当前社会发展变迁的速度很快,按学者的估计,民法典大概四、五年才能制定出来,可以想见,如果没有一定的前瞻性,等到那个时候,刚刚新鲜出炉的民法典可能就落后于时代了。当然,如何才能使我们的民法典保持旺盛的生命力,在50年、100年的时候仍然能够发挥作用,实在是考验我们立法水平的一个问题。试想,仅是一个合同效力的问题,从20世纪90年代到现在的20多年间,观念就发生了巨大的变化。从最初的严格管制,很多合同都被认定无效,到现在的尽量使其有效,立法思想的不断变化,使得法律的稳定性大打折扣。对于当事人来说,企业拆借合同纠纷在2013年的时候诉至法院基本是被认为无效的,而到了2015年就不再一律认定无效了,因此如果在2015年提起诉讼胜率就大多了。同样的道理,如果我们的民法典不能保持体系一致和逻辑一致,不能保持适度的前瞻性,其权威性将存疑。

当然,保持适度的前瞻性和开放性并不等于把一些新生事物都纳入到民法典规制的范围内。当前我们已处于网络时代,互联网所带来的网购纠纷、互联网金融纠纷等不断出现,但在我们没有对其有透彻研究之前,不能急于在民法典中对其予以调整,而是要留下一个端口,将来再实现有效连接。又比如无锡胚胎案所提出的胚胎的法律地位问题,以及大量名为房屋买卖,实为民间借贷纠纷中所反映出的所谓的后让与担保问题等,现在都没有明确的规定,将来民法典要不要规定进去,也是值得考虑的。总之,拿得准又有现实必要性的,就规定进行;拿不准的,应鼓励理论研究和实践探索,为此,未来的民法典必须保持一定的开放性,使得我国未来的民法典能够得到司法裁判经验和理论研究成果的必要填补。

另外,要保持民法典的前瞻性和开放性,我们也要警惕泛法律化倾向,即试图把所有的问题都通过制定法律规范来解决,法律的归法律,道德的归道德,类似将"常回家看看"写入法律条文的做法是值得商榷的,法律的功能是有限的,不可能将所有的社会问题都通过法律手段来解决。法律和政治、法律和道德都有密切的联系,但也要在三者之间把握适度的界限,纯属政治领域和道德领域的问题在民法典制定的时候似乎应该让位于政治和道德本身,而不是都转化为法律问题,否则也将威胁到法律本身。及此,也不能回避民法典和政策的关系问题。《民法通则》第6条规定:"民事活动必须遵守法律,法律没有规定的,应当遵守国家政策。"在民事审判中,对于违反政策的法律行为的效力,大量判决中认识是不一致的,如限购房政策对房屋买卖合同效力的影响等。由于政策的多层次性、不稳定性等,许多学者主张民法典的制定应不再作此规定,对此,我们是认同的。因为国家政策的出台可能是便宜性的,如果以有政策为由轻易否定合同的效力也是不慎重的。但是，如果将来国家治理方式不作大的调整，频繁通过出台相关政策来调节市场，那么民法典该如何对待国家政策似乎也要认真的考虑，回避而不对其作出规定可能导致司法审判中无所适从。

综上，司法实务部门期待民法典尽快出台，为司法审判提供清晰明确的法律依据，以改变目前民事法律适用方面较为被动和混乱的局面。依法独立公正行使审判权，依法是前提和基础，民法典制定的如何，关涉司法公正和权威，我们将高度关注民法典诞生的过程，也希望立法部门和学术界多关注司法实践，制定出一部无愧于这个伟大时代的民法典。

中国古代缘何没有民法典

王静雯①　林　洁②

【摘要】　中国法律传统素有"众法合体,民刑不分之说"。中国古代的民法发育不全,这一点是世人所公认的。对中国古代有无民法的问题一直争论不休,两种相反看法直接反映了对中国法律现代化进程的两种不同理解。礼在中国古代社会生活中发挥巨大作用,民事责任表现为刑罚化的特征。无诉的价值取向和儒家义利观抑制了民法的发展。

【关键词】　民法典　民法　无讼　义利观　礼

中国的法律传统素有"众法合体,民刑不分之说"。中国古代的民法发育不全,这一点是世人所公认的。从 20 世纪初至今学界对中国古代有无民法的问题一直争论不休,而对这个问题的两种相反看法也直接反映了近代以来对中国法律现代化进程的两种不同的理解。

一、中国古代有无民法

中国的法律传统素有"众法合体,民刑不分"之说。中国古代的民法发育不全,这一点是世人所公认的。从 20 世纪初至今学界对中国古代有无民法的问题一直争论不休,而对这个问题的两种相反看法也直接反映了近代以来对中国法律现代化进程的两种不同的理解。有学者将 80 年代前的意见分成了四类:肯定说。代表是梅仲协先生,他在他的《民法要义》中说:"我国春秋之世,礼与刑相对立。……礼所规定之人事于亲属二事,周详备至,远非粗陋残酷之罗马十二表法所敢望其项背者。依余所信,礼为世界最古最完备之民事法规也③。"否定说。代表是梁启超先生。"我国法律界最不幸者,私法部分全付阙如之一事也。""我国法律之发达垂三千年,法典之文,万牛可汗,而关于私法之规定,殆绝无之。""此所以法令虽如牛毛,而民法竟如麟角"④。民刑合一说。杨鸿烈、戴炎辉、

---

①　王静雯,商丘师范学院讲师。
②　林洁,商丘师范学院讲师,法学硕士。
③　俞江:《关于"古代中国有无民法"问题的再思考》,载《现代法学》,2001 年第 6 期。
④　俞江:《关于"古代中国有无民法"问题的再思考》,载《现代法学》,2001 年第 6 期。

胡长清、杨幼炯、徐道邻、张镜影、林咏荣及浅井虎夫等法学名家皆此立场。其论证大致为：以调整对象为界限，古代律典中存在民事和刑事之间的实质区别，尽管民事规范较简略，但仍可将中国古代的成文律典看作民刑合一的法律体系。其中，杨鸿烈先生认为："如以中国上下几千年长久的历史和几百种的成文法典而论，公法典占绝大的部分，纯粹的私法典简直寻找不出一部"①。民法与礼合一说。代表有陈顾远、史尚宽以及潘维和先生。他们认为礼所规范的对象就是私法关系，是实质民法。从《周礼》《仪礼》到《唐六典》《明会典》《清通礼》这个一以贯之的中国古代礼制内都有民法，其余不能概括于其中的就归于礼俗习惯。统观这四类观点可以将其分成两大类：中国古代没有民法；中国古代民法融合于刑、礼的民法。肯定说在20世纪80年代中后期成为通说。

"民法"一词的确不曾出现于中国古代的法律典籍之中，"民法一语，典籍无所本，清季变法，抄自东瀛"。因此即使我国古代没有西方国家的"民法"，也不能否定中国古代存在民法。虽然不曾出现过现代的民法概念，但仍存在着财产关系与人身关系以及与其相应的法律调整。所以，认为中国古代无民法显然是不符合历史实际的。

民法的发展是与商品经济的发展分不开的，在中国历史上曾出现过三个商品经济比较发达的时期，即古典商品经济发展时期、封建社会内部的商品经济发展时期、向近代意义转化的商品经济时期。在这三个商品经济发展的时期，民事法律规范无疑得到了很大的发展与扩充。特别是南宋时期，商品经济的发展达到了顶峰，因此有人就说，宋朝是中国由封建主义转向资本主义的契点。当时宋朝商品经济比西方国家还要发达得多，民商法的核心内容——债的立法趋于完善。尽管层次较低且相对西方不发达，但中国古代是存在民法的。

二、民法不发达的原因——礼在古代社会生活中所起的作用

"礼"是中国传统文化的核心。《礼记祭祀》言："凡治人之道，莫及于礼。礼有五经，莫重于祭。"可以说在夏商周三代，礼就是法，礼是人们行为规范的准则，因此才有"出礼则入刑"之说。礼与刑的并用最早可以追溯到原始社会晚期的唐尧虞舜时代，那时虽然已经有了法的萌芽但是还没有立法，他们便用礼的原则来调整"父子之亲，君臣之义，夫妇之别，长幼之序，朋友之信"这些人伦关系。而对于破坏这五种人伦关系的行为给予残酷的刑罚制裁，可见当时主要是依靠古老的习惯法"礼"来维护社会秩序与稳定。

夏商周三代也是礼治的全盛时期，后世所言的"法""律""刑"在三代只为礼治的有机组成部分。周公制礼也使礼变得更加抽象化、制度化、法律化。在西周礼是国家制定的规范，有国家的强制力，刑也是国家制定的规范，也有强制力，都体现了国家的意志。因此，两者都是国家的法律；另一方面西周的刑主要依据礼而制，刑的指导思想就是礼。

---

① 俞江：《关于"古代中国有无民法"问题的再思考》，载《现代法学》，2001年第6期。

在春秋时期依然有大量的文献证明,礼法是一物二名,礼就是法,法就是礼。而且在早期的儒家的政治思想以及墨家的著作中往往也将礼称作法。大概是到了战国中期以后,随着封建宗法制度的解体和法家学派的兴起,"法",特别是狭义的"法"的刑或者刑律才逐渐从"礼"中独立出来。礼与刑,礼与法才真正并列。汉承秦周之后,对秦周两代的历史经验与教训进行了总结,使汉统治者认识到治理国家既不能一味任法又不能抛弃法治,因此自汉起,中国便走上了纳礼入律、礼法并用的历史进程,以后各朝的法典的制定也完全以礼的精神为指导思想。

由此可见礼在维护宗法等级制度与国家统治上发挥着重要的作用,所以其内容涉及了社会生活的方方面面,包括政治、经济、军事、教育、行政、司法、宗教、祭祀、婚姻家庭、伦理道德等。这种庞大的礼治规范体制几乎是无所不包,成为当时人们各种行为的准绳与准则,既具有法律上的作用又具有道德上的作用,因此故有:"道德仁义,非礼不成;教训正俗,非礼不备;纷争辩讼,非礼不决;君臣上下,父子兄弟,非礼不定;宦学事师,非礼不亲;班朝治军,莅官行法,非礼威严不行;祈祷祭祀,供给鬼神,非礼不成不庄。"(《礼记·曲礼上》)既然生活的方方面面都已经而且必须要由礼来进行规范与惩处,那么统治者也就没有必要再制定一套民事法律规范来调整人们的行为,民法因而不发达。

三、以刑罚为主,民事法律责任的刑罚化特征

中国古代的法律体系是众法合体以刑为主,对各种违反法律的行为都是处以刑法的处罚,这种民事法律责任刑罚化的特征也限制了民法的发展。民法的救济手段是不同于刑法的,一般采取停止侵害、返还财产、赔偿损失、支付违约金、赔礼道歉等处罚手段。但是中国古代许多民事法律后果也都是刑罚化的。例如:(1)诸祖父母、父母在,而子孙别籍(另立门户)、异财者,徒三年……(2)诸买奴隶、马牛、驼、骡、驴,已过价,不立市券,过三日笞三十;卖者减一等(笞二十)……(3)诸负债违契不偿,一匹以上,违二十日笞二十,二十日加一等(笞三十),罪止杖六十,三十匹加二等(杖八十);百匹又加三等(徒一年)。各另备偿。(4)诸受寄财者,而辄费用者,坐赃论减一等。(5)诸侵巷街、阡陌者,杖七十。若种植垦食者,笞五十。各令复故……①同时民事诉讼与刑事诉讼也不进行区别,所有的诉讼活动都是适用一部刑法典、一套诉讼程序,所以即使诉讼的案件是有关于房屋、买卖、婚姻民事诉讼的案件时,所使用的也是刑典,并滥用肉刑。当事人只要诉之于公堂皆需要跪于堂下,毫无民事主体的地位权利可言。因此,即使人们一般的民事权利受到侵害也往往不愿冒着受拘押刑讯拷打之苦而求助于诉讼。这种"非讼"意识反过来更加弱化了对民事法律规范的制度需求。

---

① 史广全:《中国古代立法文化研究》,法律出版社,2006 年第 5 版。

四、中国古代无讼的价值取向对民法产生的影响

中国古代的诉讼价值取向多倾向于无讼。可以说这是由于中国特殊的历史环境所决定的,自给自足的小农经济必使人们多追求"和谐"、"中庸"、"秩序"的"大同世界",一旦在熟人社会中发生了纠纷,人们为了维持彼此之间的友好关系一般不会诉之于官府,而统治者为了维护其国家的长治久安更是不希望人们争讼来破坏国家秩序的正常运行与社会的和谐,因此他们多采用息讼之术来减少民众的纠纷,而历代地方官吏在审理民事纠纷的同时也会受和谐观的影响把审理过程转变成调解过程,"和为贵"成为审理民事案件的原则,息事宁人则是民事纠纷的最理想的结局。诉讼是一种主张个人权利的过程,官府以和为贵、息事宁人的断案方式无疑是让争讼者对个人权力的放弃,通过调解的方式使双方达到一种共识,这就使双方不得不做出相应的让步,这是对当事人权益的一种漠视。

与生产力低下的小农经济相伴随的还有与地域亲情血缘为纽带的宗法制度,这种制度构成了中国古代家国一体的政治制度,家是国的缩影,国君为一国之父,父为一家之君。因此家长同一国的国君一样拥有处理家族内部一切事物的大权。这就牵涉到家族族长的司法权,因为家族族长有权利对发生于本族内部的纠纷进行调解或者直接进行司法判决,而无需通过官府的审判。绝大多数宗族都强调族中有钱债纠纷之类禀祠为必经程序,严禁族人越过宗族将民事纠纷上诉于官府。这也就是宗族可以凭借族长的权力来制约宗族成员以减少诉讼纠纷。人们的无讼与官府统治者的息讼必然使得民事诉讼发生的概率很小,既然民事诉讼不发达,民法或民事法律规范的制定也就显得多此一举了。

五、儒家的"中庸""和谐""义利"等道德价值观抑制了
　　民法的发展

中庸是儒家学说的核心,中国人的灵魂。庄泽宣先生认为,"中华民族最讲持中之道……中国儒家学说的根本思想便在于中庸之道[①]"。中庸为孔子首创,但是未作进一步的解释。后其孙子思在《中庸》中提出:"喜怒哀乐之未发,谓之中;发而皆中节,谓之和。中者也,天下之大本;和者也,天下之达道也。致中和,天地位焉,万物育焉。"因此后人多将中庸看成是一种和谐,一种秩序,所追求的也是社会的一种稳定。

在义利关系上,儒家把义与利对立起来,他们总是把义也即道德放在首位,利是次要,因此应重义轻利。就孔子说来,"君子喻于义,小人喻于利","放于利而行,多怨"。所以他鄙视"群居终日,言不及义",要求"见利思义","见得思义[②]"。正是儒家这种内在

---

① 王国华:《小议中庸》,载《吉林广播电视大学学报》,2005 第 3 期。
② 杨鹤皋:《中国法律思想史》,北京大学出版社,2004 年版,第 4 页。

的道德至上的价值观,使得中国古代对于个人权利非常忽视,从来没有考虑过个体的独立与自由,以"三纲五常"作为天地之经义,将个人利益与社会利益对立起来,仅把它在个人私欲范围内来理解一味反对利。这样民法中很多经济关系也就没有机会提到立法日程上来,法学家们也不会把精力放于"争利"的民法的研究之上的,民法的发展可谓阻碍重重。

六、缺乏对法的体系和法学的必要研究,没有形成法学家阶层

法的体系是国家对现行的法律规范加以分类组合成不同的法律部门,使其系统化为有机联系的整体。法的体系的发展与完善是以深入的法学研究为基础的,而法学研究必须要有法学家阶层创造性工作。而在中国古代封建性成文法是皇帝指定官吏起草的,官吏一切听命于皇帝没有独立的立法权,唐、宋、明、清各朝的基本法典颁布之后就不再变更,对于修法改律,连后代皇帝都有变乱祖制的顾虑更不用说官吏了。此外,自从秦朝建立统一的专制主义王朝开始,统治者便推行文化专制主义,凡学律者皆需以吏为师,这样就严格限制与打击了法学的自由研究。自汉武帝"罢黜百家,独尊儒术"之后,法学研究被经义注释所取代,造成了中国古代只有律学而无法学的情况。律学虽然对司法有所帮助,但却缺少对法律理论的探究,因此不能使律学发展成为具有创造性和权威性的独立的法律学科,律学的这种弊病最终也使得民法的法典化无法实现。

论中国民法典编纂的汉语思维

申惠文①

【摘要】 汉语是中国文明传承的纽带,中国民法典应当采取规范的汉语。无论如何解释"法律行为"这四个字,也无法解释为"私法自治的工具"。为避免"违反法律的法律行为无效"的汉语逻辑悖论,《民法通则》舍弃传统"法律行为"概念,创设"民事法律行为""民事行为"和"民事活动"的概念。然而,"侵权行为"是"民事活动",但不是"民事行为",更不是"民事法律行为",这在汉语语境下是无法理解的。"合同"是中国土生土长的法律概念,具有中国汉语文明独特的优势。中国民法典不应当采取德语语境下的"法律行为(或民事法律行为)"和"商行为"的概念,而应当采取符合汉语思维规律的"合同"和"商事合同"概念,制定民法小总则,采取合同法、物权法和侵权责任法依次递进的结构。

【关键词】 汉语法学 民法总则 法律行为 民事法律行为 合同

从本体论到认识论,从认识论到语言论,这是哲学发展的基本进路。目前中国民法学界对基本问题已经达成初步共识,关键是如何运用语言表达所形成的共识。学界争议很大的是语言的争论,民法学研究面临着语言学的转向。中国民法典是中国人的民法典,是用汉语表述的民法典,是中华文明的延续和发展,应当更多强调汉语文明、汉语语境、汉语思维,用中国语言描绘中国人的生活场景。为此,本文从"法律行为""民事法律行为""民事行为"和"民事活动"等基本概念出发,采用互联网大数据实证研究的方法,剖析中国民法典编纂的汉语思维,以期提出相应的立法建议。

一、汉语世界的"法律行为"

汉语法学不同于英语法学、德语法学、法语法学和西/葡语法学,不仅在于表意系统是汉语,更在于传播中国文明,并以中国的方式实现普世价值。② "法律行为"是德国民法典的基础概念,在德语语境下相对容易理解。而汉语世界的"法律行为"与德语世界的

---

① 申惠文,郑州大学法学院副教授。
② 许章润:《汉语法学论纲》,广西师范大学出版社,2014年版,第15页。

"法律行为"明显不同。我国《民法通则》舍弃传统"法律行为"概念,创设"民事法律行为"和"民事行为"的概念,具有一定历史进步意义,但仍然面临诸多的语言困境。

(一) 对"法律行为"概念的不同理解

中国民法学者普遍认为,"法律行为"是与"事实行为"相对应的概念,是指以意思表示为要素,并按照意思表示内容发生私法效果的行为。从外延看,"法律行为"是对合同、婚姻、遗嘱等意思表示行为的抽象,不包括侵权行为,更不包括犯罪行为。而法理学者普遍认为,"法律行为"与"道德行为"相对应,是指"法律意义上的行为",或"法律调整的行为"。从外延上看,"法律行为"是指一切具有法律意义的行为,包括合同行为、侵权行为、犯罪行为、立法行为、行政行为和司法行为等。

本文认为,中国民法学者和法理学者对"法律行为"理解存在重大争议,直接原因是法律移植中的翻译造成的。民法学者所称的"法律行为",与德语"Rechtsgeschaft"相对应,是指"意欲发生私法上效果的行为"。法理学者所称的"法律行为",与德语"Rechtshandlung"相对应,是指"能够引起一定法律后果的行为"。汉语用一个词汇表述德语世界两个不同的概念,就造成中国民法学界和法理学界对"法律行为"概念内涵的长期纷争。

对"法律行为"采取不同理解,深层原因是各自的语言哲学不同。语言是广义的符号,是思维的基本工具。符号学包括语形学、语义学和语用学。语形学研究符号相互之间的形式关系,语义学研究符号与其所指示的对象之间的关系,语用学研究特定语境下符号的意义。法理学者更多采取的是语义学的论证思路,强调语言自身能够为特定词汇应当具有的含义做出界定。如张文显教授认为,"法律行为"不应当限于狭义的合法的表意行为。其一,"法律行为"中的"法律"是用来修饰"行为"的中性定语,是指具有法律意义的一切行为。其二,从逻辑上"法律行为"是与"非法律行为"对应,而不是"违法行为"。① 而民法学者更多采取语用学的论证思路,强调概念的历史形成过程。如梁慧星教授认为,法律行为是大陆法系民法普遍采用的概念,有扎实的立法基础和理论基础,因此我国应当采纳法律行为的概念,将其作为私法自治行为。②

(二) 对"法律行为"概念使用的立法立场

《民法通则》没有采取"法律行为"的概念,在概念选择上具有以下特点:第一,创设"民事法律行为"概念,并将其界定为"合法行为",也就是合法的意思表示行为。第二,创设"民事行为"概念,并将其作为"民事法律行为"的上位概念。民事行为就是意思表示行为,有效的民事行为就是民事法律行为。第三,创设了"民事活动"的概念,并将其作为"民事行为"的上位概念。不仅民事行为是民事活动,而且侵权行为和无因管理行为也

---

① 张文显:《法学基本范畴研究》,中国政法大学出版社,1993年版,第132页。
② 梁慧星:《中国民法典草案建议稿附理由:总则编》,法律出版社,2013年版,第98页。

是民事活动。

本文认为，《民法通则》没有采用传统民法上的"法律行为"概念，而是采用"民事法律行为"和"民事行为"的概念，具有合理性。这是中国民事立法走向独立自主的开始，是汉语思维意识强化的开端。根据汉语语法，法律行为与道德行为相对应，是指具有法律意义的行为。法律行为包括民事行为，法律行为与民事行为是属种关系。"法律行为"这四个字，在汉语世界中，无论如何解释，也无法解释为"私法自治的工具"。即使法律专业术语为了严谨性而可以脱离日常语言，也应当符合基本的语言规范。目前众多民法典总则学者建议稿，都主张将"民事法律行为"改为"法律行为"，与德国民法典的概念保持一致。这种想法脱离了中国语言文化，不符合汉语的基本常识，也抹杀了《民法通则》的改革尝试。生搬硬套德国法上的"法律行为"概念，就算与国际接轨了，也与中国汉语脱轨了。

然而，《民法通则》在概念使用方面也存在诸多的问题。第一，不应当强行区分民事法律行为和民事行为。在民法语境下，民事行为当然是民事法律行为，不可能包括民事道德行为。汉语习惯用四个字表述特定的概念，民事行为是民事法律行为的简称，民事活动是民事法律活动的简称。第二，不应当将民事行为界定为意思表示行为。民事行为是民法上的行为，不仅包括意思表示行为，而且也包括非意思表示行为。在汉语世界，民事行为应当包括侵权行为、无因管理行为等。第三，不应当强行区分民事行为和民事活动。在汉语世界中，很难区分"民事活动"和"民事行为"，很难区分"民事法律活动"和"民事法律行为"。从体系解释看，"侵权行为"是"民事活动"，但不是"民事行为"，更不是"民事法律行为"，这在汉语语境下是无法理解的。

（三）对"法律行为"概念使用的改进方案

有学者主张，民法学和法理学都可以继续使用"法律行为"的概念，至于具体含义，可以根据使用的具体语境来决定。如韩祥波教授采取结构主义语言学的分析工具，主张继续保留学界对"法律行为"一词不同理解的局面。[①] 主流民法学者坚持"法律行为"的概念，但往往不反对法理学也使用此概念。如梁慧星教授、王利明教授、徐国栋教授和龙卫球教授分别主持的民法典草案建议稿，也都专章规定了"法律行为"。

有学者指出，民法学应当放弃"法律行为"这一词汇，改用"法律交易""权利交易""设权行为"等。如米健教授认为，德语"Rechtsgeschaft"中的"Recht"是指"法律"，但"Geschaft"并不是指"行为"，而是指"交易"，因此应当翻译为"法律交易"。所谓法律交易，就是以一定意思表示指向特定法律后果的行为，是意欲获得一定法律后果的行为。[②] 田士永教授认为，德语"Rechtsgeschaft"中的"Recht"，并不是指"法律"，而是指"权利"，"Geschaft"是指"交易"，而不是"行为"，因此应当翻译为"权利交易"。翻译为"法律行

---

① 韩祥波：《中国法学中法律行为概念的语言哲学分析》，载《理论界》，2010年第7期。
② 米健：《法律交易论》，载《中国法学》，2004年第2期。

为"，就很难看出"法律行为"与权利的关系，以及与交易的关系。① 宋炳庸教授认为，"法律行为"概念更名为"设权行为"，能够突出行为设权性的本质，彰显私法自治的精神，能够派生有效设权行为和无效设权行为等词组，符合符号学基本原理。②

有学者认为，法理学应当放弃"法律行为"这一词汇，改用"法效行为"。如朱庆育教授认为，德国法学创设法律行为的概念，是用以承载私法自治理念，意志与法律效果之间的内在关联性质，构成了法律行为概念的根本特征，因此法律行为仅仅存在私法领域。③薛军教授认为，中国应当采用二元法律术语体系，以"法效行为"指称"一般意义上具有法律后果的行为"，以"法律行为"指称"产生行为人的意思所欲追求的法律后果的行为"。④

本文认为，将民法学中的"法律行为"更名为"法律交易""权利交易"和"设权行为"，或将法理学中的"法律行为"更名为"法效行为"，并没有显示出明显的语言优势。第一，"法律交易""权利交易"等没有涵盖"行为"的基本内涵，"交易"往往指的是双方的财产交易行为。法律行为包括单方法律行为和双方法律行为，包括财产法律行为和人身法律行为。而在汉语世界中，无法表达单方的法律交易、单方的权利交易或单方的设权行为，也无法将婚姻视为法律交易、权利交易或设权行为。第二，从逻辑上，"法律交易"与"道德交易"相对应，"权利交易"与"义务交易"相对应，"设权行为"与"负担行为"相对应。逻辑和语义分析的方法，作为一种基本的理解工具，应当优先利用。"道德交易"和"义务交易"都讲不通，不能表达真实的意图。"设权行为"与"处分行为"很难区分，也很难说"设权行为"包括"负担行为"。第三，将法理学上产生法律效果的行为简称为"法效行为"，不符合汉语语法。根据汉语语法，法律可以简称"法"，但法律效果或法律效力不可以简称为"效"。如果"法效行为"的概念能够成立，那么会延伸出"道效行为（具有道德后果的行为）""政效行为（具有政治后果的行为）""经效行为（具有经济后果的行为）"等衍生词组。这些表述不符合人们长期形成的语言习惯，很难被人民大众所接受。

二、汉语世界的"合同"

"法律行为"概念是舶来品，我国引入该概念之前，存在类似的制度安排。传统契约的主要概念包括"傅别""质剂""书契""券""莂""合同""契""约"等。从总体上看，这些契约概念也不断发生变化，逐步淘汰契约旧概念，采纳符合新的社会经济条件的契约新概念，最终形成了"合同"的话语体系。"合同"是中国土生土长的法律概念，具有中国汉语文明独特的优势。我国未来的民法典不应当采取"法律行为（或民事法律行为）"和"商行为"的概念，而应当坚持符合汉语思维规律的"合同"和"商事合同"概念。

---

① 田士永：《物权行为理论研究》，中国政法大学出版社，2002 年版，第 20 页。

② 宋炳庸：《法律行为概念应更名为设权行为》，载《中外法学》，1999 年第 2 期。

③ 朱庆育：《法律行为概念疏证》，载《中外法学》，2008 年第 3 期。

④ 薛军：《法律行为理论在欧洲私法史上的产生及术语表达问题研究》，载《环球法律评论》，2007年第 1 期。

（一）契约概念的产生和发展

《说文解字》对契约的解释为，"契，约也"，"约，缠束也，从系勺声"。"系"表示"缠束""绑定"。"勺"意为"专取一物""专注于一点"。"系"与"勺"联合起来表示"专门对一件物品进行绑定"。因此，"约"的本义是"专物专绑"，引申义为"专门就一件事给出不可改变的承诺"。据此，契是双方立券的行为，约是契约的内在约束力。

契逐步成为各种契约文书的统称，不仅典买田宅的文书称契，其他借贷类契约也称为契。早在汉代，各类契约中都有规定契约效力的专门条款。例如《建宁元年（168年）二月五凤里番延寿幕荊》中记载："有私约者如律令。"《晋太康五年（284年）杨绍买地瓦券》中有明确规定契约效力的条款，"民有私约如律令"。到唐朝，契约实践中经常有"官有政法，人从私契"的说法。这些表述是中国古代契约精神的表现，是尊重当事人意思表示的中国表达，与德国法上的"法律行为"概念具有异曲同工之妙。

传统契约概念具有如下特征：第一，从书写的载体看，刻在金本之上者，称之为"契""券""别（荊）""剂"等。这些表示契约概念的字，其偏旁部首均从"刀"；书写在竹木纸帛者，称之为"约"。第二，从订立契约的行为过程看，以刀、丝、绳等作为工具来分券、束约。第三，从文字学的角度，契约的概念同时蕴含着"相互约束"和"立约不悔"的朴素理念。①

（二）合同概念的产生和发展

《周礼·秋官·朝士》："凡有责者，有判书以治则听。"孔颖达疏："判，半分而合者，即质剂傅别分支合同，两家各得其一者也。"从上述解释看，"合同"一词早在西周已经出现，具有"验合相同"之义，用于证明质剂傅别的同一性。"合同"一词的出现，是契约演变过程中的一个必然结果，是科学技术引领的语言变迁。"契"本意为刻划，故从刀，"约"本意为缠束、缠绕，这两个字本身就反映了远古时代"刻木为信""结绳记事"的遗风。②纸被发明后，当事人之间的"约"就可以书写在纸张上，从而形成契文。同时，为了取信和对质，便在分别写有全部契文的左右两契并合的地方，书写一个"同"字。于是，立约人双方的纸契上便各有半个"同"字。一旦产生争议，便将两契相合，"同"字齐合，即为原契。后来又将"合同"一块书写，两契的上面各有这两字的一半。将"合同"作为验证契约的一种标志，一直延续至民国时期。③

晚清以来，"合同"一词仍广泛采用，不过含义已经发生变化。"合同"不仅在于表征相合的契约，更在于说明书面形式的契约。从适用范围看，清代以后的"合同"以分家、共有财产管理、纠纷调解、合伙、合股等为主要内容。通过共同协商解决问题，需要文书来

---

① 赵晓耕：《中国传统法律文化研究》（第三卷），中国人民大学出版社，2011年版，第611页。
② 叶孝信：《中国民法史》，上海人民出版社，1993年版，第62页。
③ 何勤华：《法律名词的起源（下）》，北京大学出版社，2009年版，第616页。

确立关系的,也可以采用"合同",如立嗣、推举"柜董"等。① 总体而言,近代以来对契约和合同的理解有所区别,前者是两个以上方向不同的意思表示一致,后者是两个以上方向相同的意思表示一致。

新中国成立后,"契约"逐渐被"合同"所取代,从两者混同使用到"合同"一词取得了立法上的话语优势。1950年10月3日颁布的《机关国营合作社签订合同契约暂行办法》,就采取了"合同"与"契约"并用的立法。改革开放以后,我国颁布了《经济合同法》、《涉外经济合同法》和《技术合同法》,都采取了"合同"的概念。1999年颁布的《合同法》,结束了三个合同法鼎立的局面,维持了"合同"的话语体系。2007年颁布的《劳动合同法》,对劳动合同的成立、效力和履行等做出了详细的规定。截至2016年6月18日,根据北大法宝的搜索,共收录402个有效的法律,其中117个法律采用了"合同"的概念。从"合同"概念使用的频率看,《合同法》共使用了423次,《担保法》85次,《物权法》40次,《婚姻法》1次,《继承法》1次,《公司法》3次,《破产法》9次,《证券法》1次,《保险法》119次,《海商法》211次。

就目前实践而言,立法普遍采用"合同"的概念,但这并不意味着"契约"概念没有存在的价值。"契约"由"契"与"约"两个字组成,其中"契"含义是相合、投合、符合,"约"的含义是缠束、约束、规约,"契约"就是同意或合意的规约。在生活层面和学理层面,"契约"一词还大量使用。总之,"契约"与"合同"都是中国本土化的概念,具有汉语文明特有的文化底蕴。

(三)合同概念的另类表述

"协议"是"合同"的另一种表达方式。《合同法》第2条第1款规定:"本法所称合同是平等主体的自然人、法人、其他组织之间设立、变更、终止民事权利义务关系的协议。"《保险法》第9条规定:"保险合同是投保人与保险人约定保险权利义务关系的协议。"据此"合同"是"协议"的一种,两者是种属关系。然而,在特定的语境下,"协议"就是"合同",两者具有同一性。如离婚协议、夫妻财产协议、分家协议、遗赠抚养协议、合伙协议、发起人协议等。《物权法》第15条规定"当事人之间订立有关设立、变更、转让和消灭不动产物权的合同",第22条"当事人签订买卖房屋或者其他不动产物权的协议",该两条款中的"合同"和"协议"也具有同一性。

从"协议"概念使用的频率看,《合同法》共使用了9次,《担保法》9次,《物权法》15次,《婚姻法》15次,《继承法》6次,《公司法》9次,《破产法》24次,《证券法》28次,《保险法》8次,《海商法》12次。当然,"合同"与"协议"不同的是,前者仅仅是名词,后者还可以作为动词。作为名词,"合同"可以替代"协议",如"上市协议"可以替换为"上市合同"。作为动词,"合同"可以替代"协议"。如《物权法》第138条"采取招标、拍卖、协议等出让方式设立建设用地使用权的"中的"协议"等。

---

① 俞江:《"契约"与"合同"之辩》,载《中国社会科学》,2003年第6期。

三、"法律行为"与"合同"的语言竞争

立法者不能决定语言的未来,人民群众是语言的创造者和使用者。法律是法律规范体系,也是语言规范体系。我国《民法通则》创设"民事法律行为"、"民事行为"和"民事活动"的概念,《物权法》创设"法律行为"的概念。然而,这些概念使用的频率不高,内涵也不统一,并没有被法律共同体普遍接受,更没有被人民群众所接受。与此相反的是,"合同"和"商事合同"概念在立法和司法中大量使用,具有旺盛的生命力。"法律行为"等是典型的外来词汇,而"合同"则是本土概念,两者存在语言竞争。实证考察这些概念的使用情况,对于未来立法选择具有较强的借鉴意义。

(一)"民事法律行为"概念的实证考察

从全国人大立法层面,只有 2 个法律采取了 15 次的"民事法律行为"的概念。其中《民法通则》使用了 13 次,《公证法》使用了 2 次。《民法通则》第 54 条规定:"民事法律行为是公民或者法人设立、变更、终止民事权利和民事义务的合法行为。"《公证法》第 2条规定"依照法定程序对民事法律行为、有法律意义的事实和文书的真实性、合法性予以证明",第 36 条规定"经公证的民事法律行为、有法律意义的事实和文书,应当作为认定事实的根据"。这些法律条款中的"民事法律行为"只有一种含义,即民法上的合法的意思表示行为。

从司法解释层面,"民事法律行为"也只有一种含义。《最高人民法院关于审理建筑物区分所有权纠纷案件具体应用法律若干问题的解释》第 1 条第 2 款规定:"基于与建设单位之间的商品房买卖民事法律行为,已经合法占有建筑物专有部分,但尚未依法办理所有权登记的人,可以认定为物权法第六章所称的业主。"不过,也只有这一个司法解释采取了"民事法律行为"的概念。需要指出的是,该条款中的"民事法律行为"替换为"合同",更为准确。

从法院裁判文书看,"民事法律行为"具有三种含义。其一,民事法律行为是指所有的意思表示行为,不局限于有效的意思表示行为。如判决书显示,"公民合法的民事法律行为应受法律保护",[1]"协议作为一种民事法律行为,是当事人协商一致的产物",[2]"相关政府部门不是民事主体,中齐公司与政府部门之间也不是民事法律行为"等。[3] 其二,民事法律行为是指具有民法意义的所有行为。如判决书显示,"事故发生当晚谢仲波参加聚会是否喝酒与驾驶摩托车是两个独立的民事法律行为"等。[4] 其三,民事法律行为包

---

[1] 参见河南省信阳市中级人民法院(2015)信中法民终字第 887 号判决书。
[2] 参见湖北省钟祥市人民法院(2015)鄂钟祥石民一初字第 00109 号判决书。
[3] 参见山东省济南市中级人民法院(2015)济民一终字第 916 号判决书。
[4] 参见广东省梅州市中级人民法院(2015)梅中法民一终字第 152 号判决书。

括民事诉讼法律行为。如裁定书显示,"原告撤诉系其行使诉讼权利的民事法律行为"等。①

(二)"民事行为"概念的实证考察

从全国人大立法层面,只有《民法通则》采取了"民事行为"的概念,其他法律都没有采用。从《民法通则》第 58–61 条规定看,民事行为是指所有的意思表示行为,包括合法的民事行为、无效的民事行为和可撤销的民事行为等。

从司法解释层面,"民事行为"概念具有不同的含义。一是所有的意思表示行为。如《最高人民法院关于适用〈中华人民共和国合同法〉若干问题的解释(二)》第 2 条规定,"当事人未以书面形式或者口头形式订立合同,但从双方从事的民事行为能够推定双方有订立合同意愿的……"《关于审理公司登记行政案件若干问题的座谈会纪要》第 3 条规定:"利害关系人以作为公司登记行为之基础的民事行为无效或者应当撤销为由,对登记行为提起行政诉讼的……"二是指民法上的所有行为,包括侵权行为等。如《最高人民法院关于审理证券市场因虚假陈述引发的民事赔偿案件的若干规定》规定:"为正确审理证券市场因虚假陈述引发的民事赔偿案件,规范证券市场民事行为,……"《最高人民法院关于适用〈中华人民共和国公司法〉若干问题的规定(一)》第 2 条规定:"因公司法实施前有关民事行为或者事件发生纠纷起诉到人民法院的,……"②

从法院裁判文书看,"民事行为"也具有不同的含义。一是指民法上的意思表示行为。如判决书显示,"民事行为的成立,以意思表示为重要要件",③《借款合同》符合民事行为生效的要件,为有效合同"等。④ 二是指民法上的所有行为,包括侵权行为,表述为"侵权民事行为"等。如判决书显示,"阻挡原告修建大门的行为属于维护其合法权益的民事行为",⑤"本案是因二被告长期占有原告房屋的侵权民事行为而提起的民事诉讼",⑥"被告人温某某故意伤害他人身体,……被告人温某某当庭自愿认罪,且就民事行为与被害人达成了和解协议"等。⑦

(三)"民事活动"概念的实证考察

从全国人大立法层面,共有 5 个法律采取了"民事活动"的概念。第一种含义是民法上的所有行为和事件。如《民法通则》第 1 条规定,"总结民事活动的实践经验,制定本

---

① 参见广西壮族自治区南宁市江南区人民法院(2015)江民一初字第 1022 号判决书。
② 类似的规定还有《最高人民法院关于审理著作权民事纠纷案件适用法律若干问题的解释》第 31 条,《最高人民法院关于审理商标案件有关管辖和法律适用范围问题的解释》第 9 条等。
③ 参见最高人民法院(2014)民申字第 1112 号判决书。
④ 参见最高人民法院(2013)民申字第 1070 号判决书。
⑤ 参见陕西省陇县人民法院(2015)陇民初字第 00347 号判决书。
⑥ 参见河南省鲁山县人民法院(2011)鲁民初字第 1586 号判决书。
⑦ 参见河南省正阳县人民法院(2015)正刑初字第 146 号判决书。

法"。《高等教育法》第 30 条第 2 款规定："高等学校在民事活动中依法享有民事权利,承担民事责任。"《教育法》第 32 条、《电子签名法》第 3 条等都采用类似的表述。第二种含义是指意思表示行为。如《涉外民事关系法律适用法》第 12 条第 2 款规定："自然人从事民事活动,依照经常居所地法律为无民事行为能力……。"《物权法》第 171 条规定："债权人在借贷、买卖等民事活动中……。"

从司法解释层面,"民事活动"只用过一次。《最高人民法院关于适用〈中华人民共和国民事诉讼法〉的解释》第 54 条规定："以挂靠形式从事民事活动,当事人请求由挂靠人和被挂靠人依法承担民事责任的,该挂靠人和被挂靠人为共同诉讼人。"该条款中的"民事活动"包括侵权行为。

从法院裁判文书看,"民事活动"是指一切民事行为。如判决书显示,"权利人享有在不侵犯他人合法权益的基础上使用企业名称进行民事活动"等。[①] 需要指出的是,司法实践大量使用"民事法律活动"的概念。应当说,民事法律活动等同民事活动。如判决书显示,"公民在民事法律活动中应遵守诚实信用原则",[②]"拍卖活动是有着严格程序性要求的民事法律活动",[③]"审计作为一种行政行为,不应介入工程竣工后进行审价的平等主体间的民事法律活动"等。[④]

(四)"法律行为"概念的实证考察

从全国人大立法层面,共有 4 个法律采用"法律行为"的概念。第一种含义是指民法上的意思表示行为,如《物权法》第 25 条规定："动产物权设立和转让前,权利人已经依法占有该动产的,物权自法律行为生效时发生效力。"第二种含义是指具有法律意义的一切行为,如《信托法》第 65 条、《证券投资基金法》第 19 条和《民事诉讼法》第 67 条等。《信托法》第 65 条规定："信托监察人有权以自己的名义,为维护受益人的利益,提起诉讼或者实施其他法律行为。"

从司法解释层面,"法律行为"同样具有不同的含义。一是民法上的意思表示行为。如《最高人民法院关于适用〈中华人民共和国物权法〉若干问题的解释(一)》第 18 条第 2 款规定,"当事人以物权法第二十五条规定的方式交付动产的,转让动产法律行为生效时为动产交付之时"。二是广义的法律行为,包括人民法院的法律行为。如《最高人民法院办公厅关于印发非刑事司法赔偿典型案例的通知》规定："审查处理非刑事司法赔偿案件时,要注意区分人民法院在保全或执行中做出的法律行为和事实行为。"

从法院裁判文书看,"法律行为"更多是指具有法律意义的一切行为,包括行政行为和诉讼行为等。如判决书显示,"复印设备公司提出张养成诈骗要求中止审理本案,因其

---

① 参见广州市中级人民法院(2015)粤知法商民终字第 60 号判决书。
② 参见天津市津南区人民法院(2015)南民一初字第 215 号判决书。
③ 参见最高人民法院(2005)民一终字第 43 号判决书。
④ 参见广东省深圳市罗湖区人民法院(2000)深罗法经一初字第 1012 号判决书。

与张养成系另一法律行为,该院不予支持",①"与当场行政处罚决定所涉具体行政行为相比,责令改正通知书属于从法律行为;与警告行政处罚相比,责令改正的行政命令亦属于从法律行为"等。②

四、中国民法典的语言风格

语言是沟通的工具、文化的载体。中国民法典应当有中国话语,应当是中国私法道路的本土描绘,应当是中国语言的集大成者,应当成为老百姓喜闻乐见的作品。基于此,本文认为,中国未来的民法典不应当采取"法律行为(或民事法律行为)"和"商行为"的概念,而应当采取符合汉语思维规律的"合同"和"商事合同"概念,制定民法小总则,不制定债权总则,采取合同法、物权法和侵权责任法依次递进结构。

(一)德国语言抑或中国语言

诸多学者认为,既然继受了德国民法,就应当继续坚持。中国一百多年之前大清变法时,就引进了潘德克顿法学,目前还按照这一科学方法编纂民法典。③ 因为德国法的概念体系已经内化为中国的法律传统,已经成为中国人法律思维的组成部分。④ 有学者主张回归罗马法,学习法国,制定一部绿色的民法典,倡导新人文主义。该绿色民法典仍然使用了大量德国法的概念和制度,如"法律行为"和"物权"等。⑤ 个别学者开始反思德国法,倡导制定一部开放性的民法典,学习美国先进的制度。⑥

本文认为,中国民法典是中国民族尊严和民族文化的象征,要传承中国文明和中国文化,要具有中国特色中国风格中国气派。中国民法知识整体框架移植德国,民法术语基本都是德国法的翻版。中国知识分子多有济世情怀,晚清以来便从骨髓深处领悟到中国制度不如西方,同时形成了文化自卑感,认为在技不如人的前提下,模仿和抄袭就是理所当然。中国民法典编纂应当增强中国文化自信,增强理论自信,增强道路自信,增强制度自信。

用德国话语阐述中国道路,用得越多离中国实践越远。把德国文明作为具有普世性文明,断裂了中华文明的历史传承。德国式民法典总则的中国语境,是立法者需要慎重对待的重大问题。"法律行为"是寄生于德国文明的概念,日本人翻译的,中国人照抄照搬。"法律行为"不是规范的汉语,不能代表中国,更不能代表世界。在"法律行为"概念

---

① 参见最高人民法院(1997)经终字第 260 号判决书。

② 参见江苏省南通市中级人民法院(2014)通中行终字第 00341 号判决书。

③ 孙宪忠:《中国民法继受潘德克顿法学:引进、衰落和复兴》,载《中国社会科学》,2008 年第 2 期。

④ 梁慧星:《松散式、汇编式的民法典不适合中国国情》,载《政法论坛》,2003 年第 1 期。

⑤ 徐国栋:《民法典草案的基本结构》,载《法学研究》,2000 年第 1 期。

⑥ 江平:《制定一部开放的民法典》,载《政法论坛》,2003 年第 1 期。

基础上改良产生的"民事法律行为"也不是规范的汉语，无法准确表达其特定的法律内涵。如果中国民法典采纳了这些概念，就需要继续利用德语语境进行解释，中国民法典成为德国民法典的翻版。按照德国人的思维模式进行思考，难谓中国的民法典，遑论世界的民法典。

中国问题是中国话语的生命线，中国话语蕴含着中国文化。中国民法典一旦公布，世界都在倾听。如果中国民法典向世界传播的依然是西方文明，依然是德国文明的基因，就很难成为 21 世纪的民法典，很难在世界民法史中占据一席之地。中国民法话语体系要打造具有标示性概念，打造国际社会容易接受的新概念、新范畴和新表达。民法典应当更加接地气，让人民群众切实感受到民法的魅力，感受到汉语的美好。阅读民法典是一种文化的享受，凝聚最低限度的社会共识，追求张扬而不丧失本分的精神。民法典应当成为中国汉语语法教学的参考书，成为展示中国文明的最佳平台。

中国话语需要范式支撑，需要以中国实践为基础。自鸦片战争始，如何看待和处理中西文明的关系，最为集中反映在中国如何有效实现现代化。任何语言都不能脱离文化而存在，语言是特定民族思维方式的集中反映。随着中国综合国力的提升，汉语将在本世纪成为仅次于英语，甚至与英语并驾齐驱的国际语言。中国许多汉字都具有文明象征意义，如"合""同""婚""姻"等，承载着中国文明。汉语是中国文明传播的桥梁，汉语昌盛为中国未来的民法典在世界传播提供了良好的机遇。

（二）专业语言抑或生活语言

学界应当凝聚法学和语言学的智慧，深化民法语言研究，为民法典编纂提供智力支持。语言学界应当及时对立法语言提出修改意见，寻求法律语言与日常语言协调的路径，探索语言具体的应用方案。法学界应当为"语言学转向"提供理论支撑，寻求社会共识的科学表达方式。语文教育是国民教育的基石，立法者应当熟练运用汉语，表达人民群众的呼声和利益诉求。立法语言要求准确性、简洁性、庄重性和严谨性。即使脱离日常语言，也应当符合基本的语言规范。中国民法典应当追求通俗易懂的文风，提高法律的透明度，提高话语的能见度。中国民法典应当具有中国元素，突出解决中国问题，突出中国话语体系。

立法对概念的选用，必须考虑词义，考虑汉字的基本含义。概念是由名称、内涵和外延构成，其中名称代表概念，内涵解释概念的本质，外延界定概念的范围。无论如何解释"民事法律行为"这六个字，也得不出"私法自治的工具"。正是《民法通则》对"民事法律行为"内涵界定不准确，不符合汉语表达习惯，导致实践中法律职业者将民法领域的一切行为，都视为民法律行为。相反，"合同"符合汉语表达的逻辑，也较为准确，突出了中国的和合文化。改革开放初期，采取的是"经济合同"的概念。后来采取的是统一的"合同"概念，随后官方文本出现了"民商事合同"或"商事合同"的表述。1981 年颁布的《经济合同法》、1985 年颁布的《涉外经济合同》、1987 年颁布的《技术合同法》和 1999 年颁布的《合同法》等，都采取了"合同"的概念。2007 年最高人民法院颁布了《关于审理涉外民事或商事合同纠纷案件法律适用若干问题的规定》。2010 年最高人民法院颁布了《关于审理民商事合同纠纷案件指导意见》。

立法对概念的选用，必须考虑语境，考虑衍生的词组群。语言不是逻辑，但依靠逻辑推理，能够产生较大的词组。"法律行为"概念必然延伸出民事法律行为、行政法律行为、诉讼法律行为等。民事法律行为延伸出合同法律行为、物权法律行为、侵权法律行为、婚姻法律行为和继承法律行为等。合同法律行为延伸出买卖法律行为、租赁法律行为和委托法律行为等。据此，不能将"法律行为"或"民事法律行为"仅仅局限于意思表示行为。《民法通则》创造出"民事活动"的概念，必然产生上位的"法律活动"概念，以及下位的"合同活动""物权活动""侵权活动""无因管理活动""继承活动"和"婚姻活动"等概念。据此，立法最好不要创设"民事活动"的概念，避免不必要的概念纠结。总之，"民事法律行为"是外来词汇，很难融入中国语言体系。相反，"合同"概念具有自身优势，容易造词，表现出较强的语言优势。比如，可以说"合同"的履行、变更，可以说违反"合同"的责任，但无法表述"法律行为的履行""法律行为的变更""违反法律行为的责任"等。

五、结论

中国民法典应当是中国汉语文明的结晶，应当用中国语言表达中国人的生活场景。采取"法律行为"或"民事法律行为"概念，必然产生"违反法律的（民事）法律行为无效"的表达，而这种表达不符合汉语语法，人民群众很难理解。德国和法国采取"商行为"的概念，都没有采取"民事行为"的概念。《德国商法典》规定了"商行为"的概念，《德国民法典》采取了"法律行为"的概念。《法国商法典》规定了"商行为"的概念，《法国民法典》采取了"契约"的概念。也许由于翻译的原因，不懂法语和德语的中国人无法理解商行为的确切含义。用东方语言表述西方的思想，本来就是知其不可而为之的无奈。王保树、苗延波和范涛等商法学者提供的《商事通则草案建议稿》，都专章规定了"商行为"。汉语世界的"商行为"，逻辑上必然涵盖"商事侵权行为"，这与法语世界和德语世界的"商行为"相差甚远。

中国民法典不应当采取德语语境下的"法律行为（或民事法律行为）"和"商行为"的概念，而应当采取符合汉语思维规律的"合同"和"商事合同"概念，制定民法小总则，采取合同法、物权法和侵权责任法依次递进的结构。中国民法典编纂应当尊重现有的《合同法》《物权法》和《侵权责任法》等立法资源，尊重法律职业者和人民群众多年的语言实践，不能随意创造或复活僵死的法律制度。《合同法》第二章"合同的订立"、第三章"合同的效力"和第二十一章"委托合同"等，已经替代了《民法通则》第四章"民事法律行为和代理"。令人遗憾的是，2016 年 6 月全国人大常委会审议的《民法总则草案》恢复了不具有语言优势、已经僵死的"民事法律行为"概念。基于民法典编纂的整体考虑，建议断然删掉该《民法总则草案》第六章"民事法律行为"和第七章"代理"。

《民法总则》立法目的条款设计的统计学思考

韩新磊①

【摘要】 《民法总则》立法目的条款,是立法者立法精神的体现与立法目的的外化,是民法典总纲性条款。在立法技术上,以立法目的条款作为开篇的做法,是我国独具特色的地方,俨然已成为中国法治建设的标签。要以现有33部民商事法律的立法目的条款为样本,采取统计学的研究路径,总结立法语言规律。建议《民法总则》立法目的条款拟定为:"为了保障民事主体的合法权益,维护社会经济秩序和自然人的人格尊严,促进社会经济的发展和生态文明建设,根据我国民事活动的实际经验,制定本法。"

【关键词】 民法典 民法总则 立法目的 统计学

党的十八届四中全会明确提出民法典编纂,从目前的研究与探讨内容来看,学者更多关注民法典编纂下总则与分则的结构安排与协调,相关规则、原则的存废,民法总则内部体系建构、民法与商法的关系处理等较为宏观的方面,但对民法总则的细节问题,比如语言的精炼化、准确度等研究的较少。本文采取统计学为研究方法,将已有、生效的33部民商事法律规范性文件②作为参考(为便于统计,全部采用简称模式),力求探寻我国民商事法律立法目的条款的组成要素、词语遴选、顺序定位等基本规律,以期为《民法总则》立法目的条款的科学制定提供依据和参考。

一、统计学思维下的民法总则立法目的条款研究现状

大数据时代以数据说话、以数据行事的思维日益被人们接受。统计学研究的对象之一是数据,通过对数据的出现概率、频次等,推导事物发展的方向或规律,进而为人们进

① 韩新磊,郑州大学法学院民商法学硕士研究生。
② 本文主要涉及的法律文件有:《民法通则》《物权法》《合同法》《婚姻法》《继承法》《收养法》《侵权责任法》《劳动法》《公司法》《合伙企业法》《个人独资企业法》《商业银行法》《破产法》《证券法》《证券投资基金法》《电子签名法》《产品质量法》《信托法》《票据法》《担保法》《保险法》《反不正当竞争法》《海商法》《商标法》《专利法》《拍卖法》《著作权法》《农村土地承包法》《消费者权益保护法》《农业专业合作社法》《全民所有制工业企业法》《中外合资经营企业法》《外资企业法》《中外合作经营企业法》。

行科学决策提供客观的依据或参考。① 民法总则立法目的的存废问题已经不是颇具争议的话题,现所面临的是具体的语言如何规范,要素构成何为等问题。通过统计学下的数据分析,研究我国当前生效的民商事法律规范性文件,来解决此类问题。

立法目的是"立法主体为自身的需要,针对法律所调整的对象,采用科学的立法方法和立法技术,制定和选择相应的或最佳的立法方案,事先设定立法所要实现的具体目标"。② 立法目的条款则是立法目的的外在表现形式与具体要求的体现,立法目的条款最显著的特征在于体现了立法者的基本精神与价值追求,是整个法律规范的统领性条款。国外鲜有国家制定立法目的条款,但我国有这一法治传统,并且形成了自己的鲜明特色。本文以 33 部民商事法律规范为统计依据,是基于我国民商统一立法模式下的考量,也是基于民商事领域内的法律文本具有较大的类似性,便于从中寻找共同规律。本文以各规范性法律文件的立法目的条款为切入点,是基于以点带面的考虑,期许以此为突破点探寻其制定机关、规范语言的抉择、条款包含的基本要素。同时,借鉴和参考目前个人或相关机构已经对外发布的民法总则,对其立法目的条款进行概括、对比、分析,力求为制定民法总则的立法目的条款提供全面、客观的数据材料。

二、统计学思维下民商事法律规范制定机关统计分析

1.1 本文所涉法律文件的制定机关

制定机关	所涉数量	备注
全国人大	7	1 部由其制定由人大常委会修正
全国人大常委会	27	1 部由人大制定由其修正

从统计的结果可以看出,全国人大制定的民商事法律文件包括《民法通则》《继承法》《物权法》《公司法》《中外合资经营企业法》《外资企业法》《中外合作经营企业法》,其余的均由全国人大常委会予以制定并通过。在我国,基本法律和非基本法律的区分是宪法对全国人大和全国人大常委会立法权限的基本分工。③ 刑事、民事、国家机构和其他方面的基本法律,需由全国人民代表大会制定。基本法律,顾名思义就是规范国家政治、经济、社会生活的全局性的法律。除此之外,较具抽象性的,具有统领作用,涉及利益主体较多的,涉外的民事法律文件,也多有全国人大予以制定并通过。《中外合作经营企业法》由全国人大制定,后由全国人大常委会予以修正,则充分体现了我国对外合作的重

① 耿直:《大数据时代统计学面临的机遇与挑战》,载《统计研究》,2014 年第 1 期。
② 陈雪平:《立法价值研究——以精益学理论为视阈》,中国社会科学出版社,2006 年版。
③ 马英娟:《再论全国人大法律与全国人大常委会法律的位阶判断——从刘家海诉交警部门行政处罚案切入》,载《华东政法大学学报》,2013 年第 4 期。

视,当其常态化后,就由全国人大常委会接力,对其进行修正。

民法总则的重要性不言而喻,其事关平等主体之间的人身和财产关系的调整。因而,必须由全国人大制定并通过。目前,由中央层面牵头,引入相关领域的专家出台民法总则建议稿的做法,是借鉴和吸收其他立法技术较为先进国家的做法,这一做法值得肯定。将学界思维与实务经验相结合,方能更全面、科学地制定出民法总则,实现学界与实务界的沟通与对话。

三、统计学思维下民商事法律规范语言的统计与分析

我国语言学讲究用语凝练、词能达意、字斟句酌、上下统一,这要求我们以语言学与法学间的纽带着手,探析法律语言的规范使用。

1.2　本文所涉规范类语言统计分析

规范类语言	出现次数	所占权比
调整	4	12%
规范	12	36%
保障	6	18%
维护	16	48%
保护	31	94%
支持、引导	1	3%

目前,我国的法律语言学并未形成科学的研究体系,我国的法律语言学经历了萌芽、初创、发展等阶段,逐渐形成汉语言视域下的法律语言规范化使用。但我国的法律语言学多受西方影响,未从根本上融合汉语言的特殊之处,因而未实现法律语言的"本土化"。[①] 李振宇教授认为,法律语言学的发展是"沿着法律与语言的组合、法律与语言的结合和法律与语言的融合这样一条路线逐渐地进化着。[②] 可见,未来法律语言的规范化、合乎汉语使用的基本要求等内容,将成为立法者以及立法参与者不可忽视的领域。

从统计的结果来看,我国立法者在以往制定民商事法律规范时,并没有实现法律语言的规范、统一使用。首先在调整对象或行为方面,出现了"调整"和"规范"两个词汇的交替使用现象。在33部民商事法律规范中,使用"调整"一词的共有4处,如民法通则第一条使用的是"调整民事关系"。使用"规范"一词的有12处,如公司法使用的是"规范

---

① 张玉洁:《论我国法律语言学的演进及未来发展》,载《广西政法管理干部学院学报》,2015年第3期。

② 李振宇:《论法律和语言的融合》,载《法律语言学说》,2007年刊。

公司的组织和行为"。那么"调整"和"规范"的使用有什么差异,是不是可以等同使用。据新华词典释义,"调整"是指"调弄整治;重新调配或安排,使合于新的情况。""规范"是指"约定俗成或明文规定的标准;合乎规范;使合乎规范。"从解释角度来看,两个词汇之间确实存在交叉地带,即都含有"使其合乎某种要求或规定"。那么,这样的语言该如何抉择? 正如中国人民大学教授王轶所言,"很多人文科学不存在真假问题,多是使用习惯问题"。从使用习惯角度,"调整"一词多与具体对象或者某种关系连用,而"规范"则多与某种行为连用。从统计结果看,使用"规范"一词的频次要远多于"调整",但不能因此就实行"一刀切",立法者在立法时仍应考虑具体的使用要求,适用背景。未来民法总则如果强调的是民事关系,那么"调整"一词便与之呼应。而如果强调民事行为,则首选"规范"无疑。但是在选择规范语言时,要考虑今后民法典编纂过程中整体的使用环境,力求前后保持一致,达到形式上的统一与内容上的协调。

除此之外,"保障""维护""保护"等词汇的交叉、混合使用,也使得当前的法律文本在查阅时显得"繁芜丛杂"。据新华词典释义,"保障"是指"保护(生命、财产、权利等),使不受侵犯和破坏。""维护"是指"维持保护。""保护"则指"尽力照顾,使不受损害。"从统计结果来看,"保护"一词使用的频次最高。而这三个词汇又几无差异,因而立法者在今后适用时如能依据相应的语境稍作修改,使这样的词汇得以统一、规范,就会使各个法律文本之间如行云流水般贯通。

从统计结果分析,我们发现在使用法律语言或词汇时,常会出现两种冲突。一是词汇之间有一定差异,使用语境与习惯也不尽相同,这时建议对语境做出修改,使得法律文本间协调一致。二是词汇间几无差异,也不存在使用语境和习惯的差异,这时建议使用一高频词汇代替其他词汇,使得文本间语言得以凝练,统一。

四、统计学思维下民商事法律规范构成要素统计与分析

当前,我国法律规范的立法目的条款主要存在条款格式不规范、条款内容不统一、条款层次比较混乱等现象。[①] 立法目的条款的内容,是研究立法目的条款的核心所在,也是奠定立法者基调的外在体现。在内容上,每一次抉择、取舍,都是立法者精神的斗争过程。从33部民商事法律规范统计结果来看,我国民商事法律文本主要存在如下表格内的内容。

---

① 韩佑:《法律文本中立法目的条款设置评析》,山东大学 2014 年硕士论文,第36–37 页。

1.3 立法目的条款解构分析

立法目的条款所含要素	出现次数	所占权比
保护当事人权利	26	79%
实现社会进步目的（功能）	21	64%
调整对象	18	55%
根据宪法制定本法	6	18%

从统计结果来看，"保护当事人权利""实现社会进步目的""调整对象"内容出现的频次较高，均过半数。以民法上的决议行为来看，也达到了大多数人同意的程度。当然，这只是以推定方式揣度立法者的本意，是一种主观主义的推理。那么，我们就要从现象下的本质进行分析，缘何使这三类内容成为立法目的条款的"宠儿"。

首先是"保护当事人权利"条款。很多学者都认为民商事法律规范是一本"权利宣言书"，民法是权利法，民法的本位应是权利本位。[①] 自然人的权利能力始于出生，终于死亡。法人和其他组织则于成立时获得权利能力，消灭时丧失权利能力。可见，民法之于"人"之一生，乃在于权利的不断转换与生息。因而将权利内容作为立法目的条款的必备要素毋庸置疑。"实现社会进步目的"又称之为"功能"条款。法律乃在于通过人们让渡一部分权利，形成一定公权力，来维系整个社会的和谐共生。民商事法律规范，在于调整平等主体间的财产关系和人身关系，其终极目标在于使得社会和谐、进步，人民安居乐业，国家繁荣富强。因而立法者将这种美好期许置于法条之中，也就顺理成章。再次是"调整对象"。厦门大学徐国栋教授说民法的调整对象问题古老、普遍、现实，其得到了大陆法系国家的普遍关注，我国学者也掀起过两次大规模的研讨。[②] 一门独立的法律学科都有自己特有的调整对象，这是它们标榜"存在"的宣言与理由。只有确定了具体的调整对象，法律规范的适用空间才得以限制，法律才能在自己的领域内游刃有余地施展抱负。

学界争议较多的是"根据宪法，制定本法"的内容是否有存在必要。很多人认为"根据宪法，制定本法"是全国人大立法权的源来，如果不设定这一内容，其制定的法律就可能因违宪而归于无效。但我们从统计结果来看，仅民商事法律规范中就有27部法律规范没有涉及这一内容，是不是这些法律规范的合法性都要受到质疑。而以比较法的视野看待大陆法系的其他国家，诸如德国、法国、日本，也鲜有规定这一内容的。建议去掉这一内容。其理由有三：一是全国人大是我国最高国家权力机关，享有立法权，其制定出的

---

① 章礼强：《民法本位论》，西南政法大学2004年硕士论文。

② 徐国栋：《民法调整对象理论比较研究——兼论〈民法通则〉第2条的理论坐标和修改方向》，载《厦门大学学报》，2008年第1期。

法律规范不存在合法性质疑的情形，毋须以此条款内容另行添附。二是有些规范有，有些规范没有，使得我国相关的法律规范处于一种尴尬境界，难以解释。三是没有这一条款内容的法律规范在适用中也未出现任何纰漏。① 在这一方面，梁慧星教授也认为不宜规定"根据宪法，制定本法"。② 笔者也建议在未来制定民法总则时，取消这一条款内容，使得整个法律体系间保持完整性、统一性。

五、统计学思维下民法总则立法目的条款的设计

中国民法典编纂项目领导小组撰写的民法总则专家建议稿为官方草案。其立法目的条款为："为了保障民事主体的合法权益，维护社会经济秩序，维护自然人的人格尊严，促进经济社会和人的全面发展，根据宪法，制定本法。"③从其他几个民法总则建议稿中，我们发现除了人大法工委版首次将人格尊严写入法律规范中外，这些建议稿的内容基本一致。

从统计学思维下的民法总则立法目的条款的设计来看，笔者提出以下拙见：

（1）保护当事人利益要素出现，符合我国立法的基本规范。因"保障"和"保护"的词义比较相近，在此并无使用上的歧义。建议若采用"保障"一词，那么在今后制度民法典其他法律规范性文件时，尽量保持用语的一致性。

（2）"维护社会经济秩序，维护自然人的人格尊严"建议修改为"维护社会经济秩序和自然人的人格尊严"。原文使用两个相同的维护，难免有重复之嫌，过于累赘。维护是指维持保护，使免于遭受破坏。在此并无使用不规范的情形。

（3）"促进经济社会和人的全面发展"建议修改为"促进经济社会的发展"。促进经济社会的发展是实现社会进步目的的条款要素，在此并无不妥。之所以去掉人的全面发展，是因为法律并未有这样的功能。法律之功能在于解决社会矛盾，维护社会秩序，对人是否能全面发展并不产生直接的作用。

（4）建议增加"促进生态文明建设"相关内容。生态文明是人类文明发展的一个新的阶段，即工业文明之后的文明形态。生态文明建设对当今社会的可持续发展的重要性不言而喻，将其置于立法目的条款，除彰显其重要性外，也为其他具体的民商事立法与实施提供价值指引。

（5）"根据宪法，制定本法"，使得其他法律规范之间无法统一，造成法律解释上的困境，建议去掉。

将民法典民法通则草案的立法目的条款修改为："为了保障民事主体的合法权益，维护社会经济秩序和自然人的人格尊严，促进社会经济的发展和生态文明建设，根据我国

---

① 丁学勇：《论"根据宪法，制定本法"》，兰州大学。
② 梁慧星：《不宜规定"根据宪法，制定本法"》，载《社会科学报》，2006年第11期。
③ 来源于对《民法典·民法总则专家建议稿（征求意见稿）》公开征求意见的通知。

民事活动的实际经验，制定本法。"

结语

时代的发展变化，要求一部符合中国基本国情的现代民法典得以呼之欲出。但民法典编纂工作恰似"冰冻三尺"，非"一日之寒"可为。中华文化博大精深，中华语言也是源远流长。中华语言的美，在于层次，在于内容，在于意境的切合与表意者的内心。自古，学者善于咬文嚼字、字斟句酌、反复推敲，就在于其稍有差异，便不似语者所言之意。我们未来编纂民法典也好，现在起草民法总则也好，都不能忘记对法律语言的谨慎使用。一部优秀的民法典要留存百世，就要精益求精。笔者斗胆以拙作探讨法律语言的抉择，还望能为法律语言的规范化使用提供一些参考。以统计学作为研究方法，也只是管中窥豹，聊探立法者的使用习惯。希望在业界优秀人士的努力下，能一览中国民法典的风采。

二

民法典与其他法律的关系

商行为的泛化及其法律规制

——兼论民商立法的分与合

张宗敏①

【摘要】 商行为是一种重要的社会经济活动,营利性是其最为重要的特征。现代社会商行为逐渐出现了泛化的趋势,更加需要法律的引导与规制。而规制的方法受制于商事行为自身特征的影响,与法典化不存在天然的联系。与其在传统民法典中嵌入商事法律规范,不如在民法典之外对商事法律规范做出一些特别的规定,确保民事与商事的衔接更顺畅。

【关键词】 民法典 民商合一 民商分立 商行为 民事行为

在立法机关正在紧锣密鼓地拟定民法典之际,一个重要问题是对于商事规则是否应当独立出来单独制定相应的法律规范,这既是一个立法上的原则性问题,也只是一个立法上的技术性问题。要加深对这一问题的理解,在立法技术上做出更加合理的选择,有必要对于商事行为的性质与立法的关系进行一些梳理和探讨。

一、商行为的特征

与传统的民事行为相比较,商行为具有自身的一些特征,主要体现在以下几个方面:

1.营利性 与传统民事行为的自足性相比,营利性是商事行为最为明显的特征。因此,逐利是商人的原始动力与经营目的。利润产生了,社会总的财富就会增加,但就这一行为本身而言,是一个有利于社会福祉增加的行为,应当大力提倡与引导。而传统的民事行为的目的主要在于满足自身生活的需要。即使一些民事行为具有互助性,也在于满足个人及其家庭成员生活的直接生活需求,而不是满足社会不特定的其他成员的需求,而自己从中赚取利润。因此,民事行为与商事行为在目的上具有很大的差别。

---

① 张宗敏,男,河南省高级人民法院民一庭副庭长,法学博士。

2. 专业性　传统的商业行为需要一定的技能、资金、管理与人脉关系等等，是一种特定化的专业性的社会行为，即使在今天全民皆商的时代，一个成功的商人所展现的特质也是一般社会成员所不具备的。因此，商业的专业化即使在今天也有其特殊的内涵。

3. 特许性　在历史上，商业行为的发展也经历了很长一段曲折发展的道路。对于一些高营利与高风险的商业行为而言，国家一般都给予了特定的许可，如金融业、证券业、保险业等等。一方面国家可以从中分得一定的营利，另一方面，也可以抑制其中可能存在的风险，防止过度的投机与欺诈。因此，商事活动是从民事活动中分离出来的一种特殊的社会经济活动。

商业是现代经济的重要组成部分，对于商人行为的约束与规范是法治建设的重要任务与使命。从历史可以看出其在理念上是抑制商业的发展的，中国在历史上还没有形成一个相对独立的商人阶层。商业文化不发达，商业意识不普及，商业交易的规则并不成熟与完善，对于现代市场经济的发展和社会的进步产生了不利的影响。

在大力发展市场经济的今天，关于商事方面的法律、法规和规则总体上供给不足，很多人还没有真正发现商业的价值与意义，相应的规则缺失和不足，难以适应市场经济发展的需求。这与商业发展的历史有着某种必然的联系：

(1) 世界历史上商人阶层的特定化与职业化

不同历史时期和不同国度，对于商业和商人的理念与政策上的差异。

(2) 中国古代历史上商人的地位及其作用与西方的差别

商人的基本的商业理念：专业谋利，利己而不损人。

中国古之道德：君子爱财，取之有道。也应当成为一条商业的规则。

社会上的任何事情往往都具有其两面性。商业行为也不例外。商行为需要规制，规制得好，可以发挥其积累财富、造福社会的功能。规制不好，就会将活生生的商业行为抑制至死，或者放松管制，导致其野蛮生长。

我国近代以来工商业的滞后，一个重要的原因在于当时政府政策和法律的抑制和阻碍，这从反面给我们今天的立法提供了警示。

二、当代商行为的特征及其原因

1. 大众化　在目前新的形势下，国家提出大众创业的主张，为商事行为的大众化提供了政策的引导。公司注册门槛的降低，最低注册资本金的取消，为全民经商提供了便利条件。历史上在曾出现"十亿人民八亿商，还有两亿待开张"的局面。

2. 便利化　网络技术的发展和政府对于商业交易行为管制的放松与政策上的鼓励，商事交易形式的格式化、便捷化，即时化，使得很多人非常容易地进入商业的领域，从事经营性的行为。在过去，专业性要求非常高的公司、证券、票据、保险、破产、海商等业务，在如今已经非常普及，如：①股票投资；②设立公司；③推销保险，以及揽储、民间放贷等等；④票据行为，以及银行卡的普及与日常使用都已经非常便利。

但是全民的商化,如果没有有效的管理与引导,可能会导致秩序的混乱,最终会影响到商事活动的长期持续稳定发展。

3. 商行为泛化的原因　在当今时代,人们闲钱增多举手即可进行投资交易,并在逐利动机的驱动之下,许多人的投资热情不断提升。

(1)互联网时代,商事交易的格式化与便利化,使人们更容易自己直接参与商业活动。

公司曾经是一种重要的商事主体,但是在互联网时代,公司形态及其经营形式正在发生深刻的变化,如网店是一种什么形态的公司? 代理经营与传统的经营形式有何不同?

股票、债券、期货、发明创造的权利、著作权等,权利的利用与价值的交换正在日趋活跃。

(2)资金的富裕,资本增值的驱动

人们除了基本的生活消费之外,还有相对富裕的资金,可以用来经营,带来了新的投资资金。

(3)闲暇时间的增多、离退休人员的增多,壮大了投资者的队伍。

(4)工资收入的放缓与资本收入的增长,使人们看到了新的财富增长的机会。

(5)人们参与意识的增强与参与体验,刺激了人们的投资热情。

三、商事行为与传统民事行为的混同与区分

商事行为与传统的民事行为虽然在理论上能够做出明确的区分,但是在现实的社会生活过程中,这种具体的区分却是复杂的。

1. 商事行为与民事行为的天然联系　商事行为与民事行为作为社会生活中的两个不同的环节,二者之间具有天然的联系,往往是一端是商事行为,一端是民事行为。对于同一行为,能否适用两个不同的交易规则? 如何区分? 消费是生产的最终动力,而消费行为多数情况下属于民事行为的范畴,而生产行为多数情况下则属于商事行为,二者必须顺畅有序的衔接,生产才能够持续不断地发展。因此,商业行为与民事行为是整个社会行为链条中的两个不同的环节,难以进行彻底的界分。

2. 界限和标准难以把握　商事行为的营利性与民事行为的自足性有时是难以完全区分的。常常是在自足性中存在着营利性,而在营利性中也有自足性。具体体现在如下几个方面:

(1)主体的混同。目前许许多多的经营者在家办公,一人开店,网上经营。甚至白天在公司为老板打工,下班之后在家里自己做老板,经营自己的公司与业务,一个人身兼数职。

(2)行为的交叉。有很多的经营行为,经营者既自用,也经营,既为自己经营,也代理他人经营。

（3）新生行为模式的产生与界限的模糊。如今，网店、写手、自产自销等经营形式都是在互联网时代新产生的经营模式，与传统的经营模式有很大的不同。

总之，民事行为与商事行为核心地带的区分是明确的，但边缘地带却是交叉与模糊的，而且二者之间具有天然的联系，对于复杂的社会关系和社会生活而言，这种完全的区分一定意义上甚至是徒劳的。

采取民商分立还是民商合一，必须要解决的问题至少包括如下几个方面：法典化的目的是什么？如何适应当今社会不断变化的现实需要？法典化的开放性与适应性如何体现？

（1）清末民初的经验与取舍。我国在历史上虽然采取了民商合一的立法体制，但是特殊与一般的关系如何协调与规制？效果如何？有无改进之余地？都是值得反思的问题。

（2）建国之后计划经济体制的影响，市场经济的因素并不发达，抑制了商业的发展，商业规则没有存在的土壤，形成民商一体化的状态，实际上是民法一体独大，难见商事交易规则的踪影，更遑论其独立立法了。

（3）当代社会民商一体化的趋势，完全的分割非常困难。但是对于日益繁盛的商业行为如何规制则是不可回避的现实问题。

四、商事行为的特殊规则如何展现

商事行为与民事行为虽然难以完全进行区分，但是并非不能对这种行为进行法律上的规制。对于商事行为而言，应当强调其规则意识，做到一视同仁，必须要实现风险揭示与风险自担，防范商业欺诈与商业陷阱。维护正常的商业交易秩序。

1.法典化是否为合理立法的唯一选择　两大法系不同的立法模式所取得的异曲同工之妙应当对我们有所启示，尤其对变动不居的商事行为而言，其法律制度的适应性应当与以稳定性为主要特征的传统民事法律制度有所区分。立法的技术选择也应当坚持与时俱进。因此，其在立法形式上，应当服从于其内在不断变化的需求，商事特别立法是一种好的选择。不纳入民法典并非轻视商事立法，多样化的特殊需求，立法在技术上应当做出相应的回应。

不单独制定商事法典并不意味着就不需要商事行为的规则，而使商事行为完全适用民事规则的规定。实际上这涉及立法的技术与技能问题，也契合了十八届三中全会提出的科学立法的要求。法律规制的方法，有时是针对行为，有时是针对主体。民商合一并不抹杀商事行为的特殊性——交易形式的格式化，从而使交易形式更加严格与规范。商事行为单独立法也不意味着对于民法基本原则的抛弃与否定，完全地脱离民事法律的体系。二者如何进行有机的无缝对接，保持适用上的顺畅，则是解决这一问题的关键所在。

2.商事行为的特别规定　商事规则有其存在的基础与生存的空间。如外观主义、形式主义、格式化交易、风险揭示与风险负担等，都与传统的民事行为有很大的不同。对此,应当从立法层面上予以明确,无论其规定在民法典之中,还是单独立法予以规范,均不应忽视其与传统民事行为的差别。

3. 商事与民事行为交叉时的适用规则　意思自治如何充分体现? 如何充分尊重当事人的行为选择权及其对于不利后果的风险承担? 即使在全民皆商的时代背景下,商事主体之间对于交易行为的认知的巨大差异所产生的信息不对称,及可能产生的交易风险,应当在立法层面予以平衡,防止形式上的平等与意思自治所导致的欺诈与不公。

法律规范具有很强的引导与激励作用。要促进大众创业,调动社会各界创业的积极性与主动性,就必须要有必要的风险防范,要有基本的生存保障,这样才能充分地利用资金,全民创业,同时又能够分散风险,促进社会财富的增长。因此,立法中的价值导向必须准确地予以把握,从而在完善制度的同时促进商业的良性发展。

民法学方法论视角下民商关系研究

杜志勇①

【摘要】《民法总则(草案)》的提出,标志着民法典编纂已经提上议程。民商关系问题一直是民法典编纂进程中的争议焦点。对于民商关系,学界主要存在三种观点:合一说、分立说和折中说。在民法学方法论视角下,民商关系问题具有不同的问题属性。从历史视角,这是一个事实判断问题。从现实视角,这是一个价值判断问题。从法律规范视角,这是一个立法技术问题。充分利用民法学方法论,辨析民商关系问题属性,为民法典编纂提供理论基础。随着民法典编纂工作的推进,民商关系的研究应当从立法论转向解释论。

【关键词】 民商关系 民商合一 民商分立 民法典 问题属性

2013 年党的十八届三中全会明确提出编纂民法典,由此加快了我国民法典的编纂进程。究竟是制定统一的调整所有民商事关系的民法典,还应当在民法典之外单独制定商法典或商事通则,是民法典编纂过程中的首要问题。② 2016 年 6 月 27 日,全国人大常委会首次审议《民法总则》草案一审稿,其中并没有直接涉及民商关系处理问题,但选择了民商合一的立场。民商关系问题直接关系到民法典的调整对象、体例安排、规范适用等基本问题,因此应慎重对待。制定民商合一的民法典、制定单独的商法典或是制定独立于民法典的商事通则,是民商关系争议在立法层面的表达。笔者认为,在现有学术讨论背景下,应注重民法学方法论层面的思考,首先对民商关系问题进行属性界定,继而在同一个讨论语境下,遵从我国学术研究从立法论向解释论转型的趋势,妥当处理民商关系,取得共识,促进民法典编纂。

一、问题与方法

目前,学界关于民商关系的争议并未解决,主要有两方面的原因。第一,论证逻辑倒置。持不同立场的研究者往往先是站在自身预先设定的立场上得出结论,然后再寻求论

---

① 杜志勇,郑州大学法学院民商法学硕士研究生。

② 王利明:《民法典体系研究》,中国人民大学出版社,2012 年版,第 187 页。

据支撑自己观点,而不是基于一个客观中立的立场去分析问题。第二,自说自话。在论证自身观点时,过分注重自我理论构建。例如:有的学者在价值判断层面论证民商分立命题成立,持相反观点的学者就应同样在价值判断层面予以反驳论证该命题不成立,而不是在事实判断层面论证该命题不成立。这不仅会造成反驳论证缺乏针对性,也难以形成学术间有效的沟通和交流。在探讨民商关系争议问题时,有必要在同一个认识基础之上进行研究。王轶老师提出,"事实证明,离开了对于讨论对象问题属性的探究,就无法选择适当的方法提出有效的论证;离开了对于讨论对象问题属性的探究,学界对相关问题的思考就无法进行正常的学术交流,也无法为严肃的学术批评的正常进行提供一个起码的学术平台"。① 因此,对争议问题属性的认识应该是解决该争议的一个前提,只有准确地把握了该问题的本身性质,才能继而选用有效的论证方法和论据予以支持。研究方法的选择,要根据民法命题的属性,不能误用,更不能乱用。② 当前,在民法典编纂过程中,学界对民商关系问题属性的探讨往往忽视。也正由于此,才造成学界对民商关系问题的争议,始终难达共识。

民商关系争议问题属性,究竟是一个经验事实问题还是一个价值层面问题抑或是其他属性问题,学界对此并没有明确的定论。本文探讨民商关系问题属性,首先就要寻找到妥当的研究方法。王轶老师主张将民法学中不同属性的民法学问题首先予以类型化区分,继而再用妥当的研究方法予以分析和论证,最终得出妥当的结论。笔者赞同这样的论证逻辑和方法,因此在本文中也遵循这样的方法。

王轶老师主张将民法学问题最终是否落脚在民法规则的适用上,分为民法问题和纯粹民法学问题。在成文法的法律传统之下,民法问题仍需做进一步的类型区分,主要包括:事实判断问题、价值判断问题、解释选择问题、立法技术问题和司法技术问题。③ 民商关系争论并不是一个纯粹的学理上争议,在构建民法典体系时,之所以要探讨民法和商法的关系,是因为民商合一和民商分立的体例直接决定了民法典体系的构建问题,并将对民法典的制度和内容产生实质性的重大影响。④ 但是,根据民法问题的属性分类,民商关系争议究竟是何种属性问题,不同的学者可能会有不同的认识,也由此造成长期的争议。因此,笔者就在本文中梳理学界已有争议,判断其所处的不同立场,最终界定民商关系争议问题属性,为学界探讨此问题奠定一个认识上的基础。

---

① 王轶:《民法学与民法学方法论》,法律出版社,2009 年版,第 89 页。
② 申惠文:《论民法研究的命题、方法和结论》,载《河南财经政法大学学报》,2013 年第 4 期。
③ 王轶:《民法原理与民法学方法》,法律出版社,2009 年版,第 20 页。
④ 王利明:《民法典体系研究》,中国人民大学出版社,2012 年版,第 198 页。

二、民商关系不同立场

（一）以事实为基础

我国民商事立法，究竟选择民商合一模式还是民商分立模式，很多学者都认为这是一个事实判断问题。谢怀栻老师在研究外国民商法时就指出，"法国和德国制定民法典时，根据历史情况，采民商分立制度。瑞士也是根据历史情况，则采取了民商合一制度。这三个国家的立法者当时对于民商分立或合一，不能说没有讨论过，但分立或合一的抉择主要是由历史情况决定的。"[①]在提到我国民商关系问题时，梳理自清末变法以来的民商事立法历史，其言到："当时参与立法的人们确实经过了深思熟虑，从理论和实务双方都进行过研究，并参酌了一些已制定民商合一法典的国家的先例，最后根据我国的情况决定的。可以说，在这一点，中国民国民法典之继受外国的民商合一体系，完全不是盲目的。"[②]通过大陆法系其他国家的民商事立法经验可知，不管是民商合一还是民商分立，其实都与一国的国情有关。

我国自清末变法以来，于1903年颁布《钦定大清商律》，1911年形成《大清民律》草案。以此观之，是采用了民商分立的体系，但是在当时历史环境下，清末立法都是对欧美法律的照搬照抄，维护封建统治，根本就没有考虑到中国的实际。1929年中华民国在进行民法典编纂时，才着重考虑民商关系问题，并结合国际上的民商事立法趋势和我国实践，做出了选择。从历史上回顾，这确实是一个事实问题，是当时的立法者既定选择。这种选择和惯性依然影响到了我们今天对民商关系的重新思考和选择。王利明老师在论述民商关系时就曾指出，"立足于我国的国情，总结我国的立法和司法经验，并借鉴外国的有益经验，我国应当采取民商合一的立法体例"。[③] 也有学者分析，自新中国成立以来，虽然至今还未形成一部民法典，但是历次的民法典编纂都是以民商合一的思路进行，立法涉及并没有按照民商分立的逻辑进行。

（二）以价值为基础

我国市场经济制度日益完善，商事交易在社会发展中处于越来越重要的地位。很多学者认为，商事立法应该独立，制定商法典或商事通则以符合市场经济的需要，体现市场交易的效率、安全价值。对此，学者大多都采用了价值分析的方法论证民商关系问题。商法追求的是效率、安全、便捷等价值，制度设计具有明显的技术性特征；而民法主要追求的是公平、正义、意思自治等价值，制度设计体现明显的衡平理念。因此，我国应该在

---

① 谢怀栻：《外国民商法精要》，法律出版社，2014年版，第158页。
② 谢怀栻：《外国民商法精要》，法律出版社，2014年版，第159页。
③ 王利明：《民法典体系研究》，中国人民大学出版社，2012年版，第188页。

市场经济体制下,充分发挥市场的作用,应该采民商分立的立法体系。范健老师就主张,商法原则较多地反映了商法的精神,它是调整商事关系必须遵循的普遍行为准则,是编纂商事法规或商法通则的根本出发点和理论依据。① 商法精神和民法精神是不同的,反映到立法体例上就是民商分立而不是民商合一。通过对民法和商法所着重追求的不同价值分析,民商分立确实更能体现出不同法律规范所追求的不同法律价值。

(三)以立法为基础

价值判断立场与研究者的学术积累、教育背景、认知习惯等因素都具有联系,很难确定一个统一的客观标准。因此,针对民商关系争议问题,很多学者就认为这只是一个立法层面的问题,既可以选择民商分立立法模式,也可以选择民商合一立法模式。刘俊海、张新宝老师就认为,民商合一和民商分立都只不过反映了立法者对民法体系与商法体系的不同编纂技术而已。② 这种观点反映了不同立法体例下法律编纂技术的特征,但是未触及两种体例安排的深层次原因。③ 对此观点予以分析就会发现,这种认识仍然脱离不了民商关系问题在事实层面和价值层面的判断结论影响。立法技术本身存在优劣之别,唯有结合特定的法律传统以及法学教育背景,才能做出何种立法技术更有适应性的判断。④

综上,针对民商关系问题,不同的学者基于不同的立场,都能论证自己的观点,但这是不够的。单独在事实层面上或是价值判断层面上论证了民商合一或是民商分立的合理性,这并不能有效地反驳不同立场上学者的观点。例如,在事实判断层面上论证了民商合一的合理性,但是这对价值判断层面上认为民商分立更为合理的观点是没有说服力的,两者开始讨论的逻辑前提就不同。因此,要真正地认识民商关系问题,还要从问题的属性上进行判断和归类,在对问题属性达成共识的基础之上进行讨论,才有可能得出一个相对客观的结论,才有助于问题的解决和共识的形成。

三、民商关系问题属性

(一)历史与现实之间

民商关系的研究,必然离不开历史的追溯和现实的考察。从历史角度分析,大陆法系有着民商分立的历史传统,但在近代这一立法体例发生了变化,民商合一体例出现,例如:瑞士、意大利等。美国于 1952 年公布的《美国统一商法典》,不同于大陆法系的商法

---

① 范健、王建文:《商法的价值、源流及本体》,中国人民大学出版社,2007 年版,第 10 页。
② 刘俊海、张新宝:《商法学研究述评》,载《法学研究》,1997 年 1 期。
③ 王利明:《民法典体系研究》,中国人民大学出版社,2012 年版,第 170 页。
④ 王轶:《民法原理与民法学方法》,法律出版社,2009 年版,第 187 页。

典,它仅供各州政府参考,不是法律也不通行于各州。① 英美都是判例法国家,并没有独立的民法学科或部门,从本质上说民商合一或民商分立的问题都不存在。因此,从域外历史上考察,民商合一或是民商分立只是大陆法系立法中遇到的问题,且两种立法例都存在,也都是每个国家根据其具体国情做出的选择。就我国历史分析:其一,民商关系争议问题在我国出现的时间并不长,民商事立法源自于清末变法,也就百年时间。其二,"中华民国"民法典在制定时,就已经对民商关系问题进行了讨论,也做出了相应的选择。其三,大陆民商事立法繁荣发展也是改革开放之后的事。其四,对民商关系问题争议,也主要是集中于20世纪90年代以来。综上,分析民商关系的历史演进可以发现,这只是我国当前学界所遇到的问题,很多域外国家没有此问题或是已经解决了此问题。因此应该借鉴域外解决争议问题的历史经验及方法,而不是照搬某种模式。

在编纂民法典的进程中,处理好民商关系是民法典编纂的首先前提,这也是清晰界定民商事法律关系的历史契机。民商合一抑或民商分立,对民法典的编纂和商法地位的确立,都具有重要的影响。自1986年《民法通则》颁布以来,我国制定一系列的民商事法律,都是按照民商合一的思路和逻辑进行立法。因此,在当前编纂民法典进程中,若极力倡导民商分立,这与改革开放以来的立法政策明显不符。此外,我国民众日常生活中,既没有形成一个普遍的商概念或商文化,也没有形成一个独立的商人阶层,强调商法典与民法典同等的法律地位,明确缺乏现实的民众基础。综上,在历史与现实之间分析民商关系问题,其就是一个在尊重历史,正确认识我国国情的基础上,做出判断的过程。

(二)事实与价值之间

民商关系争论的焦点始终集中在两个层面,即事实层面和价值层面,前者从客观层面予以分析,后者从价值层面予以分析。法律当中众多的事实判断问题,最终都要上升到价值层面予以判断和讨论,因此事实判断与价值判断之间没有必然的断裂,而是彼此联系的。在我国处理民商关系问题时,既借鉴域外经验,也要尊重本国的国情。然而,问题也正好出于此,对我国国情的认识和理解不同,这反映到学术观点上就是民商合一或民商分立。因此,对事实予以客观的理解和解释是解决问题的关键。哲学解释学代表人物海德格尔说,解释是此在存在的方式,此在是对存在的理解。理解具有前结构,即先有、先见和先知构成了理解的先决条件。所谓"先有",是指人必须存在于一个文化之中,历史与文化先占了我们,而不是我们先占了历史和文化;"先见"是指我们思考任何问题都要利用的语言、观念及语言的方式;"先知"是指我们在理解前已经具有的观念、前提和假定等。② 对经验事实的理解和把握始终都会受到理解的前结构影响。因此,对当前我国民商事立法和司法实践的客观分析,是处理民商关系的基础。

事实判断与价值判断往往密切联系,两者相互制衡。很多学者提出,制定独立的商

---

① 谢怀栻:《外国民商法精要》,法律出版社,2014年版,第55页。
② 王轶:《民法原理与民法学方法》,法律出版社,2009年版,第24页。

法典可以更好地为社会主义市场经济服务,可以更充分发挥商法的效率、安全价值等等。首先,暂且不论制定独立的商法典是否实现民商分立学者的设想,充分发挥商法的效率、安全价值。从现实角度分析,目前我国的民商事立法体例是否明显阻碍了商法的效率、安全价值发挥。民商合一是否就阻碍了商法的独立价值发挥,这应是价值判断者首先应分析的问题。其次,在价值判断问题上,根据王轶老师提出的"两项实体性论证规则",其一,在没有足够充分且正当理由的情况下,应当坚持强式意义上的平等对待;其二,在没有足够充分且正当理由的情况下,不得主张限制民事主体的自由;若要坚持对民事主体不平等对待和限制民事主体自由,就要承担相应的论证规则。制定独立的商法典,必然会涉及独立的商事主体、独立的商事行为等。商主体与民事主体如何区分,其在法律价值上是否坚持了平等对待,这都还需要论证。在市场经济高度发达的今天,各类交易主体都在同样的行为规则和市场规则下进行活动,传统的商事行为与民事行为的界限已经或正在消失。① 市场经济天然要求平等,因为交易本身就是以平等为前提、以平等为基础的。② 综上,笔者并非否认民商关系问题在价值层面的探讨,只是强调在价值层面判断时,应该重视事实基础,遵循价值判断的基本规则。

(三)技术与规范之间

立法技术只是形成法律规范的一个手段,法律规范是立法技术的一个载体和显现。民商关系争论的最终结果就要体现到立法层面,通过制定法律规范表达出来。立法技术只是实现立法上某一个目的的手段,其本身并不含有主观上的价值判断和事实判断。有的学者认为民商关系问题就是一个立法技术问题,这虽然直接确立了民商关系争议问题的属性,但在本质上并没有解决民商关系争议问题。在立法上究竟是选择民商合一立法例还是民商分立立法例,特别是在域外民商分立与民商合一都有相关立法例的情况下,更加缺乏明确的回答。因此,最终还是要从事实判断或价值判断层面解决此问题。立法技术本身并无对错之分,但却存在优劣之别,唯有结合特定的法律传统以及法学教育背景,才能做出何种立法技术更有适应性的判断。③ 因此,仅仅在立法技术层面判断是否有能力实现民商合一或是民商分立是欠妥当的。

在规范层面分析民商关系问题,可以从内外两个不同的角度予以分析。从规范自身分析,法律规范可以分为任意性规范、倡导性规范、授权性规范、强制性规范、混合型规范等。不同的法律规范背后体现着不同的价值判断和事实判断的结论。民法商法都属于私法,体现私法自治、意思自治,虽然商法中有更多的强制性规范,但是这并不能否认其私法的本质属性。商法中具有较多的强制性规范,可以是证成民商分立的一个充分条件,却不是一个必要条件。从规范外在视角分析,也即民商事法律规范的司法适用问题。

---

① 赵旭东:《商法的困惑与思考》,载《政法论坛》,2002 年第 3 期。
② 王利明:《民法典体系研究》,中国人民大学出版社,2012 年版,第 188 页。
③ 王轶:《民法原理与民法学方法》,法律出版社,2009 年版,第 187 页。

有的学者主张民商分立更有利于法官适用商事法律,区分民商事案件。这在理想状态下是可以达到这种效果的。但是,若在私法领域内,存在两部不同的私法法律,各有总则和分则,各有适用范围和条件,这不仅会增加法官识别案件属性的难度,也势必会造成法律的重合或冲突。我国是大陆法系国家,遵循法律概念的科层性和体系性,法律体系是逐层抽象的结果。若民商分立,在私法领域内,就要在现实生活基础之上进行抽象并建构体系,势必会造成法律体系的重合和矛盾,并在法律的适用上造成一定的混乱。即使在现行民商分立的国家,也认可民法为基本法,而商法为特别法。因此,追求商法独立,不仅仅是实现某一个价值的问题,还应看到规范层面涉及的问题。

四、民商关系问题解决

(一)尊重问题属性判断结论

通过上文对民商关系争议问题属性的逐层分析,穿梭于事实判断、价值判断与规范判断之间,可以发现,民商关系争议问题的属性最终都受到事实问题判断的制约。首先,历史和现实奠定了我国选择民商事立法模式的基础和前提。新中国成立以来大陆历次民法典编纂,都采用民商合一体例,这是我国的客观现实。其次,价值判断的基础离不开事实判断的结论。价值追求是一个纯主观的活动,价值判断问题的研究意在以讨论事实判断问题得出的结论为前提,依据特定的价值取向,决定生活世界中哪些类型的利益关系适合采用民法手段进行协调,并依据特定的价值取向对相应的利益关系做出妥当的安排。[1] 最后,规范配置层面也要尊重司法适用现状。讨论民法规范配置理论,必然涉及民法所协调的利益关系类型以及民事法律规范的设计问题,就有可能找到并阐述一条超越自然法与法实证主义的道路。[2] 因此,笔者最终将民商关系问题定性为民法问题中的事实判断问题,应以我国的客观实践为认识基础,避免纯粹主观讨论。

(二)区分民法商法不同价值

民商合一的立法体例并没有否定商法的特殊地位和价值,首先,民法规范发挥私法规范的基础性作用。民法是私法中的基本法,很多基础性的制度都可以由民法予以规定,商法可以参照适用。《民法总则》(提交稿)第9条规定,习惯可以成为法律渊源,这就解决了商事关系变化快,法律适用难的问题。民法在法律适用中起到一个基础性的作用,可以更好地发挥商法的特殊性地位。若是同时制定民法典和商法典,必然会造成法律制度的重合和抵牾。其次,民法的价值和原则处于更高的位阶。民法作为私法中的基本法,其自身的原则和价值追求具有很高的抽象性,也可以说具有宣扬性的作用。也正

---

① 王轶:《民法原理与民法学方法》,法律出版社,2009年版,第20页。
② 王轶:《民法原理与民法学方法》,法律出版社,2009年版,第18页。

是因为如此,民法基本原则和价值不仅体现了民法的基本地位和价值,也包容了商法不同的价值取向和原则。最后,民法与商法价值并不冲突。其一,民法价值的多元化和包容性。随着现代社会经济的发展,民法的基本原则和价值取向随着社会变化,也在不断地发生着变化,日益多样性且具有包容性。民法商法化就是吸收借鉴商法一些价值和原则的体现。其二,商法价值的普世化。越来越多的商法价值被其他的法律制度所重视和借鉴,通过其他法律制度也可以实现商法所具有的独特价值,因此,商法所具有的特殊价值和意义发生了普世化的趋势。

(三)实现立法体系化科学化

通过本文对民商关系属性的探讨,界定其本质上是一个事实判断问题,但最终还是要获得立法层面的表达。因此,在民商合一立法体例下,也要注重立法层面的问题。首先,选择妥当的立法模式。民商合一并不是要在民法典总则中包含所有的商法条文,而是要通过妥当的立法技术实现民法和商法之间的关系。民法是一般法,商法是特别法,民法有其自身的体系结构,商法也有自身的逻辑体系。因此,要在一般法与特别法相区分的视野下,选择民商合一立法模式,而不是将两部不同的法律融为一体。有的学者就主张在民法典之外制定商事通则,本质上,这种观点仍是制定商法典的一种变通形式,当民法总则可以作为一般商事关系的基本准则时,也就不需要再单独制定商事通则。其次,运用妥当的立法技术。在民商合一立法体例下,要正确地适用法律规范,就要适当地运用不同的立法技术,例如:参照、类推、列举等立法技术,充分体现出立法的科学性和严谨性。最后,注重法律规范体系上的协调。虽然我国选择了民商合一的立法体例,这在国际范围内,具有很多可借鉴的对象,但是我国的国情与其他国家还有很大不同。因此,在遵循我国实践基础上确立的民商合一立法体例,还要注重法律制度间的逻辑体系融洽和协调,否则必然出现法律制度间的冲突和矛盾。

五、结语

民商关系争议问题在我国由来已久,通过对争议问题属性的探讨,可以找到一个共同的讨论基础,从而使争议问题趋于一致。判断争议问题的属性只是学术研究的开始,在此判断基础之上,还需要谨慎求证、深入探讨。学术研究中,重视方法论研究,以问题属性判断为先导,继而选择妥当的论证方法,最终得出结论。这样不但奠定了每一个讨论问题的基础和平台,而且有助于在研究中引入法学研究方法以外的其他学科研究方法,从而构建起民法学界与其他学界的沟通桥梁。在民法典编纂背景下,随着我国民事立法的不断完善,法律文本日益健全,学术研究也将从立法论向解释论转向。

商法思维下构建股东除名制度之我见

刘建新①

【摘要】 化解公司内部矛盾是公司法的应有功能,股东除名制度对于处理公司内部冲突,维持公司正常运转具有重大意义。我国《公司法》解释(三)首次在有限责任公司中确立了股东除名制度,但规定过于简单,难以在司法实践中得到适用,如何适用股东除名制度就成为首要解决的问题。应当从商法思维的角度审视股东除名制度,考虑交易效率与安全并重的立法理念,完善适用公司范围、除名对象和除名事由等相关规定。

【关键词】 股东除名 商法思维 立法供给 司法适用

2005 年《公司法》修订之前,股东除名的司法实践已经比较多见,但由于商事法律理论研究滞后于商事实践,此制度并未纳入公司法制度体系。2011 年 2 月 16 日施行《最高人民法院关于适用〈中华人民共和国公司法〉若干问题的规定(三)》(以下简称《公司法》解释(三))使得此类情况出现了转机。对于《公司法》解释(三)第 17 条的规定学界褒贬不一。② 有学者认为,司法解释应是对现行立法规定的适用问题作说明,而《公司法》以及其他相关法律中并没有股东除名规则的规定,这有司法僭越立法之嫌,其效力存疑。③ 而更多的学者则倾向于肯定,认为该条规定对于完善公司治理结构颇有裨益,具有积极作用。本文拟将此争议暂时搁置,只就股东除名规则本身的完善进行研究。

一、股东除名制度的概述

股东除名,又被称为股东失权、开除或除名权,目前在国内未有统一的名称及定义。有学者将股东除名定义为"股东在不履行股东义务,出现法律规定的情形下,公司依照法律规定的程序,将该股东从股东名册中删除,强制其退出公司,终止其与公司和其他股东

---

① 刘建新,河南理工大学文法学院讲师,法学博士。
② 参见《公司法》解释(三)第 17 条规定。
③ 徐翔:《论有限责任公司股东除名规则的基本构造》,载《研究生法学》,2011 年第 6 期,第 23 页。

的关系,绝对丧失其在公司的股东资格的法律制度"。① 也有学者将其定义为"基于法定事由,将有限责任公司某一股东开除出公司,它是被除名股东以外的公司股东作为一个整体做出的强制性决定"。② 我国台湾学者杨君仁将其定义为:除名是股东被迫脱离公司,其基本理念乃在藉由除名,以确保公司存在的价值以及其他股东继续经营公司的权益,所以,股东除名权,可说是股东集体性的防卫权。③

笔者认为以上概念都不能很好地对公司股东除名制度进行科学合理的界定,界定股东除名制度时首先须明确角度。从现有立法而言,股东除名制度是有限责任公司通过股东会决议的形式解除恶意不履行出资义务或抽逃出资的股东的股东资格的制度,这是目前立法的本意。然而法律不可能一成不变,会随着社会的发展变化而进行不断调整。故而我们需要从理论层面去给股东除名制度下定义,而基本要求除了准确性、全面性外,还要具有一定的前瞻性,为此就必须在商法思维的指引下,综合考量各国现有立法的现状及发展趋势,给该制度做适当的界定。

二、商法思维及其特征

(一)商法思维

1. 商法思维的概念　法律思维是思维的一种形式,何为法律思维,台湾地区王泽鉴先生认为,法律思维指"依法律逻辑,以价值取向的思考、合理的论证,解释适用法律"。④我国对法律思维的关注和研究比较晚,且分化为两大类:一是人们遇到社会问题时能够本能地从法律的角度来考虑解决方法的思维习惯或潜意识;二是人们应用法律解决具体法律纠纷时的思维方法。仔细分析这两类观点,笔者发现其实均具有一定的合理性,而将其融为一体应更为周详。故此笔者认为法律思维是通过人的大脑思考法律问题和以法律作为尺度来思考社会问题的理性认识活动,包括对法律现象的反映、认识和思考以及根据现行法律规范进行思考、判断和解决法律问题的一种思维定式。

依上述对法律思维的界定,我们可以推导出商法思维即是人们如何思考商法问题和以商法来思考相关社会问题的理性认识活动,包括对商法的认识和思考以及根据现行商事法律规范进行思考、判断和解决商事法律问题形成的思维定式。

---

① 刘炳荣:《论有限责任公司股东除名》,载《厦门大学法律评论》第 8 辑,厦门大学出版社,2004年版,第 426–445 页。

② 吴德成:《论有限责任公司股东的除名》,载《西南民族大学学报》(人文社科版),2005 年第 9期,第 102 页。

③ 杨君仁:《有限公司股东退股与除名》,台湾神州图书出版有限公司,2000 年版,第 103–117 页。

④ 王泽鉴:《法律思维与民法实例》,中国政法大学出版社,2001 年版,第 4 页。

2. 商法思维的内容

(1)对商法的认识。我们首先来分析"商法是什么"。学术界对商法的看法不尽相同,主要集中在与民法的关系方面。在中国,对民法与商法的关系有两种基本观点:一种观点采民商合一,即主张民法与商法是一般法与特别法的关系,即民法作为私法的一般法,商法是私法的特别法。另一种观点主张民商分立,即民法与商法是私法体系中相互独立的法律部门。①

而笔者赞成"民商合一论":第一,考察近代以来各国或地区民商立法的变化,可以发现民商合一是法律发展的一种趋势。② 其次,"民商合一论"也是我国大多数学者的共识。第三,如果否定"民商合一论"势必将出现同属私法的民法、商法立法上的重复与冲突,而这无疑会造成立法资源的浪费,加大法律适用的不确定性。因此,"民商合一论"中将商法视为民法的特别法的观念应当值得肯定。

在承认和尊重"民商合一"的基础上,我们还应当坚持商法的特性和独立性。正如江平教授曾指出,认识民法和商法的关系必须有两点论:①民商融合的趋势;②民法和商法仍有划分的必要,就像公法和私法确有划分的必要那样。③ 笔者也认为,商法确有与民法不同之处,以商法的调整对象——商事法律关系为例,商事法律关系与民事法律关系最大的不同就在于其特有的营利性特征。营利性特征决定了商法应当体现交易效率与交易安全等商法特有的价值理念,决定了商人应当适用特有的登记制度和交易规则,决定了商事领域违法行为更多的适用严格责任等。因此,从理论上说,尽管商法脱离不了私法的范畴,但商法属于民法的特别法的性质不容置疑。

(2)商法思维定式。在司法实践中,法官由于没有商事实践经验往往错将商事纠纷视为民事纠纷,以民法思维来审理商事案件,表现在以下方面:为维护交易秩序,尊重当事人意思自治,商法普遍认可惩罚性赔偿,但法院往往依传统民法中"公平"、"等价有偿"等原则,判决不予支持;④对于登记事项的对抗力,商法坚持外观主义,只要经过登记,原则上就可以对抗第三人。但我国法官多适用表见代理来审理案件,致使商业登记形同虚设。⑤ 对于带有赔偿责任限额的格式条款,法院采取简单的"一刀切"做法,忽视相对人的身份(商人或者消费者)带来的不同影响,一概依《合同法》第40条之规定否认该类限额赔偿的合法性等。在损失赔偿额的计算方面,商事审判除了要确认直接损失外,更加注重可得利益损失和商业机会丧失损失的赔偿,而这些损失在民事审判中通常是不被承

---

① 雷兴虎:《〈商事通则〉:中国商事立法的基本形式》,载《湖南社会科学》,2004年第6期,第58页。

② 王利明:《论中国民法典的制定》,载《政法论坛》,1999年第1期,第5—14页。

③ 江平:《中国民法典制定的宏观思考》,载《法学》,2002年第2期,第41—44页。

④ 樊涛、王延川:《商事责任与追诉机制研究——以商法的独立性为考察基础》,法律出版社,2008年版,第34页。

⑤ 赵万一:《商法的独立性与商事审判的独立化》,载《法律科学(西北政法大学学报)》,2012年第1期,第56页。

认的。

以上种种看似体现社会公平的司法判断,实际上根本性地否定了商业预期,破坏了商业规律和程序,严重损害了商主体的合法权益。① 究其原因,主要是受传统的民商事一体化观念影响,部分法官忽视了商事纠纷的特殊性,致使复杂的商法问题民事化,这是不尊重商事活动客观规律,没有很好理解和认识商法思维的表现,因此我们有必要对商法基本理念以及商事活动规律进行认真的研究,树立正确的商法思维,准确认识商法思维的特征。

(二)商法思维的特征

商法作为部门法之一,自然具有法律思维的一般特征。同时,商法是调整平等的商事交易主体在其商行为中所形成的法律关系。其独特的逻辑构造、概念体系、规范体系和基本原则使得商法思维具有其独特的特点。

1. 尊重商主体意思自治　商主体对于商事活动有着合乎理性的理解和判断,并做出最优化的决策。商法思维要求法官充分尊重商主体的合同自由权利和公司自治权利,谨慎介入市场主体的自治领域。“法官不是商人”,商事案件的审理要求法院应尽量回避做实体判断,也意味着法院对商事纠纷的干预多为程序性干预。② 对于董事、公司高管按照商业判断原则做出的决策,法院无权进行干预。如果法官不能很好地理解商人自治或公司自治的含义,过多的进行司法干预,一方面有悖于司法的自限性或自制性,不利于获得商事群体的认同和尊重,另一方面也不符合公司自治理念,对市场经济健康发展不利。③此外法官还要注意尊重公司章程的效力和股东之间的内部约定,保障公司营业自由。④

2. 以商主体整体利益优先,重视维护商主体的稳定　商法思维要求树立商主体整体利益优先观念,以《公司法》关于公司僵局问题的处理为例,公司司法解散的事由必须是“经营管理发生严重困难,继续存续会使股东利益受到重大损失”。此处之“严重困难”应当理解为管理方面的重大内部障碍,主要是公司治理机制失灵,无法进行有效地监控、决策及执行;这里的“股东利益受损”指的是股东整体利益或受损。其次在审理过程中要

---

① ［美］艾德加多·巴斯卡哥利亚:《发展中国家的法与经济学》,赵世勇、罗德明译,法律出版社,2006 年版,第 51 页。

② 蒋大兴:《公司自治与裁判宽容——新〈公司法〉视野下的裁判思维》,载《法学家》,2006 年第 6 期,第 70-78 页。

③ 蒋大兴、金剑锋:《论公司法的私法品格——检视司法的立场》,载《南京大学学报(人文社会科学版)》,2005 年第 1 期,第 39-47 页。

④ 余冬爱:《民商区分原则下的商事审判理念探析》,载《人民司法(应用版)》,2011 年第 3 期,第 79-81 页。

注意充分运用 ADR 手段,①首先想方设法促成诉讼当事人之间的和解,不能和解的,也应尽量运用调解以及仲裁等非司法方式,穷尽他法后方进行商事司法裁判;其次要尽量通过股权转让、股东除名等途径将"离心股东"驱逐出公司,以延续公司的存在,维护公司、股东的整体利益。不到万不得已,不能判令强制解散。②

商事审判重视商主体的稳定,法院的审判行为要注意维护公司的团体性和稳定性,不轻易否认公司的法人人格、解散公司。③ 商主体维持原则主要体现在商主体法中,具体地说,在公司法、合伙企业法、个人独资企业法与破产法中,都很大程度地体现了避免作为商主体的企业破产与解散的精神,如破产法中的和解和整顿制度。其目的是让能够良好发展的企业持续发展,并尽量维护社团法律关系的稳定。

3. 促进商事交易效率与安全并重　商事交易如果没有效率或效率不高,必将导致市场运行不畅;而缺乏安全保障也会使市场发生混乱。商事交易效率与安全对于市场经济意义重大,必须予以高度重视。虽然市场风险无处不在,但我们仍然有必要通过科学的商事立法与高效的商事司法等将交易风险加以适当合理的控制,提高商事交易的效率和安全性。

为此,一方面要在商事立法中制定鼓励和保护商事主体合法营利的规则,另一方面要树立正确的商法思维,准确理解商法理念与基本原则,正确适用法律,提高商事审判的质量。同时我们也注意到商事交易效率与安全之间有时会顾此失彼,无法兼得。这就需要我们权衡利弊,根据不同的情势做出最佳选择。一般而言,在市场低迷、经济不振之时我们可侧重于效率,而在市场高涨、经济过热之际我们应以安全为主。总之,在充分尊重商主体创新的同时,也要重视对商主体的监控,尽可能维持商事主体及其内外部法律关系的相对稳定,加强对商事交易各主体的保护。④

三、商法思维下建立健全股东除名制度的构想

笔者认为,目前我国《公司法》解释(三)确立的股东除名制度过于简单,不能很好地体现商法思维的特性,不契合商主体整体利益以及效率优先的精神。本文尝试从规则应然的构造设计出发,依循上述之商法思维的特征,分别从规则的适用范围、适用对象、除

---

① ADR 起源于美国的争议解决的新方式,意为"解决争议的替代方式",或者翻译为"非诉讼纠纷解决程序"。由于它没有复杂的程序,且不伤当事人之间的合作关系,被很多西方国家采用。现在流行的几种主要 ADR 方式有以下:调解、调停、微型听审、聘请一名法官(或称专家裁定)、在法院协助下的 ADR。

② 奚晓明:《当前民商事审判工作应当注意的几个法律适用问题》,载《法律适用》,2007 年第 7 期,第 5 页。

③ 余冬爱:《民商区分原则下的商事审判理念探析》,载《人民司法(应用版)》,2011 年第 3 期,第 79-81 页。

④ 赵万一:《商法的独立性与商事审判的独立化》,载《法律科学(西北政法大学学报)》,2012 年第 1 期,第 57-58 页。

名事由的确定等方面展开论述。

(一)适用范围

《公司法》解释(三)将股东除名制度的适用限于有限责任公司,这大大限制了公司股东除名制度的适用范围,远不能适应司法实践的需要。其实股份有限公司同样有适用股东除名制度的必要。

有学者认为在实践中对于股东除名适用的公司类型应严格限于有限责任公司。其理由有二。首先,该制度创设的目的乃在于解决人合性公司内部矛盾的化解问题,股份有限公司已经在公司法中规定了复杂严密的出资规则,通常能够避免欠缴出资的情形。[①]其次,从司法解释本身的内容看,其仅仅规定了有限责任公司的股东除名问题,明确排除了适用于股份有限公司在类似情形下寻求司法救济的可能性。[②]

以上观点笔者不敢苟同。首先,认为股份有限公司人合性不强就不应适用股东除名制度理由牵强。人合公司与资合公司的划分只是大陆法系国家为区分的需要而对公司所作的简单的形式上的分类,仅具有理论意义,具有较大的局限性。此外公司法现代化、一体化的发展趋势也表明,人合公司与资合公司的划分理论已日渐衰落,而英美法系的封闭公司和公开公司的划分则更趋流行。其次,有学者强调股份有限公司有严密的出资规则、募集设立实缴资本制,因此没必要适用股东除名制度,[③]其实是对股东除名制度的误读。股东除名制度的价值并不仅仅是为了解决公司的出资问题,其真正的意义在于给公司以及尽职股东一个救济权利,将离心股东驱逐,保护自身利益的同时使公司能不丧失其经营资格,而毋庸置疑的是,离心股东对公司以及其他股东的伤害绝不止于完全不履行出资义务与抽逃全部出资此两种。最后,上述学者一直也强调现有立法就是这样规定的,所以股东除名制度就只能适用于有限责任公司,这种观点是对现有立法的盲从,是缺乏主观能动性与批判精神的体现。综上所述,笔者认为,无论是有限责任公司还是股份有限公司,都有适用股东除名制度的理论上的可行性。

(二)除名对象

股东除名规则能否适用于所有的股东?对于此问题,学界有不同的认识。有学者从民法平等原则角度出发,认为应一视同仁,将股东除名制度适用于大股东和中小股东。笔者不同意这种观点,认为股东除名制度应将大股东排除在外,不予适用。

首先,股东除名是对公司病态人身信任关系自我治愈的肯定,是对股东合理预期利益的适当保护,避免公司整体及合群股东利益免受"离心股东"的不当影响。即便将大股

东除名,公司将无以为继,中小股东的利益自然也无法直接得到实现。其次,大股东被除名之后,其股权价值需要得到合适偿付,如果是在股权结构不均衡甚至是极端不衡平的有限责任公司,这种对于大股东股权市场价值的补偿对于公司及其他剩余股东而言将是一笔沉重的负担,公司即便能够在将大股东除名后保存下来其运营情况亦难以为继。因此,本文坚持认为股东除名规则应有严格的适用范围,不能适用于大股东。①

(三)除名事由

《公司法》解释(三)将股东除名制度适用的情形仅限于完全不履行出资义务和抽逃全部出资两种情形,范围过于狭窄。

其一,在现实中,除了完全不履行出资义务和抽逃全部出资这两种情形,还有很多会对公司或其他股东利益造成严重不利影响的事由,诸如违反竞业禁止义务、执行公司事务中的不正当作为、滥用权利损害公司利益的行为等等。这些行为有时甚至比完全不履行出资义务和抽逃全部出资给公司带来的伤害还要大,我们需要对这些情况予以重罚。

其二,我们在规定除名事由时应采用除名条款与章程自治并举,列举式和概括式并存的模式:

1. 一般条款　股东被除名主要是因为其行为恶劣,对公司或其他股东造成了严重侵害,其行为类似侵权,故而可以比照侵权来规定股东除名的一般条款。第一,股东有不履行法律规定或章程约定的行为。第二,股东给公司或其他股东造成严重侵害。第三,股东的行为与公司或其他股东受到的侵害有因果关系。第四,股东明知或应当知道自己的行为会造成公司或其他股东的损失而为之,即主观具有过错。

2. 法定事由　在公司法中明确规定除名的事由,针对当前实践中暴露出的比较普遍且危害较大的股东不当行为加以具体列举,如此可便于法院审判,提高其可操作性。

3. 章定事由　前已论及,商法思维要求充分尊重公司自治,完全可以通过章程制定适用于本公司的除名事由,由于章程事先得到了股东的同意,只要不是违反法律强制性规定以及社会公序良俗,理应可以成为事后对违反章定事由的股东做出除名决定的依据。

四、结语

股东除名制度的建立,有利于解决公司困境,契合尊重商主体自治,维护商主体整体利益和稳定,注重商事交易效率与安全等商法思维的精神。但是,由于现有法律规定过于粗陋,难以发挥股东除名制度的应有功能,应在正确的商法思维的指引下对其进行完善。笔者从适用范围、除名对象、除名事由等方面提出了构建我国公司股东除名制度的一些设想,囿于篇幅,关于股东除名的程序问题本文暂不涉及,留待以后进一步研究。

---

① 徐翔:《论有限责任公司股东除名规则的基本构造》,载《研究生法学》,2011年第3期,第24页。

刑法第 140 条出罪后的民法思考

张盼明①

【摘要】 学界一直存在民商合一与民商分立之争,在民法典总则编纂这个大环境下,民商合一已是我国私法体系建构的总趋势。在编纂民法典时要融入商法内容,体现民法的商法化。刑法第 140 条把五万元销售金额,作为生产、销售伪劣产品罪定罪量刑的起算点,已不能适应社会发展的要求。采取条件性出罪机制,可以提高当事人补正的积极性,节约司法资源。
【关键词】 民法商法化 商个人 生产 销售伪劣产品罪 出罪机制

一、民商合一背景下自然人能否享有从事营利活动的权利

(一)对民商立法模式缘起进行分析

商法是从中世纪商人在解决法律事务中发展起来的,作为调整商事关系的商事习惯和商事规则很早就已经出现,这主要是由当时特定的社会经济关系所决定的。但商法真正作为一个独立的法律部门出现却是近代才有的,路易十四时期颁布的《商事条例》和《海事条例》就是近代最早的两部商事法律,这是生产力和社会分工不断发展的结果。法国等西欧国家和地区,在近代时期的立法例上都采取了民商分立的做法,当时的商法很大程度上是商人自发形成的,并在他们内部发挥作用。

民商合一的做法则要追溯到罗马私法,当时商法包含在罗马私法中,民商不分。

如上所述,近代商法直接从中世纪商人法发展而来,民商合一是在商法作为一门独立的法律体系出现后,基于民商分立的现象而出现的概念。但是现代意义上的民商合一发展于 19 世纪的西方,商法以法典形式独立存在的必要越来越受到质疑。而在 1874 年,意大利学者首先提出"民商二法统一说",主张商法应一并归入民法典。② 意大利原来也是实行民商分立,后来在 1942 年制定了新的《意大利民法典》之后就开始实行了民商合

---

① 张盼明,河南大学法学院民商法学硕士研究生。
② 郑玉波:《民法总则》,中国政法大学出版社,2004 年版,第 2 页。

一的立法模式。此后其他一些国家也相继采取了民商合一的立法例。

（二）在民法典总则编纂语境下我国所采取的民商立法模式

从各国的立法例来看,越来越多的国家趋向于"民商合一"的模式。在这种模式下,非商人也得适用商人的一些特别规范,以更好地适应这个商事社会。在我国,实行"民商合一"的立法模式已毋庸置疑,再没有必要单独制定商法典。深圳作为法治中国建设的试验田,《深圳经济特区商事条例》的废止以及其他因素就已经验证了单独制定商法典是行不通的。这也是我国建立社会主义市场经济法律体系的需要,而市场经济的特征就在于强调市场主体的平等性,消灭身份上的不平等性,因而把商人作为一类特殊的主体进行规范,在民法典之外再单独制定一部商法典,这显然与当今市场经济的发展背道而驰。实行"民商合一"的立法模式已经毋庸置疑。

（三）自然人能否享有从事营利活动的权利

"民商合一"的过程以及结果正好映照了社会商品经济的深入及全面化。通过法律技术的安排而使得人人皆可如传统商法中的商人一样自由安排自己的经济生活。但也正是如此,法律对人的要求也更高了,普通人必须像商人那样"承诺即法律",须在社会行为中承担更多的义务和责任。这无疑又进一步提升了市民社会素养。① 因此,在民法典总则编纂"民商合一"的这个大背景下,人人都应该像商人一样生活,也应该享有从事营利活动的权利。在编纂民法典总则的过程中,民法要对商法吸收的同时,仍然要保持商行为规则的特殊性过程中不断丰富和发展着民法。就像日本学者我妻荣所说,即使是某一原理已经成为商交易特有的原理,它此后也可能逐渐地发展成为财产交易关系共通的一般原理。换言之,民法的商法化,甚至商法独特性的丧失是不断发生的现象,商法好比冰川,在其上部不断地创造出新的原理,而在其下又在不断地融入民法原理之中。② 在使自然人像商人一样的生活的同时,也允许他们从事营利活动,更好地适应这个商事社会。在这个商事社会中,使从事营利活动不再特殊。

从国外立法来看,他们对于自然人从事小规模经营活动很少有法律上的限制,普遍承认其营业资格,有的国家甚至还为其提供良好的营业环境。比如在美国,经商是天赋的权利,人们不需要其他形式的确认或者限制,就可以根据自己的意愿从事营业活动并获得利润。③ 随着我国经济以及网络信息技术的不断发展,我国将或已处于商事社会。自然人享有从事营利活动的权利已经势不可挡。

---

① 徐强胜:《民商合一下民法典中商行为规则设置的比较研究》,载《法学杂志》,2015 年第 6 期

② ［日］我妻荣:《我妻荣民法讲义 I 新订民法总则》,于敏译,中国法制出版社,2008 年版,第 5 页。

③ 郑之杰、吴振国、刘学信:《中小企业法研究》,法律出版社,2002 年版,第 83 页。

二、结合民法对刑法第 140 条进行简要分析

(一)对刑法第 140 条进行刑法上之分析

刑法第 140 条是生产、销售伪劣产品罪,该罪表现为生产者、销售者违反国家的产品质量管理法律、法规,生产、销售伪劣产品。主要体现为:掺杂、掺假,以假充真,以次充好,以不合格产品冒充合格产品。上述四种行为属于选择行为,即行为人具有上述四种行为之一就构成本罪,即使行为人同时具有上述两种以上行为的,也应视为一个罪名,不实行数罪并罚。该罪的犯罪主体可以是个人,也可为单位。行为人一般都具有非法牟利的目的。

诚如我们所知,刑法的目的是保护法益,生产、销售伪劣产品罪同样是为了保护法益。关于本罪所保护的法益,有几种观点:认为是国家对产品质量的监督管理制度、市场管理制度和广大用户、消费者的合法权益;[①]也有观点认为该罪的客体是国家对产品质量的管理秩序以及广大用户和消费者的合法权益。[②] 从上述观点来看,归根到底,还是为了保护个人利益,因为无论是国家法益,抑或者是社会法益,最后都要返回人身、财产等个人的具体的法益。所以,生产、销售伪劣产品罪最后侵害的还是消费者个人的财产权。[③]

本罪的客观方面的行为表现为上述的四种行为,这些行为可以由一般自然人实施,而且也正是因为这些一般自然人实施了上述行为,才使得他们成了刑法中规定的所谓的生产者和销售者,而不是因为他们必须先成为生产者、销售者,才可以实施上述行为。并且,从刑法第 140 条的规定来看,本罪侧重于对行为的规范,即行为人从事了特定的商业行为,就属于本罪的规制范围,而无所谓经营主体的资格问题。因此,自然人和单位都可以作为本罪的犯罪主体。

本罪在主观方面表现为故意,一般具有非法牟利的目的。在二者都表现为行为人都希望通过某种行为达到获取利润的结果,并且二者都需要有一定的市场交易行为。因此,我认为,二者之间并无实质区别。

(二)对刑法第 140 条进行民法上之分析

上文已经对民法中的"营利"和刑法中的"牟利"进行了分析,在此不再赘述。

生产、销售伪劣产品罪在客观方面的行为表现可具体分为:掺杂、掺假,以假充真,以次充好,以不合格产品冒充合格产品。但是在民法中,上述行为表现为违约。当债务人

---

① 高铭暄、马克昌:《刑法学》(第四版),北京大学出版社、高等教育出版社,2010 年版,第 412–419 页。

② 王作富:《刑法》(第四版),中国人民大学出版社,2009 年版,第 310–315 页。

③ 陈洪兵:《生产、销售伪劣商品罪的法益及其展开》,载《政治与法律》,2011 年第 3 期。

不履行或者不适当履行主给付义务的,构成不完全履行,应承担违约责任。在债务人构成违约的情况下,债权人可请求债务人实际履行(继续履行),采取补救措施(修理、更换、重做),支付违约金,适用定金罚则,赔偿损失,请求减少价款或报酬;在债务人构成根本违约的情况下,债权人还有权请求解除合同。

本罪的主体为自然人和单位,在这里主要讨论自然人。如上所述,自然人可以成为本罪的犯罪主体,并且自然人也享有从事营利活动的权利。因此,在自然人从事了掺杂、掺假,以假充真,以次充好,以不合格产品冒充合格产品这些行为后,在符合一定条件下,也可以按照违约来处理。

(三)刑法第 140 条条件性出罪后之民法解决办法

将特定类型的经济犯罪纳入"条件性出罪机制",为刑法评价特定的经济犯罪提供了崭新的视角。[1] 基于此,有学者将犯罪分为法益可恢复性犯罪和法益不可恢复性犯罪。[2] 近几年,对于某些经济犯罪,在定罪量刑方面已经出现了附条件的轻罪、有罪的情况下无刑甚至出罪化的趋势,例如:2009 年 2 月 28 日第十一届全国人民代表大会常务委员会第七次会议通过的《刑法修正案》(七)第三条第四款规定:"有第一款行为,经税务机关依法下达追缴通知后,补缴应纳税款,缴纳滞纳金,已受行政处罚的,不予追究刑事责任。"

本文将从法益是否可以恢复这个角度对特定情况下经济犯罪的条件性出罪机制进行分析。从上述分析可知,我国对于某些经济犯罪,在定罪量刑方面已经出现了附条件的轻罪、有罪的情况下无刑甚至出罪化的趋势。作为新的犯罪分类方法,法益可恢复性犯罪与法益不可恢复性犯罪的分类标准是被侵害的法益是否能够恢复到被侵害之前的圆满状态。[3] 比如像侵害人的身体健康等的具有人身依附性较强的法益就很难恢复;像侵害财产权,如"生产、销售伪劣产品罪"侵害了消费者的财产权,经过事后的补救措施,其法益还是可以恢复到被侵害之前的状态的。如果对于这两种犯罪只是在量刑上有所区别,其他方面还是统一划分的话,那么会影响《最高人民法院、最高人民检察院关于办理妨害信用卡管理刑事案件具体应用法律若干问题的解释》第六条第五款诸如此类规定的预期效果及行为人的认罪态度,并且也不利于法律资源的合理利用。因此,以法益可恢复性犯罪为基础,把"条件性出罪机制"纳入"生产、销售伪劣产品罪"等某些经济犯罪中来,或许对于经济犯罪来说是一种全新的处理模式。

那么,"生产、销售伪劣产品罪"以法益可恢复性为基础进行了条件性出罪后,就落入

---

① 庄绪龙:《论经济犯罪的"条件性出罪机制"——以犯罪的重新分类为视角》,载《政治与法律》,2011 年第 1 期。

② 庄绪龙:《论经济犯罪的"条件性出罪机制"——以犯罪的重新分类为视角》,载《政治与法律》,2011 年第 1 期。

③ 庄绪龙:《论经济犯罪的"条件性出罪机制"——以犯罪的重新分类为视角》,载《政治与法律》,2011 年第 1 期。

了民法违约之范畴。刑法第 140 条中的销售金额属于绝对确定的立法模式,在立法最初可能是符合社会现状的,且在一定程度上限制了法官的自由裁量权。但是,面对我们现在的商事社会,其缺陷也就慢慢显露出来了,并且与物质文化需求的差距也越来越大。在绝对确定的立法模式下,法律不可能朝令夕改,面对刑法稳定性的需要,一般要经年不变。1997 年制定的《刑法》将销售金额达到五万元作为本罪定罪量刑的一个起点,但是对于我们现在的这个商事社会,再加上通货膨胀、物价上涨等各种因素,若继续坚持现在的绝对确定的立法模式,将扩大打击面,使许多在现时条件下仅具有一般社会危害性的行为被归入犯罪范畴中,从而增加社会的不稳定性和资源浪费。因此,可将具有一般社会危害性的犯罪按照"条件性出罪机制"处理,在当事人之间形成合同违约之债的处理方法有其合理性。

当事人之间签订合同,就是为了通过合同的订立和履行最终达到所期望得到的东西或者达到的状态,换言之,任何人的行为都是有一定目的的。当事人应当按照约定全面履行自己的义务,应当遵循诚实信用原则,根据合同的性质、目的和交易习惯履行通知、协助、保密等义务。在债务人履行合同义务时,应按照法律的规定和合同的约定,全面、适当地履行,若不适当履行主给付义务、从给付义务、附随义务的,构成不完全履行,应承担违约责任。在违约程度达到无法实现合同目的即根本违约时,对方当事人可主张解除合同。生产者、销售者在产品中掺杂、掺假,以假充真,以次充好或者以不合格产品冒充合格产品,达到根本违约,无法实现合同目的,另一方当事人可以解除合同并要求对方承担违约责任。当然,解除权是他享有的权利,完全可以放弃,直接要求对方继续履行,采取补救措施,支付违约金,适用定金罚则,赔偿损失,请求减少价款或报酬。

三、结合案例具体分析

(一)基本案情

2007 年,被告人诸楚德介绍推荐开封市兴财棉业有限公司上纸板生产线项目,并介绍推荐购买朱跃华、朱兴元(另案处理)的常州市科亚商贸有限公司生产的纸板成套复合机。而后,被告人詹顺余、吴建中提供技术设备图纸,在没有生产资格的情况下,由朱跃华、朱兴元的常州市科亚商贸有限公司仿制加工纸板成套复合机,詹顺余、吴建中、朱跃华并于 2007 年 10 月 10 日签订合同,约定分成。2007 年 11 月 22 日,常州市科亚商贸有限公司同开封市兴财棉业有限公司签订工矿品购销合同,开封市兴财棉业有限公司以人民币 200 万元价格购买常州市科亚商贸有限公司的加工纸板成套复合机,开封市兴财棉业有限公司从 2007 年 11 月 23 日至 2008 年 6 月 24 日分四次付给朱跃华的常州市科亚商贸有限公司货款人民币 160.7316 万元,朱跃华、诸楚德、吴建中、詹顺余将 160.7316 万元分配占有。设备交付开封市兴财棉业有限公司后,由詹顺余和朱兴元负责安装,经调试不能正常生产。2009 年 3 月 22 日经鉴定该产品为不合格产品。公诉机关认为,被告人诸楚德、吴建中、詹顺余的行为均已构成生产销售伪劣产品罪，并提供了相应的证据，请求依法判处。经审理认为，被告人诸楚德、吴建中、詹顺余伙同他人在没有生产纸板成套复合机资质的情况下，与开封市兴财棉业有限公司签订买卖合同，为了配合纸板成套复合机生产、销售、安装、调试及使用，2008年朱跃华又虚构了常州市科亚矿山机械制造有限公司，且虚编了常州市科亚矿山机械制造有限公司的说明书、合格证，造成生产纸板成套复合机交付开封市兴财棉业有限公司后，经调试始终不能正常生产。后经鉴定，该设备为不合格产品。被告人诸楚德、詹顺余、吴建中伙同他人以不合格产品冒充合格产品进行生产、销售，销售金额达160余万元，其行为均已构成生产销售、伪劣产品罪。①

（二）评析

本文认为，诸楚德等各被告人侵害的法益是兴财棉业有限公司的财产权，此种法益在被犯罪行为侵害的时候，可通过事后的补救措施予以补正，如让诸楚德、吴建中、詹顺余等人承担违约责任等方法，使法益恢复到被侵害之前的完好如初的状态。从案例我们也可以看到，诸楚德等人被判处的生产、销售伪劣产品罪是法益可恢复性犯罪，性质较平和，区别于以暴力方式进行的犯罪，且人身依附性不强，如果仍然将这种犯罪等同于抢劫罪、盗窃罪等具有暴力性、人身依附性较强的犯罪，很显然不利于行为人积极主动地恢复法益等悔罪表现，同时也不利于司法资源的有效利用。

很明显，诸楚德等各被告人与兴财棉业有限公司之间存在合同关系，各被告人提供的不合格产品，这种以不合格产品冒充合格产品的行为，也就是我们民法中所说的不完全履行，诸楚德等人应承担违约责任。虽然诸楚德等人的销售金额也远远超过了五万起算点，但时至今日，1997年的五万与现在的五万已经无法比较。在现时民法典总则编纂情况下，民商合一已毋庸置疑，民法典总则中也应该适当地考虑到现在我们所处的商事社会，人人皆商，自然人也应享有从事营利活动的权利，诸楚德等人没有相关的生产资格以及虚构了常州市科亚矿山机械制造有限公司不应作为各被告人的犯罪依据。

因此，将诸楚德等人所犯的生产、销售伪劣产品罪进行条件性出罪机制处理，可以大大提高被告人的补正积极性，同时在有限的司法资源情况下，让当事人按照合同法以及其他法律的相关规定进行处理。因为诸楚德等人的不完全履行，构成违约，兴财棉业有限公司可请求诸楚德等人实际履行，采取补救措施，支付违约金，适用定金罚则，赔偿损失，请求减少价款或报酬等。在构成根本违约的情况下，也可解除合同。根据《合同法》第97条规定："合同解除后，尚未履行的，终止履行；已经履行的，根据履行的情况和合同性质，当事人可以要求恢复原状、采取其他补救措施，并有权要求赔偿损失。"意思自治原则是民法的基本原则之一，当事人之间也可以自我协商。

---

① 参见河南省杞县人民法院（2015）杞刑初字第203号刑事判决书。

四、总结

"条件性出罪机制"的适用作为新的理论观点,并不是无条件、随意的大量适用,作为新理念,各方面的考证和实证分析还不成熟,适用范围还不明确,还有待不断地完善。民法典总则的编纂到底是"民商合一"还是"民商分立",这是立法技术的问题。面对我们所处的商事社会,以及商法典制定的不可行性,因此要在民法典的总则中,融入商法的内容。刑法第 140 条把五万元销售金额作为本罪定罪量刑的起算点,已不能适应社会。在自然人实施了该条犯罪行为后,采取"条件性出罪机制",按照违约的规定处理有其合理性。

非法集资中间人定性研究及民事责任分析

曹　宁[①]

【摘要】　改革开放以来,非法集资案件频发,严重危害社会稳定。"非法集资中间人"这一参与主体逐渐出现在人们的视野,他们人数众多且有意或无意地为非法集资"助力"。若中间人有非法集资的故意且实施了具体行为,应当结合代理合同或居间合同等确定相应的民事责任。若中间人不构成非法集资故意,但以自己名义签署借款协议,可以参照公司法中的名义股东与实际出资人利益冲突的法律规定。

【关键词】　非法集资　中间人　民刑交叉　民事责任

改革开放以来,随着我国市场经济快速发展,民间资本活跃的同时也产生了一系列的社会问题。在面对银行存款利率较低,通货膨胀、物价上涨等情况,而如股票、房产、期货等理财项目相对门槛较高、耗时多、专业性强、风险大[②]以及中小企业融资困难、银行限贷的多种问题下,人们都趋利避害地选择了"高息、高回报、低风险"的方式来满足物质需要,从而为非法集资的存在和蔓延提供了机会与空间,严重危害了社会秩序,并在一定程度上阻碍了经济发展。针对非法集资的问题,笔者结合现有资料,谈谈自己的看法。

一、非法集资及其中间人之基础内容解析

(一)非法集资概述

关于非法集资的概念,在《刑法》中尚且没有具体定义,但根据刑法规定,与非法集资有关的罪名为非法吸收公众存款罪、集资诈骗罪等。但目前被大家较为认可的概念则是根据《关于取缔非法金融机构和非法金融业务活动中有关问题的通知》规定,非法集资是指单位或者个人未依照法定程序经有关部门批准,以发行股票、债券、彩票、投资基金证券或者其他债权凭证的方式向社会公众筹集资金,并承诺在一定期限内以货币、实物以

---

①　曹宁,河南大学法学院民商法学硕士研究生。
②　宋洁:《当前非法集资的原因、难点及对策建议》,载《金融监管》,2011 年第 360 期。

及其他方式向出资人还本付息或给予回报的行为。

2014年以来,非法集资形势更加严峻。据处置非法集资部际联席会议办公室统计,2014年非法集资发案数量、涉案金额、参与集资人数等大幅上升,同比增长两倍左右,均已达到历年峰值。其中,跨省案件、大案要案数据显著高于2013年水平,跨省案件133起,同比上升133.33%,参与集资人数逾千人的案件145起,同比增长314.28%,涉案金额超亿元的364起,同比增长271.42%。[①] 下面笔者结合现有资料,谈谈较难鉴别的非法集资类案件的构成特点:

1. 未经有关部门依法批准,包括没有批准权限的部门批准的集资;有审批权限的部门超越权限批准集资。其与合法集资的关键区别就在于合法集资是指公司、企业或者团体、个人依照有关法律法规所规定的条件和程序,通过向社会公众发行有价证券,或者利用融资租赁、联营、合资、企业集资等方式,在资金市场上筹集所需资金。而公众鉴别两者行为的性质可通过政府网站和工商等部门,查询相关企业是否是经过国家批准的合法机构或公司以及其批准经营范围中是否包括吸收存款、发行股票、债券、基金等理财产品,专业知识欠缺者亦可通过咨询专业律师确定其是否为合法集资,减少不必要的损失。

2. 承诺在一定期限内给出资人还本付息　还本付息的形式除以货币形式为主外,也有实物形式和其他形式。通过对照不同时期的银行存贷款利率和普通金融产品的利率,看其回报利息是否过高,通常不劳而获的事情可信度较低。此外,还要考察行为人履行集资合同的能力和诚意。正常合法的集资行为当事人,对集资合同中约定的义务在客观上有完全履行能力或部分履行能力,且在主观上有履行的诚意并作了一定的努力;而非法集资的行为人则根本无履行合同的诚意,也不会为合同的履行作任何努力。

3. 向社会不特定的对象筹集资金　这里的不特定对象在学界以及实务操作中争议较大,但其界定标准则极为重要。根据2010年最高人民法院《关于审理非法集资刑事案件具体应用法律若干问题的解释》,将"单位内部人员"和"亲友"排除在"公众"范围之外,在不特定对象和特定对象之间设立了严格的界分标准,但此观点在实务概念较为模糊,操作性不强。学界有观点认为:"应从集资对象是否具有不特定性或开放性来界定'社会公众'的含义,而不能仅仅因为集资对象人数众多就认定为'社会公众'。"[②]这种观点主张,人数标准是认定"不特定对象"的一个选择性要件,而不是一个必备要件,如果款项数额较高或者由此导致的损失较大,亦可认定为非法集资。

4. 以合法形式掩盖其非法集资的实质　为掩饰其非法目的,非法集资者往往与投资人(受害人)签订合同,伪装成正常的生产经营活动,最大限度地实现其骗取资金的最终目的。例如,部分非法集资者谎称自己是资深证券交易人,打着炒股的幌子,以非法占有为目的、以高息为利诱借款,实则只有少量资金用于炒股、炒期货,其余资金用于支付利

① 肖爽:《非法集资刑事解决困惑与民事介入研究》,载《辽宁省社会主义学院学报》,2016年第1期。

② 刘宪权:《刑法严惩非法集资行为之反思》,载《法商研究》,2012年第4期。

息,肆意挥霍,数额巨大,严重侵犯不知情受害人的合法权益,扰乱市场金融秩序。

5. 行为人违约后故意逃避责任,采取潜逃抵赖等方法进行逃避,抑或通过间断的归还零星借款表明其还款意图,使其行为归属为普通的民间借贷,而非非法集资。

(二)非法集资中间人——"金字塔"链条的衔接群体

在类似传销的"金字塔"式非法集资类案件中,除最顶层人物和最底线人物外,还存在着大量的二三线甚至四五线的所谓"中间人",这些"中间人"在非法集资过程中扮演着不同的角色。[1] 他们不仅人数众多且其行为有意或无意地为非法集资"助力",其重要性不言而喻。学界对于非法集资中间人的定义尚未明确界定,笔者结合资料分析。"中间人"类似居间合同对于居间人的界定,"非法集资中间人"应是在非法集资者与投资人之间起到协助、介绍作用的参与人,但其是否为投资人、是否从中获取利息以及是否知道非法集资者主观故意并不影响其行为性质的认定。下面笔者就结合具体情况,对涉及非法集资中间人的情况做一个简要分析:

情况一:A 作为非法集资者,和其投资人即下线 B、C、D 进行单线联系,B、C、D 之间为平行关系。此种情况没有中间人参与;

情况二:A 作为非法集资者,和参与人 B 单线联系,而 B 又和下线 C 单线联系,使 C 又将款项支付与 A,此时,B 起了协助、介绍的作用,则为非法集资中间人。但若 C 直接将款项支付于 B,且 B 并未交付 A,而是将全部款项私自保留,此时 B 则不具备中间人身份。但需要注意的是,B 是否从中收取利息,是否知道 A 的集资故意,不影响其中间人身份的认定。

情况三:学界部分学者认为,A 为非法集资者,A 以自己名义向 B 非法吸收资金而以更高利息放贷予 C 以赚取利息差[2],此时,A 具备中间人身份。但笔者对于此种观点心存疑惑,因为 C 的身份并未直接存在于非法集资的法律关系内,将其直接界定为中间人是否合理?

从以上情况我们不难看出,在类似传销的"金字塔"式非法集资类案件中,如同居间人性质的中间人是不可忽视的群体,他们不简单等同于非法集资者、非法集资投资人,而只是起了牵引作用的人,法律不可将其一概而论,应该结合具体情况,做出更加严谨的判断与决策。

二、分析非法集资中间人的行为性质

(一)与非法集资者共同构成犯罪

乙明知甲非法集资,受甲委托帮助甲向不特定公众吸收资金或者主动向社会不特定

---

[1] 邵成虎:《非法集资案件中间人性质分析》,载《江苏经济报》,2014 年第 B03 期。

[2] 邵成虎:《非法集资案件中间人性质分析》,载《江苏经济报》,2014 年第 B03 期。

公众吸收资金交予甲,不论其是以自己的名义还是以甲的名义,也不论其是否从中牟利,因为其主观上和甲有共同非法集资的故意,客观上帮助甲实施了非法集资的行为,其都和甲共同构成犯罪。① 在刑法中可分为四种情况:甲、乙都只有非法吸收公众存款的故意,则甲、乙构成非法吸收公众存款共同犯罪;甲、乙都具有集资诈骗的故意,则甲、乙构成集资诈骗共同犯罪;甲开始时只有非法吸收公众存款的故意,后来犯意转变为集资诈骗,乙对此并不明知,此时甲构成集资诈骗罪,乙构成非法吸收公众存款罪;甲没有集资诈骗的故意,在让乙退钱给下线时,乙截留资金占为己有,而甲并不明知,则乙构成集资诈骗罪,甲构成非法吸收公众存款罪。②

笔者认为,若乙虽明知甲非法集资,无论其受甲委托与否,也不论乙以甲的名义或者自己名义而自行向社会公众吸收资金且款项最终在乙手中,则乙不具备非法集资中间人的身份,此种情况也体现了民事代理中行为人"没有代理权、超越代理权或者代理权终止后,仍然实施代理行为,未经被代理人追认的,代理行为无效"的规定,即脱离甲的非法集资则不能称其具备中间人身份,乙的行为需单独定性。

(二)不构成非法集资的行为

前提条件为乙并不知道甲有非法集资的故意。甲与乙相识,甲编造理由向乙借钱并承诺给付高息,而丙、丁与甲虽不认识但因高息利诱以及由乙作为牵引人而放贷予甲,无论以乙的名义抑或以丙、丁的名义,如果乙自始至终没有从中牟利,且和甲没有共同非法集资的故意,而乙本身也没有单独非法集资的故意,丙、丁等也明知钱放贷予甲,对乙的行为不应定罪处罚,而应直接认定甲向不特定公众丙、丁等吸收了资金。但若乙有非法隐匿、截留资金的故意,则需承担相应的法律责任。

现实中不乏此相关案例,多半是因为广大群众不能轻易识别非法集资不断变化的手段因此而蒙受巨大损失,在此笔者也要告诫大家,对待任何事情都应理性分析,不要被欲望迷惑双眼。

三、非法集资中间人的民事责任分析

从对全国非法集资案件的调查情况来看,司法处置的难点和重点不在于如何对涉嫌犯罪的单位和个人准确定罪量刑,而在于如何最大限度地为集资参与者挽回经济损失。③针对非法吸收公众存款、集资诈骗犯罪存在的问题,专家、学者意见各不相同。有些学者认为对"非法吸收公众存款罪"应该进行去罪化处理,因为该行为不仅"无罪",而且亦非

---

① 邵成虎:《非法集资案件中间人性质分析》,载《江苏经济报》,2014 年第 B03 期。
② 邵成虎:《非法集资案件中间人性质分析》,载《江苏经济报》,2014 年第 B03 期。
③ 李薇:《非法集资案件的法律适用》,载《求索》,2009 年第 2 期。

"非法"，在绝大多数情况下都属于为社会所需的能够促进经济发展的民商事法律行为。[①]有些认为在当下治理非法集资的刑事司法实践活动中，不难发现我国现行刑法的相关条文在适用过程中出现了种种问题，以至于它在很大程度上已经不能够为刑事司法实践提供可靠支持，同时在某些方面也阻碍了金融市场的健康发展，而背后根本性的原因就在于我国基础性金融法律体系存在某些严重内在缺陷。[②] 笔者也比较赞同以挽回经济损失为主的治理模式，下面就结合已有资料，先谈谈关于非法集资类案件法律责任承担的适用问题，即此类案件是否充分应用民法思维以及刑民交叉案件中是否应先刑后民的问题。[③]

（一）对集资类问题首先应充分运用民法思维来解决

当前社会治理中出现了较为严重的重刑化倾向，这不仅受我们国家传统重刑渊源的影响，也来源于相关部门对政法机关维稳的信任。[④] 我们认同刑法具有两面性，"以恶惩恶"或许是刑法具有威慑力的一大关键，但其特点中的谦抑性以及最后手段性也要求我们深入思考作为保障法的刑法，亦是社会治理的最后一道防线。非法集资案件侵害的法益主要为社会公众的经济利益，挽回经济损失则为关键性目的。那么我们在处理非法集资类案件过程中，特别是此类案件多涉及民商事合同，是否应当在民商事程序用尽之时，再动用我们的刑事力量。

（二）集资类案件中的民刑交叉问题

集资类案件往往伴随着民刑交叉的问题，在我国经济审判中一般采取"先刑后民"的原则，即指在民事诉讼活动中，发现涉嫌刑事犯罪时，应当在侦查机关对涉嫌刑事犯罪的事实查清后，由法院先对刑事犯罪进行审理，再就涉及的民事责任进行审理，或者由法院在审理刑事犯罪的同时，附带审理民事责任部分。在此之前不应当单独就其中的民事责任进行审理判决。

但在非法集资案件中，也不乏民间借贷涉嫌或构成非法吸收公众存款罪的情况，民间借贷一般都牵涉到多方合同，如借贷合同或担保合同。根据2015年9月1日施行的以《最高人民法院关于审理民间借贷案件适用法律若干问题的规定》中第十三条规定：第一，借款人或者出借人的借贷行为涉嫌犯罪，或者已经生效的判决认定构成犯罪，当事人

---

① 刘新民：《"非法吸收公众存款罪"去罪论——建评〈关于审理非法集资刑事案件具体应用法律若干问题的解释〉，载《江苏社会科学》，2012年第3期。

② 黄韬：《刑法完不成的任务——智力非法集资刑事司法实践的现实制度困境》，载《中国刑事法杂志》，2011年版第11期。

③ 肖爽：《非法集资刑事解决困惑与民事介入研究》，载《辽宁省社会主义学院学报》，2016年第1期。

④ 肖爽：《非法集资刑事解决困惑与民事介入研究》，载《辽宁省社会主义学院学报》，2016年第1期。

提起民事诉讼的,民间借贷合同并不当然无效。人民法院应当根据合同法第五十二条、本规定第十四条之规定,认定民间借贷合同的效力。第二,担保人以借款人或者出借人的借贷行为涉嫌犯罪或者已经生效的判决认定构成犯罪为由,主张不承担民事责任的,人民法院应当依据民间借贷合同与担保合同的效力、当事人的过错程度,依法确定担保人的民事责任。此规定在法律层面肯定了涉嫌非法集资案件中部分合同的效力,也为我们在必要条件下先民后刑抑或刑民并重的审理此类案件提供了依据。

(三)结合中间人的民事责任承担问题,提出自己的两点思考

1. 若中间人亦有非法集资的故意且实施了具体行为,是否应结合代理合同、居间合同等民事合同的特性并根据以上两种原则来解决其法律责任的承担问题更为合适。

2. 若中间人不构成非法集资故意,在没有签订担保合同的情况下,若第三方丙以自己名义直接将钱款交付给甲且签署了借贷合同,则中间人乙不承担民事责任。若乙以自己的名义与甲签署了借贷合同且经过丙同意,实际出资人为丙,此种情况可参照公司法中当名义股东与实际出资人的利益发生冲突之时,应以实际出资人为准,仍由丙自行承担后果。若丙将款项交付于甲的同时与乙签订了借贷合同,乙与丙之间因为权利义务不一致,导致合同不成立,由实际债务人甲承担还款责任。

非法集资类案件中,具体认定行为人的性质是较为艰巨的任务,而非法集资中间人也人数众多,且其中不乏合法公民,其利益的维护或责任的承担也是我们必须重视的问题。

四、结语

非法集资是市场经济发展下的产物,这样的经济背景下带动了民间资本的活跃,然而我国金融立法尚未及时跟得上经济发展的脚步。随着经济的增长和国民财富的增加,居民保值增值投资的需求越来越多,而现在市场提供的投资工具比较有限,许多参与集资者缺乏相应的经济金融法律方面的知识,不能区分合法和非法的界限。民间借贷的法律规范还不够完善,使得此类案件多发频发,但这些原因也绝不能作为实施非法行为的合理借口。

作为非法集资中间人这一参与主体,实施不法行为的应及时悬崖勒马,尚未实施不法行为的应树立法制观念,增强法律意识,学会尊重、保护自己以及他人的合法权益,投资人应提高辨别意识,使得非法集资没有生存的空间。

论民法请求权在宪法请求权概念形成中的基础性作用

张占杰①

【摘要】 宪法实施一般被认为是政府的职责,公民很少行使宪法权利。作为宪法关系的一方主体,公民应以主张宪法请求权的方式实施宪法。民法请求权是宪法请求权的基础,因此要通过对民法请求权的分析来探讨宪法请求权的行使。

【关键词】 公民行宪 宪法请求权 民法请求权

在我国,宪法实施一直是倍受关注的问题。2014 年 10 月,《中共中央关于全面深化改革若干重大问题的决定》指出:"宪法是保证党和国家兴旺发达、长治久安的根本法,具有最高权威。要进一步健全宪法实施监督机制和程序,把全面贯彻实施宪法提高到一个新水平。"2014 年 11 月,全国人大常委会表决通过设立国家宪法日的决定。2015 年 7 月,全国人大常委会表决通过实行宪法宣誓制度的决定。党和国家的这一系列做法凸显了宪法权威,提高宪法实施水平的重要性和紧迫性,但我国宪法实施水平不容乐观。

一、问题的提出——被忽视的公民行宪

宪法实施一般被认为是政府(这里应从广义上理解政府)的职责。这里有两方面的原因:首先,近现代意义的宪法作为一个从西方引进而来的词汇,其原初含义便是政府的组成、构成,即宪法的原初任务是将国家权力在不同国家机关之间进行布局分配,并协调不同国家机关之间的相互关系。美国宪法的内容最初并不涉及公民的基本权利,而重点涉及立法、行政、司法权的分配就是一个很好的例证。其次,近代以来,宪法的价值在于规范国家权力,保障公民权利的理念已在世界范围内被普遍接受。而宪法规范国家权力的方式之一就是为国家机关设定义务,违反这些义务相应的国家机关就要承担相应的违宪责任。而公民作为宪法的受益方,即便是宪法中规定了公民义务,这些义务也往往被

---

① 张占杰,河南新乡人,河南师范大学政治与公共管理学院副教授,法学博士,主要从事宪法学与行政法学的研究。

转换成法律义务才能真正得到公民的履行。从这个意义上讲,公民只可能承担违法责任,而不用承担违宪责任。在各国的宪法实践中鲜有让公民个人承担违宪责任的。在我国,受"官本位"、"宪法工具主义"等思想的影响,宪法实施更被认为是政府的责任。也正因如此,虽然学界针对我国宪法实施效果不佳的现状出现了大量的研究成果,但这些成果却具有明显的短板——只注重从国家机关的角度研究宪法实施的完善,却忽视对公民行宪机制的研究。

但如果我们承认近代宪法的价值在于规范国家权力,保障公民权利的话,我们就不应忽视公民在宪法实施中的主体性地位。因为如果我们仅寄希望于国家会自觉控制自己的权力,那么国家权力得到规范行使将是一个无法企及的乌托邦;如果我们仅寄希望于国家会主动保护我们的权利,那么公民权利得到实现将是一个虚无缥缈的童话。这就是自由主义先贤们不止一遍告诉我们的道理:"一切有权力的人都容易滥用权力"[1];"'人民自己'才是自由的最可靠守护者"[2]。因此,公民理应成为行宪的主体。

二、公民该如何行宪——宪法请求权的概念提出

由于宪法是典型的公法,公民与国家的关系是宪法关系中最核心的范畴,因此首先应分析公民与国家的关系。与以平等为特征的民事关系不同,宪法关系中公民与国家之间的地位是不对等的。国家是政治、经济、文化等各种资源的掌握者,具有较为强势的地位;相比之下,公民则处于相对弱势的地位。这种不对等的地位关系意味着公民不可能事事都能与国家协商而成,而在现实中,公民对国家往往采取遵从或对抗的态度。当然,对抗也有激进与温和之分。激进的对抗,往往突破宪法和法律的范畴,最激烈的表现形式就是革命,这当然不是公民行宪的方式,至少不是宪法所鼓励的公民行宪的方式。表现为公民向国家的宪法审查机关主张某项法律规定违宪,也可表现为公民在穷尽普通法律而温和的对抗往往表现为公民向国家提出宪法诉求的方式。在世界范围内,上述宪法诉求既可表现为直接向宪法法院起诉救济自己的宪法权利,还可表现为公民为实现自己的某种权利或政治主张而结合起来集会、示威、游行等。只要是在宪法允许的范围之内,公民这些主张宪法诉求的行为就是行宪的一种方式。在我国,由于宪法尚不能司法适用,公民行宪的途径较之他国严重减缩,但这并不意味着公民不可依据宪法向国家提出任何诉求。近年来不断出现的在政府强拆过程中,公民手持宪法维权的事件难道不是公民向国家主张宪法诉求的例证? 现在的问题不是现实中缺乏公民依据宪法向国家提出的各种诉求,而是缺乏促使国家认真对待公民各种宪法诉求的约束机制。没有这种对国家机关的约束机制,公民提出的任何宪法诉求也只能是一纸空谈。

---

① [法]孟德斯鸠:《论法的精神》(上),人民出版社,2010 年版,第 154 页。

② James Madison, National Gazette, 22 December 1792. 转引自张千帆:《宪法实施靠谁? ——论公民行宪的主体地位》,载《比较法研究》,2014 年第 4 期。

那么应当建立一种怎样的公民行宪机制呢？我们不妨作如下的简单假设：宪法主要由国家权力规范和公民基本权利规范构成，国家权力规范主要应由国家机关实施，而基本权利规范主要应由公民实施。以此假设为前提，我们不难发现：目前的宪法实施只完成了组织国家政权的任务，而宪法在保障公民权利以及在维护法制统一方面基本上没有发挥作用，既缺少理论上的论证，也缺少必要的实施经验。[①] "一般公众、学者、立法者在很大程度上仅将宪法基本权利视为通过立法程序制定的规范，仅注重国家立法机关和行政机关的保障，忽略了古典基本权利基于先国家性和前宪法性的防御性特点，及个人权利的请求权特征。"[②]由此，笔者认为，在公民行宪路径严重阻塞的我国，应建立一种宪法请求权制度来激发公民行宪的积极性，同时促使国家机关认真对待公民提出的各种宪法诉求。

这里的宪法请求权不同于宪法诉权。宪法诉权一般只能向宪法法院或拥有宪法审查权的普通法院提出，而宪法请求权可向立法、行政、司法等各种机关提出。宪法诉权一般只能在公民宪法权利受到侵害后主张，是一种宪法上的事后程序权；而宪法请求权是在总结宪法上各种权利实现方式的基础上提出的一个概念，它既可指程序权又可指实体权，既可指事后的救济权又可指行使过程中的实体权利本身。由此可见，宪法请求权的外延要远远大于宪法诉权，可以说宪法诉权是宪法请求权的一个子集。

宪法请求权也不同于宪法上的请愿权。首先，请愿权一般是基于对国家政策的关心，以及对公共利益或其自身利益的维护而行使，是一种前瞻性（即预期愿望得以实现）的权利；而宪法请求权既可基于以上理由行使，也可基于对自身受损利益的补救而行使，因此宪法请求权既是前瞻性的权利，也是补救性的权利。其次，请愿权的行使并不对相关国家机关产生必须做出回应的强制力，而笔者设计的宪法请求权则需要相关国家机关必须做出回应。请愿权也是宪法请求权的一个子集。

综上，宪法请求权指公民得依据宪法请求国家机关为或不为一定行为并对国家机关形成一定拘束力的宪法地位。之所以说宪法请求权体现的是公民的一种宪法地位，是因为宪法请求权并非指宪法中某种或某类确定的权利，它是基于公民可得向国家提出请求的地位而抽象出的一个概念，这种地位即可基于公民的宪法权利产生，也可能基于宪法中"总纲"或"国家机构"的规定产生。例如，我国宪法"总纲"第13条规定："公民的合法的私有财产不受侵犯。"由于此规定列于"总纲"中，我们不能简单地将其理解为是对公民私有财产权的规定，因为总纲一般是对国家各类基本制度的规定。但作为规定我国私有财产制度的宪法第13条，同样可以赋予公民请求国家保护自己合法私有财产的宪法地位。当然，由于我国尚未激活宪法的司法适用机制，公民行使宪法请求权对国家权力产生的约束力，应落脚在通过完善宪法条文，明确国家受理相应宪法请求的行为模式和加

① 晓红：《中国法学会宪法学研究会1999年年会综述》，载《中国法学》，1999年第6期。
② 郑贤君：《作为客观价值秩序的基本权——从德国基本法看基本权的保障义务》，载《法律科学》，2006年第2期。

重的责任机制方面。此非本文重点，恕不赘言。

目前为止，笔者对宪法请求权的界定尚属一种假设，但这种假设并非凭空建造的空中楼阁，它是与民法请求权有着深厚的历史渊源并以民法请求权为根基提出的一个宪法学概念。

三、民法请求权是宪法请求权的历史渊源

仅从名称上看，笔者提出的宪法请求权明显是借鉴了民法上的请求权概念。但这种借鉴不仅有形式上的，也有内容上的。可以说民法请求权是宪法请求权的历史渊源。要证明这一点，有必要对民法请求权思想的形成过程做一个简单的回顾。

在历史上，对请求权的探讨是从萨维尼开始的。首先，萨维尼认为权利"给个人意志分配了一个它可以独立于他人的意志进行支配的范围"。① 并主张对主观权利的保护，不应过分依赖国家法律的强制力，因为国家并不一定如我们想象的那样美好。在以上主观权利认识的基础上，萨维尼就罗马法中的"Actio"提出了自己的观点："诉（Actio）就诉讼或者诉的意义而言是主观权利的一种形式，即主观权利受到侵害时权利人防范侵害的表现。主观权利的此种变化可发生于任何一种法律制度中，其表现为权利受到侵害时而寻求救济的状态。因此，每种相应的诉讼形式反映了具体的实体权利。"② 由此可见，萨维尼将"Actio"界定为主观权利（实体权利）的一种形态，即受到侵害时寻求救济的形态。而且萨氏进一步指出"Actio"必须具备两个前提，即个人具有权利和个人的权利受到侵害。接着，萨维尼对"权利的侵害"作出解释并引出了"请求权"这一概念：特定加害者对权利的侵害行为引起新的法律关系的产生，这个新法律关系的内容就是受害者要求加害者停止侵害并给予赔偿，这样就会产生一个类似于债的请求权，即要求特定人为特定行为的请求权。③

综上，萨维尼关于"Actio"的观点：首先，"Actio"产生的基础是权利受到侵害。其次，"Actio"的发生并不意味着新权利的产生，"Actio"只是权利的发展过程中的一个形态，或一个阶段。之所以会这样认为，是因为萨维尼是一个坚定的权利"有机论"者。他认为，权利并不是一种"固化"的东西，而是一种有生命的，具有"可塑性"的东西，因此，权利不会因小小的变化而消灭，或被其他权利而取代，相反，它会随着情况的不同而变化，产生不同的形态。第三，权利受到侵害后可以不诉至法院寻求国家强制力的保护，而由私法主体自行解决。第四，私法主体可以自行解决的原因在于，权利因受到侵害而在受害者与加害者之间产生了一个新的法律关系。需要指出的是，在萨维尼的学术体系中，"法律关系"的概念才是这个体系的基石。第五，这个新法律关系的内容就是受害者要求加害

---

① ［美］罗斯科·庞德：《法理学》（第四卷），王保民、王玉译，法律出版社，2007 年版，第 52 页。
② 朱岩：《论请求权》，载于王利明：《判解研究》，人民法院出版社，2003 年第 4 辑，第 68-69 页。
③ 朱岩：《论请求权》，载于王利明：《判解研究》，人民法院出版社，2003 年第 4 辑，第 68-69 页。

者消除侵害，这时作为权利一个阶段或形态的"Actio"就以请求权的形式表现出来。这样，Actio（诉）就实现了向请求权的转化。笔者认为，虽然萨维尼使用了"请求权"这样一个概念，但他并未从实质上对"请求权"与"Actio"作出区分，因为他自己也认为请求权这个概念兼具实体与程序双重意义。① 由此可见，虽然萨维尼尝试着从"Actio"中剥离"请求权"，但这种尝试并不成功，真正完成这项工作的是温德沙伊德。

温德沙伊德对请求权概念的确立是通过其于 1856 年发表的《从现代法的立场看罗马民法上的诉》一文完成的。在文中，他提出了"诉权不应只赋予权利受到侵害的人"的观点，这与萨维尼的观点形成鲜明对比。以此为基础，他指出罗马法中的"Actio"与现代（温德沙伊德所处时代）的诉是不同的，而提出这样命题的基础便是对罗马法中"Actio"含义的分析。温德沙伊德在借鉴伍拉萨克关于"Actio"的含义的基础上，提出"Actio"有六种依次变窄的含义：第一，行为；第二，协商；第三，法庭的审理；第四，争议性的法庭审理；第五，涉及侵害人的争议性的法庭审理，也就是我们称之为诉讼的法庭起诉；第六，并非某种事实，而是被认作合法权利的法庭起诉或诉讼。② 而在上述含义中只有第六种与现代意义的诉相近，请求权的概念就来自"Actio"的这个第六层含义。区别请求权与诉权的关键是看是否具有可诉请性，只有诉权才包含"可诉请性"，即通过诉讼实现请求的可能性，而请求权却不包含这种可能性。温德沙伊德指出，古罗马是一个"权利必须通过法院来行使"的时代，所以罗马法的"Actio"必须兼具实体内涵与程序内涵。而在现代（温德沙伊德所处的时代），普通法体系已基本建立，原告向被告所主张的法律关系，在诉讼前已存在与普通法中，因此古罗马时期只能向法院提出的请求在现代就可直接向对方当事人提出，而这个可直接向对方提出的实体请求权恰恰是现代诉讼的基础。通过这样的论述，实体意义上的请求权与程序意义上的诉权实现分离就成为可能。

在成功分离实体意义上的请求权与程序意义上的诉权之后，温德沙伊德对请求权做出了界定。他认为，请求权是指"法律上有权提出的请求，也即请求的权利，某人向他人要求一些东西的权利"。而这样的请求权概念也是温德沙伊德从分析主观权利入手得到的。首先他认为主观权利具有两层含义：其一，主观权利是一种针对他人的意思力，即"要求与权利人相对的世人或特定人行为（作为或不作为）的权利"，这种权利主要指的是请求权；其二，主观权利是一种无涉于他人的意思支配，主要指的是形成权和支配权。由此，温德沙伊德总结出主观权利的概念：主观权利是某种由法律秩序所赋予的意思力或意思支配。这样，作为主观权利的请求权在温德沙伊德看来，首先是一切权利都具有

---

① 朱岩：《论请求权》，载于王利明：《判解研究》，人民法院出版社，2003 年第 4 辑。

② Bernhard Windscheid, Lehrbuch des Pandektenrechts, Erster Band, Literarische Anstalt, Frankfurta. M. , 1900, achte-Auflage S. 160. 转引自金可可：《论温德沙伊德的请求权概念》，载《比较法研究》，2005 第 3 期，第 113 页。

的某种强制性因素;其次是一种独立的权利类型,并且是权利的两种基本类型之一。① 自此,由温德沙伊德所提出的请求权的概念不但被大多数民法学者所接受,被德国立法吸收,而且后来演变成一种普遍民法学思维。

作为一种民法学思维方式,请求权的影响不仅仅停留在德国,而且经由日本、台湾地区,也影响到了我国大陆民法学者对请求权的研究热情。请求权的意义不止于此,在我国,由于行政法基本理论的体系化充分借鉴了民法的思维方法,也使得连接实体基础性权利和司法救济的公法请求权,在公法权利体系中扮演着枢纽的角色。② 其实,从理论上讲,公法请求权应当包括行政法上请求权和宪法请求权,正是由于我国学界和实务界都把宪法中规定的公民基本权利当成了构建宪法秩序的"客观法",而没有将其当成公民追求自己利益的"主观权利",以至于学界几乎都是从狭义上理解公法请求权,使公法请求权几乎成了行政法上请求权的别称。因此,从理论层面我们可以说民法请求权是宪法请求权的历史渊源。

当然,请求权概念的诞生还不能说宪法请求权的诞生,因为无论是萨维尼,还是温德沙伊德,他们所论述的请求权都是一个私法概念,而宪法请求权明显是一个公法概念,私法和公法的区别还是显而易见的。尽管如此,我们也不能说请求权对宪法请求权而言毫无意义,因为虽属不同的法域,但毕竟它们都有共同的公约数——"请求权",而且民法请求权"谁得向谁,依据何种规范,请求何种权利"的思维模式对我们跳出研究宪法实施的传统思维范式具有很大的启发意义。

四、民法请求权在宪法请求权概念形成中的基础性作用

因为民法请求权是宪法请求权的历史渊源,所以宪法请求权的提法借鉴了民法请求权的概念,但这并不意味着宪法请求权只是对民法请求权换了个法域的简单重复。二者还是有极大区别的,然而这些区别不仅不能割裂二者的联系,反而能够体现民法请求权在宪法请求权概念的形成中所起到的基础性作用。笔者认为,既然宪法请求权以民法请求权为历史渊源,那么我们要获得宪法请求权的核心特质必须回答以下两个与民法请求权相关的问题:

(1)宪法请求权到底应该界定为一种独立的权利类型,还是一切宪法权利都具有的强制性因素,抑或是其他

首先,在私法说上请求权是一种独立的权利类型,主要是指请求权有债权与其对应。虽然从理论上讲,请求权与债权还不能完全等同,但二者的核心特质是相同的,即只要债

---

① SeeBernhard Windscheid, Lehrbuch des Pandektenrechets, Erster Band, Literarische Anstalt, Frankfurta. M. ,1900,achte-Auflage S. 130,131,155. 转引自金可可:《论温德沙伊德的请求权概念》,载《比较法研究》,2005 第 3 期。

② 徐以祥:《行政法上请求权的理论构造》,载《法学研究》,2010 年第 6 期。

的类型确定,那么关于这个债的债权和请求权在内容和实现方式上都是一样的。而在宪法上,以耶利内克的权利分类为例,虽然自由权、受益权、参政权都有可请求性,但很难说这三种权利与请求权的核心特质是相同的。因为自由权、受益权、参政权都有各自确定的实体内容,而请求权只是实现这些实体内容的一个权能而已。由于很难找到一种类似于民法上债权一样的宪法权利与之相对应,因此,我们并不能说宪法请求权是一种独立的宪法权利类型。

其次,宪法请求权也很难被定义为一切宪法权利都具有的强制性因素,原因不在于"强制性因素",而在于"一切宪法权利"。在笔者看来,所谓的"强制性因素"就是公民意志由于受到宪法和法律认可而给国家权力造成的压力感和约束力,具体表现为权利的可请求性,或者说是权利的请求权能。如果某种宪法权利具有可请求性,那么这种权利就构成国家权力的强制性因素;反之,则不构成国家权力的强制性因素。在明确了"强制性因素"的含义之后,我们的问题就变成了是否"一切宪法权利"都具有可请求性。依据最传统的分类标准,宪法权利一般被分为自由权和社会权两种。如前文所言,自由权具有可请求性一般并无太大的争议,而社会权是否具有可请求性,无论在资本主义国家还是社会主义国家都是颇具争议的话题,在这种情况下,我们就很难说一切宪法权利都具有可请求性。

既然宪法请求权既不应被理解为一种独立的宪法权利类型,也不应被理解为一切宪法权利都具有的强制性因素,那么宪法请求权到底是个什么性质的事物呢? 在这点上,笔者愿意借鉴比勒尔的观点,将其定性为一种"宪法地位"。因为,"地位"是相较于"权利""权能"更基础性的一个概念,一切宪法权利都源于公民一定的宪法地位,即源丁公民与国家之间一定的宪法关系,因而,使用"宪法地位"定性宪法请求权可避免"宪法权利"和"权能"的狭隘性。假使我们将宪法请求权定性为一种"宪法权利",或从许多宪法权利中抽象出来的一个共同的"权能",那么我们在遇到问题需要行使自己的宪法请求权而在宪法中寻找依据时,就容易将目光限定在基本权利条款;而如果我们将其定性为一种"宪法地位",那么我们就可放眼整个宪法文本寻找依据,因为不仅宪法权利条款可体现公民的宪法地位,其他宪法条款,如"权力条款",甚至"政策条款"都可体现公民的某种宪法地位,而从这种地位中就有可能推导出公民的宪法请求权。这正好与笔者前文所讲的放眼宪法全文寻找宪法请求权的依据的观点形成对照。

（2）在私法上请求权体现的是实体性权利,那么宪法请求权是否也只能是实体性请求权。答案是否定的。从理论层面来讲,随着公、私法的分离,作为实体性权利的请求权与作为程序性权利的民事诉权分离是有必要的,因为请求权代表的是一种横向的私法关系,而民事诉权代表的是一种纵向的公法关系,这两种关系用一种权利来表示是不合适的。宪法请求权本身代表的是一种纵向的公法关系,这种公法关系既可以体现为实体性的权利义务关系,也可体现为程序性的权利义务关系,因而,以宪法请求权统摄实体性宪法请求权和程序性宪法请求权在理论上是可行的。从制度层面来看,在民法上,请求权之所以体现为实体性权利,是因为各国都有相应的民事诉讼制度来救济实体性民事权利,这样请求权就可作为沟通民事实体法与民事程序法的桥梁而存在。而在宪法上,并不是每个国家都有宪法诉讼制度来救济公民的宪法权利,在这种情况下,不但赋予公民实体性宪法请求权,而且赋予公民请求国家以合理、统一程序救济公民宪法权利的程序性请求权就显得尤为必要。由此可见,实体性宪法请求权和程序性宪法请求权共同构成了笔者所言的宪法请求权。作为程序性宪法请求权,它本身并不含有任何实体性的权利内容,只是公民实体性的宪法权利受到侵害时提供救济的一种手段,是一种事后的救济性权利;而作为实体性的宪法请求权,它有实体性的宪法依据,有实实在在的权利义务内容,可在宪法实施的过程中提起,是一种应时性权利。程序性宪法请求权一般表现为公民向违宪审查机关提请启动违宪审查程序的权利,一般只针对特定的违宪审查机关,而实体性宪法请求权可向与自己发生宪法关系的任何国家机关提起。

综上所述,宪法请求权作为包含实体性与程序性宪法请求权在内的体现公民一定宪法地位的一个范畴,其与民法请求权还是有明显区别的。但从获得宪法请求权这些特征的过程来看,恰恰是这些区别体现了民法请求权在宪法请求权概念的形成中所起到的基础性作用。

民法典编纂背景下宪法和民法关系的新思考

张文艳①

【摘要】 "编纂民法典"决策的提出,为民法典的制定提供有力的契机。通过对"依据宪法,制定本法"形式合宪性的分析,对宪法和民法功能在现代社会融合的分析,得出二者关系应统一于人权保障的结论。民法学界应采取一种形式上妥协的智慧,认识到民法自身的优越基因,承认现代社会宪法至上的地位,以推动民法典早日出台。

【关键词】 民法典 宪法至上 民法优位

民法典编纂可谓人心所向。尤其是 2002 年末《民法》提交全国人大常委会审议,使得围绕民法典的讨论趋向高潮。随后,2007 年《物权法》、2009 年《侵权责任法》、2010 年《涉外民事关系法律适用法》的先后颁布实施,更是让中国民法典呼之欲出。② 在党的十八届三中全会《决定》明确指出"编纂民法典"之后,民法学界直言"值得庆贺,应该马上展开工作"③,以"编纂民法典"为主题的研讨会、征文、论坛等学术活动次第展开,关于民法典编纂所面临的问题也得到了深入的讨论。比如宏观视角的民法商法的关系、中观视角的民法典体系安排,以及更微观角度的民法典各项具体制度的建构,等等,复又延伸到公法私法划分、宪法民法的关系,等等一般性议题。对这些问题的恰当解答,甚至也许是决定中国民法典能否顺利出台的一个重要因素,其中一个重要因素就是宪法和民法的关系。

一、民法典编纂面临的宪法诘问

回顾《物权法》颁布时所经历的那场"违宪风波",当时学界以这场"物权法草案违

---

① 张文艳,郑州大学法学院 2014 级法律硕士,现就职于郑州市城市管理局。
② 茅少伟:《寻找新民法典,三思而后行,民法典的价值、格局与体系再思考》,载《中外法学》,2013 年第 6 期。
③ 崔建远:《民法典编纂的愿景与构想》,载《清华法学》,2014 年第 6 期。

宪"为契机,就民法和宪法的关系展开了研究,争论集中在民法学者和宪法学者之间。①学者们不仅对"形式违宪"的表现:"依据宪法,制定本法"条文存在与否的理由进行了说明与界定,更就深层次的宪法与民法关系进行了讨论。遗憾的是,在批评者看来,当时的讨论未能在民法学界和宪法学界进行良好互动交流的基础上展开,双方并未分享一些基本的假设和共认的前提,以至于讨论很大程度上停留在民法学者和宪法学者"自说自话""各说各话"的境地。②这样的讨论显然无法妥善解决现实问题的,虽然最终颁布实施的《物权法》明确写上了"根据宪法,制定本法",似乎是在立法事实上终结了这场争论,但遗留"后遗症"。如今,在全力编纂民法典的时刻,我们发现,民法典几乎和当年的物权法面临着同样的宪法诘问:是否需要在民法典写上"根据宪法制定本法"的条款? 在民法典各个制度的安排上,尤其是人格权、物权等领域,是否存在着实质违宪的可能? 宪法和民法的关系究竟该如何处置? 是宪法至上还是民法优位? 抑或宪法和民法"平起平坐"? 这些来自宪法的诘问时时拷问着民法学者的神经,也为民法典的编纂工作带来了合宪性的压力,不能妥善彻底地回答这些前提性问题,很可能将导致民法典和物权法一样被延后的命运,这显然是民法学界不愿看到的,毕竟翘首以盼这么多年,怎能让民法典"渐行渐远"? 因此,为了《民法典》的颁布,我们需要回应宪法的诘问。

二、形式之争:是否写上"依据宪法,制定本法"

这里我们首先需要阐明的一点是,在一部法律的开篇,写上"依据宪法,制定本法"的意义究竟有多大? 不写上"依据宪法,制定本法"的法律就不是依据宪法制定的吗? 或者说就形式违宪吗? 宪法在我国作为根本法,其地位主要体现在立法领域,即我们通常说的,宪法是母法,其他法律是子法,宪法和其他法律之间是"母子"关系,所以任何法律的制定都要在开篇写明"根据宪法,制定本法",以彰显其对宪法派生性,在中国法的语境里,也就具备了自身的"合宪性"。问题是,写上这一条款,真的仅仅是形式意义吗? 观察我国的立法状况,只有宪法在序言中明确规定"本法以法律的形式,确认……",如果宪法是法律,又是一切法律的制定根据,那么我们可不可以认为,只有像宪法一样写上"本法以法律的形式"的法律才是合宪的法律呢? 答案显然是否定的。我国的刑法、治安管理处罚法等法律都没有作这样的宣布,所以失去了这一形式上的宣布,并不阻碍其自身成为合宪性的法律。③有学者会说,这和"依据宪法,制定本法"不一样,我国的各项立法都

---

① 代表性论文如:童之伟:《宪法民法关系之实像与幻影——民法根本说的法理评析》,载《中国法学》,2006 年第 6 期,赵万一:《再论宪法与民法的关系——与童之伟教授商榷》,载《法学》,2007 年第 4 期等。

② 苗连营、程雪阳:《民法帝国主义的虚妄与宪法学者的迷思——第三只眼看"依据宪法制定本法"的争议》,载《四川大学学报(哲学社科版)》,2008 年第 2 期。

③ 翟小波:《代议机关至上的人民宪政——我国宪法事实模式的解释性建构》,载《清华法学》,2007 年第 4 期。

在开篇写上了"依据宪法，制定本法"，民法典不写怎么能行？不利于法制统一，也"说不过去"。在这里，我想宪法学者关心的已经不仅仅是一个形式的问题，反而恰恰是意图揭示民法学者对这一形式抗拒的实质关切，既然仅仅是形式之争，如果形式真的无意义的话，那么为什么民法典不能写上这一条呢？这种坚持不仅仅是为了"维护宪法学者的颜面"，而是为了击穿民法学者抗拒形式的深层次意图：宪法和民法的效力问题。若不是奉行民法优位和为宪法至上的抛弃，民法学者又为何执拗于对这一合宪性形式的抛弃呢？

事实上，民法学者对抛弃这一形式的论证也确实是在实质层面上展开论证的。比如说民法的历史远远早于宪法的产生，甚至是民法的发展催生了近代宪政，在具体的制度安排上，民法也为宪法提供了基本的权利蓝本和基础的制度架构，甚至民法上的权利要远远宽泛于宪法上的基本权利种类。所以说，如果严格按照"依据宪法，制定本法"的话，那么宪法基本权利上没有规定的权利，民法上是否就不应存在？民法上对此权利进行保护就失去了合宪性的法律依据？这显然是荒唐的，也是对人之为人的权利的简化和漠视。这是民法精神所不能容忍的，所以妥当考虑，还是不写上"依据宪法，制定本法"为好。①

由宪法学者和民法学者之间的争论可以看出，双方其实是在宪法和民法的关系层次考虑问题的，只不过宪法学者旗帜鲜明的捍卫宪法至上，而民法学者对于民法优位进而居于宪法之上，有些"欲言又止"罢了，毕竟在"宪法是我国的根本大法"的中国法语境里，公然置民法于宪法之上，还是面临着极大的观念障碍和意识形态风险的。但逃避这一问题并不能淡化对民法典合宪性的质疑，事实上也不利于民法典编纂工作理性自信的展开，最终也会影响一部健康成功的民法典的产生。因此，我们必须剖开"依据宪法，制定本法"的形式层面，进入宪法和民法关系争论的实质，辨明究竟是宪法至上，还是民法优位。

三、实质之辩：宪法和民法在现代社会的功能融合

在理论界，对于民法与宪法的关系早已引起了学者们的关注，也由此存在着多种不同的学说。根据日本学者山本敬三的总结，大致有以下三种主流观点②：

1. 异质论　异质论是以近代自由主义和"最小国家论"为背景的，它认为宪法与民法是性质完全不同、互相对立的法，各自调控的范围界限分明。宪法的效力仅及于政治国家领域，宪法权利规范在私人间不能发生任何效力。

2. 并立论　所谓并立论，指的是认为二者是并立的、同格之存在的观点。宪法与民法具有共同的基础，民法与宪法从规范到价值都应是协调一致的。至于宪法与民法共同

---

① 龙卫球：《民法典编纂要警惕"宪法依据"陷阱》，http://opinion. caixin. com/2015 - 04 - 22/100802509. html，访问日期：2017 年 1 月 20 日。

② 林来梵：《从宪法规范到规范宪法》，法律出版社，2007 年版，第 308-317 页。

的基础,学者们认识不一。有的认为是自然法,有的认为是人权,有的认为是近代法理论。并立论与异质论乍看上去似乎并无不同,都是以国家与市民社会的二元分立为立论基础的,但实际上却存在着根本的差异。与异质论根本不同之处在于,主张民法与宪法具有共同的价值基础。

3.融合论　融合论在承认民法对调整市民社会的基础性作用、承认私法自治的基础上,强调宪法在规范和价值上对民法的统率作用,内化于宪法之中的人权价值构成了整个法律秩序的价值基础。融合论者与并列论者的区别在于,并列论者认为宪法与民法共同的基础是自然法(人权宣言),而融合论者则认为是内化于宪法之中的人权价值构成了整个法律秩序的价值基础。

通过上述简要的介绍,我们可以发现,从异质论到并立论再到融合论的过程,实际上就是宪法与民法从对抗到协作的过程。民法作为一个历史久远的部门法具有相对意义上的自足性和独自性,它曾为近代意义上宪法的生成提供了不可或缺的前提条件,对宪法具有基础作用和促进作用。另一方面,宪法对民法也具有"反哺"作用,为民法的进一步发展提供了空间。① 总之,宪法与民法相互促进,相互配合,彼此互动,具有共同的基础,统一于体现人权价值的宪法之中。

从发生史层面上分析宪法与民法的关系,我们可以看到,民法是近代宪法生成的前提和基础。从历史角度考察,近代意义宪法的出现要晚于民法。具有悠久历史的民法为宪法的产生提供了必要的前提条件。正是由于民法的存在,方才培育出了后世宪法得以产生的土壤:民法曾为近代宪法培育了立宪主义的主体——近代市民阶级。随着资本主义的兴起,政治国家与市民社会被真正地隔绝开来,从而为市民社会提供了自由发展的广阔空间,造就了那种具有独立人格的个体;民法的基本精神和规范体系成了建构宪法的源泉。这具体又体现为两个方面:其一,民法的"权利本位"主义为近代宪法的规范体系提供了总的价值取向模式。其二,在权利本位主义的取向中,传统民法早已形成了一系列的权利类型,为近代宪法确立自己的规范价值和权利类型提供了具体的蓝本;民法的一些制度成为重要宪法制度的雏形。

虽如此,我们也应看到宪法在发展过程中对民法的"反哺"作用。宪法本身就是以针对公共权力而保障"市民性的权利"为主旨的。到了高度复杂化了的现代社会,随着传统市民社会内部力量的分化以及私法自治能力的下降,才容许国家权力适度地介入市民社会,从而使传统严格意义上的公私法二元结构产生了微妙的嬗变。现代公私法之间的这种局部的渗透或交融现象,在结构上具体表现为两个方面:其一是"私法的公法化",例如"给付行政"的出现;其二,"公法私法化",其典型表现就是公法关系的法律调整更加注重与当事人的协商。也可以说,民法与宪法在实质上出现了圆融。

虽然从发生史的角度来看,民法是宪法的基础,在两者发展过程中,又出现了功能的圆融,但我们能否据此认为,民法应该居于宪法之上呢? 接下来,对法律规范的层次的分

---

① 林来梵:《宪法与民法的关系研究》,载《浙江社会科学》,2007 年第 1 期。

析,有助于我们更加严谨理性地回答这个问题。

四、法律规范层次的宪法和民法关系

如上所述,近代宪法的价值追求就是要为权力划定界限,以限制权力的运行来有效保障公民自由的享有和权利的行使,最终达到实现人权的目的。根据刘茂林教授的观点,"宪法就是人为了自己的生存和发展有意识地组织政治共同体的规则,以及由该规则所构建的社会秩序。"①由此也就决定了宪法国家法律体系中的根本法的地位。正是在这种意义上,我们可以说宪法为各种立法提供了规范依据。值得注意的是,根据凯尔森在其法律位阶理论中的论述,作为最高的法律规范,宪法的这种功能主要体现在两个方面:

其一,"宪法可以消极地决定法律必须不要某种内容;其二,宪法也可以积极地规定未来法律的一定内容。"既然"宪法可以积极地规定未来法律的一定内容",宪法的原则性和纲领性特征,宪法中涉及人身和财产方面的规定就是民法的制定依据,后者需要对前者加以充实和具体化。但在具体的权利配置上,一方面,部分权利会被配置为宪法权利,而另一部分权利被配置为民法权利。在某些情况下若这两种类型的权利发生冲突时,解决方式就是应赋予宪法权利优先具有某种优越地位。而且,"宪法可以消极地决定法律必须不要某种内容",基于宪法的此项功能就能够建立起违宪审查制度,使得宪法直接进入司法领域,为审查各种立法包括民事立法提供规范依据。

这样一来,在法律规范层次的分析,将会击破我们在历史层面分析所建立的结论,似乎宪法至上颇有道理。那么究竟该如何处理宪法和民法关系这种"后来者居上"与"先存着优越"的矛盾呢,我们认为,民法学界应该采取一种形式上妥协的智慧,正视宪法和民法在现代社会功能上的融合事实,在这种二元视角下,对宪法和民法的关系做出理性的评价,从而为民法典的编纂铺平道路。

五、结论:民法典形式上的妥协与实质上的功能融合

在形式和实质这种二元视角下看待民法和宪法的关系,可以避免我们在单一视角内的矛盾。通过上述的分析,我们知道在我国的法律体系内,宪法居于至上的地位,是其他法律制定的根据。民法典作为我国法律体系内的重要成员,在形式上做出妥协,写上"依据宪法,制定本法"的条款,既有助于民法典符合社会主义法律体系的外在要求,又能在意识形态层面彰显对宪法典的拥护,可以说为编纂民法典找到了一件政治正确的外衣。从技术角度考虑,这种形式上的妥协,是有利于民法典的早日颁布的。

而在实质上,民法和宪法在保障人权的价值层面,已经出现了融合的态势。在立宪社会,两者应统一于人权保障这一价值基础。随着社会的进一步发展,全球化、信息化等

---

① 刘茂林:《宪法究竟是什么》,载《中国法学》,2002 年第 6 期。

潮流的推动,人类沿着文明的道路继续前进,在不需要国家和政府的文明程度,市民社会将再次勃兴。民法学界应该在洞悉这一点的前提下,尽量缩小争论,减少质疑,加快民法典的编纂才是当务之急,毕竟在"立法开路"的中国法环境里,连一部民法典都没有,还谈何民法至上呢?

三

民事主体

代孕生育亲子关系立法模式的比较分析

任 巍[①]

【摘要】 代孕生育在现实生活中运用广泛,法律规制却处于空白阶段,导致司法实践中无法可依,审判结果与"儿童最大利益原则"相悖。为适应社会发展,维护代孕子女利益,目前部分国家为代孕生育下受术夫妇与代孕子女之间亲子关系的建立提供了法律通道。概括而言有收养、契约、法定三种模式,均从社会需求出发,以"儿童最大利益"为基本价值追求,并以国家公权力介入予以全程监督和指导,确保身份关系的稳定性。我国法律也应当尊重利益和价值的多元化,在维护代孕子女利益的基础上,依法保护代孕当事人合法的权益诉求。

【关键词】 代孕生育 亲子关系 立法模式 儿童最大利益

一、问题的缘起

2015 年 3 月,全国首例因代孕引发的监护权纠纷案件在上海闵行区法院开庭审理。本案中,刘某和陈某是一对再婚夫妻。刘某与前妻育有一女,陈某无生育能力。婚后二人通过代孕中介购得一女大学生的卵子,与刘某精子结合后植入一四川妇女子宫,于 2011 年生下一对龙凤胎。孩子三岁多时,刘某突然去世。陈某与公婆之间爆发了龙凤胎监护权争夺大战。双方争议的焦点在于陈某是否为龙凤胎法律上的母亲。

经过三次开庭审理,闵行区法院认为:1991 年最高人民法院《关于夫妻离婚后人工授精所生子女的法律地位如何确定的复函》中所说的"在夫妻存续期间,双方一致同意以人工授精所生子女应视为婚生子女,父母子女间的权利义务关系适用《婚姻法》相关规定。"受孕方式虽为人工授精,但孕母为合法婚姻关系的妻子,而本案所涉及的生育方式为代孕,目前尚未被法律认可。陈某既不是孕母,也不是卵子提供者,她与龙凤胎不具有直接的血亲关系。由于刘某与前妻生育有子女,陈某与龙凤胎也未进行收养登记,不符合收养的实质要件(收养人须无子女)与形式要件(收养须到当地民政部门办理收养登记),不构成合法的收养关系。因此陈某与龙凤胎也不具有拟制血亲关系。对于代孕生育中

---

① 任巍,河南科技大学法学院讲师。

产生的提供卵子的主体、提供子宫的孕母及实际抚养人各异的情况下,实际抚养人是否构成拟制血亲关系,我国法律无相关规定。闵行区法院于2015年7月做出一审判决:陈某不具有龙凤胎法律上母亲的身份,不能获得监护权。《民法通则》第16条规定,由龙凤胎的祖父母,即陈某的公婆取得监护权。

代孕生育,即女子帮助他人怀孕生子的生育方式。目前,由于不孕不育症患者数量的不断攀升,以人工生殖方式出生的小孩越来越多。代孕生育作为通过人工生殖技术实现生育的方式之一,从某种程度上可视为是治疗不孕症的一种医疗手段,需求人群多为妻子由于子宫缺陷或其他身体原因无法自行孕育胎儿的不孕夫妇(由于这些不孕夫妇至少要接受人工生殖手术的一部分,如取卵或取精,故以下简称受术夫妇)。我国现行法律框架内几乎没有对代孕生育的相关规定,司法实践中也没有可供参考的案例,故本案的判决结果仍有值得商榷之处。

1991年我国加入《儿童权利公约》,"儿童最大利益原则"[①]逐渐成为我国处理与未成年人相关的立法和司法活动的基本原则和价值追求,代孕所生子女亲子关系的处理也应以该基本原则为指导。本案中,陈某三年多对孩子精心照料,实际承担了龙凤胎的抚养责任,并与之建立了深厚感情,孩子在心理上完全接受陈某的"妈妈"身份。陈某的公婆虽是孩子的直系亲属,但年事已高,恐难胜任对孩子的抚养、照顾、教育等监护责任。本案判决虽尽可能在现行法律框架内平衡陈某与其公婆之间的利益,但欠缺对代孕子女利益的考量,本案虽以法无规定否认了实际抚养者的母亲身份,但结合抚养过程中陈某对孩子的关爱及孩子对陈某的认可程度,由陈某取得监护权无疑最有利于龙凤胎的成长。

基于代孕生育的独特功能,一经产生即迅速发展。无论合法与否,代孕子女一旦出生,就应当对其身份进行认定,从而解决其抚养教育等成长问题。现实生活中,代孕机构层出不穷,代孕事件数不胜数,但很少有上升到司法层面的案例,说明绝大多数代孕都能顺利完成,受术夫妇能够承担起抚养代孕子女的责任,代孕子女也能够得到应有的照顾。代孕生育在我国"目前尚未被法律认可",受术夫妇特别是受术妻子一方与代孕子女的亲子关系多是通过不正当的手段获取,这在客观上不利于亲子关系的稳定,不利于受术夫妇和代孕子女的长期利益。代孕生育中,考虑到绝大多数卵子提供者和代理孕母并不愿意承担监护责任,而受术夫妇无论在经济能力还是抚养意愿上,都有利于代孕子女的健康成长,因此,从儿童最大利益出发,如何为受术夫妇与代孕子女之间亲子关系的建立(以下简称亲子关系建立)提供一个法律通道,是一个值得思考的问题。本文通过对世界各国的相关法律规定进行比较分析,为我国相关问题的处理提供可借鉴的经验。

---

① 《儿童权利公约》第3条第1款:"关于儿童的一切行动,不论是由公私社会福利机构、法院、行政当局或立法机构执行,均应以儿童的最大利益为首要考虑。"

二、亲子关系建立的模式

综观世界各国亲子关系建立的模式,大致分为(准)收养模式、契约模式、法定模式三种模式。

(一)收养模式

所谓收养模式是指代孕子女出生时,仍沿袭传统认定标准,以分娩者为代孕子女法律上的母亲,但代孕子女出生后受术夫妇可向特定机关(如法院)提出申请,该机关审核后认为申请符合法律规定的条件的,确认受术夫妇为代孕子女法律上的父母。即使是在禁止或对代孕生育保持沉默的国家,代孕子女出生后,出于"儿童最大利益"原则的考虑,通常也并不禁止受术夫妇依传统亲属法制度与代孕子女建立亲子关系。

1. 立法例

(1)德国。由于其独特的社会文化背景和历史的惨痛教训,对包括代孕生育在内的人工生殖技术的态度极为审慎和严厉,其法律明确禁止任何形式的代孕生育。[1] 德国民法明文规定分娩之母是所生子女的母亲。[2] 然而,立法者也意识到法律禁止并不代表现实生活中不会发生,为维护代孕子女的最大利益,德国《收养协议法》特别规定代孕子女出生后,受术夫妇可通过收养方式成为其法律上的父母。[3]

德国模式下受术夫妇对代孕子女的收养与一般收养相比并不具有任何特殊性,代孕子女出生后,如果受术丈夫与其有血缘联系,可通过认领与代孕子女建立法律上的亲子关系,[4]但受术方妻子只有在满足法定收养条件时,才能通过收养程序与代孕子女建立法律上的亲子关系。

---

① 德国 1989 年修订的《收养介绍法》对代孕行为做出了特别规定,禁止任何代孕中介行为,特别是出于商业利益发布的拉拢委托夫妇和代理孕母的行为。违者将承担刑事责任。陈凤珠:《代孕合同法律关系之研究》,台湾国立成功大学 2003 年硕士学位论文,第 11 页。德国 1990 年《胚胎保护法》中设计了若干刑事罪名以打击滥用生殖技术和有损胚胎尊严的行为,如生殖技术滥用罪、人类胚胎滥用罪等。代孕被视为滥用人工辅助生殖技术的行为,其实施可能会招致刑事处罚。See John A. Robertson, "Protection g embryo sand burdening women: assisted reproduction in Italy", Human Reproduction, 2004, at1693-1696。

② 戴瑀如:《从德国立法例论我国新人工辅助生殖法对亲属法之冲击》,载《法令月刊》,2007 年第 8 期。

③ 杨芳:《人工辅助生殖模式下亲子法的反思与重建——从英国修订〈人类受精与胚胎学法案〉谈起》,载《河北法学》,2009 年第 10 期。

④ 如果代理孕母已婚,代理孕母或其配偶须先否认代孕子女为婚生子女。

（2）日本。没有专门针对代孕生育的法律规定,但日本厚生劳动省和法务省等政府部门均通过发布报告的形式表明了禁止代孕生育的态度,认为无论代孕发生于何地,无论是否与所生小孩具有血缘关系,作为分娩者的代理孕母都是所生子女法律上的母亲,但受术夫妇可以通过收养与代孕子女建立亲子关系

向丼夫妇代孕案件中,当时的法务省最高长官长势甚远（JinenNagase）指出"日本最高法院的绝大多数判决和学术观点均认为分娩是认定母子关系的法律标准。"①该案中,日本法院判决代孕行为无效,向丼雅纪虽与代孕所生双胞胎具有血缘关系,但不是双胞胎法律上的母亲。法院建议向丼夫妇通过收养与代孕所生双胞胎建立亲子关系。②

值得注意的是,为保护儿童利益,日本《民法》在1987年专门设立了特别收养制度。收养关系不依当事人的合意建立,而是收养人在满足一定条件时,向家庭法院申请消灭被收养人与生父母之间的亲子关系,并使被收养人取得与婚生子女相同的法律地位;不得以协议或审判终止特别收养关系,只有在明显危害儿童利益的特别情事时,养子女、生父母和检察官才可以请求家庭法院审判断绝收养关系;③特别收养制度下,养子女与亲生子女几乎以相同的方式进行户籍登记,且不得有收养的相关记载。④ 可见,特别收养制度虽不是为代孕生育而设,但依该制度,委托夫妇与代孕所生子女之间几乎可以形成亲子关系。

（3）英国。与德国和日本相反,尽管施加了诸多限制条件,但英国是目前承认代孕生育合法性的国家之一。英国在确认法律上的母子关系时,也坚持以"分娩者为母"为基本原则。2008年英国《人类授精与胚胎研究法》明文规定"放置胚胎或精子、卵子于其身体内,正在孕育或已经分娩的女性——除此之外别无他人——是孩子的母亲。基于收养成立的亲子关系除外。"⑤因此,在代孕生育中,代理孕母是其法律上的母亲,任何人不得强迫代理孕母放弃并将亲权移转给受术方,除非代理孕母自愿同意。为保证代理孕母放弃并移转亲权的意思是建立在审慎思考、理性决定的基础上,法律规定代理孕母在代孕子女出生后有六周时间考虑是否自己保留亲权。代孕子女出生六周之后,六个月以内,受术方可向法院申请颁发亲权令（Parental orders）,请求确认自己与代孕子女之间的亲子关

---

① See Danielle Franco-Malone Forging Family Ties through Full Surrogacy:an Argument in favor of Recognizing Non-traditional Parents in Japan,Pacific Rim Law& Policy Journal Association,2007,at19。

② See Danielle Franco-Malone,"Forging Family Ties through Full Surrogacy:an Argument in favor of Recognizing Non-traditional Parents in Japan",Pacific Rim Law&PolicyJournalAssociation2007,at18。

③ 邱璿如:《近代日本有关代理孕母议题之动向》,载《万国法律》,2010年第4期。

④ ［日］细川清:《日本的特别收养制度》,林青译,中国法学网 http://www. iolaw. org. cn/show article. asp? id=3568,访问时间:2016年6月1日。

⑤ See Human Fertilisation and Embryology Act 2008,§33。

系。法院审核后,认为满足法定条件的①将颁布亲权令。

2. 对收养模式的评析

(1)均以"分娩者为母"为前提。从前述德国《民法》第 1591 条、英国 2008 年《人类受精与胚胎学法》第 33 条的规定、日本政府部门建议和法院态度来看,(准)收养模式仍以罗马法"分娩者为母"原则为理论基础,代孕子女出生后,基于出生的事实,与代理孕母之间具有法定的亲子关系。任何人不得强迫她放弃代孕子女。

(2)均注重对代孕子女利益的维护,允许受术夫妇与其建立法律上的亲子关系。德国鉴于大多数代孕中,代理孕母并无意成为代孕子女法律上的母亲,为避免代孕子女得不到妥善的抚养与照顾,允许受术夫妇通过收养成为其法律上的父母。日本也出于保护当事人利益的需要,允许受术方收养代孕子女。由于德国和日本禁止代孕生育,故并没有针对代孕设立特殊的收养规则。英国在承认代孕生育合法性的基础上,设置了"亲权令制度"为委托夫妇与代孕子女建立亲子关系提供了专门通道,而非要求其通过一般收养程序与代孕子女建立法律上的亲子关系。从本质上而言,英国也是在传统规则体系内对代孕生育亲子关系的确定做出了回应,亲权令制度可视为是对受术夫妇收养代孕子女的程序上做出了特别规定。英国法律明确规定分娩子女的女性是孩子的母亲,并赋予代理孕母六周的考虑期决定是否继续抚养代孕子女,代理孕母仍是代孕子女唯一合法的母亲(监护人)。受术夫妇申请亲权令时尚需"代理孕母及其配偶完全自愿并知情同意",可见亲权令制度实质是一种符合相关法律规定的收养程序。

(3)亲权令制度更具针对性和实效性。德国、日本以传统收养制度处理代孕子女身份问题的方式存在一定的局限性。第一,如果出现任何一方不愿意配合的情况,认领收养程序就无法完成,②特别是当代孕子女出生时有身心缺陷,受术夫妇不愿意收养,代理孕母亦不想抚养代孕子女时,另一方当事人及代孕子女的利益就无法得到有效的保护。如果代理孕母违反约定拒绝送养时,具备血缘关系的受术夫妇就无法与代孕子女建立法律上的亲子关系;如果受术夫妇违反约定拒绝收养时,与代孕子女没有血缘关系的代理孕母却要承担代孕子女的抚养、教育义务,且代理孕母并无成为代孕子女法律上的母亲的意思表示,代理孕母与代孕子女的利益难以维护。第二,在妊娠代孕情况下,血缘父母必须通过收养才能建立亲权,成为法律拟制血亲,于情感上不易接受,也不符合自然事实。收养本身是一种与自然血亲相对应的法律血亲的拟制,收养建立的亲子关系随时可予以解除,不利于代孕子女的成长和当事人利益的稳定。

---

① 包括:孩子系申请方之外的女性经胚胎移植或人工授精孕育所生,且申请方至少一人与代孕子女具有血缘关系;申请方至少一人居住在英国境内,且提起申请时代孕子女与申请方居住在一起;代理孕母及其配偶完全自愿并充分地了解所发生的事情,并无条件的同意亲权令的颁布;整个过程中,未经法院授权,任何一方当事人不能在以亲权令的颁布为目的的任何事项中支付或收取合理费用以外的报酬。

② 通常情况下如果代理孕母及其配偶不提起否认之诉,即使受术之夫与代孕子女有血缘联系,他也不能随意侵入别人的家庭认领代孕子女。

英国的处理方式较之德国和日本更具有针对性和实效性。英国代孕行为实施之前须经许可,受术夫妇在代孕子女出生后须向法院申请亲权令才可取得亲权,满足了受术夫妇生育子女愿望,亦加强了政府对代孕生育的监管,突出了对代孕子女利益的保护。亲权令颁布后,代孕子女在法律上被视为受术夫妇的子女且不得随意更改。英国的亲权令制度最大限度的避免了代孕生育对民法体系的冲击,保持了传统民法体系中身份关系的强制性;维持"分娩者为母"原则,使代理孕母具备作为代孕子女的母亲所享有的选择权,如生产时遇危急情况,由代理孕母在自身与代孕子女二者生命上做出选择,避免委托夫妇与代理孕母之间关于堕胎、生产时生命选择权争议,有利于代理孕母权益的保护;①"亲权令制度"保证了国家公权力的介入,对代理孕母与委托夫妇形成约束,有利于预防纠纷,维护代孕子女的最大利益。

（二）契约模式

所谓契约模式,是指代孕子女出生后,当事人提出申请,法院（或其他特定机关）根据代孕双方当事人签订的有效的代孕合同确认代孕生育亲子关系。美国和以色列是契约模式的典型国家,代孕合同须经法院审核认可后方可生效,才能实施代孕生育。

1. 立法例（判例）

（1）美国

①John son v. Calvert 案:契约模式滥觞于美国加利福尼亚州 1991 年的 John son v. Calvert 案,该案是美国首例承认代孕合同有效的判例。代孕合同的主要内容为:安娜以妊娠代孕的方式为卡福特夫妇提供代孕服务,由卡福特夫妇支付与孩子出生有关的医药费及其他相关费用,并支付安娜 1 万美元作为代孕服务的报酬,后代孕双方关系恶化分别向法院起诉。卡福特夫妇请求法院确认代孕合同有效是代孕子女法律上的父母;安娜则诉称因代孕合同违反了宪法权利和公共政策而无效,她才是孩子的母亲;加州高等法院合并审理判决双方签订的代孕合同合法有效。在确认卡福特夫妇与代孕子女的亲子关系时,法院依美国法律明确作为血缘母亲的卡福特夫人与作为代理孕母的安娜均符合成为法律上母亲的条件,有必要更进一步审查当事双方在代孕合同中的意愿（parents' intentions）。加州高等法院认为:根据代孕合同,卡福特夫妇没有捐献精子和卵子的意图,其目的在于与代孕子女建立亲子关系。安娜仅有同意以妊娠代孕的方式辅助卡福特夫妇生育的意思,没有成为代孕子女母亲的意愿。最终判决意欲生育孩子的妇女即希望孩子出生并将其作为自己孩子抚养的女性,是孩子的母亲。本案中"发动创造孩子之代孕

---

① 阳家君:《论代理孕母所生子女之法律地位》,台湾国立成功大学 2003 年硕士学位论文。转引自康茜:《代孕关系的法律调整问题研究》,西南政法大学 2011 年博士学位论文。

程序的'委托夫妇'(即卡福特夫妇)是孩子的法定父母。"①因代孕子女与委托夫妇的利益一致,由委托夫妇抚养代孕子女有利于维护代孕子女的最大利益。

②《统一亲子法》:美国《统一亲子法》有关代孕亲子关系的处理方式即为典型的契约模式。在代孕手术实施前,代理孕母和委托夫妇须签订代孕合同,约定代理孕母接受人工辅助生殖手术,代理孕母(及其配偶)同意放弃一切与代孕子女有关的权利,委托夫妇取得代孕子女的亲权和监护权。代孕合同经法院审核生效后,代孕双方才能开始实施手术。代孕子女出生后,委托夫妇将出生事实书面告知法院,如代孕子女是在人工辅助生殖手术实施后300日内出生,法院将根据有效的代孕合同宣布委托夫妇是代孕子女法律上的父母。在必要时可命令代理孕母将代孕子女交给委托夫妇或命令委托夫妇接受代孕子女,并指示有关机构在代孕子女的出生证明上记载委托夫妇为其父母。如果代孕合同无效,则须回归一般性的规则确认亲子关系。

(2)以色列。以色列只允许夫精妻卵的妊娠代孕,在以色列人的直觉认知(排除了理性思考的,直接的、内在的认知)中,生育是提供子宫的代理孕母和与代孕子女有血缘关系的委托方妻子共同完成的,委托方妻子可以请求确认与代孕子女之间的亲子关系。1996年以色列通过了《代孕安排(合同批准与子女身份)法》,成为继英国之后第二个颁布法律承认代孕生育合法的国家。该法规定双方当事人签订的代孕合同须经专门的特许委员会审核批准后才可实施,并由社会福利部任命的福利官全程监督指导代孕合同的履行。② 代孕子女出生时,该福利官是其唯一法定的监护人;代孕子女出生后,由委托夫妇或福利官向法院申请,法院根据有效的代孕合同颁布亲权令确认委托夫妇是代孕子女法律上的父母,亲权令颁布之后不得撤销。但在发生法定事由后亲权令颁布之前,委托夫妇可终止代孕合同,代理孕母如能使法院相信亲权令的颁布会损害代孕子女的利益,也可请求法院撤销代孕合同。此时,法院确认代理孕母为代孕子女法律上的母亲。

---

① See Krista Sirola Are you my mother? De fending the Right sofIntended Parentsin Gestational Surrogacy Arrangementsin Pennsylvania", American University Journal of Gender, Social Policy and the Law, 2006, at136. 在此之前本案已经过两审判决。基于"代理孕母从代孕开始即知道她必须放弃子女并将子女移交于基因父母",加利福尼亚州初审法院根据医学证明,即亲子鉴定表现出的卡福特夫妇与孩子的基因联系判决该夫妇是孩子"基因上的,生物上的,自然的"父母,拒绝承认安娜有关孩子的任何权利,认为这更符合子女最佳利益。安娜不服提出上诉。上诉法院维持了初审法院的判决,认为尽管安娜生育了孩子,但她与孩子没有血缘关系,不是孩子法律上的母亲。安娜不服上诉至加州高等法院。See Anne Goodwin "Determination of Legal Parentage in Egg Donation, Embryo Transplantation, and Gestational Surrogacy Arrangements." Family Law Quarterly, 1992, at281-282。

② 如该法规定在代孕合同的履行期间,委托夫妇和代理孕母有义务通知福利官预产地和预产期,告知福利官代孕子女出生的事实。代孕子女出生后,代理孕母在福利官在场的情况下,尽快将代孕子女交于委托夫妇。委托夫妇未及时向法院提出亲权确认请求的,由福利官提出等。

2. 对契约模式的评析

（1）以当事人意愿为确认代孕生育亲子关系的基础。美国和以色列的代孕法律虽然在具体规则上存在差别，但在规制思路上异曲同工。契约模式将当事人的意思自治作为确认代孕子女身份地位决定性的考量因素，一般要求代孕双方在代孕手术实施之前签订代孕合同，约定代理孕母及其配偶（如果代理孕母已婚）同意放弃亲权，受术夫妇才可取得亲权。代孕合同无效、终止或被撤销，代理孕母为其法律上的母亲。为保证代孕双方充分了解代孕过程中的风险、后果以及代孕合同条款的含义，在代孕手术实施前，要对双方进行一系列专业的咨询建议及心理评估。

（2）为维护身份关系的安定性，对当事人意思自治予以严格限制。为避免因当事人意思变动导致身份关系的不确定，契约模式下意思自治受到严格的限制，国家公权力介入代孕合同产生、变更和消灭的全过程，代孕合同须经法院或专门委员会听证或审核批准后方可生效。代孕合同不是委托夫妇与代孕子女间确立亲子关系的唯一要件，代孕子女出生后，当事人还须请求法院判决或向法院、专门委员会申请颁发亲权令，在必要时甚至可强制当事人交付或接受代孕子女。

（3）代孕子女利益是重要的考量因素。契约模式重视当事人双方利益平衡的同时，也将子女作为重要的考量因素。委托夫妇是选择代孕生育并希望与代孕子女建立亲子关系的一方当事人，代孕子女的利益与委托夫妇的利益一致。如果代孕合同履行过程中发生情势变更，继续履行合同会侵害代孕子女的利益（如委托夫妇死亡），通常允许当事人撤销合同。

（三）法定模式

1. "立法例" 法定模式主要是中国台湾地区"行政院"2008 年"代孕生殖法草案"所特有的确认代孕子女身份的立法模式。该草案虽承认经法院认可后的代孕合同的效力，规定代孕合同经法院认可后，受术夫妇、代孕者和医疗机构才能进行代孕生育。[①] 但当事人不得对亲子关系进行约定，而是由草案直接规定自受精卵着床起，受术夫妇即被视为代孕子女法律上的父母。不受代孕合同无效、被撤销或终止，以及受术夫妇婚姻效力、生存状况等的影响。[②] 代孕子女出生后，无须其他条件和程序，根据草案规定可直接确认代孕子女是受术夫妇的婚生子女，对代孕子女承担抚养教育之责。[③] "代孕生殖法草案"第15 条规定代孕子女与代理孕母有血缘关系的，委托夫妇方可提起婚生否定之诉，亲子关系认定适用"民法"规定，代理孕母为代孕子女法律上的母亲承担抚养教育之责。

---

① 中国台湾地区《代孕生殖法草案》第9条。

② 中国台湾地区《代孕生殖法草案》第17条规定："代孕契约之无效、撤销及终止，不影响委托夫妇与代孕子女之父母子女关系。"

③ 中国台湾地区《代孕生殖法草案》第15条规定："代孕生殖所生之子女，从受精卵着床开始视为委托夫妇之婚生子女。"

2.对法定模式的评析

（1）以血缘为确立代孕子女身份地位的基础。台湾地区"代孕生殖法草案"仅允许夫妻均能提供健康生殖细胞的妊娠代孕，委托夫妇代孕生育的目的在于获得与夫妻均有血缘关系的子女。该草案的法定模式重视代孕子女与委托夫妇的血缘关系，将其作为确认代孕亲子关系最重要的考量因素。代孕子女与委托夫妇具有血缘关系的，可直接视为委托夫妇的婚生子女，委托夫妇成为代孕子女的法律上的父母；如果代孕子女与委托夫妇没有血缘关系，且血缘关系的缺失是代理孕母不当性行为引起的，代孕子女是代理孕母自然生育所生，则允许委托夫妇提起婚生否认之诉否定其与代孕子女的亲子关系，代理孕母是代孕子女法律上的母亲。

（2）代孕子女利益是亲子关系确定的重要考虑因素。法定模式对血缘关系的重视仍需以代孕子女的最大利益为前提。医疗机构错植胚胎导致代孕子女与委托夫妇欠缺血缘关系时，如果允许委托夫妇提起婚生否认之诉，则背离"子女最大利益"原则，根据谁受益谁承担风险的理念，原则上不允许委托夫妇提起婚生否认之诉，委托夫妇是代孕子女法律上的父母，但可请求医疗机构赔偿抚养之必要费用。

法定模式体现了台湾地区传统文化对血缘的重视，既保证了代孕子女的利益及身份关系能够得到有效的维护，又有效避免代孕双方推诿或争夺代孕子女给其带来的伤害，但代理孕母"十月怀胎"的辛苦付出却没有在法定模式下得以体现。自"受精卵着床"即视为委托夫妇婚生子女的做法，可能会导致委托夫妇和代理孕母之间的利益冲突产生新的法律纠纷。

三、对我国的启示

在代孕生育中，怀孕分娩的过程是由代理孕母完成，不仅对传统的生育和婚姻关系造成了一定冲击，也可能会对代理孕母造成一定伤害，代孕生育的合法性一直存在争议。2015年全国人大常委会关于修改《人口与计划生育法》的决定（草案）表决稿中，也删除了关于"禁止代孕"的相关条款，理由是"代孕问题非常复杂，需要进一步征求各方意见，认真论证。"代孕的合法性在我国仍尚无定论。生育涉及基本人权，根据法律保留原则，任何情况下对基本权利的限制都必须以立法机关通过的法律为准。我国仅在原卫生部2001年《人类辅助生殖技术管理办法》和2003年《人类辅助生殖技术和人类精子库伦理原则》中表明了禁止代孕生育的态度①缺乏相关的法律规定。

美国的契约模式将代孕生育下亲子关系的确认建立在科学主义的基础上，分析受术夫妇、代理孕母与代孕子女之间的联系（包括生物上的联系和利益上的联系），并对这些

---

① 《人类辅助生殖技术管理办法》第3条规定："医疗机构和医务人员不得实施任何形式的代孕技术。"以部门规章的形式对影响公民生育权、自由权等基本权利进行规制的方式一直为学界所诟病，且《管理办法》的规制对象仅限于"医疗机构和医务人员"，范围过于狭窄，并不能发挥预期的作用。

联系进行权衡,寻找最有利于代孕子女的方案。我国台湾地区的法定模式以子女最大利益为原则,充分保障代孕子女利益的同时,注重代孕生育目的的实现和身份关系的确定。英国的(准)收养模式则采取了一种折中的路线,立足于既有的亲属法体系并对现有规则加以改造,避免代孕生育对现有法律体系和生育观念的冲击。通过对以上的三种立法模式的分析,不难发现代孕生育下,受术夫妇和代孕子女之间亲子关系的建立虽没有普适的标准,却具有以下相通之处,对我国处理类似问题具有一定的指导价值。

(一)以满足社会现实法律需求为出发点

代孕生育是关系到一个社会历史文化、传统伦理与社会公共利益的问题,各国(地区)均立足于本国既有的文化传统和社会习俗,对是否承认代孕生育以及如何进行规制等问题作出规定,不同法律体系在实际运作中具有相似的功能,同样满足相关各方的社会需求。"就允许代孕国家和地区对代孕生育的法律规定而言,其差异更多的是法律技术层面的不同,但其目的都是保障因客观原因不能自然生育的公民生育权的实现,并为解决代孕生育所带来的一系列问题提供有效的法律制度工具。"[1]

(二)国家公权力介入予以全程监督和指导

生育虽为私人隐私事务,但代孕生育对代理孕母、受术夫妇的人身权利影响巨大,对传统生育理念和家庭身份关系造成冲击,且关系代孕子女的利益,这些都攸关社会公共秩序和公共利益,已经超出了私人领域的范畴。特别是亲权移转约定,在一些法域可能被视为违法的婴儿买卖行为,即使是无偿代孕,也可能面临亲权是否可以通过私人协议放弃或者转移的问题。因此,国家一般都以公权力介入予以严格的规范指导。即使是在契约模式之下,也要求代孕合同必须经法院或特定机构审核有效后才可实施代孕手术,代孕子女出生后经法院或特定机构确认,代孕子女与受术夫妇之间的亲子关系始告成立。

(三)以"儿童最大利益"为基本原则,兼顾代孕当事人的利益平衡

三种立法模式均以代孕子女的利益为确定代孕子女身份的重要考量因素,且通常高于代理孕母、受术夫妇等利害关系人的利益。即使是在禁止代孕生育的德国和日本,为实现代孕子女的最大利益,亦允许受术夫妇通过收养与代孕子女建立亲子关系。采契约模式的以色列,将代孕子女的利益作为判断代孕合同有效性的标准之一,当出现违背代孕子女利益的情势变更时,允许当事人撤销已生效的代孕合同而不必承担违约责任。

---

[1] 王萍:《代孕法律的比较考察与技术分析》,载《法治研究》,2014 年第 6 期。

四、结语

　　尽管代孕生育对社会传统的生育观念造成了巨大冲击,被反对者视为伦理道德的梦魇,但必须正视社会现实。随着不孕症患者的增加、人工辅助生殖技术的日新月异以及权利意识的高涨,代孕生育已经客观存在并且无可避免。面对现实需求和科技发展带来的全新的社会问题,新的价值追求与旧的社会伦理之间的冲突在所难免。法律作为社会秩序的维护者和社会行为的指导者,应当尊重利益和价值的多元化,以慎重的态度,科学引导,依法规范,妥善地处理传统和现实的关系,协调代孕各方的利益关系,防范代孕可能带来的消极影响,避免社会震荡的同时依法保护代孕当事人合法的权益诉求。

《民法总则(草案)》胎儿利益保护规范的思考

李桂敏[①]

【摘要】 依据我国现行民法通则规定,胎儿不具有民事权利能力。如何保护胎儿利益防范违法侵害成为法律的一个盲区。在社会生活中各种侵害胎儿利益的事件不断发生,胎儿作为弱势群体其利益没有得到完善的保护。我国法院曾有胎儿因在母体中受到侵害,而在出生后要求损害赔偿的案件。法律的空白导致了司法实践中相似案件存在不同的裁判结果,不利于保护胎儿的利益。要在民法典总则草案中增加对胎儿利益保护的条款。

【关键词】 胎儿利益保护 司法实践 民法典总则草案

一、关于胎儿利益的相关案例及思考

(一)与胎儿利益相关的案例

2001 年 7 月 20 日傍晚,已怀孕 6 个多月的王某,在散步时被明某的摩托车撞到了肚子,提前两个月生下了女儿小佩。孩子的健康状况很差,体重仅有 4 斤。母亲和刚出生的女儿便将明某告上了法庭,请求法院依法判决明某赔偿孩子的生命健康权伤害费、孩子父母亲的医药费、护理费及精神损失费,共计 6.3 万人民币。法院认定碰撞与早产存在因果关系,但在碰撞之时孩子还没有出生,不具有法律上"人"的身份,不能作为民事主体。由此案件可以看出之所以驳回小佩的诉讼请求是因为其在碰撞时是胎儿,尚未出生,不具有民事权利能力。类似的案例还有很多,比如"小石头"案等交通事故损害赔偿案,与前述判决相反,法院支持了原告的诉讼请求。但是,法院所援引的判决理由并不是基于"胎儿可作为民事主体,具有权利能力"。由于缺乏明确的法律依据,导致同一类案件不同结果的判决时常发生。故对胎儿利益保护应当给予明确的法律规定[②]。

某地医院在对孕妇王某进行生产时,因未及时帮助产妇生产,致产妇难产胎儿死于

---

① 李桂敏,河南大学法学院民商法学硕士研究生。

② 张海峰:《从一起交通肇事案谈胎儿民事权利能力的认定》,http://www.lawtime.cn,访问时间:2010 年 12 月 14 日。

腹中。王某将医院起诉至法院,要求对胎儿的死因进行鉴定,同时对胎儿的生命权的丧失进行索赔。但院方称:事发时胎儿没有呼吸,是在孕妇体内窒息,导致死亡的。王某要求鉴定的对象应是具有民事权利能力的人,而胎儿并不具有民事权利能力,因此王某的要求无合法依据。某地法院受理了该案,最终根据双方的辩词及相关法律规定,驳回了王某对胎儿生命权的诉求①。

马识真的母亲郑茹系约翰公司的员工,马识真在 2009 年春节期间获知,郑茹在孕育马识真期间,即 1993 年 5 月至 1994 年 2 月,约翰公司安排郑茹工作场所的空气中含有有毒物质,浓度超过国家卫生标准。约翰公司的行为违反了国家的相关规定,造成马识真脑瘫、肢体残疾、智力低下和癫痫等疾病。故向法院请求约翰公司赔偿其 15 年的医药费、护理费、残疾赔偿金等各种费用,并依据鉴定结果赔偿今后的医药费、护理费等费用。法院认为:马识真所依据的事实是其母郑茹与约翰公司于 1993 年 5 月至 1994 年 2 月期间在劳动关系中形成的权利义务之争,所依据的法律亦是相关的劳动法律法规。以此向约翰公司主张侵权之诉,主体不适格。该院依法驳回马识真的诉求,其不服裁定在上诉中天津一中院和天津高院的裁定是一致的。马识真仍不服上述裁定,认为约翰公司因违法污染环境造成马识真身体残疾,马识真所提诉讼系身有残疾的人的损害赔偿之诉,并非胎儿的损害赔偿之诉。马识真作为约翰公司环境污染侵权行为损害后果的直接承受者,因侵权行为而使自身的民事权利受到侵害,应当享有请求权。即便认为本案涉及胎儿的利益是否应当得到保护问题,我国《民法通则》、《继承法》、《职业病防治法》、《母婴保健法》、《因公死亡职工供养亲属范围规定》、《女职工劳动保护规定》等均体现出我国法律保护胎儿利益的立法精神。因此,原审裁定认定事实、适用法律均有错误。请求:撤销原审裁定,指令一审法院审理本案。约翰公司未予答辩。

最高院认为:本案的争议焦点是马识真在本案中是否享有诉权。首先,本案系侵权之诉,马识真作为原告,认为其母亲在怀孕期间,受约翰公司工作环境污染影响,造成他出生后身体残疾的后果,从而以约翰公司为被告,向人民法院提起诉讼,请求判令约翰公司向其赔偿损失。马识真起诉时提出其母与约翰公司之间劳动关系的目的不是基于劳动合同主张其权利受损,而是以此证明约翰公司的环境污染给其造成损害。因此,本案系马识真为保护自身的健康权提起的侵权之诉,而非劳动合同之诉;其次,本案是未成年人马识真提起的诉讼,而非以胎儿的名义提起的诉讼;最后,马识真的起诉符合我国《民事诉讼法》第 108 条的规定。因此,南开法院应予受理。

2005 年代某怀孕五个月的妻子因代某在交通事故中死亡,要求被告承担未出生胎儿从出生至 18 岁的抚养费,引起了广泛关注。经法院调查,本案中代某驾驶货车超速并违反交通规则右侧行驶,撞到杨某的桩管致死。在事故认定方面,主要责任应由代某承担,杨某只承担事故的次要责任。被告认为我国民法中并没有关于未出生胎儿抚养权问题

---

① 杨芳、姜柏生、潘巧华:《胎儿人身利益保护的法理思考》,载《法律与医学杂志》,2004 年第 11 卷。

的相关规定,并且依我国民法中关于民事权利义务的规定,胎儿并不享有民事权利能力。法院也认同这个观点,并驳回了代某妻子抚养费的诉求。由此可见,因我国民法中并没有关于胎儿抚养权的相关规定,在私法实践中可能会出现一些有失公平的现象。这是一起因交通事故侵权的案例①,因法官选择的法律依据不同,此类案件的判决结果也截然不同。

另一个案例是,四川省某地居民乙之妻怀孕八个月,乙在行走时与某旅游公司甲驾驶的汽车发生交通事故致死。经警方调查认定甲对此次事故负主要责任,甲对乙妻的生活抚养问题无异议。后来乙的妻子产下一名女婴,但因甲与乙妻对该女婴的抚养费问题未达成协议,导致女婴的生活及权益得不到保护,女婴出生后没有父亲的抚养是因甲的过失造成的,故甲应当承担女婴的抚养费。法院认为,出生并且独立存在的女婴应当享有受抚养权,即使是尚未出生的胎儿也应享有受抚养权②。

我国对胎儿受抚养权的法律规定尚属空白,发生纠纷时导致无法可依、无理可据,法律的不完善和空白致使类似案件成为疑难,导致当事人的合法权益无法得到保护,因此胎儿受抚养权等相关法律法规须在法律条文中得以体现。

(二)对上述司法实践的思考

由以上案例可以看出,在胎儿生命利益受到侵害的场合,大多数只承认母亲的法律地位而胎儿不受法律保护。但出生时为活体的,司法可能对其在胎儿期间受到的损害给予法律救济。

1. 胎儿物质性人格利益受损　胎儿出生时为死体的,我国司法实践原则上并不承认其独立的民事主体地位,就其死亡所主张的赔偿请求不予支持;胎儿出生时为活体的,司法实践可能会支持其在胎儿期间受到的人身损害赔偿③。

2. 胎儿遭受纯经济损失　胎儿尚未出生,其父亲因他人的侵害行为致死,在其出生时,是否有相应的损害赔偿请求权。依《婚姻法》、《民法通则》规定,父母对其未成年子女负有抚养义务,当侵害行为致其父亲死亡时,责任人应向死者生前负抚养义务的人支付必要的生活费等费用。以被抚养人出生时存活为前提,责任人应当承担相关费用。

二、我国胎儿利益保护的现行规定

《民法通则》规定自然人的民事权利始于出生终于死亡,胎儿利益在《民法通则》中

---

①　《丈夫车祸死亡,孕妇索要胎儿抚养费案例》,http://www.lawtime.cn,访问时间:2011 年 2 月 28 日。

②　王芳:《试论对胎儿利益的民法保护》,载《运城学院学报》,2010 年 20 期。

③　朱晓峰:《民法典编纂视野下胎儿利益保护的民法规范——兼评民法典建议稿胎儿利益保护条款》,载《法学评论》,2016 年第 1 期。

并无明确规定,不具有民事权利能力。其权利仅在继承法中体现,遗产分割时,应当保留胎儿的份额。胎儿出生时是死体的,保留的份额按照法定继承办理。这是我国对胎儿继承时利益的保护,这表明胎儿享有继承权。但针对胎儿生命健康等权益的保护,我国缺乏相关的法律规定。在司法实践中如无锡的裴女士早产幼女一案,胎儿在母体中因他人侵权受到损害,裴女士只能依自己的生命健康权受到侵害为由请求赔偿,法官也会考虑到损害对胎儿的影响,但不是主要的考虑对象。妇女在怀孕时遭到他人侵害,其胎儿的生命健康也有受损的可能,虽然胎儿在母体遭受侵害时尚未出生,但是一旦出生损害后果便可能体现出来[1]。故在此次民法典总则编纂中增加了对胎儿利益的保护即第 16 条:"涉及遗产继承、接受赠予等胎儿利益的保护,胎儿视为具有民事权利能力。但是,胎儿出生时未存活的,其民事权利能力自始不存在。"

三、胎儿利益保护的理论学说

我国现行民法不承认胎儿的民事主体地位,不能有效地保护胎儿的利益。在遗产分割时,应当保留胎儿的继承份额。这是我国现行民法中关于胎儿利益保护的唯一规定。显然这远远不够。

(一)胎儿利益保护的立法起源

最早是罗马法,该法认为涉及胎儿利益时,应当把他视为已出生的人对待,无论将来怎样,都享有同等的权利[2]。继罗马法,英美法系与大陆法系相继出现了胎儿权益保护的条款及判例。在大陆法系中,胎儿出生时是活体的,享有民事权利能力,并且可追溯到未出生之时。如胎儿受伤害,关于损害赔偿请求权,视为已出生。以台湾地区和瑞士的民法典为例,胎儿出生时为活体且独立呼吸,就保护胎儿的合法权益且具有溯及力。德国、日本、法国相继在民法典中采取列举的立法模式来保护胎儿的民事权益。例如《德国民法典》规定在受害人被侵害时第三人虽为尚未出生的胎儿,同样也发生损害赔偿义务[3]。《法国民法典》规定赠予和遗产继承两种情况。韩国也列举规定了保护胎儿的民事利益。我国在法律中并没有系统地对胎儿利益进行规定,在新修《继承法》时,规定了胎儿继承权的保护,但仅是限于胎儿财产权益中的继承权。民法典中都没有承认胎儿未出生时享有主体资格,对侵犯胎儿权利的行为采取了拟制法。但列举式立法模式也存在一定的漏洞,毕竟立法者的能力和精力有限,仍存在现实生活中的个案无法得到法律保护的情形。

---

① 薛雨婷:《浅析胎儿利益保护》,载《法制博览》,2015 年第 2 期。

② [意]彼得罗·彭梵德:《罗马法教科书》,黄风译,中国政法大学出版社,2005 年版,第 24 页。

③ 《德国民法典》第 884 条:"在受害人被害当时第三人虽为尚未出生的始儿亦发生损害赔偿义务。"

(二)关于胎儿利益保护的立法模式

1.总括保护主义,此观点源于古罗马,主要是对胎儿权益溯及既往的保护,将胎儿视为民事主体且出生时为活体。前文所述的瑞士及台湾地区采取该原则,并在民法中详细规定了胎儿所享有的民事权利具有溯及力。梁慧星先生等主张应采取总括保护主义,中国民法学研究会发出的《民法典民法总则专家建议稿》提出关于胎儿利益的保护问题。

2.个别保护主义,大陆法系很多国家采取该主义,是指当胎儿于纯收益行为时,才视为具有民事权利能力。《德国民法典》规定:"在损害行为发生之时虽然没有出生,但已孕育的胎儿,享有就抚养的损害赔偿请求权。"《日本民法典》规定"就损害赔偿请求权,视为已出生"。

3.绝对主义,绝对主义认为胎儿无权利能力不具有民事主体资格。《民法通则》规定公民从出生时起到死亡时止,具有民事权利能力,依法享有民事权利,承担民事义务。我国采用绝对主义,但此学说与世界潮流和现代立法理念相违背。

四、胎儿利益保护规定的争鸣

在民法典编纂的大背景下,我国学者对胎儿利益在保护的时间、主体及范围等方面有不同的观点。胎儿是否具备民事权利能力,如何主张民事权益的疑问已经有了初步的答案。全国人大常委会初次审议民法总则草案,其中"自然人"一章明确提出"涉及遗产继承、接受赠予等胎儿利益的保护,胎儿视为具有民事权利能力。但是,胎儿出生时未存活的,其民事权利能力自始不存在"以及草案中用了一个"等"字,意味着针对胎儿利益被侵害的事实,不仅增加了相关法律的保护,更为以后胎儿利益在其他领域的保护奠定基础,留有更广阔的发展空间。

胎儿受到侵害时能否提出损害赔偿,王轶教授表示,尚在母体中的胎儿如果在母体中就遭受了侵害,只要他出生时为活体,他都应当有一个不同于母亲的侵权损害赔偿请求权,他可以就自己尚未出生时遭受的损害向加害人主张承担侵权损害赔偿责任。

(一)司法实践中的问题,胎儿不是法律意义上的"人"

现行《民法通则》未提及胎儿权益,只规定公民从出生到死亡时止,具有民事权利能力,依法享有民事权利,承担民事义务。也就是说,由于胎儿尚未出生时,不是法律意义上的"人",不具备民事权利能力。近年来,关于胎儿遭受不法侵害的诉讼案件不断增多,如一些地区发生的因医护人员操作不当导致的"脑瘫婴儿"索赔案,孕妇受到侵害生下早产儿等等。由于胎儿不是法律意义上的"人",司法机关的判决结果存在差异。

(二)起草中的争论"活着出生"是不是前提条件

法律界普遍认为民法总则应当写入胎儿权益保护的内容。在全国人大常委会初次审议民法总则草案之前,中国法学会和梁老师、王老师、杨老师、徐老师等民法学知名学者都曾分别起草建议稿,其中均有胎儿权益保护条款。可是民法应该保护哪些胎儿权益?是否应当将"活着出生"作为前提条件,对此仍有不同看法。

对于民法应当保护哪些胎儿权益问题,王利明老师设定的范围最为严格,认为"胎儿的身体健康受到损害的,在其出生后,享有损害赔偿请求权",这相当于仅承认胎儿的身体健康权;徐国栋老师则认为,应该承认胎儿具有继承、接受遗赠和赠予的权利能力,仅承认胎儿继承权等财产方面的权益。中国法学会和梁慧星老师、杨立新老师都未对范围做出限定,这相当于除了身体健康权、继承权,肖像权、隐私权等精神层面的权益也应当纳入民法的保护范畴。梁慧星老师、王利明老师、杨立新老师、徐国栋老师都提出"活着出生"是胎儿主张民事权利的前提条件,而中国法学会在建议稿中则写明:"涉及胎儿利益保护的,视为已出生",这意味着,即使胎儿因侵权行为致死,仍然有权独立主张侵权法上的损害赔偿。

(三)何为胎儿视为具有民事权利能力

民法总则草案对胎儿的权益保护规定为:"涉及遗产继承、接受赠予等胎儿利益的保护,胎儿视为具有民事权利能力。但是,胎儿出生时未存活的,其民事权利能力自始不存在。"对此,李适时解释说:自然人的民事权利能力始于出生,胎儿尚未出生,原则上不具有民事权利能力。但是为了保护胎儿的遗产继承、接受赠予等权利时,应当赋予胎儿一定的民事权利能力。此前,梁慧星老师在专家建议稿中,对胎儿权益保护也采用了近似于草案的内容设计。他曾解读说:"人的权利能力始于出生,则出生前之胎儿,尚未成为法律上的人,自不享有权利能力,不得为民事权利之主体。但若严格贯彻此一原则,势必对将出生之胎儿保护不周,不无违反人情之虞。"他称条文采用"视为"概念,表明并非一般地赋予胎儿以民事权利能力,只在涉及胎儿利益保护时,才将胎儿作为具有民事权利能力的主体对待。并且,仅使胎儿具有享有民事权利的资格,不能使胎儿承担民事义务。同时强调:如果胎儿出生时为活体的,则其应继续享有已经取得的民事权利;如果胎儿出生时为死体的,则应视为胎儿自始不具有民事权利能力,其已取得的财产权益,应当适用不当得利规则。

"视为"一词为民法技术性概念,其含义是胎儿出生前属于母亲身体的一部分,按照自然人的权利能力始于出生的规定,不具有民事权利能力,但基于保护胎儿利益的目的,将胎儿当作具有民事权利能力的民事主体对待。依此规定,若胎儿在未出生时遭受侵害,就可以行使损害赔偿请求权,向法院提起人身伤害的侵权之诉;若出生前父亲死亡,胎儿可以享有继承权,作为第一顺序继承人参与遗产分配,或者在继承权受侵害时,向法院提起侵害继承权的侵权之诉。若胎儿出生时为死体,则视为自始不具有民事权利能力。条文中"胎儿出生时为活体的"一句,容易使人产生误解,误将"胎儿出生时为活体",作为胎儿享有民事权利能力的必要条件,要求等待其存活后才可向法院起诉。而按照立法目的,胎儿自存在时起就被视为具有民事权利能力,无须待到其出生之时,即可行使继承权、损害赔偿请求权及相应的诉权。

五、结论

在司法实践中,胎儿受到侵害时,如果胎儿未能存活,其不具有民事主体地位,不能以自己的名义要求赔偿,但是其母亲可以自己受到侵害为由要求损害赔偿。如果胎儿活着出生,其可以自己的名义向对其造成损害的行为人要求赔偿。由此可见,《民法总则(草案)》第16条关于胎儿利益保护条款是根据实践的需要和社会人文理念的发展而产生的,是法律的重大进步,但细节还需要进一步完善。

法人类型化的功能意涵与模式顺位

刘　斌①

【摘要】　从民法学方法论来看,民法典法人分类的争论实际为法人概念类型化方法的争议。就问题属性而言,是民法问题中的解释选择问题,而非纯粹的事实判断、价值判断、立法技术或司法技术问题。笔者认为,目前的理论争议多体现在分类的方法与分类价值,而未关注法人分类的规范原因与功能意涵。目的为"一件事之所以被做的缘由",而手段不过是实现目的的"居间步骤"。法人类型化根据目标与规范体系的远近,可包括扩容抽象的法人概念制度、对法人进行分层规范、对法人实施类型强制。法人类型化模式的合理性顺序应该为:社团法人—财团法人、营利性法人—非营利性法人、企业法人—非企业法人、公法人—私法人。

【关键词】　法人分类　类型化　解释选择　价值判断

传统民法上对法人的分类,有些是立法的产物,有些是理论的产物。② 在我国当前民法典编纂的背景下,法人分类模式的立法选择成为民商法学者智慧碰撞的重要着力点,交织着不同的法学分析框架与价值判断取向,是民法典立法中缺乏一般共识的重要领域。③ 既有研究多聚焦于法人如何分类的问题,未能对法人分类的必要性这一前置问题予以充分解答。概念法学体系下,法人分类是对法人这一抽象概念进行类型化的产物,由此反映了法人概念不足以容纳与其相关的生活现象或意义脉络的多样表现形态。④ 拉伦茨教授认为,包括法人拟制说、法人实在说、目的财产说等相互对立的观点,没有一个能完全站得住脚。⑤ 我们无法回归法人的本质理论寻求滋养,而应寻找法人概念体系所

---

①　刘斌,河南财经政法大学民商经济法学院副教授,法学博士,美国富布莱特学者。

②　李永军:《民法总论》,法律出版社,2009 年版,第 292 页。

③　在法人分类问题上,学者所用术语不一,主要有"法人分类""法人类型化""法人种类"等语词。笔者认为,法人种类词性属于名词,用以描述不同的法人类别;法人分类即可在前述意义上指称不同的法人类别,也可以指称划定法人种类的动态过程;法人类型化则指通过妥当的法学方法寻求法人不同类型划分的过程。

④　[德]卡尔·拉伦茨:《法学方法论》,陈爱娥译,商务印书馆,2005 年版,第 337 页。

⑤　[德]卡尔·拉伦茨:《德国民法通论》,王晓晔、邵建东、程建英译,法律出版社,2003 年版,第 180 页。

存在的不足以及法人类型化所能带来的功能填补,进而寻求法人类型化的最优解。由于法人类型化的探讨直接涉及民法规则的设计,其应属于民法问题而非纯粹民法学问题,进一步而言,其属于民法问题中解释选择问题,即如何用民法的语言来解释、表述生活世界的问题。① 在解释选择的过程中,又无法摆脱价值判断这一民法最为重要、最为核心的问题。② 因此,我们寻求的乃是法人类型化的最优解而非唯一解。

一、法人类型化的理论争议

民法典总则草案编纂过程中,立法机构就法人类型化模式观点不一。1957 年的《民法典总则》草案中,其仅概括规定了法人的概念(第 15 条)、法人的设立方式(第 16 条)、权利能力(第 17 条)等共同规范,并未进行法人分类。③ 这一立法立场在后续的 1982 年《民法草案》中予以承继。④ 1982 年制定的《民法通则》开创了企业法人与非企业法人的分类方式。⑤ 2002 年的《民法草案》基本延续了《民法通则》的分类方式,并对公益性组织予以特别规定。⑥ 在全国人大法工委公布的《民法总则(草案)(征求意见稿)》中,立法机关则创造性的采纳了营利性法人与非营利性法人的分类方式。⑦

在学者起草的专家建议稿中,立场差别巨大。徐国栋教授起草的《绿色民法典草案》中第 8 条规定"私法人可以分为社团法人和财团法人、企业法人和事业单位法人。"⑧尹田教授起草的《民法典总则建议稿》中采营利法人与非营利法人的分类方式,并进一步规定了两类法人的意思表示规范等特殊规则。⑨ 梁慧星教授在《民法总则建议稿》中采营利法人与非营利法人的分类方式。⑩ 龙卫球教授支持的建议稿中则采取营利法人与公益法人的分类方式。⑪ 中国法学会起草的《民法典民法总则专家建议稿(征求意见稿)》中,本采社团法人与财团法人的分类方式,但在最终的提交稿中增加了机关法人的类别。⑫

总而言之,我国目前法人分类模式的立法论包括以下类型:

---

① 王轶:《民法原理与民法学方法》,法律出版社,2009 年版,第 92 页。
② 王轶:《民法原理与民法学方法》,法律出版社,2009 年版,第 97 页。
③ 见《中华人民共和国民法典总则编(第四次草稿)》(1957 年 1 月 15 日)。
④ 见《中华人民共和国民法草案》(1982 年 5 月 1 日)。
⑤ 见《中华人民共和国民法通则》第 36-50 条。
⑥ 见《中华人民共和国民法典(草案)总则部分》(2002 年),第 50 条。
⑦ 见《中华人民共和国民法总则(草案)(征求意见稿)(2016)》,第 51-77 条。
⑧ 徐国栋:《绿色民法典草案》,社会科学文献出版社,2004 年版,第 113-114 页。
⑨ 尹田:《中华人民共和国民法典——总则编草案建议稿》,第 70-79 条。
⑩ 梁慧星:《中国民法典草案建议稿·总则编》(2014),第 70-75 条。
⑪ 龙卫球:《中华人民共和国民法典·通则编草案建议稿》,第 86-105 条。
⑫ 《中华人民共和国民法典·民法总则专家建议稿(提交稿)》,见中国民商法律网,http://www.civillaw.com.cn/zt/t/? id=30198。

其一,主张坚持现行《民法通则》的法人类型,即遵循企业法人与非企业法人的基本分类方式,并在此基础上,将非企业法人分为机关法人、事业单位法人和社会团体法人。该类型划分方法的基础在于两类法人在存在目的、设立根据、设立原则、机构要求、清算程序方面存在差异。① 学者对此分类方式有较大争议,主要论点在于:①反映了国家管理甚至引导市民社会的价值取向,非民事规范的功能范畴②;②所有制形态烙印深重,缺乏规范意义③;③无法反映社会发展的需求,无法解决和落实基金会法人、仲裁委员会、宗教团体、寺庙等的主体地位④。

其二,主张采取"营利性法人"与"非营利性法人"的分类。⑤ 其理由在于:①该分类方式沿袭了企业法人与非企业法人的基本思路,同时避免了公益法人与营利法人无法涵盖中间法人的漏洞;②公法人与私法人在民事活动中地位平等,区分意义不大;③财团法人与社团法人概念未为我国立法所采取,并且一人公司对社团法人构成了挑战。⑥ 对此,反对的意见认为,此种分类方式实际上相当于民法上的人与商法上的人的代名词,仅能反映出法人的存在目的,而不能反映出法人的其他特征,难以抽象出法人的共同规则。⑦

其三,主张采纳大陆法系传统民法理论中"社团法人"与"财团法人"的分类模式。学者对这一分类方式论证角度不一。有学者从立法技术层面出发,强调社团法人与财团法人的分类方式具有多方面的优势:①易于构建法人的基本规则,明确区分二者的成立基础、意思形成、解散等;②与民法的意思自治保持一致;③契合民商合一的立法体系,通过将营利性法人纳入社团法人之列,构建完整的民商合一模式;④比较法上的资源借鉴。⑧

其四,主张采取"公法人"与"私法人"作为基本分类模式。除了典型的公法人与私法人分类论者,还有学者循法人财产的权利序列进行分类,实际上仍然是公法人与私法人类型化方法的延伸。⑨ 其重要理由在于我国国有企业存在的公法人化倾向以及国家在民法上的地位不明确。⑩ 反对者认为,公法人与私法人的分类对应着公法与私法、政治国

---

① 王利明、杨立新、王轶、程啸:《民法学》,法律出版社,2015年版,第58页–第59页。
② 李永军:《我国未来民法典中主体制度的设计思考》,载《法学论坛》,2016年第2期。
③ 蔡立东:《法人分类模式的立法选择》,载《法律科学(西北政法大学学报)》,2012年第1期。
④ 王利明:《民法典体系研究》,中国人民大学出版社,2012年版,第396页。
⑤ 梁慧星:《民法总则立法的若干理论问题》,载《暨南学报(哲学社会科学版)》,2016年第1期。也有学者提出了近似概念的"经济性法人"与"非经济型法人"的法人分类,见周玉超、蔡文灏,"我国法人分类制度的重新思考",载《东华大学学报(社会科学版)》,2010年第3期。
⑥ 梁慧星:《民法总则立法的若干理论问题》,载《暨南学报(哲学社会科学版)》,2016年第1期。
⑦ 李永军:《我国未来民法典中主体制度的设计思考》,载《法学论坛》,2016年第2期。
⑧ 李永军:《我国未来民法典中主体制度的设计思考》,载《法学论坛》,2016年第2期。
⑨ 张力:《私法人中的人——法人体系的序列化思考》,载《法律科学(西北政法大学学报)》,1998年第3期。
⑩ 尹田:《民法典总则之理论与立法研究》,法律出版社,2010年版,第372页。

家与市民社会的划分，在公法人涉足市民社会领域时，准用法人的规定即可，而无需对公法人设立特别规范，此法例在比较法上可资借鉴。①

二、法人类型化问题的基本属性

如前所述，我国学者对法人类型化模式倾注了大量的学术智识，集中体现在围绕法人类型所展开的学术探讨以及立法建议。然而在此之前，我们首先面临问题归类的需求，这直接决定了探讨这一问题的基本方法与立场。按照民法问题与民法学问题的基本分类方式，民法问题的讨论必涉及民法规则的设计和适用，纯粹民法学问题的讨论则无此要求，进一步而言，民法问题又有事实判断问题、价值判断问题、解释选择问题、立法技术问题和司法技术问题。② 笔者认为，法人类型化问题属于民法问题中的解释选择问题。

首先，法人类型化并非纯粹的事实判断问题。事实判断与价值判断的区分缘起于哲学家休谟的划分，在《人性论》中休谟指出："在我所遇到的每一个道德学体系中，我一向注意到……没有一个命题不是由应该或者一个不应该联系起来的，这个变化虽是不知不觉的，却是有极其重大的关系。因为这个应该或不应该既然表示一种新的关系或肯定，所以就必须加以论述和说明。"③由休谟对事实与价值的二元划分出发，事实命题不能推导出规范命题，这一基本的论断被称之为"休谟铡刀"。④ 与之相适应，事实判断应当要解决某一或某些具体的行为是或者不是的问题。⑤ 对于事实判断问题，理论上廓清的逻辑在于通过实践寻找其存在与否、是与不是的事实状态，此类问题存在真伪状态。法人类型化作为民法规范的产物，其结果并不能从现实生活中的事实状态推导而出。民法世界的形成过程，是一个特定领域的生活世界经由存在者通过民法的"生活"展现自身"存在"的过程。⑥ 正如韦伯所言，事实与价值分属于客观领域与主观领域，从事实推不出价值，从价值也推不出事实。⑦ 因而，简答地对现实生活世界中法人具体形态的列举，并不能直接上升至民法规范。我国《民法通则》出台前的三次民法典起草，尽管法人概念的外延有所变化，但分类思路却一以贯之，都是对现实生活中法人具体形态的直观反映。⑧

其次，法人类型化也非纯粹的价值判断问题。就价值判断问题而言，其与主体密切相关，因而具有较强的主观性。价值判断可进一步分为评价判断与规范判断：前者针对人的品质、性格、立项所珍惜和追求的事物，试图告诉人们应该怎样生活，追求什么；后者

---

① 李永军：《我国未来民法典中主体制度的设计思考》，载《法学论坛》，2016年第2期。
② 王轶：《民法原理与民法学方法》，法律出版社，2009年版，第92页。
③ ［英］休谟：《人性论》（下册），关云运译，商务印书馆，1980年版，第45页。
④ 周晓亮：《休谟及其人性哲学》，社会科学文献出版社，1996年版，第251页。
⑤ 易军：《对民事法律行为成立事实判断说的质疑》，载《法学》，2004年第9期。
⑥ 王轶：《民法原理与民法学方法》，法律出版社，2009年版，第93页。
⑦ 韦伯：《社会科学方法论》，中国人民大学出版社，1992年版，第44-48页。
⑧ 蔡立东：《法人分类模式的立法选择》，载《法律科学（西北政法大学学报）》，2012年第1期。

则是针对人的行为的,直接告诉人们应当怎么做,或者说什么行为或行为准则是正当。①
法人的类型规范并未直接指明权利主体之间的利益安排与权利架构,毋宁说,其在为不
同的权利主体之间的利益衡量机制提供了一项前提与可能。

再次,法人类型化也不属于纯粹的立法技术问题与司法技术问题,这两类问题的技
术性特征较为明显。就立法技术而言,其主要指立法过程中采取的技术规则,包括法的
体系构造技术、法的形式设定技术、法的结构营造技术和法的语言表达技术。② 在民法典
编纂中,涉及的技术问题包括前期程序中的技术问题、条文用语的技术问题、条文编排的
技术问题、条文题目设置的技术问题等。③ 就目前的法人类型规范设置而言,其固然涉及
立法技术问题,但立法技术的妥善适用有赖于合理的民法解释选择。就司法技术而言,
其主要讨论裁判者如何认定案件事实以及在适用法律过程中,如何理解、转述立法者体
现在法律规定中的价值判断及在必要时填补法律漏洞,并为进一步的评价行为的问题。④
目前法人类型化问题探讨的显然尚未基于司法技术范畴,不应归入此类问题之列。

作为民法问题中的解释选择问题,法人类型化的过程,实质上是使用民法规范对现
实世界予以抽象和映射的过程,这个过程并非单纯的事实判断问题、价值判断问题、立法
技术与司法技术问题。但这并不表明,法人类型化的问题不涉及到任何的事实判断与价
值判断,可以摆脱多元的立法技术与司法技术的讨论。相反,在解释选择的过程中,各种
判断与技术相互交织,需要我们运用多元视角予以阐释。卡多佐法官指出,"……选择及
随之而来的艰辛,可不是判断过程中短暂的一个阶段……是判断伊始就必须经历的咒骂
和抱怨。"⑤基于不同的分析方法与价值选择,在面对法人分类这一地方性知识时,学者在
前见的影响之下不自觉的选取其不同的观察视角。⑥ 单一法学理论的危险在于其结论的
片面性,正如伽达默尔所言,"在法学诠释学和法学独断论之间存在一种本质联系……这
种观念使得每一个判断成为单纯的归属行动——是站不住脚的。"⑦因此,在理由重于结
论的法律论证方法面前,毋宁说,借助于沟通行动的各项程序,立法的和法律适用的过程
导向一个理性的结果。⑧ 当然,法律商谈不能在一个现行规范的密封领域中自足地进行,
而必须始终有可能吸纳来自其他来源的论据,尤其是在立法过程中所适用的、在法律规

---

① 易军:《对民事法律行为成立事实判断说的质疑》,载《法学》,2004 年第 9 期。

② 顾炜:《浅议立法技术》,载《北京理工大学学报(社会科学版)》,2000 年第 1 期。

③ 魏磊杰:《民法典编纂的技术问题》,载《华东政法大学学报》,2011 年第 2 期。

④ 王轶:《民法原理与民法学方法》,法律出版社,2009 年版,第 265 页。

⑤ [美]本杰明·卡多佐:《法律的成长》,李红勃、李璐怡译,北京大学出版社,2014 年版,第 116
页。

⑥ 所谓地方性知识是一种新型的知识观念,而非新型的知识类型。由于知识总是在特定的情境
中生成并得到辩护的,因此我们对知识的考察与其关注普遍的准则,不如着眼于如何形成知识的具体
的情景条件。详见[美]克利福德·吉尔兹:《地方性知识》,王海龙译,中央编译出版社,第 219-220 页。

⑦ [德]汉斯·伽达默尔:《真理与方法》,洪汉鼎译,上海译文出版社,2004 年版,第 336 页。

⑧ [德]阿图尔·考夫曼、温弗里德·哈斯莫尔:《当代法哲学与法律理论导论》,郑永流译,法律
出版社,2002 年版,第 424 页。

范之合法性主张中捆绑在一起的那些实用的、伦理的和道德的理由。①

正是因为法人类型化是解释选择的产物，即便是现有典型立法例中法人类型，也并不能穷尽所有的法人类型模式。不同的法人类型化模式并无绝对的对错之分，差异仅在于其在民法典规范体系中的妥当性以及其他诸如实证、逻辑、伦理等层面的解释力强弱。

三、法人类型化的功能意涵

我们为什么要在规范层面进行法人类型化？或者说，法人类型化可以实现何种制度目的或规范逻辑，即功能意涵与规范旨意问题，实际上是进行法人类型化的前置问题。作为民法解释问题的前提，明晰法人类型化需求的产生缘由是进行解释的原始步骤。然而，学者在论及法人类型化问题时，多"单刀直入"，未对这一前置问题进行充分论证。② 拉伦茨教授在论及法人种类问题时，简单探讨了公法法人与私法法人的功能与构造差异，亦未进一步阐释法人分类的具体理由。③ 笔者认为，法人类型化的标准以及效果的实现有赖于类型化的目的，应当在明确法人类型化的规范原因的基础之上，方能展开类型化模式的具体探讨。

目前，理论上对法人类型化的理由有以下原因：

其一，法人类型化是法人制度历史演进的产物，以德国法社团法人与财团法人的二元划分为代表。④ 虽然罗马法依然出现了社团法人与财团法人的概念，但当时的社团并不与近代的法人概念相关联，直到近代以来，随着有限责任公司与股份有限公司的出现，社团法人的概念得以现代化的演变。⑤ 这种立场虽然能够为法人类型化提供历史解释，但仍然未能彻底解释社团法人与财团法人概念何以类型化为理性形态的法典规则。

其二，法人类型化是为了根据法人的目的预设实现国家对法人的分类规制。循此种视角，其规制基础可归为马克斯·韦伯对企业存续的认知，即将企业视为一种特定方式的持续目的行为。⑥ 有学者将《民法通则》中的现行分类方式归为职能主义的分类方式，而将社团法人与财团法人的分类方式归为结构主义的分类模式。⑦ 在前一模式中，其核

① ［德］哈贝马斯：《在事实与规范之间》，童世骏译，三联书店，2014年版，第282页。

② ［德］迪特尔·梅迪库斯：《德国民法总论》，法律出版社，2001年版，第816页；梅仲协：《民法要义》，中国政法大学出版社，2004年版，第68—77页；史尚宽：《民法总论》，中国政法大学出版社，2000年版，第140页；王泽鉴：《民法总论则》，中国政法大学出版社，2001年版，第150页；龙卫球：《民法总论》，中国法制出版社，2002年版，第33页。

③ ［德］卡尔·拉伦茨：《德国民法通论》，王晓晔、邵建东、程建英译，法律出版社，2003年版，第179页。

④ 吴珊：《民法典法人分类模式之选择》，载《研究生法学》，2015年第6期。

⑤ 江平：《法人制度论》，中国政法大学出版社，1994年版，第48—49页。

⑥ ［德］马克斯·韦伯：《经济与社会》，林荣远译，商务印书馆，1997年版，第80页。

⑦ 蔡立东：《法人分类模式的立法选择》，载《法律科学（西北政法大学学报）》，2012年第1期。

心在于:以实现国家对法人的管制为宗旨,以国家和法人的关系为背景,从外在于民事主体互动的纵向鸟瞰视角界定立法面对的问题及解决思路。具体到法人中,首先要满足国家对不同法人类型的功能预设,服务于国家对社会的总体构想;后一模式的核心则在于:以满足私人互动需要、为私人互动提供制度支援为宗旨,从内在于民事主体互动的平面化内在视角界定问题的所在和解决思路,故而,法人分类的核心要义在于解决法人制度的运用及利益保护问题。① 通过设定具有引导性的法人类型,立法者旨在实现政策引导和功能管控。

其三,法人类型化是为了实现法人类型强制的需求。正如拉伦茨教授所指出,"基于交往安全的考虑,法人奉行类型强制原则,设立人不得任意创设法人种类,而只能在法定类型中选择"。② 从制度功能出发,法人类型强制的意义在于,通过法律预设的规范类型,能够为法人内部意思形成与外部第三人利益保护提供基本框架。从法理学角度,其体现了立法者平衡各方利益,进行利益衡量的选择结果;从经济学角度,其体现了通过典型化方式,减少信息不对称现象并进而节约交易成本的考量。综上,法人类型化应当是设定妥当法人类型,维持交易秩序的内在要求。

其四,法人类型化是为了实施不同的法律调整规范,如社团法人的成立及活动主要由特别法予以调整,而财团法人一般在民事法律中予以简要规定,具体活动和管理则由财团法人的组织结构按其设立的意思自由决定。③ 该观点支持者较多,从前述观点来看,其实质上属于立法技术策略,即通过安排法人规则的一般规范与特别规范层级,来实现法人类型之间的"脉络关联"。若遵循民法总则采纳的"提取公因式"的基本立法技术,民法总则部分的法人类型化规则将停留在抽象化程度较高的层次。

除上述理由外,笔者认为之所以要对法人进行类型化规范,是因抽象的法人概念在规范容纳上存在局限性。简单规定法人的权利能力、意思形成方式以及责任承担等制度构成性内容,无力应对复杂的社会实践。事实上,从规范设定的最终目的而言,规范的司法适用必须予以考量。截至2012年1月,直接援引《民法通则》第36条至第50条的案件数量仅有5件。④ 有限的裁判适用表明,我国当前法人制度的功能更多停留在设定概括人格层面,而非提供具体裁判根据之上,从反面也证明了当前法人类型化方法的规范性较弱。

就上述法人类型化方法所意欲实现的功能意涵而言,并不存在非此即彼的关系,相反,这些目标之间是可以实现兼容的。但不同功能目标之间并非平行并列关系,而存在一定的顺位差异,这种差异对法人类型化方法的选取有着至关重要的作用。除上述第一

① 蔡立东:《法人分类模式的立法选择》,载《法律科学(西北政法大学学报)》,2012年第1期。
② Larenz/Wolf, AllgemeinerTeildesburgerlichenRechts, 9. Aufl. 2004, §9Rn. 4. 转引自朱庆育:《民法总论》,北京大学出版社,2013年版,第415页。
③ 王玫黎:《法人分类比较研究》,载《西南师范大学学报(人文社会科学版)》,2003年第2期。
④ 蔡立东:《法人分类模式的立法选择》,载《法律科学(西北政法大学学报)》,2012年第1期。

项原因——历史解释属于解释性目标，无法纳入功能目标考量之外，其他包括功能规制、类型强制、分层规范、扩容抽象的法人概念制度等都存在排序的必要性与可能性。其中类型强制的目标并不因不同的类型化方法而存在差异，通过不同的类型选择，同样可以实现类型强制的目标。因此，就民法规范的设定而言，这些法人类型化的目标距离规范体系的远近顺序为：扩容抽象的法人概念制度、分层规范、功能规制。

根据前述目标的设定，我们再反观前述法人类型化方式与目标顺序的契合性，可以为法人类型化方法的合理性提供一个相对理性的标准。其一，公法人和私法人的分类方式的功能目标可界定为功能规制、分层规范、扩充抽象的法人概念；其二，社团法人与财团法人的分类方式的功能目标可界定为扩充抽象的法人概念、分层规范、功能规制；其三，营利性法人与非营利性法人分类的功能目标可界定为功能规制、分层规范、扩充抽象的法人概念。从民法问题的立场出发，分类方法的合理性顺序应该为：社团法人——财团法人、营利性法人——非营利性法人、企业法人——非企业法人、公法人——私法人。

论民法典法人分类的体系化建构

王 康[①]

【摘要】 在我国《民法总则》编纂中,关于法人分类存在着《民法通则》立法模式和大陆法系理论模式的争议。该争议主要源自对社会整体利益实现和私法主体意思自治的不同侧重。虽然这两种观点在各自预设的价值取向下均可自圆其说,但法人分类不仅仅是一个价值取向问题,还应结合立法技术因素进行综合考虑。法人分类不仅需要逻辑上的概念区分,还要对不同类型的法人进行具体的历史了解,故此需要对法人分类进行全面的多维分析。经过对法人分类的目的、方法、标准和实效等因素的综合分析,我国民法典在法人分类上应当在大陆法系理论模式的基础上有所改进,形成层次分明的体系化结构。首先将法人分为公法人和私法人,并适当充实公法人的内容;在私法人中进一步明确社团法人与财团法人两种类型;还应在社团法人中明确营利社团法人和非营利社团法人的区分。这种分类方式在理论上较为周延,在实践上不仅能充分保护民事主体的意思自治,而且能适应不断变化的社会经济状况。

【关键词】 法人分类 民法典 《民法通则》模式 大陆法系模式 体系化

引言

法人制度在民法中的重要性毋庸置疑。随着时代的发展,团体人格意义上的民事主体在经济和社会生活中所扮演的角色日益显著。各种新的法人形式的产生,使我们不得不重新审视法人制度的基础性问题,尤其是法人的分类。法人分类在很大程度上影响甚至决定着法人制度的整体构架及其制度安排。能否构建科学合理的法人分类,直接决定了法人制度的功能实现。

我国学者一直在法人分类问题上存在较大争议。随着民法典总则制定进入关键阶段,这一争议更加激烈。大陆法系的理论模式和《民法通则》的立法模式是争议的两大核心观点。从目前全国人大法律委员会公布的《中华人民共和国民法总则(草案)》来看,

---

① 王康,郑州大学法学院民商法学博士研究生。

立法上比较倾向于《民法通则》模式。但学者们在法人分类问题上远未达成共识，《民法通则》模式并不一定就是我们的"最优解"。我们认为，在民法典制定的大背景下，非常有必要对法人分类问题进行全面、深入的研究，以期构建出足以支撑法人制度价值的法人分类体系。

一、法人分类的立法模式之争

（一）两种不同的法人分类模式

从现有的民法典总则建议稿来看，对法人的分类，立法机关和民法学界的观点大致可分为两派。一派主张采用我国《民法通则》所确立的分类模式，另一派则主张采取大陆法系传统的分类模式。

坚持《民法通则》分类模式的方案主要表现为：在全国人大常委会法制工作委员会2002 年发布的《民法典（草案）》总则中，将法人被分为企业法人、事业单位法人、社会团体法人和机关法人，此外还有捐赠财产设立的基金会、慈善机构的规定。① 梁慧星教授在坚持《民法通则》分类模式的基础上稍作变更，其建议稿中将法人被分为营利法人和非营利法人。前者主要指公司，后者包括机关法人、事业单位法人、社会团体法人以及捐助法人。② 2016 年全国人大常委会公布的《中华人民共和国民法总则（草案）》第三次审议稿中，除了营利与非营利法人，还设置了特别法人，包括机关法人、农村集体经济组织法人、合作经济组织法人、基层群众性自治组织法人。③ 在龙卫球教授主持的北京航空航天大学法学院课题组提出的建议稿中，法人被分为营利法人（企业法人）和公益法人以及基金会法人。其中公益法人包括国家机关、国库、事业单位、社会组织等。④

主张大陆法系模式的方案主要表现为：在中国法学会民法典编纂项目领导小组和中国民法学研究会组织撰写的《中华人民共和国民法典·民法总则专家建议稿》中，法人被

---

① 参见 2002 年全国人大常委会法制工作委员会颁布的《中华人民共和国民法典（草案）》。

② 参见中国民法典立法研究课题组（梁慧星主持）：《中国民法典建议稿》（2014 年版），中国社会科学网 http://www.cssn.cn/fx/fx_ttxw/201504/t20150424_1600823.shtml。访问时间：2016 年 12 月 2 日。

③ 参见《中华人民共和国民法总则（草案）》第三次审议稿，中国人大网 http://www.npc.gov.cn/COBRS_LFYJNEW/user/UserIndex.jsp? ID=8188507。访问时间：2016 年 12 月 29 日。

④ 参见北京航空航天大学法学院课题组（龙卫球主持）：《中华人民共和国民法典·通则编》草案建议稿，中国法学创新网 http://www.lawinnovation.com/index.php/home/xuejie/artindex/id/9597.html。访问时间：2016 年 9 月 29 日。

分为机关法人、社团法人和财团法人三类。① 在孙宪忠教授主持制定的社科院版《民法总则建议稿》中,首先确立了公法人和私法人的划分,前者主要指国库、国家机关、事业单位、人民团体等国家依法设立的以管理公共事务为目的的法人;后者主要指公司、企业、财团法人、寺庙等依法设立的以从事民事活动为目的的法人。在此基础上,其又将私法人进一步区分为社团法人和财团法人。② 在杨立新教授主持的民法典编纂研究课题组提供的建议稿中,财团法人和社团法人的分类贯穿始终,但其在法人设立部分则确立了公法人和外国法人作为独立的类型。③

当然还有一些立法方案另辟蹊径。比如,有学者提出要正视与回应法人跨越公、私体制的"复合人"特质,参照《俄罗斯民法典》,以法人财产权之性质和强弱为线索,采取序列化方式确定法人类型④。这种观点虽然在形式上颇具创新性,但实际效果难以证实,且和目前主流意见差别较大,难以成为最终的立法选择,故本文将主要针对现有的两种主流观点进行研究。

(二)法人分类模式之争的实质

从表面上,这种法人分类模式的争议主要体现为两种立法态度的冲突:《民法通则》模式主张坚持我国本土立法资源的利用,大陆法系模式则主张吸取国外的立法经验。因为,《民法通则》制定时的立法思想是要体现中国特色,这一中国特色被理解为摆脱罗马法体系的"推陈出新",⑤因此产生了我国独有的企业法人与非企业法人划分,以及企业法人、事业单位法人、机关法人、社会团体法人并立的分类模式。但是,随着民法研究的不断深入,特别是德国民法理论的影响,许多学者在学理上更倾向于接受大陆法系模式。况且,大陆法系模式在民法理论教学中长期占据着主流地位⑥。

本来,上述两种模式在我国处于立法和理论的不同层次,并不具有现实的冲突性。但是在制定民法典的背景下,两者的冲突成了我们亟待解决的现实问题:理论上占据主

① 参见中国法学会民法典编纂项目领导小组和中国民法学研究会:《中华人民共和国民法典·民法总则专家建议稿》最终提交稿,中国民商法律网 http://www.civillaw.com.cn/zt/t/? id=30198。访问时间:2016年12月2日。

② 参见中国社会科学院民法典立法研究课题组(孙宪忠主持):《民法典总则建议稿》。

③ 参见中国人民大学民商事法律科学研究中心"民法典编纂研究"课题组,杨立新执笔:《中华人民共和国民法典总则(草案)》建议稿,载《河南财经政法大学学报》,2015年第2期。

④ 张力:《私法中的"人"——法人体系的序列化思考》,载《法律科学》(西北政法大学学报)2008年第3期。

⑤ 佟柔:《我国民法科学在新时期的历史任务》,载陶希晋:《民法文集》,山西人民出版社,1985年版。转引自蔡立东、王宇飞:《职能主义法人分类模式批判——兼论我国民法典法人制度设计的支架》,载《社会科学战线》,2011年第9期。

⑥ 我国主要民法教材几乎都依照大陆法系法人模式进行法人分类。参见王利明、杨立新、王轶、程啸:《民法学》,法律出版社,2008年版,第61—63页。江平:《民法学》,中国政法大学出版社,2007年版,第90—93页。

流地位的大陆法系模式倡导者不再满足于纸面上的批评，力图将大陆法系模式变为立法现实；《民法通则》模式的捍卫者竭力维护我国民法所开辟的独创性成果，虽然在具体方案上有所改良。

蔡立东教授将《民法通则》的法人分类称为"职能主义"模式，把大陆法系模式称为"结构主义"模式。前者是根据法人在国家构想的社会整体结构中担当的职能进行分类；后者则着眼于法人制度提供的、可供民事主体利用的制度结构①。这一观点从更加深入的角度分析了法人分类模式的区别。具体来说，《民法通则》模式认为法人制度的构建要实现一定的社会效果，即社会整体利益。从国家的角度，"自上而下"地依据不同的社会作用进行法人分类，以达到社会事务的合理安排及各类法人组织各司其职的目的。② 大陆法系模式则强调法人的主体性，"法律主体是一种在自我目的的意义上，一定历史上出现过的法律所认可的本质。法律客体则与之相反，在相同的情况下，它被看作是一个旨在实现那些有条件决定之目的的单纯手段。"③因此，即便法人本身并不具备伦理学意义上的"人"所独有的理性和自由意志，但至少是作为自然人的扩张，是为了实现其设立人或组织成员的目的而存在的④。大陆法系模式以民事主体设立法人的目的为线索，"自下而上"地构建起法人分类体系。

但是在我国民法典编纂的背景下，法人分类的选择并不仅仅是一个价值取向问题。不同分类方案上的分歧并可能源自价值取向，可能基于立法技术⑤，甚或是某种程度上的思维惯性或路径依赖。我们认为，法人分类模式实质上是在一定价值取向下，运用一定的立法技术对法人类型的梳理总结，其目的是构建出既富有"体系美感"和又具有实效性

---

① 蔡立东：《法人分类模式的立法选择》，载《法律科学》（西北政法大学学报），2012 年第 1 期。

② 如《民法通则》法人分类中的"单位"一词包含的制度信息是：a. 单位是各级政府创设的公立机构；b. 每个单位都有一个与之对应的主管部门；c. 在单位任职的管理者和专业人员都纳入"干部编制"；d. 单位自身又是公共资源分配和再分配的一个枢纽，公共资源的分配和一些公共服务都是"只对单位，不对个人"。"单位"一词本身体现出从国家角度将法人作为实现整体利益之工具的思想倾向。参见：杨晓民、周翼虎：《中国单位制度》（1999），第 3、4、103 页。转引自方流芳：《从法律视角看中国事业单位改革——事业单位法人化的批判》，载《比较法研究》，2007 年第 3 期。

③ 施塔姆勒：《Unbestimmtheit des Rechtssubjekts》，见［德］拉德布鲁赫：《法哲学》，王朴译，法律出版社，2005 年版，第 132 页。

④ 关于法人性质的观点，有法人实在说（组织体说），法人拟制说，目的财产说（法人否认说）等。法人实在说将法人视为实在的组织人格，是一种扩大的人。拟制说认为法人是自然人的一种表现，是法律技术的产物。目的财产说则认为法人是一个组织起来的特别财产，通过被授予权利能力成为的权利义务的独力承受者。这几种理论虽然相互区别，但都从民事主体自身的目的出发，体现了私法自治的精神。

⑤ 根据王轶教授的观点，法人分类实质上应是一个立法技术问题，而非价值判断问题，并无真假对错之分。法人分类涉及的是如何用不同类型的区分，完成对法人规则的不同梳理而已。王轶：《民法典编纂争议问题的梳理与评价》（上），中国民商法律网 http://www.civillaw.com.cn/zt/t/? id＝31174。访问时间：2016 年 12 月 2 日。

的法人类型体系。

（三）法人分类模式选择的综合性考察

研究法人分类,需要从方法论角度对"分类"这一活动本身进行分析。分类包括了"类型"和"概念"两种要素,前者是介于抽象和具体之间的中介物,后者则是纯粹逻辑抽象的产物。法人的类型既包含了规范性要素,也包含了经验性要素。这些要素是成为特定类型法人的条件。在构建法人分类体系时,不仅需要逻辑上的概念区分,还要对不同类型的法人进行具体的历史的了解。我们认为,经过对规范层面和经验层面、价值因素和技术因素的综合,对于法人分类至少应从以下几个方面进行全面考察。

首先是法人分类的目的。任何制度设计均欲实现一定的功能。具体制度是否能够实现其功能,则是一个合目的性问题。法人分类的目的作为思考的出发点,决定了法人分类的基本方法。法人分类仅仅是为了对不同类型的法人区别对待,还是有更多的目的与功能? 现有的法人分类方案是否与法人分类的真正目的相契合? 这是我们需要研究的首要问题。

其次是法人分类的方法。对法人进行分类,是对经验性事实的简单总结,还是在逻辑上以某一特定标准进行的划分,抑或是体系化思维下的整体构建? 正确的法人分类方法不仅能够保证分类的科学和全面,更能使分类具有衍生性,增强分类体系的生命力。

再次是法人分类的标准。法人分类的标准并不是唯一的。不同的标准可以构建起完全不同的法人分类体系,但是标准本身是否科学是一个值得研究的问题。在这一问题上,除了运用"属"加"种差"的经典分类逻辑之外,还要研究主宰法人类型的真正要素;除了要保证逻辑上的周延性之外,还要使分类能够囊括现实生活中的各种法人形式。

最后是法人分类的实效。法人分类的最终意图不在于对法人类型进行说明和描述,而是要解决现实生活中的问题。目前我国存在着多种难以定性的法人形式,如民办高校、寺庙、合作社等。能否解决这些法人的性质及类型归属问题,正是法人分类实效性的体现。

二、法人分类模式的多维考察

（一）基于法人分类目的的思考

确立法人分类模式首先要解决的问题是法人分类究竟是为了什么。为了避免主观思想的先验性代入,我们将从包括自然人在内的民事主体分类的历史沿革中寻求答案。

最早的民事主体分类针对的不是法人,而是自然人。罗马法当中就存在着奴隶[①]和

---

① 奴隶也是生物学意义上的人(uomo),但由于其不具有自由,而不被认为是法律上的人(Persona)。

自由人,市民和异邦人,自权人(家父)和他权人(家子)的区分。不同类型的人在人格(权利能力)上存在区别,具有不同的婚姻资格和交易资格①。此时,对自然人进行分类的目的是阶级统治和社会管控的需要。随着启蒙运动和资产阶级革命,平等观念使得自然人的这种"分类"在现代民法中消失②。

罗马法上并未产生真正近代意义的法人制度,仅产生了法人的雏形。罗马法将人格与人的概念区分开来,为非自然人权利主体的产生提供了条件。而个人(自然人)以外的权利主体有两种情形:第一种情况是由数人组成的有着共同宗旨的"社团",既包括国家、自治市等公法意义上的团体,也包括行业团体、商业社团、信教者协会等私人志愿性团体。该团体法律人格的突出后果是:权利义务均由作为一个整体的团体承担,并将成员完全排除在外③。罗马法上的团体人格为后世的社团法人提供了模板。第二种情况是某种权利实际上缺少现实主体,它仅仅为某一目的而保留,该目的可以使它对一些人或某些人有益。国家保护这一目标和为这一目标设立的财产,以保证其不偏离轨道,而人所固有的人格化本能使得人们把这一目标视为权利主体。这种情况的典型是国库和基金会④。

随着大航海时代开启和社会经济的发展,近代法人组织开始不断涌现。意大利首先出现了以股份公司存在的"海上协会"等企业主联合。17世纪荷兰和英国通过国家认可建立了东印度公司这样的特许法人。随着工业革命和资本主义生产方式的确立,有限责任公司和股份有限公司得到确立,社团法人完成了向财产独立、责任独立为基础的高级法人形态的转化。文艺复兴和宗教改革促进了个人意识的觉醒和宗教势力的削弱,为财团法人创造了条件。捐助财产开始完全独立于捐助人和管理人(教会和僧侣),近现代意义上的基金会开始出现和发展起来⑤。19世纪末20世纪初,德国民法典对现实中的法人组织进行高度抽象概括后,最终确立了大陆法系经典的法人分类模式。

经过对历史上自然人和法人分类的对比分析,我们可以发现其中的区别。人类历史早期对自然人的分类是基于其阶级和社会地位而进行的,并且是可变的。无论从生物学

---

① [意]彼得罗·彭梵德:《罗马法教科书》,黄风译,中国政法大学出版社,2005年版,第23页。

② 1804年《法国民法典》尚存在对本国人和外国人的区别对待,但这一做法被后来的《德国民法典》所否认。现代民法依据自然人行为能力的差别而产生的无行为能力人、限制行为能力人、完全行为能力人不应认为是一种"分类"。

③ 前引[18]彼得罗·彭梵德书,第23,39-41页。

④ 值得一提的是,罗马法上的基金会和现代基金会区别较大,因为它仍未同接受遗赠的教会(当时作为团体存在)相分离,只是通过适当的规章确保财产用于创建人所确定的目的。与现代财团法人较为相似的是国库和尚未继承的财产。国库同君主人身相分离,被视为一笔财产和一个独立的实体;遗产则在继承前不被视为任何人的财产,法律形式强制力使该财产保持在能够增加和减少的有机结构中,该遗产本身必要时被视为个人或主人。见[意]彼得罗·彭梵德:《罗马法教科书》,黄风译,中国政法大学出版社,2005年版,第23,41-42页。

⑤ 参见马俊驹:《法人制度的基本理论和立法问题之探讨》,载《法学评论》,2004年第4期。

还是伦理学的角度，人从出生伊始就在本质上应是相同的，没有奴隶天生该是奴隶。但法人却不一样，它们是在一定社会经济背景下，基于一定的社会需求而产生的，其性质从其产生时即已固定：作为人的联合的组织从其产生时就注定具有社团性，而目的财产则具有完全不同的性质。因此，法人分类并非是价值预设下的人为划分。法人分类与其说是一种"发明创造"，毋宁说是对客观经济发展规律的"发现总结"。法人分类的目的，是让法律中的"规范性类型"与现实生活中的"经验性事实"契合起来。至于各类型法人要实现什么功能和价值，表面上来源于法人设立者的意图，但其根本上取决于社会经济规律，不应由法律来决定。

依据这一标准审视，《民法通则》的分类方式难以实现法人分类的根本目的。至少从其名词选用来看，该模式仍未摆脱计划经济的思维定式[①]，与我国市场经济的社会现实南辕北辙。传统的大陆法系模式虽然并非完美无缺，但其发展演变和法人的现实形态发展确实密切相关，该分类的框架时至今日仍然能够承载法人的类型需求。我们需要做的只是在其基础上进行适当调整。

（二）基于法人分类方法的思考

法人分类可以依循不同的方法进行。一种典型方式是将数个法人类型罗列出来，形成一个耦合的平面型分类。在坚持《民法通则》模式和主张大陆法系模式的建议稿当中，这种方法都有所体现。例如：全国人大常委会法制工作委员会发布的民法典（草案）中，法人被分为企业法人、事业单位法人、社会团体法人和机关法人；最新的民法典总则草案第三次审议稿中，法人被分为营利法人、非营利法人、特别法人；中国法学会民法典编纂项目领导小组和中国民法学研究会的建议稿将法人分为机关法人、社团法人和财团法人。

我们认为上述方法并不可取。首先，这种方式的法人分类层次过于单一，不足以全面囊括现实中的法人类型。其次，这一平面式的分类是一种对法人的描述性列举，至多仅有助于我们对法人的认识，并不能为法人提供真正的制度支持。最后，这一耦合式概念下的法人分类具有封闭性，不能适应现实生活的发展变化，无法应对新出现的法人形式。

法人分类更为科学方式是体系化。所谓体系化，即依循一定的标准将法人类型组织为一个有机的整体。施塔姆勒所定义的体系是"一个经过穷尽枝分之同一体"。黄茂荣先生认为，在这一概念下体系应包括三个要素：统一性、枝分性和完整性。它应能将一切可能发生之个别情形归结到一个整体，但这一归结并非是杂乱无章的，而是依据一定逻

[①] 《民法通则》所采用的法人分类与1963年发布的《国务院关于编制管理的暂行规定》具有高度的一致性。参见方流芳：《从法律视角看中国事业单位改革——事业单位法人化的批判》，载《比较法研究》，2007年第3期。

辑加以枝分的整体。该体系必须能够接纳所有可以想象到的可能性①。

根据这一标准审视,虽有一些法人分类方案似乎是体系化的结果,但都不够彻底。如将法人首先分为营利性法人和非营利法人,再将非营利法人分为机关法人、社会团体法人、事业单位法人和捐助法人的方案②,虽然表面上分为两个层次,但实质上仍是一些具体类型的堆砌,缺乏逻辑完整性,导致很多现实中已存在的和可能出现的法人形式难以被纳入其中。再如将法人首先分为公法人和私法人,再将私法人分为社团法人和财团法人的方案③,虽然依循了统一的逻辑,却没有穷尽所有的枝分。

因此,在进行法人分类之时,我们应当将体系化的方法贯彻到底。在坚持大陆法系法人分类逻辑的基础上,应深化其层次,丰富其分支,最终达到能够囊括现有法人形式,并能接纳未来可能出现的法人类型之效果。

(三)基于法人分类标准的思考

构建法人分类的另一重要因素是分类标准的科学性。分类所依据的基本方法是种属概念的区分与综合,其来源于古希腊哲学中的辩证法思想。罗马法学家运用这一方法进行概念区分,使罗马法学成了统一、精致、符合逻辑并可被认知的体系性科学④。德国的概念法学更是把这一方法推向极致,抽象和涵摄的思维模式成了德国民法典的标志。

所谓法人分类的标准,其实是指抽象思维所提取概念的"要素"。这些要素是将具体事物的整体性打碎后,从中分离出来的某些个体性。依逻辑法则,"最高"概念可以包含大部分其他概念,是因为它仅借少数要素被描述而具有最小的内涵,但是却由此获得了最大的外延。而包含了较多要素的内涵丰盈的概念,却成为外延较窄的下位概念⑤。要素的提取存在多种可能,但在分类时提取哪些要素,以怎样的方式排列组合并形成体系,就是分类标准的科学性问题。我们认为,科学的分类至少应符合以下几点:要能够发现真正主宰法人类型的那些要素,并足以解释具体实例;要尽量用精确的用词明晰不同法人类型的界限,减少内容上的掺杂重复;要尽量用最简练的方式,囊括现实经济生活中形形色色的法人组织形式。

《民法通则》模式在分类标准上欠缺科学性,在概念逻辑上存在着明显弊端。比如,在其第一层分类中,无论是梁慧星教授将法人分为营利法人和非营利法人的方式,还是2002 年版草案中将法人区分为企业法人和非企业法人的划分方法,采取的都是"正概念"加"负概念"的二分法。上述分类方法看似简洁明了,但意义甚小。以集合的逻辑,在

---

① 黄茂荣:《法学方法和现代民法》,中国政法大学出版社,2001 年版,第 426–427 页。

② 参见中国民法典立法研究课题组(梁慧星主持):《中国民法典建议稿》(2014 年版),中国社会科学网 http://www.cssn.cn/fx/fx_ttxw/201504/t20150424_1600823.shtml。访问时间:2016 年 12 月 2 日。

③ 参见中国社会科学院民法典立法研究课题组(孙宪忠主持):《民法典总则建议稿》。

④ 舒国滢:《罗马法学成长中的方法论因素》,载《比较法研究》,2013 年第 1 期。

⑤ [德]卡尔·拉伦茨:《法学方法论》,陈爱娥译,商务印书馆,2004 年版,第 318 页。

Q 中挑出任意一个子集 P，都可以将剩余部分称为非 P。故我们完全可以按此逻辑把法人分为机关法人和非机关法人，基金会法人和非基金会法人等。但是由此产生的负概念部分显然均成了缺乏同质性的大杂烩。非营利法人（非企业法人）包括了机关法人、事业单位法人、社会团体法人和捐助法人（基金会法人）。它们的设立规则、设立目的、组织机构、登记要求存在很大区别；反倒是企业法人和事业单位法人以及社会团体法人等具有相同的登记要求，并区别于机关法人。因此，这一分类方式至多具有形容性，欠缺实质性意义①。

相比《民法通则》模式，大陆法系模式的分类标准更为科学。该模式在第一个层次上，按照公法和私法区分的逻辑线索区分了公法人和私法人。虽然这一区分可以从设立行为、任务目标、身份属性等不同角度进行理解②，但得出的最终答案是一致的。依据不同成立基础这一要素，该模式将私法人进一步分为社团法人和财团法人，二者在设立行为、设立目的上都存在区别。财团法人均基于非营利目的，而社团法人的设立可以基于不同的目的，因此该模式最后一个层次把社团法人区分为营利性社团法人和非营利性社团法人③。该模式层层递进，且每一种分类都有清晰的标准，符合科学分类的基本要求。

当然大陆法系法人分类的标准也并非完美无缺。公法人和私法人的分类虽然被确立，但是由于公法人实质性内容的缺乏造成了结构失衡。社团法人和财团法人这一分类区分标准也被人质疑。有学者认为，财团法人也存在支配人员的集合，在形式上也是和社团法人一样的"团体"。④ 更有学者认为，社团法人和财团法人同样都是人和财产的集合，其存续都不以人的变更而变更，其内部机构的设置具有近似的职能，二者的目的都可以区分为私益或公益。⑤ 特别是一人公司的出现，更对社团法人的团体性理论形成了挑战。

这些问题虽然对大陆法系的分类标准产生了一些冲击，但并未从根本上动摇这一分类的科学性。我们需要做的是采纳大陆法系法人分类模式的标准，并对其内容进行适度的调整。

（四）基于法人分类实效的思考

本文所言分类的实效性，并非"保护民事主体意思自治，促进保护经济法发展，维护市场秩序"等略显空洞的"实效"。其实效性评价的具体标准是：是否可以解决现实生活

---

① 虽然通说认为营利法人/非营利法人的划分标准，即"不分配利润限制规则"可以判断某一具体法人组织是否具有非营利性质，但是却没有揭示出形态千差万别的非营利法人体系的本质特征，仅仅是一个外在标尺而已。

② ［德］迪特尔·梅迪库斯：《德国民法总论》，邵建东译，法律出版社，2000 年版，第 817 页。

③ 虽然这里也使用了上文所述的正概念加负概念的分类方式，但是由于其限制在社团法人这一"小范围"内，因此并不存在另一分类模式当中的概念杂糅问题。

④ 参见李锡鹤：《民法哲学论稿》，复旦大学出版社，2000 年版，第 120-121 页。

⑤ 参见王雪琴：《论社团法人和财团法人划分的局限性及改良》，载《法学杂志》，2010 年第 4 期。

中各式各样,尤其是那些疑难法人形式的定性问题,并据此将所有的法人均纳入法人制度的规则之中。

目前,在我国存在着相当多的"无家可归"的法人形式,例如学校、医院、寺庙、农村集体组织、合作社、农村信用社等。至少从论文数量上看,对这些法人的性质进行专门研究的不在少数,甚至远多于对法人分类本身进行的研究。具体法人性质研究的繁荣表象,恰恰说明了现有的立法模式——即《民法通则》模式下,法人的基础分类无法实现对现实法人类型的制度支撑,从而造成了诸多法人形式无法定性的问题。

比如,营利性的学校或医院与一个生产性企业并无法律意义上的本质区别,但它们在规则适用上却有很大的差异。例如在民办学校问题上,新修订的《民办教育促进法》规定了营利性和非营利性作为民办学校的两种形式,还规定了民办学校应当设立董事会、理事会等相应的决策机构。① 从表面上看这虽与《民法通则》模式中营利/非营利的分类相契合,却并不能解决关于民办学校定性的实际问题。营利性民办学校是否就是公司企业法人? 非营利性民办学校是事业单位还是基金会法人? 中外合资及中外合作的学校如何定性? 是否营利性民办学校就应设立董事会,而非营利性民办学校就应设立监事会? 类似的定性问题亦出现在合作社、宗教寺庙以及日益兴起并发挥巨大作用的 NGO、NPO 等组织上。这些问题产生的原因是:《民法通则》模式是一种"描述性"法人分类方式。这种模式只能对当时存在的法人形式予以总结,但其对社会经济发展变化后出现的新型问题,几乎没有任何应变能力。

相较于《民法通则》模式,大陆法系法人分类模式更能够解决实践中的问题。大陆法系不是对各种法人进行事后的"一刀切"分类,而是从其设立开始,分层次地考虑其定性问题。以学校为例:在大陆法系模式下,根据设立人的不同,其可以是作为公法人的公立学校,也可以是作为私法人的私立学校;根据设立方式的不同,其可以作为社团型的学校,也可作为财团型的学校;根据办学目的的不同,其可以具有营利性,也可以具有公益性②。这一体系化的方式改变了原有法人分类的僵硬性,极大地增强了法人分类的灵活性与适用价值。

值得一提的是,大陆法系的分类模式在用语上似乎不甚符合我国社会传统和语言习惯。大陆法系的社团法人大多是营利性的,而财团法人则是非营利性的。然而在我们的语言系统中,二者的通常意义却恰恰相反:社团容易被理解为社会团体,而财团之"财"则

---

① 参见《中华人民共和国民办教育促进法》(2016 年 11 月修订)第十九条:"民办学校的举办者可以自主选择设立非营利性或者营利性民办学校。但是,不得设立实施义务教育的营利性民办学校。""民办学校应当设立学校理事会、董事会或者其他形式的决策机构并建立相应的监督机制。"

② 这符合我国现实中私立学校的办学状况。但是,营利性学校应给予一定的限制,如限定在非义务教育范围内,或在进行利益分配时必须留出足够的资金继续进行办学投资等。参见张利国:《营利性与非营利法人:民办高校法人分类的模式选择》,载《西部法律评论》,2011 年第 2 期。张力:《财团、社团抑或其他——我国非营利法人主体构造模式的选择》,载《学术探索》,2008 年第 6 期。

似乎包含着明显的营利意向。在中国采取大陆法系法人分类方式可能会有"水土不服"问题。但这其实是立法的通俗性和精确性之间的冲突,二者往往不可兼得。社会日常用语虽具有一般人普遍明白的一般含义,但在一些复杂含义上却很容易引起歧义①。依据目前的社会现实状况及经济发展需求,我们认为可以在法人分类上牺牲掉通俗性来保证其精确性。

(五)《民法典总则草案(第三次审议稿)》法人分类的缺陷

《民法典总则草案(第三次审议稿)》在法人部分的第二节规定营利法人,包括有限责任公司、股份有限公司和其他企业法人;在第三节该规定非营利法人,包括事业单位、社会团体、基金会、社会服务机构等;在第四节规定特别法人,包括机关法人、农村集体经济组织法人、合作经济组织法人、基层群众性自治组织法人。依据上述四个要素审视,这一分类体系是存在很大问题的。

首先,这一体系仍延续了《民法通则》的营利法人/非营利法人的划分模式,其具体法人类型也与《民法通则》多有重复,带有浓厚的计划经济色彩;该草案的法人分类体系能否实现将现实与规范对接这一目的,存在很大疑问。其次,将法人分为营利法人、非营利法人和特别法人,三者位于同一层次之上,仍是一种平面耦合式的列举,而非一个穷尽枝分完整的体系,不符合体系化的要求。

在分类标准上,该草案的问题最为明显。在营利法人/非营利法人这一划分上,仍然存在营利性标准模糊、非营利法人部分缺乏同质性的问题。即便如此,根据最简单的集合概念,这种二元划分至少能够周延地涵盖所有法人类型,理论上不可能存在剩余部分。但第三次审议稿除了规定营利法人和非营利法人之外,还设置了"特别法人"作为一种并列存在的法人类型,在逻辑上实难理解。而"特别法人"本身更是一个不确定的概念,其中既包括机关法人这样的国家公法人,还包括具有社会管理职能的基层群众自治组织,也包括了具有经济职能的合作经济组织、集体经济组织;这些法人类型并不具有明显的共性,也无法适用同样的设立、变更和机构设置的相关规则。因此,该草案的法人分类模式其实是在《民法通则》模式中一个"大杂烩"的基础上,增添了另一个"大杂烩",不仅没有改进原有的缺陷,在分类标准的科学性上还有所倒退。

最后,该草案的法人分类模式无法解决现实中的法人类型的定性问题,更无法进一步为这些法人提供明确与合适的相关规则。将一些定性困难的法人一概放置在"特别法人"部分,并采用"其他法律另有规定的,依照其规定"这一做法,更像是对实际问题的回避,降低了法人分类的实践性意义。

故此,《民法典总则草案(第三次审议稿)》的法人分类模式在法人分类的目的、方法、标准和实效性上均存在不同程度的问题,我们仍需对民法典总则的法人分类重新进

---

① 参见[英]彼得·斯坦,约翰·香德:《西方社会的法律价值》,王献平译,中国法制出版社,2004年版,第81页。

行慎重的思考。

三、我国法人分类的体系化建构

民法通则和大陆法系的法人分类模式虽然各有利弊，然而，有些"利"是局限于时代的沉舟病树，有些"利"却是新时代仍具生命力的青松翠柏；有些"弊"是难以割除的膏肓之疾，有些"弊"则是可以补正的大醇小疵。

根据法人分类的目的、方法、标准和实效对两种模式进行比较，我们认为，大陆法系的法人分类模式在整体上优于民法通则模式：首先，大陆法系模式与法人分类所欲实现之目的更加契合；其次，大陆法系模式更易于进行体系化改良；再次，大陆法系模式在分类标准上更加周延科学；最后，大陆法系模式更有利于解决实践中的法人定性问题。未来的民法典当中，法人分类的最理想选择是在坚持大陆法系模式的基础上，对其瑕疵进行适度的改良。

（一）在法人制度中明确划分公法人和私法人

有学者认为，公法人的设立与规范不属于民法，公私法人的区分在民法上的意义远小于法理学和宪法上的意义，故此不需要建立公、私法人之分类，而应直接从社团法人和财团法人这一层次开始对法人进行分类①。而且，传统大陆法系法人制度中公法人部分也欠缺实质性内容。因此，民法典中至多是对公法人的内涵进行列举式或描述式的规定，并承认它在参与民事活动过程中和私法人具有同等的地位，再辅以关于公法人的规则交由公法进行规定的引致性规范即可。

尽管如此，我们认为我国民法典仍有确立公法人和私法人分类之必要。首先，这一分类是整个法人分类体系的基础，没有它就无法明确下一层次的财团法人与社团法人。另外，公法人频繁参与民事活动是一个客观事实，不在民法典中承认公法人并与私法人区分开来，既不利于保护公法人与私法人在民事关系中的平等地位，也不利于区分公法关系中的行政机关与私法关系中的私法人，导致公权越界干涉私权。

而对于民法中公法人规定空洞性这一缺陷，完全有必要而且也有可能进行改良。首先可以对公法人的范畴进行界定，即国家依公法设立的以公共事务管理为目的的国库、国家机关、事业单位、人民团体等机构和组织。公法人本身的设立变更等应由公法规定，但关于公法人的特点（如设立程序的特殊性、财产投入的特殊性、组织机构的特殊性、主体地位的特殊性、权利行使的特殊性等）及其在民事关系中能够享有的民事权利、权利义务的变更、民事责任的承担等，完全可以交由民法典进行规定。公法人被裁撤、消灭后的主体资格承继问题，也应由民法典进行规定，以保证民事关系中相对方的利益。

---

① 李永军：《民法总则》，中国政法大学出版社，2008年版，第105—106页。

(二)在私法人中明确区分社团法人与财团法人

作为大陆法系法人分类的核心内容,私法人中社团法人和财团法人的分类显然应当被确立在未来民法典之中。二者的划分仍以传统民法中的成立基础为依据,社团法人以一个或多个民事主体(包括自然人、法人和其他组织)的成员为成立基础,财团法人以服务于一定非营利目的而存在的财产为成立基础。

具体方案应在法人一般规定中明确私法人分为社团法人和财团法人,并根据二者的特点,设立两节对它们进行具体规定。

在社团法人一节,首先应明确社团法人是以自然人、法人或其他组织为成员基础,依法设立的法人。社团法人的设立、变更、终止需要依法登记,法律规定需要经过批准设立的,依照其规定。在社团法人的机构设置方面,应规定作为最高权力机关的成员大会,作为执行机关的董事会或理事会,以及作为监督机构的监事会或监事。在社团成员方面,应规定社员的权利和义务,社员资格的取得和丧失。最后,要对社团权利能力的丧失和社团的解散等进行相关规定。

在财团法人一节,应明确其定义是利用民事主体捐赠的财产,以公益事业为目的的法人组织。规定财团法人依法登记设立。应规定作为财团法人管理机构的理事会,以及作为财团法人监督机构的监事会或监事的相关内容。还要对财团法人的捐赠章程、募捐和接受捐赠,以及捐赠财产的管理使用等进行规定。最后还要规定对财团法人终止后其财产归属问题。

(三)在社团法人中区分营利与非营利社团法人

德国民法中的非经济性社团,是指以教育、体育、社交、慈善、政治、地方自治或者社会福利为目的的社团。[①] 但在我国,这类法人主要是由国家直接或间接设立的公法人,而公益性的私法人又大多以财团法人的形式存在。这是否意味着我国不存在对社团法人进一步区分的必要性?

我们认为,将社团法人进一步区分为营利性社团和非营利性社团是必要的。首先,不是公法人但却区别于财团法人的非营利性社团在我国确实存在[②],不能因为其数量相对较少就不予规定。其次,社团法人的之所以被"默认"为营利性法人,有其特殊的历史背景。在德国民法典制定时,团体人格被承认的原因是有限责任能够鼓励私人投资[③],故

---

① [德]卡尔·拉伦茨:《德国民法通论》,谢怀栻,王晓晔,邵建东,程建英,徐国建译,法律出版社,2003 年版,第 205 页

② 非营利性社团和公益财团的区别在于,前者的意思是机关和营利性社团一致,具有自律性,后者的意思是机关具有他律性;前者虽不以营利和分配利润为目的,但具有成员间的互益性,后者则有明显的公益性。参见税兵:《非营利法人解释》,《法学研究》,2007 年第 5 期。

③ [德]迪特尔·梅迪库斯:《德国民法总论》,邵建东译,法律出版社,2000 年版,第 814-815 页。

此社团法人被局限于营利性主体。但随着社会发展,应运而生了许多非由国家设立又没有明显公益性,但同样实现着重要社会职能的非营利社团法人,如一些非营利性的民办学校、非官方行业协会、同乡会、俱乐部、民间艺术团体、民办科研机构及社会中介服务机构等;目前存在的一部分公法人亦有可能逐步向这一形式转变。故此,民法典承认非营利社团法人这一形式符合时代的要求。

营利与非营利的区分标准是一个值得研究的问题。较多学者用"是否向成员分配利润"的标准对营利性进行界定。这一标准看似清晰具体,可操作性强,但其作为营利性标准缺乏说服力。首先,"营利性法人"是因,"向成员分配利润"是果。如果反过来用"是否向成员分配利润"去定义法人的营利性,存在循环论证之嫌。其次,法人本身的营利性和成员取得利益分配是不同层次上的问题,以后者为前者的判断标准,充其量是一种描述性说明,无法起到区分的作用。法人的营利性还是要从其根源,即法人本身的营利目的来界定。是否具有营利目的,可以从法人是否长期有计划和有报酬地提供产品或劳务来判定。

在具体规定上,应首先明确非营利社团是由民事主体自发成立的,以科技、教育、体育、文艺等为目的的社团。在非营利社团的设立上,基于其特殊性,为了防止假借非营利社团之名行营利之实享受特殊待遇的行为,可以采取许可设立的方式。非营利社团的社员资格之得丧变更,社员的权利义务,社团财产之归属、使用以及可否分配的问题,也应予以明确。

（四）法人分类的体系化逻辑结构

根据上述研究结果,我国《民法总则》的法人一章应当分为如下四节:第一节为"一般规定";第二节为"公法人";第三节为"社团法人";第四节为"财团法人"。只有依据这样的制度安排,才能使现实生活中的各种法人均各归其位,才能真正实现为各类法人的全面规范调整,才能最终实现设立法人制度的根本目的。如果依据上述思路,我国法人的分类体系将如下图所示:

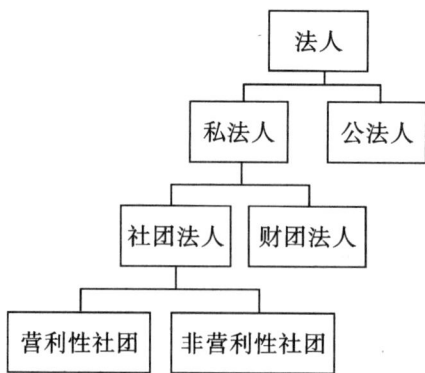

四、结语

法人分类模式并非仅仅是对几个概念词汇进行排列组合的文字游戏。"将大量彼此不同,而且本身极度复杂的生活事件,以明了的方式予以归类,用清晰易辨的要素加以描述,并赋予其法律意义上相同者同样的法律效果,正是法律的任务所在。"①法人分类影响着我们对整个法人制度的构建,进而影响着整部民法典的功能实现。

立法模式的选择并非是对法律绝对真理的探求,而是以相对主义的视角找出可能的最优解。采取传统大陆法系的法人分类模式,并非拿来主义的生搬硬套,而是在对其缺陷进行改良并对接中国现实的合理移植。这一法人分类的构建方式最有利于实现法人制度的功能,从而最大化地实现民法作为私法的内在价值,理应成为我国民法典总则法人分类方式的最佳选择。

---

① [德]卡尔·拉伦茨:《法学方法论》,商务印书馆,陈爱娥译,2004年版,第319页。

民法典中宗教组织法律地位研究

张朋竹[①]

【摘要】 由于宗教组织主体地位不明确,导致宗教事务中出现种种乱象,明确宗教主体的法律地位具有重要意义。学者普遍认为,应当将其纳入法律的规制范围,给予其法人地位。主流的观点有"财团法人说"、"社团法人说"和"宗教法人说"。笔者认为,三种学说都有一定问题。不应一刀切地将所有宗教团体都纳入某一类法人制度,而是应当按照其组织特点和现实需求,自主选择法人的类型。对于不需要成为法人的宗教组织,也可以不成立法人,同时也保障其权利、规范其行为。多元化宗教主体制度更加符合我国国情,更能有效地解决现阶段所出现的弊病。

【关键词】 民事主体 宗教组织 宗教法人

前言

中国境内宗教种类、派系丰富,信教人数众多。据《宗教蓝皮书2012中国宗教报告》所统计,中国目前信教群众约三亿人,现有经批准开放的宗教活动场所近13.9万处,其中佛教寺院约3.3万处,道教宫观约9000处,伊斯兰教清真寺约3.5万处,天主教教堂、会所约6000处,基督教教堂、聚会点约5.6万处。作为宗教活动的核心主体,宗教组织必须纳入法律的规制范围,其法律地位的明确意义重大。当前我国法律对宗教的相关规范是缺失的,法律规定模糊而暧昧,与社会发展和司法实践脱离,阻碍了对宗教活动的规范和宗教组织的自治与发展。2010年出现的李一事件"寺庙变道观",2011年少林寺"上市"风波,还有众多的财产、庙产的争议,都因法律无合理规范而发酵。有些学者提出设立专门的《宗教法》对宗教活动进行统一的规范[②],但是宗教的含义远远不止五大宗教:杨庆堃(C. K. Yang)教授所著《中国社会中的宗教》中,调查和考证了中国自古至今的大量宗教,中国的信仰类型非常庞杂,以望都、清河、宝山、佛山等地为例,有寺庙供奉的信仰

---

① 张朋竹,郑州大学法学院民商法学硕士研究生。
② 刘澎:《中国需要宗教法》,载《领导者》,2012年第7期。

类型就包括农业神信仰、财产和商业神、福神、各类行业的保护神、先贤、驱魔神等等,甚至有24间寺庙没有专门供奉的信仰神。可见宗教的含义太过复杂抽象,学界并没有也很难产生通说,内涵外延尚且难于界定,更不用说上升至法律层面。然而对于宗教活动,并非不可规范和保障,宗教具有社会性特点,是信教者和教职人员的道德联合体①,只要把握住宗教活动的主体——宗教组织,就能对宗教活动进行合理的规制,对于信教群众的合法权利实施有效的保护。所以,对于宗教组织的规制,尤其是对其主体地位的认定、是否具有权利能力及其范围的规定,是宗教立法方面的重点问题。

一、宗教组织的法律地位困境

现阶段,我国对于宗教组织的法律定位十分模糊,对宗教主体的概念也无准确的说明,在我国《宪法》和《民法通则》条文中,间接的将其表述为"社会团体"。宗教组织的主要类型大概为宗教团体、宗教活动场所和宗教院校,所谓宗教团体,是在国家法律的保护下,独立开展宗教事务,开办宗教学校,培养教职人员的非营利组织,例如中国道教协会;宗教活动场所则是平常进行宗教集会、宗教活动的场所,例如北京白云观。② 宗教院校,是集处理宗教事务和培养新教职人员功能于一体的院校,例如色达喇荣五明佛学院。我国《宗教事务条例》第6条规定:宗教团体的成立、变更和注销,应当依照《社会团体登记管理条例》的规定办理登记。《宗教社会团体登记管理实施办法》第1条将宗教团体视为社会团体。而经登记的社团法人,通过向拟设立的宗教活动场所所在地的县级人民政府宗教事务部门提出申请,经批准后,可成立宗教活动场所。根据《宗教院校设立办法》规定,全国性的宗教团体或省、自治区、直辖市宗教团体,通过向当地民政部门和国家宗教局进行申请,可以设立宗教院校。综上可见,宗教团体是宗教组织的基本单位,无论是设立活动场所、院校,还是现行法律确认的部分宗教团体之地位,经登记即可成立社会团体法人。而对于尚未成为社会团体法人的宗教组织属于何种地位,并没有做出规定。民法总则草案在"民事主体"一章沿用了《民法通则》法人类型的分类方式,无"宗教组织"或"宗教团体"字样。

宗教组织的法律缺陷体现在多个方面,如法律概念不清,极易混淆:《宗教场所管理条例》规定,宗教活动场所既指进行宗教活动的寺庙、道观、清真寺等能够进行宗教活动的固定处所,是物理上的空间,又指可以进行一定经营行为和管理行为的管理组织。既是法律主体又是法律客体,是十分矛盾的。另外,在合法性认定上出现了窘境,即经登记为合法,未经登记为非法;同时,对于宗教财产的归属,也存在相当大的缺陷:《物权法》和《民法通则》的规定有名无实,而各类行政性质文件规定又有很大漏洞等一系列问题。法律上的缺陷带来许多现实问题,表现在:

① [法]E·杜尔干:《宗教生活的初级形式》,林宗锦、彭守义译,中央民族大学出版社,1999年版。
② 林本炫:《试论宗教法人的法律属性与地位》,载《台湾宗教学会通讯》,2001年1月第7期。

（一）双重许可制与行政干预过重

关于宗教法人的设立制度，有些国家采取宽松的登记制度，如日本采取认证制度，即仅由主管机关实施实质审查。而我国则实行严格的许可制度，根据《条例》规定我国宗教团体的设立首先要经过主管机关的形式审查，然后再由登记机关实施实质审查。其审查标准并不具体，主观性很强。《条例》规定大抵分为五部分：一有名称、地址和负责人；二需要符合宪法、法律和法规；三经济来源合法；四需有符合宗教历史沿革的；五成员具有广泛性。可以看出其中要求如是否有历史沿革、成员是否有广泛性，都很难衡量和确认，因此行政部门在登记核准成立时具有很大的自由裁量权。这种双重许可制度，一方面加强政府对宗教组织的管理，另一方面也严格限制了宗教的发展。更重要的是，非经依法许可、登记的宗教组织，法律不予认可其地位，不受法律所保护[1]，而经许可、登记的寺庙等主体，可享受税收的优惠特权，甚至还能享受国家的财政拨款，这种公权力干预下两极化的差别对待使得其政治色彩更加浓厚。国家公权力在设立过程中的主导性地位，极大增强了公法人的性质而弱化了私法人的性质，钳制了宗教自治原则的落实，容易导致宗教的政治化和垄断化，有违政教分离的原则。

（二）宗教财产归属不明确与权责不统一

诸如道观、寺庙等宗教活动场所，是否享有宗教财产，特别是观庙塔院等庙产，法律一直没有明确规定。《物权法》仅在第66条规定：社会团体法人所有财产，依法受法律保护。《民法通则》第79条规定：社会团体包括宗教团体的合法财产受法律保护。《宗教事务条例》模糊的规定宗教团体所合法使用、合法所有的房屋土地设施等财产或收益，依法受到法律保护。这些规定并没有很好的引援性，只是象征性的提出而未做明确规定，在我国司法实践中，对于诸如宗教财产的争议，尤其是在关于庙产的争议中，一直倾向于将宗教房屋如寺院等的财产权归属于宗教团体。这使得诸如寺庙等场所虽然没有实质的民事主体地位，却因为名义上有独立的、可供执行的财产，在司法领域里有需要负担民事责任。造成了权责的严重不统一。[2]

（三）主体地位不明乱象横生

由于主体地位和财产归属方面的法律漏洞，宗教的自主和自治受到了极大的破坏，相当一部分地方的宗教组织都在管理委员会、市政府主导下进行活动，很多地方政府和企业借宗教名义大搞"承包""上市"、搞"宗教搭台、经济唱戏"。更有甚者，借建寺筑佛之名，大肆敛财，雇佣假冒神职人员，欺骗游客权益，严重损害了宗教自治和政教分离原

---

[1] 仲崇玉：《从他治到自治：论我国法人人格制度改革从法人本质理论出发》，载《法学论坛》，2011年第3期。

[2] 许小芳：《论寺庙的民事主体地位》，载《湖北工程学院学报》，2015年第5期。

则,甚至违反法律法规和政策,影响极其恶劣。

二、主流宗教法人制度理论及存在的问题

(一)宗教组织法人化的意义

尹田教授认为,法人乃是立法技术和现实需要所诞生的人为产物。而目前我国迫切需要给予宗教组织准确的法律定位,学界普遍认为,真正给予宗教组织法人地位,完善宗教的法人制度,是破除困境、合理规制宗教活动、保障宗教组织合法权益的必由之路。给予有需求的宗教组织以民事主体的资格,使具有权利能力,能够以自己的名义独立行使权利、履行义务和承担责任,具有重要意义:

1.更好的体现和维护宪法和法治原则 一方面,宗教组织法律地位的法律制度的缺失使很多区域被看成是法律盲区、"灰色地带",被不少投机者借机利用;另一方面,宗教组织法人制度的确立,既是维护和贯彻民法领域的意思自治原则的重要举措,又是对宪法所给予公民的宗教信仰自由、结社自由等权利的保护,是法治国家的自由意志和宪政精神的体现。

2.更好的保护宗教组织的合法权益 给予宗教组织独立的法律地位,有利于定纷止争保护宗教组织的财产权,并充分体现其社会价值。更好的贯彻宗教自治、政教分离的基本原则,给予宗教组更合理的自主权,杜绝"被上市""被承包"等现象,有利于宗教的良性发展。

3.更好的规制宗教组织的行为 宗教组织有其"神"性,即有关信仰的崇高性,同时也有其"俗"性,即不可避免会产生财产纠纷等世俗事务,给予适合的宗教组织以必要的能力,用法律对宗教组织的世俗活动进行规制和管理。需要看到的是,关于宗教组织的违法事件并非没有,甚至恐暴事件也非绝迹。因此一方面,使其受私法的法制体系的管理;另一方面,又使其更好的受到公法的规制和预防。

(二)学界主流宗教法人的学说类型

关于如何建立何类的法人制度,众说纷纭,大陆法系的传统法人划分为财团法人和社团法人。对于宗教法人类型的构建理论,根据其设立基础,分为社团法人、财团法人和宗教法人三种模式。

1.社团法人说 社团法人是人合组织,以其成员的组合为基础。此种制度在英美法系国家中普遍适用,其并没有财团法人的制度,只有社团法人的制度,因而宗教组织的法律地位为社团法人。虽然没有财团法人之制度,但是普遍设有信托制度,来代替财团法人的作用。宗教组织作为社团法人,是公益信托的法律主体,按照章程来管理和使用宗教财产。社团法人需要经过依法登记而成立,而非经依法登记的非法人性质的宗教组织,也并非无法律规制。以美国为例,非法人的宗教组织由《美国非法人营利社团法》调整,具有

独立的民事诉讼地位,其法律地位类似于合伙组织。主要支持该说法的学者有徐国栋等,[1] 在其所著《绿色民法典草案》中,将宗教团体定义为公法人和社团法人。支持此种说法的理由主要有:

(1)现行制度的支持。我国现行法律并没有完善的财团法人制度,相关的各项制度亟待完善,因此将宗教组织的主体地位定义为财团法人,并不能够解决因主体地位定义不明而带来的各种弊病。

(2)赋予宗教组织更大的自治权。设立为社团法人的优势在于增强其自主性、能动性,凸显宗教自治的原则。非营利社团法人的社团成员虽然没有股权,却有精神上的社员权,比如法人成员准入的决定权在于社团成员,成员借此可以获得相当大的自治权。同时,成立社团法人还可以凸显出国家的结社自由和信仰自由,具有重要意义。

2. 财团法人说　2016 年 2 月颁布的民法总则专家建议稿中,第 82 条规定:"财团法人,是利用……捐赠财产,以科研……宗教等公益事业为目的……",说明专家建议稿确认了宗教组织是财团法人的可能性。财团法人被认为是具有一定目的的财产,具有按照章程的意识,独立之意思机关并不存在,没有成员。将宗教组织视为财团法人,宗教人员为财团法人的管理者。此制度在德国与台湾地区广泛适用。我国现阶段对于宗教财产归属的规定非常复杂,而认为宗教组织是财团法人的前提,就是宗教财产为宗教组织所有。宗教财产的主要来源是社会各界的捐赠,而一经捐赠,其财产的归属权就已归受捐赠主体所有,并不能因其来源是社会的捐赠而将财产的归属认定为社会所有,而在宗教财产的界定上面,应当以目的财产说为根据,以宗教活动为目的财产应为宗教财产。支持该说法的学者有梁慧星、王利明等人。梁慧星在物权法草案中曾表达,物权法应当明确规定宗教财产属于宗教所有,不应在各类财产归属都已明确规定的同时回避宗教财产的归属。并进一步指出宗教组织之地位为财团法人[2]。王泽鉴也在其著作中表明,宗教组织之主体地位应该为财团法人。[3] 王利明也认为,独立的财产进行独立的活动,符合财团法人的性质。[4] 此种说法的主要理由有:

(1)财产独立。从财产性质来看,宗教组织,例如寺庙、道观,其财产主要是来源于捐赠,是典型的财团法人的特征。庙产主要来源于捐资修建,其他财产则来源于布施、香火等。进行捐资修建寺庙的群众并不参与寺庙的使用,进行布施、香火的群众也不对布施的钱财进行管理,而是由宗教组织对财产进行使用和管理。因此,其性质皆属于捐赠,财产具有独立性。

(2)目的财产。从捐助者的意愿来看,捐助者对于捐助行为乃是独立的目的财产。捐助者实施的捐赠,乃是出于对神佛的恭敬,具有宗教属性。捐助行为,如布施、香火所捐之财

---

①　徐国栋:《绿色民法典草案》,社会科学文献出版社,2004 年,第 10 页。

②　梁慧星:《对物权法草案(第五次审议稿)的修改意见》,载《山西大学学报》,2007 年第 3 期。

③　王泽鉴:《民法总则》,北京大学出版社,2009 年,第 29 页。

④　王利明:《中国民法典学者建议稿及立法理由》,法律出版社,2005 年,第 28 页。

产是捐助给宗教或者宗教组织的,非为单纯捐助给某一自然人或某一非宗教团体,有独立的目的财产。

(3)独立参与民事活动。宗教活动中,各宗教组织均以自己的名义参与民事活动,以自己的名义接受捐赠。并且相互之间独立进行计算而不混同,因此应当认定以独立的名义参与民事活动①。具有独立的主体地位,独立的法人人格。

3.宗教法人说　日本制定了《宗教法人法》,将宗教组织定义为有别于社团法人和财团法人的宗教法人,原因是宗教类型的法人有着既不同于社团法人和财团法人的特点,同时也有着和它们所相同的特点。并不能全将其划为财团法人或是社团法人,而需要建立一种特殊的法人制度对其加以规制。宗教法人不同于社团和财团法人之处在于,它的建立既有人的要素又有物的要素,并对其公益性质和宗教法人设立的目的进行定位。其主要理由为:

(1)宗教组织法人的特殊性。其特殊性体现为不同于社团法人和财团法人的特征。例如很多宗教组织由信徒大会,具有一定的意思机构,而其财产上虽属主要来源于捐赠,但是其他来源也不可忽视,同时使用和管理宗教财产的教组织成员很可能就是主要的捐赠者,所以其性质并不是纯粹的财团法人。

(2)日本的成功先例。日本的宗教法人制度可以提供相当的经验,例如其"圣""俗"分离的原则和认证登记制度,都有相当大的借鉴意义。所谓"圣""俗"分离,是指在神圣即宗教信仰领域、精神领域,由宗教自治主导;而在世俗领域,即涉及与世俗的关系,比如涉及财产关系、债权关系等法律关系方面,由法律来进行规制。而认证登记的制度也是吸取了格式的经验教训而建立,具有一定的先进性。

(三)主流学说的主要问题

财团法人说、社团法人说和宗教法人说的主要问题表现为:

1.社团法人说

(1)配合制度的不完善。我国的财团法人制度亟待完善,但是同时,信托制度同样也并非具体而微,与欧美的信托制度还是存在相当大的差别,例如对于信托财产的归属问题,欧美国家明文规定为受托人所有,但我国法律避而不谈,造成了信托加社团法人的模式也并不能有效解决财产争议。

(2)无法囊括多数宗教组织。我国的宗教信仰种类纷繁复杂,除主流的五大宗教,还有许多民间信仰、各类财产商业神、先贤、保护神等。很多组织有财产而没有成员,以各地妈祖庙宇为例,许多庙宇开放香火、祭拜,却并没有固定的宗教人员②,仅仅有作为管理者的人员或者管理委员会,将其认定为社团法人,显然是不科学和不适当的。

---

① 孙宪忠:《财团法人财产所有权和宗教财产归属问题初探》,载《中国法学》,1990 年第 8 期。
② 仲崇玉:《宗教法人制度论纲》,载《中共青岛市委党校青岛行政学院学报》,2013 年第 3 期。

2. 财团法人说

（1）许多宗教组织社团性质强。财团法人是财产的集合体，但是对于许多宗教组织来说，其社团性质很强。以少林寺为例，对于新成员的准入问题，寺内僧众拥有很大自治权，而并非寺庙章程。许多非物质财产如少林绝技、密宗等，不同于一般的知识产权，其载体是个别特定的成员，具有极强的人身依附性。言传身教以及各种形式的传承作用极其重大，一方面神职人员并非简单的财产管理者，另一方面其财产的人身依附性，表明其并非简单的独立财产。因此不能将之与财团法人等同视之。

（2）有意思机关。财团法人有意思而无意思机关，而不少宗教组织是有意思机关的，与财团法人相异。如天主教有成员大会，能够形成决策。并且很多地区的教堂、教会甚至没有财产，只有成员①。如果将其认定为无成员的财产，显然是定位不当。

（3）财产实际未必独立。如果说宗教组织法人作为财团法人是目的财产，而其神职人员仅仅作为财产的管理者，显然不能正确的反映现实中的财产关系。原因是，许多宗教组织的人员也是财产的捐献者②，甚至是大部分财产的捐献者，既是财产捐献者又是财产管理者，这样的组织显然不能简单地等同于财团法人。其次，对于目前财产归属问题，尤其是庙产的归属问题，存在很大争议。很多宗教财产权具有二元性③。比如有些宗教财产所有权归属于国家，而宗教组织拥有其使用权，因此其能否认定为财团法人存在疑问。

3. 宗教法人说　传统民法的法人分类并没有宗教法人，若创设宗教法人，则在逻辑的严密性上缺乏有力的论证。另一方面，世界上仅有日本设立宗教法人，且并未处于尚未成熟的阶段，仍需研究和探索，也有待于时间的检验，其间日本也发生奥姆真理教等邪教、东京沙林毒气等组织犯罪。因此日本的宗教法人制度也存在缺陷，有待考证。

三、建立多元化的宗教主体制度

单一的法人制度不足以适当的调整所有的宗教组织关系。有学者提出应当采用灵活多元的法人制度④，即不将宗教组织一概而论的认定为某一类型的法人，而是根据其特点，自主自愿的选择相适应的法人制度，这种观点是较为合理的。然而，并不是所有的组织都适合法人制度，以宗教组织为例，很多私人捐助设立的小寺庵，仅供个人、家庭或极小范围的群体所用，没有成立法人的现实需求，但也应当确认其合法地位，不成立法人即为非法显然也是不可取的。所以，对于非法人宗教组织的法律地位也必须予以明确。笔

---

① 嘎玛德吉：《论宗教团体的主体地位》，中国政法大学 2012 年。
② 刘玉管：《宗教法人制度探析》，《法制与社会》，2008 年第 2 期。
③ 张建文：《特殊类型的公共财产：寺庙道观产权归属的解释逻辑与理论张力》，载《法学杂志》，2015 年第 8 期。
④ 吴才毓：《民法典中宗教组织的法人化类型》，载《政治与法律》，2015 年第 10 期。

者认为,采取灵活的法人制度的同时,也应重视非法人组织的法律制度的完善。非法人的宗教组织没有法人待遇,国家在宗教政策上应当给予一视同仁的对待,不能和宗教法人有所区别,更不应视其为非法组织。对于其监管,可以采用备案等手段配合监督。

(一)宗教组织法人化类型探讨

对于符合条件并且有成立法人现实需求的宗教组织来说,应当探讨其法人的类型,按照大陆法系可将法人分为财团法人和社团法人,2016年2月颁布的民法总则专家建议稿中的财团法人,确认了宗教组织是财团法人的可能性。但对于宗教组织是否都是财团法人,是否可以成为社团法人,以及非法人宗教组织的地位等问题,并没有详细规定。

我国《民法通则》将法人分为四类:即机关法人、事业单位法人、企业法人和社会团体法人。对于以上四种分类方式来说,宗教组织若进行法人化,不能够归纳为任何一种。

首先,宗教组织显然不是机关法人。否则公权力和宗教势力交织不易厘清,且破坏政教分离的基本原则。

其次,也不是企业法人。有争议的是,近年来中国"四大名寺"争相上市,以少林寺为例,早在上市风波之前,少林寺旗下就已经成立了多家实业公司,如少林寺香堂有限公司、食品发展有限公司等。这其中一个重要的原因,就是对于宗教财产的界定不明,寺庙的土地产权非属寺宗教组织所有,僧人的生存来源被遏制,因此需要向市场进军。另一个原因则是地方职能部门利用宗教组织谋利。一般认为,宗教组织应是非营利的、公益的,这是宗教本身的性质所决定的①。尽管其出于需要进行经营行为,但其经营所得利润不是为了向成员分配,不应据此认定为营利组织。如果宗教褪去了公益的外衣,那就与其初衷背道而驰。

再次,亦不是事业单位法人。关于是否是事业单位法人,存在争议。一种说法认为,事业单位的法定公益职能为科学、教育、文化、卫生等方面,不包括宗教活动,因此宗教组织不是事业单位。另一种说法则认为,一部分宗教组织的地位是非行政管理的文化事业单位。② 然而事业单位法人的内涵太过庞杂,同属事业单位法人的组织之间差异极大,事业单位的规范不能兼顾宗教组织的特殊性;相比之下社会团体法人的地位更能够发挥宗教组织地位独立、自主管理的特点,但是单纯的社会团体法人制度也显然不能够满足宗教组织在经济发展中的制度需求。

由上可知,此种分类有很大弊端,马俊驹教授概括为:公私法人划分不清;以所有制类型区分已不适应现代经济生活;事业单位法人范围宽泛;财团法人制度缺失。具体到宗教组织主体的问题,就是不能够准确地将宗教组织划入其范围。如今学界探讨制定民法典总则可谓如火如荼,需要直面法人类型的划分问题。

不论其地位应当属于社会团体法人,还是其他类型的法人,其性质都应该是公益的、

---

① 何光沪:《宗教应该是非政府和非营利的组织》,载《世纪大讲堂》,2013年1月第3期。
② 钟秀勇:《钟秀勇讲民法·法人篇》,中国政法大学出版社,2016年版。

非营利的,当属于非营利法人。所谓非营利法人,就是不以向成员分配利润分红为目的,以自己的名义进行活动的法人。与营利法人最主要的区别,就是其单向的财产构造。完全隔断法人与自然人人格属性,失去了实在人格而成为彻底的拟制人格,税兵教授将其概括为"股权缺失"。而与非营利法人相对应的是营利法人,按照大陆法系对法人种类的划分,需要注意的是,非营利法人既可以是非营利的财团法人,也可以是非营利的社团法人,两种划分方式并不矛盾。而非营利财团法人与非营利的社团法人的核心区别,在于非营利财团法人的活动不对财产的捐赠者负责,非营利社团法人虽然不对成员进行分红,成员亦不享有股东权或类似权利,但其需要保障其成员的精神上的"股权"。因此,非营利的社团法人是可以通过内部机制自我制约的法人,而财团法人则更需要外部的监督机制来保障目的财产。

法人化的宗教组织,符合非营利法人的本质。宗教事务不是普通的契约合同所能规制的,原因是宗教如果可以用一般的价值符号(如金钱)去衡量则会失去存在的根基,即群众的信任。同时,政府不便过多插手宗教事务,而宗教在现阶段又有其存在的价值和需求,于是这种公共服务通过捐赠者的捐赠行为得以建立和发展。因此法人化的宗教组织即宗教法人,是非营利法人。

(二)民法典编纂的具体制度建议

2016 年 2 月颁布的民法总则专家建议稿中财团法人规定:"财团法人,是指利用自然人、法人或者其他组织捐赠的财产,以从事慈善、社会福利、教育、科学研究、文化、医疗、宗教等特定公益事业为目的,依照法律规定成立的非营利性法人。"这一条确认了宗教组织成立财团法人的可能性,但对其他问题并无详细规定。笔者认为有必要将宗教组织以及相关法律制度纳入其中,具体的建议有:

1. 认证制度　目前对于宗教组织法人化所必须经过的成立环节,有的国家采取较为宽松的登记制,我国采取的是较为严厉的许可制。登记制能够较大程度的保证宗教的自主权;许可制有利于政府进行监督与规制,但存在宗教同政治粘连混淆认证的问题。对此可以参照日本宗教法人所采取的认证制度,即通过资格认证标准的组织,准许予以登记,此制度宽严相济,较为适当。日本历史上曾经采取登记制度,但出现了麻原张幌的"奥姆真理教"邪教事件和东京沙林毒气事件,可见登记制的严重弊端。而我国目前采用许可制度,过多的钳制了宗教的发展,并且政治色彩太浓。因此宽严相济的认证制度比较适当,这是实践的经验和教训所得出的。①

2. 自由登记制度　关于非法人宗教组织的合法地位,法律应当给予明确的定位。成立法人即为合法,不成立法人即为非法,显然是不适当的,因宗教组织的具体情况和需求进行自由登记是十分必要的。不能凭借登记与否而对其差别对待,政策上应不偏不倚,其区别仅仅应是法律上的区别,比如有无权利能力。对于非法人宗教组织的规制,应参

---

① 　朱琳:《日本宗教法人认证制度及其启示》,西南政法大学出版社,2014 年版。

考国外成功经验,对法律进行完善。

3. 明确的财产制度 民法总则专家建议稿中民事权利客体一章,没有明确规定宗教财产是否属于民事权利客体,属于何种民事权利客体,也未出现"寺、庙、社、宫、观、教堂"等名称。《民法通则》和《物权法》中均未对其做出准确的认定。《文物保护法》规定,宗教财产一旦被认定为文物,则为国家所有。国务院下达的文件和规定,则认定的比较混乱,以庙产为例,有归集体所有、教会所有、信教群众所有、私人所有,等等。明确宗教财产归属是打击"被承包、上市"等种种乱象的重要前提。因此需要建立宗教财产制度,摒弃"捐赠者即为所有者"的错误观点①。无论是属于国家、集体还是私人的宗教财产,都应加以保护,避免非法侵占、强拆、承包等乱象。

4. 非营利性社团法人的规定,以及非法人宗教组织的民事主体地位 中国法学会民法总则专家建议稿中,规定财团法人是非营利性法人,但在社团法人中,只规定了营利性社团法人的一般规定,对于非营利性社团法人只字未提,此处遗漏应予重视。另外,在非法人组织一章,非法人的宗教组织是否属于其他组织,其成立是否以登记为要件,如果不属于其他组织是否具有诉讼地位,没有明确规定。美国的《非法人非营利社团法》规定,对于没有法人地位的宗教组织来说,虽然其不具备权利能力,但是具有独立的诉讼主体地位,可以作为"法律主体"来进行诉讼,值得研究和借鉴。民法典必须直面宗教组织的法律困境,通过对此回应来真正做到定纷止争,使宗教活动有法可依。

四、结语

建设社会主义物质文明的同时需要完善相应的法律制度,而法人制度是立法技术与社会发展需求结合的产物。宗教组织法人化的法律困境,需要立法进行明确的回应。确定宗教法人类型时不宜将其单纯视为"财团法人"或"社团法人"抑或"宗教法人"中的一类。应因其组织特点的差异而差别对待,以防措施太猛,更将无间。这样才更加符合我国国情,更能有效地解决宗教活动中所出现的弊病,更好的补充法人制度,推进国家对宗教的治理,满足建设社会主义法治国家的制度需求。

---

① 冯玉军:《中国宗教财产的范围和归属问题研究》,载《中国法学》,2012年第6期。

有限责任公司股东申请强制清算实务问题研究

翟宝红　张　倩①

【摘要】 有限公司股东为保护其合法权益,向法院申请强制清算,法律上的规制不足以解决实践中的难题。应当将强制清算案件单独立案,并由专业的审判庭进行办理,在性质上属于非诉案件。强制清算案件的申请主体包括债权人与公司股东;被申请主体是公司,为了查清案件事实,法院可以依职权追加公司其他股东作为第三人参加程序。本文对股东能否同时提起解散公司之诉和强制清算程序、强制清算案件的适用条件、立案、审查、管辖法院、审理期限等进行了解析与评判。

【关键词】 公司股东　强制清算　非诉案件

引言

(一)案情介绍

焦作市红太阳家具有限公司成立于 2005 年 7 月 5 日,注册资本 50 万元人民币,股东褚人钳持有公司 16.08% 的股权,公司章程及营业执照载明营业期限于 2015 年 7 月 4 日届满。现营业期间届满,股东褚人钳与公司其他股东之间亦未召开股东会延长营业期限。股东褚人钳多次与公司其他股东联系,要求召开股东会、董事会,拟成立清算组,对公司进行清算。其他股东却置之不理,导致公司未在法定期限内成立清算组进行清算。公司股东褚人钳为维护自身合法权益,顺利退出公司,依法申请人民法院指定清算组对公司进行强制清算。

(二)裁判结果

一审法院经审理认为:被申请人公司的营业执照上载明的经营期限已经届满,但公司章程中约定的经营期限并未届满,公司营业执照上载明的经营期限,经公司申请,可以

---

①　翟宝红,法学硕士,河南理工大学文法学院讲师。张倩,焦作市解放区法院法官。

进行延展,并不必然导致经营的停止。且强制清算程序是不可逆的,启动之后会对全体股东的权益产生重大影响,故一审法院裁定不予受理。

申请人依法提出上诉,二审法院认为:一审法院程序违法,发回重审。

后一审法院重审,经听证查明事实后认为:被申请人的营业期限已经届满,根据《公司法》第180条规定,"公司因下列原因解散:(一)公司章程规定的营业期限届满或者公司章程规定的其他解散事由出现;……"根据《公司法》第183条规定和《最高人民法院关于适用〈公司法〉若干问题的规定(二)》第7条规定,在公司出现解散事由后,应在15日内成立清算组,开始清算。现被申请人公司营业期限已经届满但至今尚未成立清算组,部分股东认为被申请人尚未发生解散事由的异议不成立,申请人褚人钳在债权人未提起清算申请的情况下,其作为公司股东有权向人民法院提出强制清算申请,该申请并不违反法律规定,本院对该申请予以受理。

(三)裁判评述

本案中,被申请人因股东之间矛盾导致经营停滞,最终造成公司营业执照上载明的营业期限届满,又未召开股东会延长经营期限。公司营业期限届满系2014年新《公司法》第180条规定的公司解散的法定事由之一。按照《公司法》第183条规定,公司应当在解散事由出现之日起15日内成立由股东组成的清算组,开始清算。但由于其他股东对申请人进行清算的提议置之不理,并拒绝提供清算所必需的文件资料,导致清算无法进行,而公司债权人又没有向人民法院提出强制清算的申请。在此情况下,褚人钳以公司股东的身份向人民法院提出强制清算申请,符合《公司法解释二》第7条第3款之规定。法院经审查依法受理并指定清算组进行清算,彰显了强制清算制度保护股东利益的价值取向。

(四)问题的提出

清算是有限责任公司退出市场的必经程序,司法实践中出现很多有限责任公司解散后怠于清算案件,给有限责任的中小股东造成了极大的损害。《公司法》对公司的"出生"内容进行了详细规定,但对其"死亡"的规定却很少。

虽然我国现行《公司法》、相关司法解释中存在有限责任公司怠于清算时保护中小股东权益的内容,但关于公司清算的规定不足,对公司的强制清算程序的规定更过于原则,操作性不强。无论对于法官、还是律师在办理这类强制清算案件中都遇到了一些实际性问题。恰逢笔者在去年参与了一起关于股东申请强制清算案件,由于该类案件不普遍,许多问题需进一步明晰,因此,笔者就在此做一些思考与梳理,谨供大家参考并提出建议。

一、关于股东申请强制清算案件的性质

公司强制清算制度在我国新《公司法》、《公司法解释二》以及2009年的《会议纪要》

中都有涉及，但是都没有对该类案件的性质做出明确规定，只是在《会议纪要》开头的立法背景中提到"非诉程序的特点"，对此态度还是比较模糊。在实践中各地法院对其性质的认定不一，笔者查阅相关资料，法院大体上有三种做法：第一种，认为该类案件是普通的诉讼案件，当事人都是以起诉书方式提起公司强制清算申请，法院以一般民商事案件确立案号，双方当事人以原、被告称呼，法院以判决书方式判决；第二种，认为是执行案件，如陕西省某中院受理某公司强制清算申请后，将该案件移交该院执行局办理；第三种，认为强制清算案件在性质上属于类似于破产清算案件的特殊程序，以破产清算的程序进行办理。针对这三种情况，结合公司强制清算的整个程序：受理——指定清算组——监督与检查——确认公司清算方案和清算报告。由此可见，在整个程序中，公司强制清算案件大量的工作是由清算组开展并完成的，这与普通诉讼案件中主要由法院组织审理并裁判的特点有巨大差别。当然，强制清算案件更不能以执行类案件来处理，刚提到的案件最终由陕西省高院依法撤销某中院的裁定。综上，笔者认为强制清算案件与破产清算案件在程序有一些共同之处，也是一个特别程序，案件立案时应该以清算案件单独立案，并由专业的审判庭进行办理。总体上，强制清算案件在性质上属于非诉案件，虽然在相关的法律上没有明确予以规定，但最高人民法院民二庭负责人就《关于适用〈中华人民共和国公司法〉若干问题的规定（二）》答记者问中明确"公司清算案件性质上属于非诉案件"。同时，《会议纪要》中关于强制清算案件的案号管理中也体现了这一点，以"（XXXX）XX法X清字第X号"形式作为案号，笔者认为这也是肯定非诉性质的一种体现。

二、关于强制清算案件的申请主体

在1905年《公司法》第184条中只规定了债权人可以申请法院指定清算组，未对公司股东作出规定。直到《公司法解释二》第7条第3款规定，公司股东有权申请法院指定清算组进行清算。2009年《会议纪要》中也确认了这两类主体。笔者认为，在债权人的基础上又规定了公司股东，是立法不断完善的体现。公司股东有权维护其合法权益，不能排除他们申请公司清算的权利。而且根据近几年最高人民法院公布的生效法律裁判文书统计发现，提起公司强制清算的主体大部分都是公司股东，债权人反而因自身利益的考虑积极性不高。为什么会出现这种情况呢？笔者注意到《公司法》第183条的规定，这是一条关于股东请求解散公司的诉讼，该类案件大多都是股东、董事之间长期存在冲突，无法达成一致意见，导致公司陷入僵局。针对这类案件，即使法院最后判决公司解散，那么解散后能否在15日内成立清算组进行清算？很显然，非常困难。所以，中小股东为了能分配公司剩余财产，顺利退出公司，不得不向法院提起强制清算申请，笔者认为，公司强制清算案件中这种情况占多数。笔者代理的强制清算案件也属于这种情况。股东之间因种种原因无法正常履行清算程序，股东不得不向法院提起公司强制清算申请。除了这两个主体具有申请的权利，有学者认为，应扩大申请主体的范围，比如可以包括结欠工资的公司员工、结欠社保费用的劳动部门、结欠税金的税务机关等等。笔者认为，没有这个必要，上述主体可以采用其他的救济途径解决，比如劳动仲裁、申请法院强制执行等。此外，当事人申请强制清算时与普通的诉状有所不同，以申请书形式提交。

三、关于股东申请强制清算案件的被申请主体

公司解散后，怠于自动进入清算程序，股东提起强制清算申请，被申请主体的确定存在争议。

一种意见认为，被申请主体应为控制股东，由于公司出现解散事由后，公司管理层已不能正常的做出应对处理，也不能正常有序的执行相关强制清算的判决，因此申请公司成立清算组是不现实和不经济的，应直接跳过公司，由控制股东直接申请其为公司进行清算。

一种意见认为将公司和控制股东列为被申请人，要求成立清算组。公司作为怠于履行清算义务的直接行为方，是当然的被申请主体。同时由于在公司出现解散事由陷入二次僵局后，控制股东以自身行为使得公司怠于履行清算义务，构成对小股东权益的侵害，公司和控制股东行为已违反了《公司法》关于公司成立清算组的规定，怠于履行相关义务，使得申请人可以直接请求公司和控制股东成立清算组进行清算。

还有一种意见认为，股东应首先申请法院对公司进行清算，被申请主体为公司，若公司不履行的，法院可经申请人申请指定成立清算组。这种意见的法理依据是，股东在履行了出资协议的有关义务，通过了公司章程，公司取得了法人资格，就意味着股东已相对地独立于公司，公司拥有了自己的自治力。由于控制股东的原因引起公司怠于履行清算义务，但直接的义务履行主体应为公司，而与股东无涉，在资本多数决的决策机制下，控制股东违反信义义务使得小股东可申请法院对公司进行清算，以打破公司二次僵局，但控制股东该行为应由公司对该控制股东提起损害赔偿请求权的方式来维护，清算的被申请人只能为公司。但是笔者认为，为了查清案件事实，法院可以依职权追加公司其他股东作为第三人参加程序。

四、股东能否同时提起解散公司之诉和强制清算程序

有观点认为，当事人可根据自身案件的情况，在申请公司解散的同时也申请强制清算。一方面可简化诉讼程序，提高诉讼效率，另一方面节约时间，更好地维护当事人的权益。但是，《公司法》司法解释（二）第 2 条规定，"股东提起解散公司诉讼，同时又申请人民法院对公司进行清算的，人民法院对其提出的申请不予受理"。其法理依据是：①虽然公司解散都必然地会启动清算程序，但股东申请解散公司和申请法院强制清算公司是两种不同类型的案件，前者是一般民事诉讼案件，后者是适用特别程序的案件，这两类案件在审判程序上完全不同；②从根本上讲，公司解散之诉尚未判决前，无法确认公司已进入

解散状态,强制清算公司的前提条件并不具备;③公司解散在时间上是一个点概念,而公司强制清算则要持续一段时间,是一个过程;④公司解散的原因规定在我国《公司法》第180条中,而公司强制清算的原因则是公司解散后自行清算不能或出现显著障碍;⑤并非所有的公司解散都将导致公司强制清算,公司解散后能依法自行清算的,无须强制清算,如公司合并或者分立而解散时,由于公司的财产和债权债务关系由新公司概括承受,没有必要对公司进行清算。

所以,申请人股东应当在人民法院判决解散公司后自行组织清算或者另行申请人民法院对公司进行清算。

五、股东申请强制清算案件的适用条件

在股东申请强制清算程序中,公司对清算事务的自主性受到限制,使得强制清算的程序运行要求比自行清算更为复杂,因此,公司股东申请强制清算应当在法律明确授权的前提下才可以启动,启动事由也应由法律明确规定。

强制清算申请的相关规定:①公司解散逾期不成立清算组。《公司法》第183条规定公司出现解散事由后,应当在15日内成立清算组,公司的清算义务人(有限责任公司的股东)逾期不成立清算组,人民法院指定清算组进行清算;②虽然成立清算组但故意拖延清算。《公司法》司法解释(二)第7条第2款规定,申请人在"虽然成立清算组但故意拖延清算"时可以申请人民法院指定清算组进行清算。公司故意拖延清算必将损害相关权利人的权益。基于公平正义的考虑,法律赋予利害关系人在此种情况下享有申请人民法院强制清算的权利。

笔者了解到,在实际审判工作存在大量怠于清算的案件,主要包括以下几种情况:公司出现解散事由而股东会决议不清算;公司解散后不及时成立清算组及成立清算组后没有完成清算;因负有清算义务的主体的作为和不作为导致清算所需的主要文件灭失,清算客观上无法进行。可以看出"怠于清算"的几种情形都包含了清算义务主体的懈怠主观状态和由此导致的一系列客观事实。因此,笔者认为"怠于清算"才是股东申请强制清算的最根本条件。

六、关于股东申请强制清算案件的立案

在代理焦作市红太阳公司强制清算案件过程中,笔者感触最深刻的就是立案问题,可以说这是律师代理该类案件的一个难题。比如该案中从代理人第一次向法院提交强制清算申请书至最后正式立案前后,经历一审、二审、发回重审,历时半年多,单纯为立案的事情,我们到某基层法院和中级法院去了十多次。从这可以看出公司强制清算案件立案的艰难性。笔者总结几点原因:一是由于法律没有对强制清算程序做出具体的规定,较为笼统,操作困难;二是没有相关的案例可以遵循,一旦受理,如果清算中出现问题,将

无法结案,法官不愿意轻易尝试;三是立案庭不独立,立案庭法官遇到新类型的案件时,总会事先征求审判庭的意见,对于审判庭而言,肯定不愿意接收那些新型、生疏的案件,因此,法院总会以各种理由推脱。笔者认为,立案庭只需要进行形式审查,只要对申请人的主体资格,公司是否已经发生解散事由,申请人对公司是否享有债权或者股权等内容进行审查,相关的材料齐全,就应予以立案。如果资料不齐全,应责令在规定的时间内更正、补充,否则不予立案。至于实质性的审查,应该由相关的审判庭进行操作。但是实践中,律师的立案并不会这么顺利,笔者建议要做好充分的准备工作:一、在材料上要非常充分、齐全,尽量不要让法院在材料上做文章,尽量做到万无一失;二、可以准备好相关法律依据,在法院找理由拒绝时,我们可以拿出法律依据,让法院了解到这是当事人申请的权利,这样在法律上又做到了"合法";三、在思想上要有坚定的信心,一定要有打"持久战"的心理准备;四、如果最后法院还是不予立案,那么律师也要尽量拿到不予受理的裁定文书,这样,就可以作为上诉依据。

七、关于股东申请强制清算案件的审查

上面刚提到立案庭应当进行形式审查,正式审查应当由专门的审判庭处理。下面笔者就审判庭的审查受理作一些梳理。首先是审查方式,主要分为两种:第一种,采用书面审查方式,这主要针对案件事实清楚、法律关系明确、证据确实充分的情形,当然这不是法院单方面决定的,需书面通知被申请人和第三人,征求他们的意见,对书面审查方式是否有异议。如没有异议,则采用书面审查。第二种,采用听证会方式,根据听证会的相关规定,进行听证审查。《会议纪要》中规定这是一种常态方式。但是,笔者认为没有必要,应当"书面审查为主,听证审查为辅"。听证会适用到案情复杂的案件是合理的,但是对于一般的案件书面审查即可。因为第二种程序过于复杂,时间间隔比较长,会大大延长整个清算程序的运行,降低整个清算程序的效率,而且在实质上没有这种必要。《会议纪要》第15条规定:"人民法院受理强制清算申请后,经审查发现强制清算申请不符合法律规定的,可以裁定驳回强制清算申请"。因此,即使审查不到位,那么在后面的监督和清算过程中仍有相关的救济途径,即可以裁定驳回强制清算申请。

此外,笔者认为《会议纪要》第15条的规定也存在一定的问题,根据强制清算的程序,审查过程是在受理之前的过程,但是根据这一规定,似乎审查工作是在受理强制清算申请后。因此,笔者认为应当将这条规定予以修改,建议后半句改为"经清算发现强制清算申请不符合法律规定的,可以裁定驳回强制清算申请。"

关于审查的内容,主要有三个部分:申请人是否具备申请资格;被申请人是否已经发生解散事由;强制清算申请是否符合法律规定等,审查终结后,法院审判庭做出是否受理强制清算申请的裁定。对裁定不服,申请人还可以提起上诉。

八、关于股东申请强制清算案件中人民法院的职权

《公司法》对人民法院在清算中的职权作了笼统规定,法院既非清算义务人更非清算人,其只是依法主导公司进入清算程序的权力机关。根据《会议纪要》的规定,人民法院在强制清算中的职权有:

1. 召开听证会　在法院决定是否受理股东申请强制清算时应当召开听证会。及时通知申请人并递送相关材料。听证的内容主要包括:申请人资格、公司是否发生解散事由、是否符合强制清算的法律要件等。对于法律关系清楚,事实明白,证据充分的,法院在申请无异议的情况下,也可以采用书面审理的方式进行,而不用召开听证会。

2. 受理权及财产保全　公司解散事由出现后,往往是人去楼空,财产、账簿等重要文件资料也尽皆灭失,人民法院由于取证困难,一般情况下,法院对于此类案件是不予受理的态度。但《会议纪要》要求人民法院必须受理,这在司法实践中是一大进步。虽然也只是做了原则性的规定,并没有很强的操作性。比如对被申请人主要财产、账册、重要文件灭失等的强制清算案件做了分类,对尚有部分财产、资料的,对现有债务进行公平清偿后,人民法院可以裁定终结强制清算程序。对于没有任何财产、资料的,人民法院可以直接裁定终结强制清算程序,在此情形下,股东及其他利益相关方的利益依然没有得到很好的保护。

3. 任免、增加、替换清算组成员　当人民法院指定的清算组成员存在违反法律规定,不当行使权利损害小股东、债权人等利益,或丧失作为清算组成员资格和能力时,法院可以依当事人申请也可依自身职权及时更换清算组成员,另行指定他人为清算组成员。当清算组成员就清算事宜发生争议时,必须由法院出面来进行裁决。

4. 监督检查权　法院自身拥有监督检查权,也可选派中介机构作为检查人,对公司清算中可能存在的损害事项进行调查,并将调查结果书面报告法院,由法院决定是否追究相关人员责任及有无保全处分的必要。人民法院发现公司资不抵债时,应当督促清算组依法向法院申请宣告破产,并及时受理破产申请。法院还应对清算过程中的资产清理、变现行为进行监督,要求清算组及时报告,发现违法行为及时制止和纠正。

5. 决定清算相关支出及清算人的报酬　对于清算的相关支出,法院应予以检查,并根据实际情况予以调整。对清算人的报酬,应由法院根据市场标准确定,并可参考清算组成员的意见。

6. 确认清算方案及清算报告,终结清算程序　清算开始后,清算组应将清算方案报告法院,清算结束后,清算组也应及时将清算报告报告法院,法院应及时确认,终结清算程序,维护市场经济稳定。

九、关于股东申请强制清算案件的申请费

申请强制清算案件的收费标准,我国《诉讼费用交纳办法》和相关司法解释都没有作

出明确规定。有人认为,公司强制清算案件是非诉案件,因此可参照《诉讼费用交纳办法》规定的非财产案件收费标准收费;股东申请强制清算案件虽然不能适用普通程序审理,但股东提出申请的目的是为了解决公司财产的分配问题,必然牵涉到公司财产,属于财产案件,如果按非财产案件标准收费并不适当。还有人认为,按被清算公司的注册资本额为财产标的收取,这种收费办法易于操作,但因股东申请强制清算的目的是处理公司的剩余财产,而公司的剩余财产状况与公司的注册资本并没有必然联系,如果按注册资本作为标的收取诉讼费,则有可能出现注册资本额多而剩余财产少的情况,导致的结果就是股东交的诉讼费多而获取的收益少。

事实上,关于强制清算案件的申请费在规定上是一个非常清楚、简单的内容。《会议纪要》中有规定,笔者对此梳理后罗列如下:首先总的原则是参照《诉讼费用交纳办法》关于企业破产案件申请费的有关规定;其次在细节上也做出相关规定,一是以强制清算财产总额为基数;二是按照财产案件受理费标准减半计算;三是在受理强制清算申请后从被申请人财产中优先拨付;四是如果程序转换为破产程序的,不再另行计算破产案件申请费;五是设定最高限额为 30 万元。关于这个规定是非常明确的。所以,笔者认为这本不是一个需要探讨的问题,但实践操作中对这个问题的理解不一致。法院在收取费用的过程中有如下问题:一是未按照规定参照破产案件的申请费的规定计算;二是法院并不是从被申请人财产中优先拨付,而是由申请人预先支付。法院的这种操作在一定程度上给申请人增加了一些附加性的义务,提高了申请人提出申请的门槛,加大了申请人申请的风险,从而损害了申请人的有关利益,更严重的可能会降低申请人申请强制清算的积极性。因此,笔者认为,法院严格按照法律规定的程序进行操作更能体现法律的公平正义。

十、关于管辖法院及审理期限

(一)管辖法院

《公司法》司法解释(二)第 24 条规定:解散公司诉讼案件和公司清算案件由公司住所地法院管辖。公司住所地是指公司主要办事机构所在地。公司办事机构所在地不明确的,由其注册地人民法院管辖。基层人民法院管辖县、县级市或者区的公司登记机关核准登记公司的解散诉讼案件和公司清算案件;中级人民法院管辖地区、地级市以上的公司登记机关核准登记公司的解散诉讼案件和公司清算案件。该条既规定了地域管辖,也同时规定了级别管辖。

(二)审理期限

依《公司法》指定清算组进入公司强制清算程序后,实际清算人拖延清算的情况比比皆是,不仅大大增加公司清算费用,削弱公司民事责任承担能力,而且被清算公司与其他法律主体已经发生的各种经济关系,将会处于长期不明确状态,势必影响正常的市场社会秩序,而且这种不知何时结束的清算严重危害了公司股东及其他利益相关方的合法权益,更影响到了公司制度的健康发展。因此,必须给清算程序设置一个较为合理的期限。

《公司法》司法解释(二)第16条规定,对公司的强制清算的期限做了较为切实可行的规定:"清算组应当自成立之日起6个月内清算完毕,如有特殊情况无法在6个月内完成清算的,清算组应当向人民法院申请延长。"但对延长的期限未做出规定,不能不说是个遗憾!

十一、关于法院指定清算组相关问题

法院指定清算组是公司强制清算案件中最主要的程序之一,清算组的工作贯穿于整个清算程序,具体的实体工作基本上是由清算组完成,清算组的选任对整个清算至关重要,下面笔者就清算组的相关问题作一些梳理。

(一)清算组的选任

清算组的选任有一个严格的程序:①优先考虑公司相关人员,包括公司股东、董事、监事、高级管理人员。因为一方面上述人员相对于其他人,对于公司的相关情况更加了解,另一方面因为清算结果关系到他们自身的利益,尤其是公司股东,因此,如果有上述人员组成清算组不但能提高清算效率,而且可以更好地维护被申请人的利益,减少各方面的清算成本。但是,选任上述人员也有非常严格的条件,简单概括是:"能够、愿意、利于"。"能够"是指上述人员有组织清算工作的能力;"愿意"是指尊重上述人员的意愿;"利于"是为了维护各方主体的利益,选择有利于清算的人员组成清算组进行清算。②在第一种情况不合适的情况下,由法院从破产清算案件管理人的名册中选任,可以选择名册中的中介机构或者个人组成清算组;③结合前两种方式,由公司相关人员与名册中中介机构或者个人组成清算组。上述三种方式在《会议纪要》中有所规定,但是,笔者认为,清算组成员不应该只限于这三种方式,只要是熟悉清算业务,能胜任清算工作的相关组织或者个人都可以选任,比如相关的会计事务所、律师事务所、熟悉清算业务的法律专业人员、会计专业人员等等都可以成为清算组成员。另外,法院指定的清算组成员应当为单数,同时经成员推选或者法院依职权指定清算组负责人。

法院在指定清算组成员的实践中往往会遇到一些棘手的问题,比如股东之间在清算组成员问题上难以达成一致意见;或者一部分股东赞成中介机构加入,另一部分则排斥中介机构;或者一致排斥中介机构,而缺少中介机构又使得一些专业性问题难以解决等等。这就要求法院提高适用法律的能力,做到"有所为、有所不为",既要尊重当事人意思自治,又要保证清算程序合法有序进行。

(二)清算组的报酬

关于报酬,针对不同的清算组,《会议纪要》做出了不同的规定:一是对于上述清算组成员的第一种情形,规定公司股东、实际控制人担任清算组成员的,不计付报酬。上述人员以外的有限责任公司的董事、监事、高级管理人员担任清算组成员的,可以按照其上一年度的平均工资标准计付报酬。笔者认为,该规定不利于提高公司股东、董事等高级管理人员参与公司强制清算的积极性。依上述清算组成员内容分析,由公司股东、董事等高级管理人员参与清算工作有较大的优越性,《会议纪要》中也主张"优先考虑"。但在报酬的规定上,未能达到《会议纪要》的立法用意。因此,笔者认为,针对公司成员组成清算组的报酬,一定要做出适当的规定,至少不能低于他们平时的报酬。这样才能调动他们参与清算的积极性,也有利于整个强制清算程序的顺利进行。二是对于由中介机构或者个人组成清算组成员的,规定由中介机构或者个人与公司协商确定;协商不成的,参照《最高人民法院关于审理企业破产案件确定管理人报酬的规定》(简称"破产管理人报酬规定")确定。笔者认为,首先双方协商确定,这是最好的处理方式,但是往往可能协商不成,在这种情况下,《会议纪要》规定参照《破产管理人报酬规定》,但在按照规定确定清算费用时,适用的比例应当比适用破产清算的比例更低,因为破产清算是公司资不抵债,资产相对较少,按照相应的比例计算是合理的,而公司强制清算则不同,公司是盈余的,而且大部分企业资产总额比较大,如照这种算法的清算费用是非常高的,因此必须适当降低计算比例。

十二、关于公司账册及重要文件灭失的处理办法

实践中,被申请人解散后不依法清算,股东申请强制清算时很多公司早已人去楼空。而法院想要对其进行强制清算,必须找到公司的财务账册,没有账册或者持有财务账册的股东、公司人员拒绝提供,导致无法清算的现象还是比较普遍存在的。对此,《公司法》司法解释(二)第18条、第20条以及《会议纪要》中对此问题又做了进一步补充。在审理这类案件时,应当注意以下几个方面:

第一,对于股东申请公司强制清算的案件,人民法院不能因为被申请人的主要财产、账册、重要文件等灭失或者被申请人人员下落不明无法进行清算为由不予受理。也不能以股东无法举证证明债务人有拖延清算、不进行清算或违法清算的情形,侵犯了股东及利益相关方的合法权益的行为,不受理股东的申请。

第二,人民法院受理股东申请后,应当要求清算义务人及相关人员提交企业真实的财务账册,否则可采取拘留、罚款等强制措施,仍然不提交的,法院应以无法清算为由终结清算程序;对于没有任何财务账册且清算责任人下落不明的,法院也应终结清算程序。人民法院终结强制清算程序同时应明确告知申请人,如有证据证明其他股东或清算义务人侵犯其合法权益的可以以其他股东或清算义务人为被告提起诉讼。根据《公司法》司法解释(二)第18条规定:"清算义务人因怠于履行义务,导致公司主要财产、账册、重要文件等灭失,无法进行清算的,债权人主张其对公司债务承担连带清偿责任,人民法院应予以支持。"按照立法本意,债权人可以,股东应当也是可以的,因此,如果法院以无财务

账册无法进行清算为由,终结清算程序,股东可以主张清算义务人对其合法利益受到的侵害承担连带清偿责任,只有这样才能有效地保护申请人股东的合法利益。

十三、关于清算方案与清算报告的确认

清算方案与清算报告的确认是公司清算中非常重要的一个组成部分。根据《公司法》司法解释(二)规定,人民法院组织清算的,清算方案应当报人民法院确认。而在《会议纪要》中未作出规定,笔者认为对于这一规定过于简单,法院在确认之前应当增加股东或者其他人员参与的环节,尤其是针对清算组成员不是由股东组成的情况。清算方案与清算报告直接关系到股东退出公司后最终分配剩余财产,对股东具有非常重要的意义,而且公司股东对于公司的经营状况,日常管理相对比较了解,所以法院在确认前应当听取公司股东和债权人的意见。具体操作如下:①清算组将清算方案或清算报告提交法院确认;②法院在确认前先将清算方案或清算报告交给公司股东会,由股东会对该清算方案或清算报告提出意见或建议。如果股东会对清算方案或清算报告没有异议,那么法院在这个基础上审查清算方案或清算报告是否侵害债权人的利益,审查过程中也可以征求债权人的意见,最终做出确认;如果股东对清算方案和清算报告提出异议,那么法院应对股东提出的异议进行审查,异议无依据的,继续审查是否损害债权人利益。相反,如果异议合理的,法院不予确认,责令清算组予以更正、补充。清算组做出新的清算方案或清算报告再提交法院确认。笔者认为,这样使清算方案和清算报告更加公正,从而更好地维护公司股东和债权人的利益。

十四、关于强制清算案件与破产案件的衔接

依照《公司法》规定,清算组在清算过程中发现公司财产不足清偿债务的,应依法向法院申请宣告破产。《公司法解释(二)》在此基础上增加了清算组与债权人协商制作有关债务清偿方案的机制。上述有关公司资不抵债即应向法院申请宣告破产的规定看似合理,但结合现阶段我国的国情分析,强制清算案件与破产案件的衔接问题,绝不是公司资不抵债即宣告破产那么简单。也就是说,在强制清算案件过程中发现公司资不抵债,又不能成立有效的债务清偿方案的,如果采取由清算组申请破产的处理方式,则可能产生清算案件终结与破产申请不被受理或被驳回的矛盾,造成“案结事不了”的局面。解决上述矛盾,是要尽快出台关于公司清算案件与破产案件的衔接问题的司法解释,同时审理强制清算案件的法院如遇公司资不抵债的情况,应当尽最大努力积极促使清算组与债务人就债务清偿方案进行协商,尽量避免简单地将强制清算转为破产案件。

民事权利

《民法总则》如何规定民事权利

许海峰①

【摘要】 《民法总则》"民事权利"一章,要对我国现行立法中的民事权利进行梳理,结合民法典的整体布局进行具体规定。要根据时代的发展趋势,将新型民事权利纳入民法总则,完善救济权的规定。我国实行民商合一的立法模式,也要规定相应的商事权利。

【关键词】 民法典总则 民事权利 救济权

人大法工委内部的民法室于2015年8月28日拟成民法典总则草案(由于并非以法工委的名义拟定,通常被专家称为"室内稿"),一共分为九章:第一章一般规定,第二章自然人,第三章法人,第四章其他组织,第五章法律行为,第六章代理,第七章民事权利的行使与保护,第八章期间与时效,第九章附则。而后,人大法工委拟制的民法典总则草案一共分为十章:第一章一般规定,第二章自然人,第三章法人,第四章其他组织,第五章民事权利,第六章民事法律行为,第七章代理,第八章民事权利的行使与保护,第九章期间与时效,第十章附则。不难发现,法工委的草案与民法室的"室内稿"相比,增加了民事权利一章。笔者对此做法表示赞同,理由在下文叙述。但是,民法典总则草案仅仅对公民的民事权利进行了简单罗列,并未形成合理体系,缺乏逻辑性。目前为止,虽然经过三次审议修改但是仍然存在一些问题。笔者从我国1987年制定的《民法通则》着眼,参考其他国家的民法典总则和民法学者对民事权利的研究成果,并且结合时代发展,重新梳理民事权利体系,以求对民法典总则编纂有所裨益。

一、民法典总则规定民事权利章的必要性

本文主要论述的是民法典总则民事权利章如何规定,但是首先要说明为什么要在总则中规定民事权利,在大陆法系的代表国家德国和法国的民法典中都没有直接规定民事权利的内容,其他大陆法系国家也鲜有规定民事权利的,在我国诸多版本的民法典总则草案里面规定民事权利章的也是凤毛麟角,但即使这样也并不意味民法典总则没必要规

---

① 许海峰,河南大学法学院民商法学硕士研究生。

定民事权利。我国现行《民法通则》和法工委征求意见稿里都规定有民事权利章,笔者认为规定民事权利章的必要性如下:

(一)规定民事权利章是我国特定国情决定的

我国曾经长期处于封建社会,公民人身权利和财产权利意识淡薄,封建统治者为了统治的便利,推行重刑轻民的法律政策,忽视公民权利,强调公民义务,这种思维和意识一直影响着现在的立法和制度。而西方也曾较长期的处于封建社会,但是,西方自发地产生了工业革命,极大的促进商品经济的发展,民法拥有了生长的土壤;此外,欧洲的思想启蒙运动持续了将近一个世纪,平等、自由的宪法和民法思想已深入人心。由此可以看出,中国社会历史上缺少市场经济发展的基础且思想上缺乏平等、自由的观念,造成我国公民的民事权利意识落后于西方发达国家。因此,我国在制定民法典的过程中,本着"以人为本"的精神,应更加注重和强调对民事权利的规定和保护。

(二)规定民事权利章是民法典自身总体布局的需要

1. 设置民事权利章,有利于人格权的处置 在民法典制定过程中,人格权是否要独立成编是争议最大的焦点。许多学者都反对人格权独立成编,[1]因为人格权和人身不可分离,缺乏得丧变更的一系列规则。此外,在其他国家的民法典上人格权独立成编也并无先例,目前来看,人格权不独立成编已成定局。人格权虽未独立成编,但并不代表它不重要,相反随着社会的发展,人格权越来越突出,早已成为民法上的重要民事权利,应在总则的民事权利一章中进行规定。

2. 规定民事权利章是完善总则体系的需要 以中国法学会编纂的民法典总则版本为例,其中并没有规定民事权利章,而是只规定了民事权利客体一章。总则只规定民事权利主体和民事权利客体,并不是一个完整的体系,把主体和客体简单地堆砌在一起,恰恰生硬地割裂了民事权利主体和客体之间的关系。笔者认为,把民事权利一章写入总则可以使民事权利主体和客体联系起来,更符合主体和客体之间内在的逻辑联系;而民事权利一章可以代替民事权利客体一章,因为民事权利客体是依附于民事权利而存在的,民事权利事实上包括了民事权利客体,如果总则规定了民事权利,那么民事权利客体则没有必要规定。

3. 总则民事权利的规定是分则权利立法的需要 《民法通则》自1987年颁布以来,取得了良好的社会效果,尤其是民事权利章创举性的设置,更是赢得了国内外学者的赞誉。目前我国几乎所有的权利立法都是在《民法通则》的民事权利框架下展开的,《民法通则》中的民事权利实际上起到的是"权利普通法"的作用。[2] 那么同样,民法典总则中

---

① [2]尹田:《论人格权独立成编的理论漏洞》,载《法学杂志》,2007年第5期;梁慧星:《中国民法典中不能设置人格权编》,载《中州学刊》,2016年第2期。

② 朱庆育:《民法总论》,北京大学出版社,2013版,第491页。

规定的民事权利,也会是分则权利立法的框架,对分则来说意义重大。

二、我国《民法通则》中民事权利规定的缺陷

《民法通则》中民事权利的规定虽然取得了良好的社会效果,对当前民法典总则制定也很有借鉴意义,但是由于社会经济的快速发展,民事权利研究的不断深入,《民法通则》中民事权利的规定显然落后于时代的发展,其现存的主要问题有:缺乏权利分类的标准,规定比较杂乱,缺少逻辑性;人身权利制度规定的过于笼统;新生权利尚未纳入;没有规定权利的救济制度;商事基本权利缺乏等问题。

(一)民事权利体系的规定缺乏逻辑性

民事权利的种类纷繁复杂,欲将民事权利规定得比较周密,权利与权利之间界限清晰,不发生重叠,同时保持一定的开放性,必须依照一定的分类标准对民事权利进行规定。然而《民法通则》所规定的权利内容并不周严,其一共规定了四种权利,分别是:财产所有权和与财产所有权有关的财产权、债权、知识产权、人身权。然而,财产权包括物权与债权两大类,[①]可见财产权包含债权,《民法通则》民事权利章将两者并列违背了基本的逻辑关系。

(二)新出现的民事权利尚未纳入

其中典型的权利就是社员权。《民法通则》是 1987 年颁布的,在此之前我国实行的是计划经济,企业属于国有,并不存在公民作为股东的情形,且国家严格限制社会团体的成立,故社员权缺乏存在的土壤。随着我国社会主义市场经济的发展和完善,国有制公司改革,私营企业的快速发展,各种社会团体如雨后春笋般设立,社员权作为一种新型的民事权利是社员对团体享有的一种资格,本质上属于身份权,其自身具有独立性,应当纳入民事权利的体系。

(三)没有规定权利的救济制度

根据民事权利属于原生或派生,可以分为原权与救济权,救济权是因为原权受到侵害或有受侵害之虞时产生的救助原权的权利。有拉丁法谚"有权利就有救济"。权利必须有诉权的保障,否则即形同虚设。[②] 此处的诉权可以作为救济权来理解。此外,救济权也属于实体权利,应该规定在民法典中。

---

① 谢怀栻:《论民事权利体系》,载《法学研究》,1996 年第 2 期。
② 周枏:《罗马法原论》,商务印书馆,1994 年版,第 85 页。

（四）缺乏商事权利的规范

《民法通则》缺乏商事规范也是当时特定的国情造成的。然而随着时代发展，我国现在基本上采用民商合一的立法体例，即以民法统一调整平等主体之间的人身关系和财产关系。① 从民法典制定的现实情况来看，民商合一已成定局，笔者认为我国社会主义市场经济日渐完善的今天，对商事权利的保护已不容忽视。

三、民法典总则中民事权利章的建议

上文是对《民法通则》中民事权利章存在问题的梳理，也是制定民法典总则民事权利章应该注意的问题。我国首创将民事权利作为一章写入民法典总则，缺乏其他国家的立法参考，笔者在《民法通则》的基础之上，结合民事权利的理论研究提出建议。

（一）民事权利整体在民法典总则中的安排

依据朱庆育教授在《民法总论》一书中对权利理论的梳理，民事权利除了原权上的权利，还包括了权利的界限、权利的时间属性和权利的救济，而救济又分为通过诉讼途径实现权利的请求权和私力救济等。②

结合全国人大法工委的民法典总则草案征求意见稿中章节的安排，为使民事权利的内容各归其位，笔者认为"民事权利章"应当仅规定原权上的权利，至于具体怎么规定，将在下文叙述；权利的界限主要是遵循诚实信用原则和权利禁止滥用原则，同时也是整个民法的基本原则，规定在基本原则中比较合适；权利的时间属性其实是诉讼时效和除斥期间的问题，规定在时效和期间中即可；而权利的救济属于权利的行使和保护，之前的草案有"民事权利的行使与保护"一章，但现在的草案三删掉了这一章，笔者认为保留比较合适。

（二）以原权和救济权的方式对民事权利进行分类规定

权利的分类方式有很多种，但最适合民法典总则的是以权利的原生或者派生为标准进行权利的分类，即分为原权和救济权。原权属于人的一种固有权利，而救济权是权利人依法保护和救济其固有权的一种技术性、工具性民事权利。只有在我们的原权利遭受侵害时才会用到救济权来保护我们的原权。

对社会生活产生直接价值的是原权，假定我们的权利不被侵害，原权本身就可以构成一个完整的体系，满足我们的社会生活需求，可以说其构成第一个层次的权利，此时救济权可以形象地比作处于"睡眠期"，当第一层次的权利受到侵害，才"唤醒"救济权，可

---

① 王利明：《民商合一体例下我国民法典总则的制定》，载《法商研究》，2015 年第 4 期。
② 朱庆育：《民法总论》，北京大学出版社，2013 版，第 483—560 页。

以称为第二层次的权利。这样分类的标准符合我们的生活逻辑。其他类型的分类方式都不可能达到像原权和救济权这样清晰且符合人们利用权力方式的分类效果。

（三）民事权利中的原权如何规定

民法典总则民事权利的规定难点就在于原权应该以怎样的方式进行规定，毫无逻辑的简单列举并不可取。在司法实践过程中，法官适用法律运用的是演绎推理，如果推理的大前提有漏洞，那么可能推导不出结论或者推导出来的结论不符合立法者的意图，所以作为大前提的法律一定要周密，尽可能地穷尽。

对于私权而言，以体系的形式将之表现出来，乃是法学最重要的任务之一。[①] 民法典总则中对民事权利的规定要体系化，谢怀栻先生曾经把民事权利划分为五大类：①人格权；②亲属权；③财产权；④知识产权；⑤社员权。[②] 而朱庆育教授梳理了我国的实证法权利体系：①物权；②债权；③知识产权；④社员权；⑤继承权；⑥人格权；⑦亲属权。[③] 无论是谢怀栻先生还是朱庆育教授对民事权利的原权之分类都是以《德国民法典》中权利分类为蓝本的。《德国民法典》首次抽象出总则，然后设置债、物、亲属、继承四编作为分则，相对应的也就有了债权、物权、亲属权和继承权等权利，由于德国采取民商分立的立法模式，所以被视为特别私法的知识产权、社员权等，并未规定在民法典之中。

我国采取民商合一的立法模式，自清末修律以来一直有学习德国立法的传统，尤其是在民法领域。《德国民法典》在立法上抽象出总则后，在分则上按照财产权和人身权划分进行规定，债权和物权属于财产权，亲属权和继承权属于人身权。这样的分类方式可以被民事权利立法所借鉴，同时也会有人质疑继承权、社员权、知识产权的著作权等并不是纯粹的财产权或者人身权，诚然，许多民事权利都既包含人身权也包含财产权，这样该如何划分呢？这些民事权利，必定有一项权利是基于另一项权利而产生的，比如继承权和社员权，其中的财产权是基于其特定的身份而产生的；知识产权本质上是一种财产权，在德国，知识产权被称为"无形财产权"，可以说知识产权中人身权的部分是依赖于财产权而产生的。依照该划分方法，民事权利都可分门别类划入人身权和财产权，即物权、债权、知识产权属于财产权；人格权、亲属权、继承权和社员权属于人身权。

（四）民法典总则民事权利救济权的规定

上文已经提到对救济权利的安排，并不是和民事权利的原权一起规定在第五章（民事权利）中，而是应该规定在"民事权利的行使与保护"章。虽然原权和救济权同属于民事权利的范畴，但是二者却是有本质的不同，分两章来规定更能体现出二者在适用上的逻辑顺序。

---

① 杨明：《请求权、私权救济与民事权利体系》，载《比较法研究》，2007年第4期。
② 谢怀栻：《论民事权利体系》，载《法学研究》，1996年第2期。
③ 朱庆育：《民法总论》，北京大学出版社，2013年版，第497页。

救济权通常包括四种不同的形式，即私力救济、形成权、抗辩权以及请求权。[①] 也有学者认为救济权是三种，即形成权、抗辩权以及请求权。[②] 其中只是少了私力救济，笔者认为私力救济也是救济权的重要组成部分，虽然原则上国家禁止私力救济，但是私力救济在社会生活中切实存在，一定程度上具有公力救济无可代替的优势，故救济权体系应该包括私力救济。

私力救济包括正当防卫、紧急避险、自助行为三种，这三种情况均是在情况紧急难以及时受到公权力的保护时才可以行使。《民法通则》第 128、129 条与侵权责任法第 30、31 条分别规定了这两种行为，但是未有法律明文规定自助行为。学界普遍认为，学说判例不宜否认，[③] 且《德国民法典》在第 229 条规定了自助行为。为了私力救济体系的完整性，可借本次制定民法典的契机在总则中规定自助行为。

形成权，即救济权人依单方意思表示便能使相对人权利发生变更或消灭的权利，主要有：变更权、解除权、终止权、抵销权、撤销权、提异议权等。[④]

抗辩权，是抗辩权人基于基础权利被侵害或有危险的原因，依法拒不为某项义务，以对抗相对人的请求的权利。主要有：一般的恶意抗辩权、优先抗辩权、诉讼时效抗辩权、同时履行抗辩权、先诉抗辩权、举证责任上的抗辩权、拒绝接受履行的抗辩权、善意取得的抗辩权等。[⑤]

在救济权里最为常用的是请求权，可以说民事权利原权的保护主要依靠的就是请求权。请求权依照其基础可以大概分为：人格权请求权、债权请求权、物权请求权、亲属权请求权、继承权请求权等。[⑥] 但是这种分类并没有把握住请求权的一般特点，而是仅停留在了表面认识。比如当权利人的物遭受损害时，权利人主张赔偿，这是基于物权产生的损害赔偿请求权。再如订立契约的双方，一方不履行契约，另一方遭受损失，也可以主张损害赔偿请求权这是基于债权而取得，可见物权和债权都有共同的损害赔偿请求权。基于此，田土城教授提出了以危险防御请求权、妨碍排除请求权、损害赔偿请求权取代物权请求权、债权请求权等分类方法的新观点。笔者认为这正是抓住了请求权的一般特点，即依照基础权利受损害的形态可分为三种形态即：一、基础权利有受损害之虞；二、基础权利已经受损但是经排除妨碍可以使权利恢复圆满状态；三、权利已经受损且损失已然不可恢复。这三种形态分别对应危险防御请求权、妨碍排除请求权、损害赔偿请求权。这样依照权利人基础权利或者利益受损的状态行使请求权似乎更妥当。

---

① 杨明：《请求权、私权救济与民事权利体系》，载《比较法研究》，2007 年第 4 期。

② 杨振山，龙卫球：《民事救济权制度简论》，载《法学研究》，1993 年第 3 期。

③ 梁慧星：《民法总论》，法律出版社，2011 年版，第 277 页；王利明：《民法总论》，中国人民大学出版社，2009 年版，第 116 页。

④ 杨振山，龙卫球：《民事救济权制度简论》，载《法学研究》，1993 年第 3 期。

⑤ 杨振山，龙卫球：《民事救济权制度简论》，载《法学研究》，1993 年第 3 期。

⑥ 朱庆育：《民法总论》，北京大学出版社，2013 年版，第 549 页。

(五)民法典总则中商事权利的规定

我国采取民商合一的立法模式,民商合一需要强调民法典总则要统领公司法、票据法、保险法、破产法等商事特别法。[①] 这样在民事权利一章中就应当规定商事权利。

社会主义市场经济快速发展的今天,商业和每一个公民都息息相关,更不用提作为市场主体的企业法人。2014 年李克强总理更是提出了"大众创业,万众创新"的理念,为市场经济注入新鲜血液,这就要求赋予每一个民事主体从事商业活动的权利,当然一些特殊民事主体(机关法人、国家工作人员、非营利性社会团体等)除外。从我国目前商法理论研究来看,很少有对商事权利进行系统研究的,很多研究商法的专著只是稍微提到商事权利。总结起来商事权利主要有商事人格权、经营权、营业受益权、营业受保障权等,系统全面的商事权利还需要进一步研究完善。鉴于商事权利的研究未形成体系化的现状,可以对商事权利进行列举式的规定,商事权利在本质上也属于民事权利,只是其追求效率的特性使其具有了相对的独立性,所以在民事权利一章,单列一节商事权利即可,不需要另设一章规定商事权利。

---

① 王利明:《民商合一体例下我国民法典总则的制定》,载《法商研究》,2015 年第 4 期。

人格权不可独立成编的理由

李雪茹①

【摘要】 改革开放以来,我国社会发生了天翻地覆的变化,与之相对应的人格权利的内涵和外延也随之发生了重大转变。在此情形下,人格权不宜于作为民法典单独一编,而应该把人格权放置在主体法和侵权法等,分散进行规定,这可能更有利于全面有效保护。

【关键词】 人格 人格权 立法技术 立法价值

一、问题的提出

有关人格权是否独立成编的争论在某种程度上影响民法总则的基本内容并最终影响整个民法典的立法体例、逻辑结构甚至编纂进程。否认人格权独立成编的主要理由在于人格权与人格不可分离,人格权是存在于主体自身之上的权利,而非存在于人与人之间的关系上的权利;②主张人格权独立成编的主要理由则在于人格权与人格可以分离,人格权是一种具体权利,人格则是一种主体资格,保护作为人权重要组成部分之人格权的根本目的是要维护个人的人格尊严。那么如何看待关于人格权是否单独成编的争论,笔者认为,人格权独立成编的问题偏重于形式问题,将人格权确认规范放在民法总则编"人法"下具有形式与实质贴近的直观性。这是因为人格权与人格本体的不可分离性,导致它们在伦理上的一致特性,在价值上的同质性。而且,将人格权与主体一同规定,可以更好地从体例形式上凸显人格权的更高位阶。在这种意义上说,认为不将人格权独立成编是"重物轻人"的观点恰恰是不能成立的。

二、人格与人格权

人格,首先是指民法上的人或主体,现代民法分为自然人和法人及其他非法人团体。

---

① 李雪茹,河南大学法学院民商法学硕士研究生。

② 梁慧星:《中国民法典编纂的几个问题》,载《山西大学学报》(哲学社会科学版),2003 年第 5期。

民法总则必须规定自然人、法人的权利能力、行为能力,规定自然人的姓名、法人的名称,享有这些权利才够"格"。对于法人,必须规定公司、基金会、社团法人等具体的类型。对非法人团体,必须规定合伙、家庭及其他形式。如果制定调整人格关系的独立的人格权法,必须对这些权利作出规定,就会造成与民法总则不必要的重复。若民法总则不对这些权利作出规定,就不能确立公民、法人的法律地位。这一矛盾是主张制定调整人格关系的人格权法未能回答的问题。人格权不具有债权、物权、知识产权等可以自成体系的独立性。在民法中,物权是以物为客体的权利,债权是以人的行为为客体的权利,知识产权是以无形作品为客体的权利,惟人格权是以主体自身为客体的权利。公民享有的人格权大致都相同,如身体权、生命权、健康权,且与主体存在相始终。人一来到世上,可以不享有任何财产权,但生命与身体却是主体存在的基础。传统民法虽未规定人格权,但解释上认为人格权包括在权利能力或主体资格之中。[①]

《民法总则》与人格权规范的所在位置及人格权作为民事主体构成的内在元素必然会受到《民法典》的重视,这是民法人的共识。不过,在人格权规范的设置模式上却意见不一。有学说力倡人格权独立成编,理由是人格权独立成编符合民法典体系结构的内在逻辑、是中国民事立法宝贵经验的总结,已被实践证明是先进的立法经验。有观点固守传统民法关于人格权由民法总则设置的模式,从人格权与人格相始终、人格权是存在于主体自身的权利,人格权不能依权利人的意思、行为而取得或处分等角度证成人格权应当规定在民法总则。人格权在现代法上向宪法权利回归,人格权的保护不再囿于民法规范本身,若将人格权在民法典中独立设编,表面上突出了对人格权的保护,实质上使人格权降格减等,使其从宪法权利沦落为由民法创设的民事权利。基于此,笔者建议应在《民法总则》中的自然人一章专设"自然人人格权保护"一节。

人格权的分歧主要集中在如下方面:第一,民法应当采用一般人格权还是具体人格权。第二,人格权规定是放在总则,还是放在分则。第三,人格权与民事主体是合为一体还是相互分离,单独进行规定。[②] 第四,抽象人格权的基本法则,是单独进行规定,还是规定在民法基本原则中。另外还有法人是否具有人格权问题,人格权法与侵权法的关系等。这些分歧导致的最终争议焦点体现在,人格权法是否应当独立成编。

纵然关于人格权的立法形式争论不一,但学界关于人格权已达成了基本共识,主要体现在:第一,人格权应当得到民法典的重视。第二,具体人格权的基本内容,都认为主要包括尊严权、生命权、身体权、健康权、姓名权、肖像权、隐私权、名誉权等。第三,人格权的类型主要包括一般人格权、具体人格权,宪法上的人格权、民法上的人格权。结合相关资料,将从三个方面阐述人格权不可独立成编的理由。

---

① [日]星野英一:《民法概论Ⅰ》,姚荣涛译,良书普及会,1971年版,第8页。
② 尹田:《论人格权独立成编的理论漏洞》,载《法学杂志》,2007年第5期。

三、法理依据方面

人格权与其他民事权利有本质区别,人格权的客体是自然人的生命、身体、健康、自由、姓名、肖像、名誉、隐私等人格利益。人格权是存在于主体自身的权利,而不是存在于人与人之间的关系上的权利。人格权就像权利能力、行为能力、出生、死亡一样,属于主体自身的事项,因此,民法中不存在人格权关系。人格权只在受侵害时才涉及与他人的关系,但这种关系属于侵权责任关系,是债权关系的一种,这是不能将人格权单独作为一编的法理根据。

人格权因各国法律文化、法律基础及其他社会条件的不同,其立法模式各异。国外立法例关于人格权的规定大致有五种模式:一是在债权编的侵权行为法部分设置人格权保护的规定,如1896年《德国民法典》、1896年《日本民法典》;二是在总则编或人法编的自然人一章规定人格权,不在侵权行为法中特别规定,如1992年《荷兰民法典》、1994年修正后的《法国民法典》;三是在总则编或人法编的自然人一章规定人格权,同时在债权编的侵权行为法部分规定侵害人格权的侵权责任,如《瑞士民法典》、《葡萄牙民法典》、《加利福尼亚民法典》、《匈牙利民法典》、我国台湾地区《民法典》、我国澳门地区《民法典》;四是在总则编的权利客体一章规定各种人身非财产利益,同时在债权编的侵权行为法部分规定侵害人格权的侵权责任,如《俄罗斯联邦民法典》、《白俄罗斯民法典》;五是单独设人格权编,仅有2003年《乌克兰民法典》。结合国外的立法例与我国的实际情况,基于人格权与人格的本质联系,作为人格权客体的人的生命、身体、健康、自由、姓名、肖像、名誉、隐私等,是人格的载体。因此,人格权与人格相终始,不可须臾分离,人格不消灭,人格权不消灭。因此,可将人格权规定在自然人一章。然而,我国的特别法及《民法通则》对人格权的规定远不能满足现时及将来保护人格权的需要,许多人格权欠缺法律规定,客观上不能像发达国家那样主要通过完善各种特别法保护人格权。因此,必须从实际需要出发,在基本民事法律中完善人格权法。①

四、立法技术问题

在立法时,立法者面临的选择困难有两种,其一是技术层面,其二是价值层面,人格权立法模式属于技术层面问题,应从立法技术角度进行分析和选择。技术层面问题是立法者在立法过程要考虑将要制定的法律的形式因素:如篇章结构、体系安排、概念抽象、语言表达、权利保护方式、规范协调等问题。在民法典体系的构建中,首先应考虑的是逻辑问题,在不损害逻辑的情况下,才可以顾及协调性的问题。在确定民法典的调整对象后,为了能够使普通人所理解,就必须按照一定的逻辑来编排,否则民法典的认知功能就

① 刘士国:《论主体地位人格和人格尊严人格》,载《法律科学》,2016年第2期。

会大打折扣,使人们在适用民法典时产生困难。①

基于人格权不能依据权利人的意思、行为而取得或处分,不适用总则编关于法律行为、代理、时效和期日期间的规定。其他民事权利均可依据权利人自己的意思,依法律行为而取得,均可以根据自己的意思,依法律行为而处分,而人格权因自然人的出生而当然取得,因权利人的死亡而当然消灭,其取得与人的意思、行为无关,原则上不能处分,不能转让、不能赠予、不能抵销、不能抛弃。因此,民法总则的法律行为、代理、时效、期间期日等制度,不能适用于人格权。如人格权独立成编与物权、债权、亲属、继承并列,不仅割裂了人格权与人格的本质联系,混淆了人格权与其他民事权利的区别,而且破坏了民法典内部的逻辑关系,难以处理总则编的法律行为、代理、诉讼时效、期日期间等制度应否适用于人格权编的难题。

立法应与一国的整个法律体系相协调,考虑法律适用的延续性。这种协调包括与其他法律制度的协调,一部法律体系内部的协调,同一种制度的协调,甚至是同一类规范的协调。笔者认为,对所有的人格利益都应予以保护,这是不容置疑的,但要以正确的立法形式表现出来,法国、瑞士、葡萄牙、日本以及我国台湾地区都采取了列举具体典型的人格权以及其他人格利益保护的一般条款来保护尚未类型化的人格权益。法律所列举的具体人格权的类型是开放的,司法机关可以根据实践的需要不断发展出新的具体人格权。而且,按照现代人权保护的观念,即使不设置有关人格保护的一般规定,或者在列举了诸项具体人格权后不设置保护"其他人格利益"的兜底性条款,法官也同样会依据《侵权责任法》第2条规定,将生活中一些应受保护的利益通过个案判决加以保护。这种对人格利益的保护一部分赋予立法者、一部分赋予法官的方式也是世界立法的发展趋势;此外,立法还应要符合一国的法律思维习惯,我国参与法律起草的专家学者、法官、律师等所谓的法律人基本都是受大陆法系法教义学的熏陶,他们有一个很重要的法律思维习惯,即在办案时习惯于寻找请求权基础,如果法律明确列举一些典型的人格权,就能在很大程度上减少证明的困难,提高司法效率。而经过近些年司法实践的发展和法制的逐步健全,法官也有足够的素质和能力处理好"其他利益"保护的一般条款。②

五、立法价值问题

如果把人格权置于民法分则之中,与物权、债权、继承相并列,未来一个很大的问题在于,这可能跟最新的一些趋势相悖。比如,根据人格权(特别是所谓宪法人格权),从人的尊严原则出发,对于物权(比如说所有权)进行限制。详细来说如居住权,法国法律规

---

① 马俊驹、曹治国:《守成与创新——对制定我国民法典的几点看法》,载《法律科学》,2003 年第5期。

② 李莉:《法律思维与法律方法下的人格权立法模式——兼论否定一般人格权立法》,载《当代法学》,2013 年第6期。

定拥有体面住宅的权利是一项可以对抗国家的权利,根据尊严原则,在城市里,富人如果买了很多房子,却空置不用,而很多穷人排队等房子却遥遥无期,法国的一项法律规定,这种情况下,市长对富人空置的住房可以征收一项空置税,所有权人因为其不使用而受到惩罚,这是所有权原则完全所无法想象的。此外,基于人格权,对于合同效力进行限制,这样的国外判例也屡见不鲜。若一份合同侵犯了基本权利或某些基本的人格权,则可能会被宣告无效。所以,按照这种趋势,如果将人格权与物权、债权都编入民法典的分则部分,在位阶上人格权与其他民事权利处于同等地位,可是在解释学上,法官就很难用人格权去限制物权和债权,考虑到法律发展的长远方向,笔者不建议将人格权独立成编。

从各国侵权法、人格权法的发展来看,不管是扩展一般条款的适用来保护人格权,还是透过司法上创造包括营业权这些更一般类型的权利来保护它,都透露出在追求人格权独立成编的过程中,在立法、司法上要防止一种思想或者一种错误的观念,即人格权是否能够得到保护并不以是否规定在民法典中为前提,人格权的类型和内容并不是只有法律确认这一种途径。立法只是对现实的总结,而非人格权的限制或者法定,我们应当承认人格权的类型和内容是不断被实践所发现的。

除此之外,也要防止实务界或理论界可能出现一种倾向,即认为如果法律上没有规定这种权利类型,司法就不能提供保护,这种认识是非常不科学的。至少目前看来,司法机关仍然可以采取以往的司法实践,通过上升到更为一般化权利来保护的方法加以保护。当然在这种权利类型已经固定化或者已经获得共识以后,立法上给予一个总结归纳,当然是有必要的。

六、结语

我国当前的人格权立法面临着立法模式选择的分歧,首先是对民法是否应正面确认人格权的分歧。历史研究是分析的重要基础,但也仅限于此。我国的人格权立法何去何从,一方面应该认真研究既往的民法历史,了解民法历史上关于人格保护的做法和思想观念;另一方面,更应该根据当下我们民法的时代定位以及目的加以权衡。

人格权法在未来的民法典中不应单独成编。我国民法理论上的人格概念,是指个体自己的生命、身体、肖像、姓名或名称、名誉、隐私等,民法上的人格权就是个体对于自己的存在权和尊严权,而民事人格权的属性主要是个人享有的身体与名誉的尊重权,即不受他人侵犯的人身权。这里的人身权就是人自身的权利,是一种消极的不受他人侵犯的权利,而不是法哲学意义上的人作为人在法上意义上得以承认的人格权,也不同于宪法意义上的作为人权的人格权概念。如果基于具体人格权概念,而又把法哲学、宪法意义上的人格平等、自由原则,置于民事人格权规范之上,就势必造成一种不必要的立法重叠,也会造成宪法与民法上的人格权概念的混淆与误解。[1] 因为民事人格权更突出个人

---

[1] 张君平、李德恩:《人格、人格权与民法典体系》,载《福建法学》,2015 年第 4 期。

民事自治权,而宪法上的人格权更注重于人的基本权利,它不仅包括人的民事人格权,还包括个人的政治权利。人格与人格权在民法典里不单独成为一编,并不意味着民事人格权不重要,并不等于民法典对于人不关怀,而是否重视与关怀人的尊严与权利,重要的是如何更为科学地来规范人格权。基于各种理论争议的比较与反思,笔者认为,民事人格权不宜于作为单独一编来设置未来的民法典,而应该把人格权放置在民事主体法和侵权法等进行分散规定,这可能更为有利于对民事人格权进行全面有效地规范与保护。

个人信息立法研究

李宏阳①

【摘要】 当今社会已经成为信息社会,新技术的快速发展及互联网、现代通信手段等新事物的产生和广泛运用,为信息的传播与利用提供了巨大的便利,与此同时对于个人信息侵犯的现象也日益严重。基于个人信息对于人们生活的重要性,主要发达国家都加强了立法保护。我国应当采取分散式模式和安全港模式相结合的立法模式,充分保护个人信息。

【关键词】 信息社会 个人信息 私法保护 立法模式

一、问题的提出

20 世纪 80 年代全球信息化运动以来,人类社会快速地向信息社会发展。个人信息被誉为 21 世纪最有价值的资源,它不但可以为政府决策提供依据,产生公共管理上的效率与效益,而且可以产生商业利润,甚至可以决定一个国家国际地位的高低。② 在科学技术迅速发展、人类交往日益频繁的信息时代,人类社会初期被发现但并未进行大规模主动利用的个人信息,其所具备的重大交往价值、管理价值以及商业价值,越来越被人们所重视。

在信息社会,信息成为主要的社会基础资源。对于自然人而言,个人信息具有保障人们正常社会生活,促进人与人之间进行社会交往的功能和价值。对于企业而言,对个人信息的掌控可以创造巨大的财富。企业通过收集信息,增加对顾客的了解,有利于对经营战略做出正确的判断,同时也增强了预测市场发展的能力,有利于未来做出更好地决策。信息不仅具有经济价值,而且还具有公共资源的政治价值。国家通过收集信息不仅可以把握不同阶层民众的生产生活状况,而且可以依此制定产业制度、文化政策,从而更好的规划和管理国家事务。同时还可以依据收集的信息进行社会治安管理,更好的进

---

① 李宏阳,河南大学法学院民商法学硕士研究生。

② 马治国、张磊:《新加坡个人信息保护的立法模式及对中国的启示》,载《上海交通大学学报》(哲学社会科学版)2015 年第 5 期。

行社会监管。[①]

由于信息资源具有巨大价值,加之信息技术的高速发展,信息以前所未有的速度和广度被开发利用和传播,为了争夺个人信息资源,政府部门和商业机构开始普遍运用计算机高科技对个人信息进行收集,用以进行行政决策和商业运营。信息通信技术的快速发展,网络的开放性、海量性、虚拟性等在便利了人们获取和利用信息资源的同时也使得侵犯个人信息的现象越来越严重。尤其是在商业利益的驱动下,过度收集个人数据、对个人数据进行二次开发利用以及个人数据非法交易等现象频发,给人们的生活带来了许多潜在的风险,给个人信息的保护也带来了巨大挑战。

信息是信息时代的中心问题,应该被纳入法学理论的研究视野。[②] 正是因为信息资源在当代社会所表现出的巨大价值以及越来越频繁和严重的个人信息受侵犯现象的发生,对于个人信息的保护问题应该尽早得到关注和解决。

二、个人信息保护立法的必要性

个人信息是指与一个身份已经被识别或者身份可以被识别的自然人相关的任何信息,包括个人姓名、住址、出生日期、身份证号码、医疗记录、人事记录、照片等单独或与其他信息对照可以识别特定的个人的信息。[③]

个人信息保护是指为了有效保护个人的合法权益而对识别出或者可以识别出特定个人的所有信息的收集、利用、传播等进行规范的法律制度。[④]

在现代社会中,个人信息保护的必要性得到了凸显。首先,催生立法动机的不是立法者的主观臆断,而是某个社会面向的现实需求。信息是当今时代的中心问题,是信息社会极为重要的资源形式和构成性元素。但不可忽略的是任一事物都有双面性,信息资源在带来了巨大的社会价值的同时也带来了潜在的社会危机:"信息鸿沟"导致的不平等、信息的滥用等。这些现象表明,信息已经内在于人类社会,并在潜移默化地改变着人类本身。随着社会的发展与进步,法律调整的范围和对象也应与时俱进,反映现实需求。而在当下信息社会,这种具有社会构成意义的信息理应成为法律关注的热点。

其次,侵害他人信息隐私或者滥用他人信息的现象越来越多,公民的权利意识增强,加快个人信息保护立法的呼声越来越高。目前对个人信息的侵犯及滥用现象层出不穷,小到干扰生活安宁的骚扰电话、传单和手机短信,充斥互联网的垃圾邮件;大到公司信用丑闻,信息披露不真实,数据库产权争议,对个人信息的随意收集和滥用,公共权力机构

---

① 杨咏婕:《个人信息的私法保护研究》,吉林大学 2013 年博士论文。

② 李晓辉:《信息权利研究》,知识产权出版社,2006 年版,第 1 页。

③ 《中华人民共和国个人信息保护法(专家建议稿)》第 9 条,转引自周汉华《〈中华人民共和国个人信息保护法(专家建议稿)〉及立法研究报告》,法律出版社,2006 年版,第 3 页。

④ 吕艳滨:《日本的个人信息保护法制》,载周汉华:《个人信息保护前沿问题研究》,法律出版社,2006 年版,第 145 页。

的信息垄断等等，人们受困于各种信息问题。① 除了干扰生活安宁之外，还可能面临大量个人信息、生活隐私被曝光的风险，导致信息主体会不定时地生活在恐慌和不安之中。因此，人们产生了由法律制度为个人信息提供保护的期待。

再次，对个人信息的不当收集和利用已经侵害到了个人的合法权益，但这并不是信息这种资源本身所带来的风险，而是人类利用信息资源的过程中造成的负面影响。因为无论谁掌握个人信息，都可能会给信息主体造成各种威胁和损害，但并没有人主张要完全禁止信息的传播、收集和利用等行为。因为个人信息是人与社会联系的纽带，将自己禁锢在"信息孤岛"上，只会与社会的发展背道而驰。而当前的问题实际上是两方之间的冲突，一方是政府机构、商业组织或其他个人为某种目的收集、利用个人信息；另一方是信息主体的个人信息安全得不到切实有效的保障。这两种利益的平衡需要必要的法律认识和系统的法律制度进行解决。

最后，人格尊严的保护是全世界的共同心声。我国宪法明确规定："尊重和保障人权。"我国民法也规定"公民的人格尊严受法律保护"。个人信息具有人格的烙印，能够体现信息主体的人格尊严与自由。对个人信息的不适当收集和滥用极有可能会导致公民人格尊严的减损，因此，必须对其进行必要的约束和限制。没有个人信息保护，公民在信息社会的思想与行动自由就无法保障。② 这是公民的基本宪法权利在信息时代的自然表现和延伸。

综上所述，围绕信息产生的一系列问题需要纳入立法中进行系统的规制。这样可以强有力的保护信息主体的个人权利、人格尊严与自由及其他相关合法权益；同时，对于商业机构而言，通过法律规范的正确引导和规制，会更有利于促进信息的共享和自由流动，降低市场主体的交易成本，促进社会的进步；此外，个人信息的立法保护还可以进一步推动政府信息公开工作，实现政府信息的共享，推动我国信息化法律体系的建设，为信息化社会建设提供制度保障。③

三、我国个人信息保护的立法现状

目前我国针对个人信息保护的立法分散于为数众多的法律法规和规章条例中，较为混乱。大致整理出以下相关规定：

1.《宪法》第40条保护公民个人通信自由和通信秘密权利的规定。

2.《民法通则》和《关于贯彻执行<民法通则>若干问题的意见》：《民法通则》第100条保护公民肖像权的规定；《民法通则》第101条保护公民名誉权的规定；《民通意见》第

---

① 李晓辉：《信息权利研究》，知识产权出版社，2006年版，第2页。
② 郭瑜：《个人数据保护法研究》，北京大学出版社，2012年版，第109–110页。
③ 周汉华：《制定中国个人信息保护法的几个问题》，载周汉华：《个人信息保护前沿问题研究》，法律出版社，2006年版，第216–218页。

140、141 条保护公民名誉权、姓名权的规定。

3.《刑法》:规定了一些与个人信息相关的罪名,侵犯公民通信自由罪、非法获取个人信息罪以及出售、非法提供个人信息罪。

4.《刑事诉讼法》、《民事诉讼法》及《行政诉讼法》:关于未成年人的案件不公开审理的相关规定。

5. 关于弱势群体个人信息保护的相关规定。《未成年人保护法》第 39 条保护未成年人个人隐私权的规定;《妇女权益保障法》第 42 条保护妇女的名誉权、隐私权、肖像权等人格权的规定;《消费者权益保护法》第 25 条保护消费者名誉权的规定。

6.《中华人民共和国电信条例》、《全国人大常委会关于维护互联网安全的决定》、《互联网信息服务管理办法》等:规定了一些电信行业和互联网行业领域内个人信息的保护,《电信条例》第 58 条第 2 款规定禁止利用电信网从事窃取或者破坏他人信息、损害他人合法权益的活动;《关于维护互联网安全的决定》第 4 条第 2 款规定禁止非法截获、篡改、删除他人电子邮件或者其他数据资料,侵犯公民通信自由和通信秘密;《互联网信息服务管理办法》第 15 条第 8 款关于保护他人名誉权的规定等。

7.《居民身份证法》、《社会保险法》、《传染病防治法》、《邮政法》等其他专业领域也有关于个人信息保护的相关规定。①

由此可见,我国现有法律对于个人信息是提供了一定的保护,只是并没有直接将个人信息纳入保护范围,而是通过以上一些法律规范给予间接保护。这些规定中仍然存在不少问题,导致不能对个人信息提供全面的保护和规制,主要体现为以下几点:①缺乏统一专门立法,现行法律法规错综复杂,体系性较差,不同行业规定各自为政,导致现行法律条款缺乏实际操作可能性。②现有立法对"个人信息"的内涵外延界定模糊,对于个人信息的界定以及不正当使用个人信息应当如何追究等基础性问题,缺少相应的规范。③个人信息保护范围狭窄。现有法律只对部分个人信息作了规定,且规定相对简单,不全面。对于法律最为关注的不法收集手段、对收集内容的恶意泄露及滥用、收集信息后的处理和保护程度等关于个人信息的获得、收集、持有、使用、营销等环节的内容几乎没有涉及。④相关法律制度的缺位。仅就当前现行的有关个人信息的法律规定而言,在实践中的执行也存在很大问题,监管不到位、惩处力度不够且处罚规定不明确、补偿机制缺乏、受侵害后只能寻求事后救济等问题都影响着法律规范的适用和执行。

由于法律调整范围和调整方法的局限,现行法律没有系统建立个人信息使用的规则,保护力度不够,执行中遭遇越来越多的困难,使其已经无法应对个人信息被规模化收集、传播和使用所带来的新挑战。② 因此,个人信息保护的立法工作应尽快落实,明确与个人信息相关的一系列规则以保护信息主体的合法权益,同时促进信息共享有序进行,

---

① 马治国、张磊:《新加坡个人信息保护的立法模式及对中国的启示》,载《上海交通大学学报(哲学社会科学版)》,2015 年第 5 期。

② 郭瑜:《个人数据保护法研究》,北京大学出版社,2012 年版,第 44 页。

加快社会整体良好有序的发展。

四、个人信息保护的立法模式

1. 域外个人信息保护立法模式的比较研究 随着信息技术的迅速发展及人们对个人信息维权意识的提高,为个人信息提供法律保护已经基本达成共识,各国开始纷纷制定法律对个人信息进行保护,但不同的国家在具体模式的选择上却各有不同。基于理论界对不同国家的个人信息法律保护制度的分析研究,总结出关于个人信息保护的立法模式主要有统一立法模式、分散立法模式和安全港模式。

所谓个人信息保护法的立法模式是指一国政府在个人信息保护立法时所采取的、与调整范围有关的法律形式。统一立法模式是指由国家立法,统一规范国家机关和民事主体收集、处理和利用个人信息的立法模式。此种立法模式为欧盟所倡导,对此后的国家立法产生了重大影响。分散立法模式是指全国没有保护个人信息的基本法,个人信息立法采取区分不同领域或事项分别立法的模式。美国在公领域实行分散式立法模式,在不同行政领域分别制定专法保护个人信息。所谓安全港模式是一种将国家立法模式和民事主体的自律模式相结合的综合保护模式,具体说,就是一种将行业的个人信息自律规范纳入相关法律之内,行业内的组织或者机构只要遵循了经由国家主管机关审查通过的行业自律规范,就被认为是遵守了本国相关法律的立法模式。① 由于欧盟与美国在世界上的经济实力和国际地位的影响,以及它们的个人信息立法保护经验对其他国家有很大的意义,通常将它们视为是统一立法模式和分散立法模式的典型代表。随着社会的进步与变化,美国后期通过改进在相关领域首次确立了安全港模式,所以美国也被视为是安全港模式的代表国家。以下将主要针对欧盟和美国的法律保护进行比较分析,以期为我国的个人信息立法保护提供相关的借鉴经验。

(1)统一立法模式。统一立法模式的典型代表即欧盟。欧盟国家的基本立场是保障人权,所以主张个人信息的保护应该以统一立法的方式进行。

从20世纪70年代开始,欧洲各国就开始关注个人信息保护问题。1950年《保护人权与基本自由的欧洲公约》第8条规定:"每个人都有权要求尊重他的私人和家庭生活、住宅和通信。个人行使这项权利不应受到公共机构的干涉,除非是根据法律,……"这成为欧盟个人信息保护的法律基础。随后,瑞典、法国、爱尔兰等成员国都先后制定了本国的个人信息保护法。

欧盟1995年通过了关于个人信息处理及自由流通的指令即《欧洲议会和欧盟理事会1995年10月24日与个人数据处理有关的个人保护以及此类数据的自由流动指令》

---

① 齐爱民:《拯救信息社会中的人格——个人信息保护法总论》,北京大学出版社,2009年版,第177-194页。

(《1995 欧盟指令》),来统一成员国的法律。① 该指令规定为了保证个人信息在欧洲共同体内的自由流通,成员国必须保证自然人在个人信息处理过程中的权利和自由,特别是他们的隐私权。② 欧盟要求所有成员国都要制定各自的个人信息保护法,并应包括该指令的所有要素。在《1995 欧盟指令》的要求下,所有成员国均已完成了新一轮的个人信息保护立法或者修法工作。尤其是《1995 欧盟指令》规定第三国的隐私法律只有经欧盟委员会判定达到充分的保护标准,才能自欧盟向其进行跨境个人信息传输。这样,非欧盟国家纷纷开始制定个人信息保护法,以满足《1995 欧盟指令》的要求。③《1995 欧盟指令》为欧盟各国的个人信息保护立法划定了基本框架,作为最低限度的规定。至于具体立法方式和具体的规范则由各国自行决定。这种以欧盟 1995 年指令为代表的欧盟立法及欧盟各成员国的国内立法,被称为个人信息保护立法的"欧盟模式"。

(2)分散立法模式。美国是分散立法模式的典型代表国家。美国的分散式是指对不同领域中的个人信息分别立法。其中,最重要的领域划分是公共领域和非公共领域。公共领域的立法主要是防止政府侵犯个人信息隐私权的行为;非公共领域的立法则是政府行为之外对信息隐私权的保护。④ 美国根据划分的这两个领域对信息隐私的保护采取两种方式:一种方式是立法方式,主要适用于公领域,即政府机关收集、处理和利用个人信息的领域。另一种方式是行业自律,通过行业协会等行业组织或者由公司或者产业实体制定自律规范保护个人信息,此方式适用于私领域。

美国保护个人信息的基本立场是反对个人信息滥用。美国高度重视信息技术对经济发展的重要促进作用,强调维护个人信息的正常使用,其认为除非有不能避免的风险而且市场本身确实无法纠正,否则不应进行联邦立法。基于此,美国并没有制定统一的个人信息保护法,只针对个人信息滥用危险比较大、个人利益特别需要保护的特殊部门进行特别立法。一部法律通常只规范某一特定对象,既可以是政府机构,也可以是某个行业,主要专注于经济生活的某一方面或某一具体的行业,试图解决其中具体的隐私权问题。

对单项立法未涉及的行业、组织,美国一般采取行业自律的方式,通过自我约束达到对个人信息予以保护的目的。美国政府的政策取向是,既要在国际范围内保护个人隐私,又不应阻断跨境信息流,影响电子商务和跨境贸易。其认为自律机制配合上政府的

---

① 郭瑜:《个人数据保护法研究》,北京大学出版社,2012 年版,第 45–46 页。

② 齐爱民:《个人资料保护法原理及其跨国流通法律问题研究》,武汉大学出版社,2004 年版,第 59 页。

③ 周汉华:《制定中国个人信息保护法的几个问题》,载周汉华:《个人信息保护前沿问题研究》,法律出版社,2006 年版,第 223 页。

④ 齐爱民:《个人资料保护法原理及其跨国流通法律问题研究》,武汉大学出版社,2004 年版,第 79 页。

执法保障，可以有效地实现隐私保护的目的。①

（3）安全港模式。欧盟采取的国家立法模式更有利于保护个人权利，但有可能影响企业的自由发展。美国采取的行业自律模式则更有利于行业的发展，但个人权利又不能得到有力保障。于是，美国就产生了将行业自律纳入立法框架之下的模式，以优化行业自律模式的效力，兼蓄立法模式的长处。这种确认行业自律效力的立法模式，就是安全港模式。安全港模式要求行政机关和行业组织根据自己的具体情况，拟定一个适当合理的个人信息的保护规则，并经由法定机关审查，通过后可以发生和法律一样的效力，遵守了该自律规则即为遵守了法律。

美国安全港模式的内容实质上是关于自律规范的审查条件，如果联邦贸易委员会在任何时候发现其所批准的自律规范及其执行情况并不能满足"安全港"的条件，委员会可以撤回对自律规范的批准。②

2. 我国个人信息保护的立法模式选择　统一立法模式能够明确地为个人信息保护提供统一的法定标准、科学的行为规范，而且可以为损害提供充分的救济，这种模式无疑是对个人信息进行保护最强有力的机制。但是这种模式虽然有利于人权的保护，但是同时却也可能给信息的流动和共享带来不小的阻碍，从而抑制市场经济的发展。

美国的分散式立法可以根据政府行政业务以及惯例来制定，针对不同性质的个人信息以及侵犯个人信息的不同行为分别设计制度进行保护，避免统一立法带来的武断性。但这种模式法律成本高，又使得个人信息的保护显得格外错综复杂，有时标准的不一致或重复等使得该模式在法律保护的充分性上比统一立法模式较弱些。

安全港模式是兼具了统一立法模式和自律模式的优势，将行业自律纳入立法框架之下，由立法承认行业自律规范的效力，既有法律的统一性和强制性，又兼顾了各具体行政机关和民事主体的实际情况，可以实现对个人信息实行自律与立法的双重保护，是一种很有生命力的个人信息保护模式。安全港模式之下的企业不仅要遵守行业自律规范中的实质内容，还应当服从审查和执行程序。联邦贸易委员会通过对自律规范的审批和撤回，可以实现对某个行业的个人信息保护的宏观控制。这种模式的实施，对企业可以起到双重监督的作用，使规范可以得到更有效的执行。③

通过对上述全球范围内主要的三种立法模式进行分析和比较，不论是欧盟立法模式还是美国立法模式都有其各自的价值观和社会基础作为支撑，应分别吸收其有益的经验，结合我国的国情做出立法的合理安排。笔者认为，我国应主要借鉴美国的做法，兼采分散式立法模式和安全港模式的优势以适应我国的立法需求。

---

① 周汉华：《制定中国个人信息保护法的几个问题》，载周汉华：《个人信息保护前沿问题研究》，法律出版社，2006年第1版，第224页。
② 齐爱民：《拯救信息社会中的人格——个人信息保护法总论》，北京大学出版社，2009年版，第194-197页。
③ 齐爱民：《拯救信息社会中的人格——个人信息保护法总论》，北京大学出版社，2009年版，第180-197页。

具体来说,对于许多行业和领域,如新闻媒体业、医疗卫生业、银行业、电信行业、互联网领域及儿童保护等特殊行业和领域,可以参照美国的分散式立法模式制定特别规范予以调整;对于其他领域则采取安全港模式,由各行业组织根据各行业实际情况自行规定相关行业和领域的规范,然后将各行业的个人信息自律规范纳入相关法律进行效力确认。

有观点认为,我国行业自律机制尚不成熟,且缺乏审查行业自律规范的国家主管机关。笔者认为,事物都是由不成熟走向成熟的。我国尚没有行业自律的先例,但由于个人信息在不同行业和领域所体现出的重要性及隐秘性的差异存在,将个人信息保护作为行业自律的第一步并非不可,而且在当今社会鼓励行业自律对于社会的发展具有重要意义。此外,安全港模式下并非完全的行业自律,还有法律规范进行效力确认的机制进行监督。至于审查行业自律规范的国家主管机关涉及国家机关的职能分配问题,笔者认为可以根据现有的国家机关的职能分配,将该审查职能归属给某一国家机关。总之,采取这两种模式的结合相较于制定一部专门的个人信息保护法更加符合我国现状,易于衔接和适应,且成本较小。

综合比较和分析,将美国的分散式立法模式和安全港模式结合作为我国个人信息保护的立法模式更为可取,可以实现对个人信息的保护和信息资源的共享和流通两种利益的平衡。既有效地保护了个人信息,又能加快促进信息流通和共享,推动电子商务的发展。

家庭承包经营权入股公司的法律冲突与协调

赵 宁[①]

【摘要】 家庭承包经营权作为一种特殊的财产出资形式兼具维护农民生存的社会保障功能,由此引起相关法律对家庭承包经营权入股行为的种种限制,产生了家庭承包经营权与股权制度之间的立法冲突。为了协调家庭承包经营权与股权之间的冲突,立法需要通过设定承包经营权人入股公司的程序,以化解家庭承包经营权入股公司的债务风险,开放投资主体和资产信用以维护债权人利益,完善公司治理结构以保护农民股东的利益。

【关键词】 家庭承包经营权 股权 公司法

随着新型城镇化快速推进,在外出劳动力较多、经济较发达、农业生产规模效率较高的区域,农民老龄化、农业兼业化、农村空心化问题普遍,现代农业发展缺乏适宜的经营主体直接影响国家的粮食安全。随着市场经济的发展,家庭联产承包责任制的缺陷也逐渐表现出来,主要的问题便是土地零碎,农地经营欠缺效率。我国现行农地流转法律制度过分强调家庭承包经营权对农民的社会保障载体功能,固化人地关系。家庭承包经营权入股的权利行使方式能够最大限度利用闲置下来的农村承包地,以遏制农村耕地抛荒现象的不断蔓延。家庭承包经营权入股公司是新型的财产出资形式和农地流转方式,需要立法协调承包经营权与股权之间的制度冲突,本文试图通过法律制度的创新破解家庭承包经营权入股公司的立法冲突,论证其应然的立法选择。

一、家庭承包经营权入股的法律政策背景分析

2002 年《农村土地承包法》首次在立法层面上肯定了土地承包经营权股份化的合法性,第 42 条规定:承包权人之间为发展农业经济,可以自愿联合将土地承包经营权入股,从事农业合作生产。2005 年 3 月农业部制定的《农村土地承包经营权流转管理办法》第

---

① 赵宁,女,辽宁沈阳人,法学博士,河南师范大学法学院副教授,硕士生导师,主要从事土地法研究。

35 条第四款特别对农村土地承包经营权入股的内涵与外延加以界定："入股是指实行家庭承包方式的承包方之间为发展农业经济,将土地承包经营权作为股权,自愿联合从事农业合作生产经营;其他承包方式的承包方将土地承包经营权量化为股权,入股组成股份公司或者合作社等,从事农业生产经营。"2006 年《农民专业合作社法》明确规定农民可以成立股份制的专业合作社,土地承包经营权可以作为出资入股。在政策层面上,十七届三中全会做出的《中共中央关于推进农村改革发展若干重大问题的决定》中提出："加强土地承包经营权流转管理和服务,建立健全土地承包经营权流转市场,按照依法自愿有偿原则,允许农民以转包、出租、互换、转让、股份合作等形式流转土地承包经营权,发展多种形式的适度规模经营。有条件的地方可以发展专业大户、家庭农场、农民专业合作社等规模经营主体。"毫无疑问《决定》为农村家庭承包经营权入股成立公司给予强有力的政策支持。十八届三中全会做出的《中共中央关于全面深化改革若干重大问题的决定》明确指出,赋予农民对承包地占有、使用、收益、流转及承包经营权抵押、担保权能,允许农民以承包经营权入股发展农业产业化经营。鼓励承包经营权在公开市场上向专业大户、家庭农场、农民合作社、农业企业流转,发展多种形式规模经营。这一决定指明了家庭承包权入股的权利行使方式作为未来农村土地经营规模化、产业化的发展趋势。对此,2015 年出台的《关于引导农村土地经营权有序流转发展适度规模经营的意见》进一步提出,在坚持土地集体所有的前提下,实现所有权、承包权、经营权三权分置,形成土地经营权流转的格局,大力培育和扶持多元化新型农业经营主体,发展农业适度规模经营,走出一条有中国特色的农业现代化道路。虽然国家对农村家庭承包经营权入股作为适度规模化经营一种模式在政策层面上得到认可,但是目前我国对家庭承包经营权入股公司的法律规则顶层设计缺位导致实践中问题层出不穷,从而严重妨碍了该制度的正常运行。家庭承包经营权入股公司是新型的财产出资形式和农地流转方式,需要立法协调承包权与股权之间的制度矛盾。对此,笔者在对家庭承包经营权入股的法律肌理进行阐释的基础上,论证其应然的立法选择,提出了我国家庭承包经营权入股公司现存困局的破解思路。

二、家庭承包经营权入股成立公司的立法冲突

家庭承包经营权兼具有维护农民生存的社会保障功能,由此引起承包经营权入股行为的相关法律限制,形成了家庭承包经营权与股权制度之间的制度冲突。

(一)防控农民失地的社会保障风险与维护交易安全的立法目标相冲突

目前,农村社会保障制度没有全面建立起来,土地除担负农业生产资料功能外,还担负了农民的生存、就业的保障功能。[①] 土地作为农民生存的基本依托,在当前农村没有建

---

① 郑翔:《都市型现代农业法律制度体系研究》,北京交通大学出版社,2013 版,第 55 页。

立完备的社会保障体系时，一旦农民失去土地将面临生存危机，将会引起更深层次的动荡不安。家庭承包经营权的社会保障功能，决定了对承包权处分的限制。社会保障功能优先是家庭承包权流转中平衡社会保障功能和债权人利益保护关系的基本原则，在制度设计上，现行法律和政策采用的路径是限定入股的企业形式，降低企业风险，防止因企业的债务风险使农民丧失家庭承包经营权。《农村土地承包法》第 41 条规定：承包方有稳定的非农职业或者有稳定的收入来源的，经发包方同意，可以将全部或者部分土地承包经营权转让给其他从事农业生产经营的农户，由该农户同发包方确立新的承包关系，原承包方与发包方在该土地上的承包关系即行终止。《物权法》将家庭承包经营权定位于用益物权之后，仍保留了家庭承包权转让的上述限制。家庭承包经营权入股于公司，该项用益物权实际上被让渡给了公司，成为公司可以占有、支配和收益的财产权利，意味农民丧失了家庭承包经营权。当家庭承包权入股的公司面临债务风险，甚至陷入破产的境地，依法以其全部资产对外承担责任时，承包权被用来冲抵债务，承包权主体发生变更，会导致农民失去土地。这与家庭承包权社会保障的宗旨不相符合。①

（二）家庭承包经营权的期限性与保护债权人利益的资本维持原则相矛盾

作为不动产用益物权，家庭承包权具有一定的期限性。1998 年《土地管理法》明确规定，本集体经济组织的成员承包经营的，土地承包经营期限为 30 年，《农村土地承包法》第 20 条规定："耕地的承包期为 30 年，草地的承包期为 30 年至 50 年。林地的承包期为 30 年至 70 年；特殊林木的林地承包期，经国务院林业行政主管部门批准可以延长"。农地承包权入股之后，作为法人实体，按照法人资本维持三原则的要求，在其整个存续过程中，应当保持其实际财产始终处于一定水平之上。其目的在于保证公司经营能力及偿债能力，保护债权人的利益和交易安全。从企业法角度观察，企业独立人格要求企业法人以其独立财产承担独立的责任，家庭承包经营权入股出资使承包经营权让渡于企业所有，企业有权将承包经营权自主支配，因此，《农村土地承包经营权流转办法》规定的承包经营权入股"承包方与发包方的关系不变"不符合企业法的基本要求。资本维持原则将导致家庭承包权入股而成为企业资产的一部分，承包权人不能通过直接抽回出资的方式撤回承包权；但是，家庭承包经营权的期限性特征意味着承包期满，家庭承包经营权股权退出公司；同时，由于各地承包期限之内，还会由于"三年小调整、五年大调整"的农地打乱重分，承包权由发包人收回，公司资产将面临股权撤回、股东变更等股权虚置、资产抽逃等问题，这无疑与公司资本维持原则相违背。

---

① 刘永荣：《集体土地承包经营权入股的法律困境与出路——基于重庆巴南区集体土地产权改革的调研分析》，西南政法大学学报，2009 年第 10 期。

(三)法律制度的困境

与大股东相比,作为小股东的农民股东处于弱势地位,从而无法实现有效的法人治理。在现实中,家庭承包权入股成立的公司通常根据资产的权属性质配置股权,股份类型一般包括集体股、个人股和机动股。在集体股的权利行使上,《物权法》上规定的乡镇、村、小组三级所有的股权主体,其股权由集体经济组织、村民委员会或者小组的代表按照法定的民主决议形式行使股权,参与企业治理。但是,家庭承包权入股之后,企业治理决策的议决形式,在按照传统公司法要求的资本多数决制度下,面临着制度的困境:第一,多数地区的集体股占优势,分散的承包权人参与公司的经营决策事项时,出现了小股东弱势群体症候。在现代公司体制下,大股东与小股东的自力救济能力的强弱是客观存在的。由于承包经营权负载于集体经济组织,集体财产与家庭承包权人股权资产价值的差异是无法改变的,自然形成承包权人的弱势地位,其无力通过自身力量去救济与矫正这种状况;第二,由于集体财产的所有权主体缺位,集体经济组织的代表越位,径行行使集体股权的现象,也为地方各级政府的行政因素干预企业治理留下了空间;虽然各地模式基本都建立起土地股份公司的组织体系,但经营方式一般是"政社合一",村干部兼任公司领导,作为小股东的承包权人利益受到大股东的股权和行政权的双重侵越。

上述立法冲突只表明,家庭承包经营权入股公司作为独具特色的新型出资方式,在当下制度设计层面缺乏可行的法律依据。因此,需要在法律度设计上赋予智慧与创新,对原有的财产出资形式进行突破,而不能因此否认家庭经营承包权入股公司的正当性与可行性。

三、家庭承包经营权入股公司的法律制度创新

面对家庭承包经营权入股公司存在的风险,我国立法应积极地创新制度,在保障被入股企业与其他企业平等法律地位的前提下,控制承包经营权人的出资风险。家庭承包经营权入股不应游离于公司法的法律调整之外,应当把其纳入公司法的框架之内,实现家庭承包制度与公司法等法律的衔接与互动。

(一)限定承包经营权人的出资准入条件,设定企业债务风险化解机制

1.严格出资准入条件 土地承包经营权入股虽与转让有所区别,但同样会发生土地承包经营权转移的物权效果,会使入股农民在入股期内长期脱离自己的土地,丧失对土地的利用和处分权。因此,应参照转让条件设定,要求入股农户有稳定的非农职业或固定的非农收入来源。该规定不仅能防止农民发生失地丧失生存保障的风险,还能防止目前一些地方政府全面推广土地股权化的行政干预,实现农地的适度规模经营,符合中央政府一贯提倡土地要适度流转的政策。

2.加强对工商企业的全程监管 主管部门需要制定加强家庭承包经营权入股公司

监管和风险防范的实施办法,并加强对落实情况的督查检查。对家庭承包经营权入股公司做出明确的上限控制,建立健全资格审查、项目审核、风险保障金制度,重点对企业经营范围、投资能力、土地用途管制、土地复垦能力进行审查。要依据工商企业租赁农户承包地面积实行分级备案,严格准入门槛,加强事中事后监管。

3. 设立限制性的拍卖清偿程序 法律应规定承包经营土地拍卖开始之前强制性的调解程序,其作用类似破产清偿中的债务重组,目的是让债权人和债务人通过协商,最大限度地为债务人预留东山再起从而避免拍卖清偿的机会,从而降低承包经营权人失地的风险。另外,立法要赋予公司其他农民股东优先受让权。一旦农民股东不能偿还到期债务,在债权人处置抵押的土地,或公司陷入破产境地需要处置土地时,公司的其他农民股东对土地享有优先受让权,以保障家庭土地经营权股权最大限度地在社区集体内部承受和维持农地的用途。

(二)开放投资主体,通过资产信用维护债权人利益

公司经营期限和农民股东退股一直是困扰着家庭承包经营权入股公司债权人利益的难题。承包权的期限性使股权期限为承包经营合同的剩余期限。期限届满后,按照现行法律应按如下方式处理:第一,自动退股。以土地承包经营权入股的农民丧失家庭承包经营权的,为自动退股,如果土地承包经营权人死亡,集体经济组织可以收回土地,按退股处理;第二,承包期限届满后,继续承包土地的则不能退股,股权期限续展。如果土地重新分配,土地承包经营权被集体经济组织其他成员取得,新承包权人同意入股可以加入该公司,成为新股东。第三,如果公司破产,土地承包经营权应作为破产财产进行分配,但其期限不得超出承包期的剩余期限。关于承包权期限届满涉及危及入股公司的资本稳定和债权人利益问题,基于现行的制度连续性,债权人利益保护与家庭承包经营权期限的冲突应通过强化资本信用加以调整。承包权期限对公司债权人利益的影响来源于资本维持,基于资本运行的复杂性,应对资本维持原则重新解释,实行统一规划、开发和经营。公司法学界普遍认为,资本维持原则出现越来越多的弊端和不合理,资产信用应逐渐取代资本信用。由此,承包权入股形成的公司,其资产担保债权不能单纯依靠承包经营权形成的资产规模或数额,还应着眼于资产有效性,稳定其他财产的资产变现功能和清偿价值,使外部的债权与资产结构保持相当的对应性,防止由于承包权到期或者期限调整公司出现支付不能、停止支付或财务危机的情况。在现实中家庭承包权入股主要有三种形式:一是将村集体土地和村集体经营性资产一并按人口数量折股,每个集体经济组织成员持有一个股份,经营收益按股分红,股权按家庭人口数量无偿配给,股份不能抵押、买卖,但可以在本集体经济组织内转让。二是将农户土地承包经营权股权化,组建农民专业合作社,对入股土地实行统一规划、开发和经营。三是农户以土地承包经营权折价参股,组成股份制公司。[①]

---

① 梅龙生:《土地承包权股权化的法律问题研究》,《中州学刊》,2010 年第 7 期。

显然,如果仅仅依赖集体经济组织和本社区承包权人的出资,公司的主体资产限于土地资产,承包权的期限对债权人利益的影响是显而易见的。消除期限导致的公司资产减少,必须改变公司的资产结构,增加非土地资产,破除现行规定社区性承包权股份合作制的限制,吸引社区外部的资本等非土地资产的投资者,开放投资主体。鉴于承包经营权入股的资产构成和期限特点,立法应提高该类企业在设立时非土地资产的法定比例和严格其实际缴付要求,打破现行规定中投资主体的社区内封闭性,只要具备《农村土地承包经营权管理办法》要求的流转主体资格,对非社区的农业生产经营者或企业投资准入限制应予消除。

(三)完善公司治理结构

集体经济产权由共同共有变为按份共有以后,普遍建立健全了法人治理结构,强化了内部监督约束机制,加强对集体资产的管理。涉及农民股东切身利益的重大问题,由股东大会或股东代表大会民主决策,使广大农民股东真正成为集体资产的管理主体和受益主体,有效避免了共同共有产权带来的产权不清、责任不明、资产流失等问题。[1] 公司治理结构中,为了平衡大股东与小股东的权利配置和对公司事务的支配力,保护作为小股东的家庭承包权人利益,只能更多依靠国家的公力救济,具体有以下三个方面:首先,建立强制股权信托,解决股权行使的搭便车问题。农民股东人数较多,权力分散,难以对公司决策发挥影响效力,立法建立股权强制信托制度,通过股权信托由选举出来的代表作为名义股东对公司行使股东权利。其次,设立农民持股理事会。由于农民股东人数较多,因此有必要由理事会作为代理人,对受托人传递农民股东管理公司的意思,监督受托人履行信托义务。最后,由农村集体经济组织派员参加监事会,解决信息不对称、信息不公开问题。监事会通过对公司土地经营管理的监督,以防止其改变土地用途或过度利用土地,损害农民股东的利益。监事会也有权代表承包权人对集体股权的代表人、行政组织的侵犯公司或者农民利益的行为,行使提案权、异议权、派生诉讼等救济权利。通过建立科学民主的公司法人治理结构使农民股东更加充分的表达自己的利益诉求,从而极大的激励农民行使经营自由决策权。

(四)建立强制农业保险制度

对土地经营者来说,由于农业自然灾害风险转移分担机制、土地入股流转损失救助机制等市场保障机制没有建立,不敢放心地受让承包土地,投资开展农业生产经营活动。通过建立强制农业保险制度,降低土地入股流转风险。首先,国家采取由财政提供农业保险公司启动资金、补贴保费或业务费、减免税收、再保险,以及为经营农业保险亏损的保险企业提供无息或低息贷款等财税、金融优惠政策等手段,鼓励各商业保险公司自愿申请经营开展政策性农业保险业务。例如,北京在全国率先搭建了多方参与、风险共担、

---

① 郑凌志:《中国土地政策蓝皮书(2014)》,中国社会科学出版社,2014 年版,第 259 页。

多层分散的农业风险分散机制。该机制包括农民、保险公司、再保险公司和巨灾风险准备金四个层次。[①] 其次，保险公司可以建立直接针对农民家庭承包经营权的险种。在相关组织法，如《农业公司法》中规定，强制农村家庭承包经营权公司购买农业保险。农民从入股起就购买相应的保险，定期交纳保费。一旦遇到股份合作制经营企业经营失败，可从保险公司取得相应的赔付，用来赎回土地。最后，提高政府对政策性农业保险的财政补贴比例并扩大补贴范围，对于家庭承包经营权入股企业给予重点支持。

四、结语

我国现行农地流转法律制度过分强调家庭承包权对农民的社会保障载体功能，固化人地关系，这必然导致我国十分稀缺的农地资源被大量抛荒，土地的无效配置与严重浪费。笔者认为在符合规划和用途管制的前提下，农地使用权人可将家庭承包经营权作为股份进行股份制经营，以农地入股新建公司从事经营或农地入股到已有的公司。农民通过入股公司使家庭承包权股权化、资产化，还形成土地集中经营、集约利用、规模化经营等现代农业经营条件，改变了家庭承包土地经营模式下低效土地利用的局限性。在我国区域经济发展不平衡的情况下，不同地区的工业化程度相差很大，在广大中部欠发达和西部不发达地区的农村，土地依然是农民生活的主要保障。因此，各地必须根据本地实际情况选择合适的农地流转模式，在推进家庭承包经营权入股公司试点时必须因地制宜，切忌"一刀切"。

---

① 刘润秋：《中国农村土地流转制度研究——基于利益协调的视角》，北京经济管理出版社，2012年版，第241页。

农村土地经营权抵押法律问题研究

李 星[①]

【摘要】 随着我国农村土地市场化不断发展,2014 年 11 月中共中央明确提出了"三权分置"的思想,学术界对新设立的土地经营权产生了不少争议。本文立足于"三权分置"的制度构建模式,在充分论证土地经营权权利属性的基础之上,分析现行有关土地经营权抵押的法律不足,并结合全国各地关于土地经营权抵押试点产生的具体问题,进一步深入分析产生问题的原因,最后提出土地经营权抵押的立法构建模式以及相关配套制度的完善措施。

【关键词】 三权分置 土地经营权 农地抵押 登记生效主义 立法构建

一、问题的提出

随着工业化、城镇化速度的加快,我国经济不断发展,但是在经济转型过程中,农村经济增速缓慢,农民收入普遍较低。在受限于土地碎片化经营以及国际粮食较低价格的影响下,农户仅仅依靠自己的土地进行小范围种植难以实现收入增加,另一方面随着土地流转的加快,农户、承包大户和农村合作社等主体却很难融资以便进行集约化、机械化操作,致使粮食减产、在灾年甚至出现绝收亏本的情况。长期以来,我国农村处于严格的金融抑制之下,土地承包经营权抵押得不到法律的认可。而实践中,土地经营权流转已经成为主流趋势,作为流转重要方式的经营权抵押却因土地现状和法律制度等障碍难以发挥担保融资的作用。

近年来,各级政府对农村生产融资问题高度重视,2014 年 1 月,中共中央、国务院在发布的《关于全面深化改革加快农业现代化的若干意见》中明确指出:"在落实农村土地集体所有权的基础上,稳定农户承包权、放活土地经营权,允许承包土地的经营权向金融机构抵押融资"。2014 年 11 月,中共中央、国务院印发的《关于引导农村土地经营权有序流转发展农业适度规模经营的意见》明确指出:"坚持农村土地集体所有,实现所有权、承包权、经营权三权分置,稳步推进土地经营权抵押、担保试点,研究制定统一规范的实施

---

① 李星,河南大学法学院民商法学硕士研究生。

办法,探索建立抵押资产处置机制。"2015年8月,国务院印发的《"两权"抵押意见》并随后在北京、天津等地区设立试点县,明确授权上述试点地区进行土地经营权抵押尝试并可以突破现行法律的规定。2016年3月,央行会同相关部门联合印发《农村承包土地的经营权抵押贷款试点暂行办法》,从贷款对象、贷款管理、风险补偿、配套支持措施、试点监测评估等方面对金融机构、试点地区和相关部门推进落实"两权"抵押贷款试点明确了政策要求。

在"三权分置"政策的指引下,目前农村土地所有权、承包权和经营权分置的局面已经成为定势,但是土地经营权的权利属性却没有明确的规定,而这又恰恰关系到土地经营权抵押的权利性质。本文立足于土地经营权抵押的法律困境,在分析土地经营权权利属性的基础上,提出现行土地承包经营权抵押法律规范的问题,并运用实证分析的方法,为下一步土地经营权抵押法律规范的出台以及相关配套法律制度的构建提出一些建议。

二、农村土地经营权的权利属性争议

在实现农地制度改革的法律构建上,必须明确承包权与经营权分置的法律逻辑,建立可有效运作的法权结构。[1] 而其中最为重要的也是最具有争议是土地经营权的性质划分问题,目前关于从土地承包经营权分离出来的土地经营权,学界的主流观点有债权性质说、物权性质说。

1. 债权性质说

(1)在权利取得方式方面。新型农业经营主体获得"土地经营权"主要的方式是通过签订合同,这与通过身份属性获得的土地承包经营权在权利的期限和权利内容方面存在着较大的差异。物权的期限倾向于长期性,而债权多数是当事人自己商定,期限不固定;在权利内容方面,债权人只在一定期限内享有物权人的部分权能,如短期的使用、收益权,并没有获得物权性权能。

(2)债权实行自由主义,能够满足当事人多元化的需求。土地经营权债权模式能够创造出个性化的交易模式,[2]当前农地流转形式多样,但主要以转包和出租为主,在此情况下,第三方经营者通过合同的形式,"借用"承包方对土地的占有、使用等权能从事农业生产经营。在法理上其实是流出方和第三方经营者通过租赁合同,以土地使用为主要标的物的一种债权债务关系,不涉及土地承包经营权自身的分离问题,采用"三权分立"的理念是为了更好地界定和维护承包农户与第三方的农地利益,便于解决实际问题。[3]

(3)物权具有排他性、法定性。通说认为一物之上不可能存在两个以上所有权,也不

---

① 蔡立东、姜楠:《承包权与经营权分置的法构造》,载《法学研究》,2015年第3期。

② 申惠文、杜志勇:《农地融资法律模式研究》,载《河南工程学院学报(社会科学版)》,2016年第3期。

③ 李伟伟:《"三权分置"中土地经营权的性质及权能》,载《经济视点》,2016年第5期。

可存在两个以上种类一致、效力相同的用益物权或者担保物权。① 如果土地承包经营权与土地经营权同为客体是农地的用益物权,那么违反了"一物一权"原则,两者必定冲突甚至排斥,不能同时成立。另一方面,我国坚持物权法定主义,在土地经营权没有被确立为物权的基础上,就不可能存在物权的定论。

2. 物权性质说

(1)土地经营权有利于强化农民物权权能。现行《农村土地承包法》确立的统分结合的双层经营体制,赋予农民长期而有保障的土地使用权,实现了社会的相对公平。而国家出台的"稳定农村土地承包关系并保持长久不变,在落实农村土地集体所有权的基础上,稳定农户承包权,放活土地经营权"的政策是以增强农地权利财产属性为主线,以便利农村土地使用权的流转为核心,既升华了我国正在开展的农地确权和农地使用权流转实践,又体现了使农民分享发展成果、建立现代高效集约农业的改革宗旨。② 此种观点主要从农户土地承包经营权物权权能强化、增加财产性收入角度来提出政策制定和法律规范的趋势,赋予土地经营权物权的属性将会增强农户的土地权能。

(2)物权属性更有利于和现有法律相衔接。现行法律为稳定集体经济组织与其成员之间土地利用关系,设定"土地承包经营权"与"集体土地所有权",并被赋予物权性质。那么为了与现有法律制度有效衔接,为稳定其他农业经营主体与农户之间土地利用关系,将"土地经营权"与"土地承包经营权"分置,也会相应被赋予物权性质。③ 这一思想认为在农地流转时表达为"三权分立"状态,土地经营权届满后土地承包经营权恢复圆满状态,在此情况下无需刻意讨论土地经营权的债权属性,它其实已经是土地承包经营权这一物权的一部分。

(3)土地经营权应当成为一种新型用益物权。随着农地改革的推进,土地承包经营权长久不变,逐步具有准所有权的性质,土地经营权满足了农业现代化的需要,在多层次权利客体设计的法理基础之上,土地经营权具备了一般物权的属性,是一种有期限限制的用益物权。④ 土地承包权与土地经营权分置的物权法效果表现为在土地承包经营权之外创设具有物权效力的经营权。⑤

三、农村土地经营权抵押面临的困境

土地承包经营权抵押是土地承包经营权流转的一种重要方式,"三权分立"思想是近

---

① 孙宪忠:《中国物权法总论》,法律出版社,2014 年版,第 259 页。
② 同[1]。
③ 高圣平:《承包土地的经营权抵押规则之构建——兼评重庆城乡统筹综合配套改革试点模式》,载《法商研究》,2016 年第 1 期。
④ 申惠文、杜志勇:《农地融资法律模式研究》,载《河南工程学院学报》(社会科学版),2016 年第 3 期。
⑤ 蔡立东、姜楠:《承包权与经营权分置的法构造》,载《法学研究》,2015 年第 3 期。

几年提出来的,而法律规定中的土地承包经营权抵押实质上指的是土地经营权的抵押,因为《土地承包法》第5条明确规定了只有集体成员身份的农户才能拥有土地承包权,而土地承包经营权流转的对象不限制在集体成员之中,只对土地用途做了严格限定。所以本文提到的土地承包经营权抵押实质上指的是土地经营权抵押。

1. 现行有关农村土地承包经营权抵押的法律规范存在的问题　土地经营权抵押的立法构建和推进必须以现有法律规范体系为基本参照,而关于农村土地承包经营权抵押的现行规则,主要规定于《民法通则》《担保法》《农村土地承包法》《物权法》以及最高人民法院《关于审理涉及农村土地承包纠纷案件适用法律问题的解释》等法律规范中。随着上述法律规范颁布的时间推移和我国社会主义市场经济的发展,关于土地承包经营权的规定有以下变化。

(1)明确禁止的规定。民法通则。《民法通则》颁布于1987年,在我国市场经济初步发展时期,国家对于属于公有制的农村土地抵押权规定得过死,在第80条中明确规定不得买卖、出租、抵押或者以其他形式非法转让。该条虽然没有明确指明土地使用权不得抵押,但是根据《民法通则》制定的时代背景以及法律解释的原则,关于土地的各项权利均不得抵押。

(2)逐步放活的规定

1)担保法:《担保法》于1995年颁布,在该法中立法者根据土地的分类对农村土地承包经营权做出了可以抵押和不可以抵押的分类:①可以抵押,在第34条第1款第5项中规定了可以抵押的财产"抵押人依法承包并经发包方同意抵押的荒山、荒沟、荒丘等荒地的土地使用权";②不可以抵押,在第37条第2项中规定"耕地、宅基地、自留地、自留山等集体所有的土地使用权不得抵押"。

2)农村土地承包经营法:《农村土地承包经营法》于2002年颁布,规定了农村土地两种承包方式:家庭承包方式和通过招标、拍卖、公开协商的承包方式。在第49条进一步明确规定了通过招标、拍卖、公开协商等方式承包土地的,经依法登记取得土地承包经营权证的,可以通过抵押方式进行流转,对于通过家庭承包方式取得的没有明确规定可否进行抵押。根据法律解释原则,通过对比分析,土地承包经营权抵押只规定在前一种取得方式中,而未在家庭承包方式中明确指出,可推断出立法者不赞成家庭承包土地承包经营权抵押。但也有学者认为,《农村土地承包经营法》第32条虽未明确规定,但也未明确禁止。

3)物权法:《物权法》颁布于2007年,明确将土地承包经营权界定为用益物权,对于土地承包经营权的流转方式,与《农村土地承包经营法》并没有明显区别,相较于前述法律的规定,《物权法》对土地承包经营权抵押问题规定的更加完备,也更加清晰。但从《物权法》第180、184条规定看,该法明令禁止抵押的仅是耕地上设定的此类土地承包经营权,其他用途农地上设定的此类土地承包经营权均可抵押。

由此可以看出虽然国家对以家庭承包方式获得的农地抵押做出了禁止性的规定,但是对于其他承包方式获的农地则逐步放活,出现二分法的原因是随着我国市场化经济的深入发展,对国民经济影响不大的"四荒地"进入市场自由流转被充分利用起来,法律亦当允许这类土地按照市场原则和物权原理流转。①

(3)现在形势下的走向。近年来国家比较重视农村土地融资问题,接连出台了一系列允许土地经营权抵押的文件,各级政府加大政策扶持力度,支持全国各地开展符合当地实践要求的土地经营权抵押模式。在多种因素作用下,各地纷纷出台了本地方的土地承包经营权抵押试行办法,如辽宁省昌图县、黑龙江省、山东省、安徽省、重庆市等全国多地。从承包户的角度来看,农村土地实际生产状况决定了农民愿意将土地经营权抵押,在获得基本保障的情况下,盘活土地,获得农业生产资金,促进农村经济的发展。

2.农村土地现状在实行土地经营权抵押过程中的争议问题

(1)农村土地具有社会保障性功能 我国城乡二元结构长期存在,城市居民的社会保障制度已经建立并得到逐步完善,而农村的社会保障却长期缺位,农村土地一直以来被视为农民生存生活的基本保障。② 目前来看,我国还是一个农业大国,土地仍是农民赖以生存的基础。在当前形势下支持土地承包经营权流转抵押,将会刺激农民通过土地大量借贷,最终失去具备保障功能的土地,而进城务工的大量农民是否能被有效容纳,这都将成为影响社会稳定的现实问题。③

(2)农村土地碎片化现象严重,抵押品执行难、变现难 长期困扰土地经营权抵押的另一个问题是我国人多地少,土地处于碎片化分布状态,在土地流转不活跃的地区,由于农产品价格较低,土地投入成本高、收益不大,家庭承包户没有进行抵押的必要,一般都会采用出租、转包的形式获得资金。另一方面,如果作为抵押品的农地经营权变现困难,金融机构接受农地抵押品的积极性将会大打折扣。目前我国的农地经营权流转市场发展缓慢,农地流转交易市场没有建立,一旦借款农户出现违约的情况,金融机构的抵押权实现难度将会增大,这就直接影响到金融机构开展农地抵押贷款的积极性。④ 在此种情况下,进行确权登记、明晰产权,在保护农民利益的前提下促进土地经营权流转市场的进一步发展,⑤以及对抵押人和抵押权人的资格限制,具有重要的现实意义。

四、完善农村土地经营权抵押的立法考量

(1)确定土地经营权的物权属性。尽管在现行法律制度下,承包土地的经营权只能

---

① 王宗非:《农村土地承包法释义与适用》,人民法院出版社,2002 年版,第 128 页。

② 杨团、毕天云、杨刚:《21 世纪中国农民的社会保障之路》,社会科学文献出版社,2010 年版,第 72 页。

③ 梁慧星:《中国物权法草案建议稿》,社会科学出版社,2000 年版,第 533 页。孟勤国等:《中国农村土地流转问题研究》,法律出版社,2009 年 1 月第 1 版,第 66 页。

④ 于丽红、陈晋利:《农村土地经营权抵押贷款的经验与启示:昌图县案例》,载《农村经济》,2014 年第 4 期。

⑤ 于潇:《中国农村土地确权状况》,载《土地市场蓝皮书(2016 版)》,第 125 页。

以租赁、转包等债权形式设定，但在司法实务中，通过典型案例的示范，农地经营权法律适用规则体系不断被丰富，农地经营权的物权效力不断增强。如：重庆市、广西壮族自治区、河南省的一些案件判决"土地承包经营权出租后，出租人、第三人侵害承租人利益的行为被认定为侵权行为"。这些均是土地经营权流转过程中司法实务领域做出的有益探索，将土地经营权物权化代表农民的心声，并且具有顺应实践发展的趋势。①

土地经营权性质界定问题，根本上是在寻求土地承包权和土地经营权之间利益平衡的基础之上，实现农地集约高效利用的市场化目标。从政策导向来看，农户作为土地承包经营权人是制度设计中优先保护的对象。土地承包权的主体只能是集体经济组织的成员，不存在任何例外，该权利的取得，是以特定的"成员身份"为前提的，具有明显的成员属性，而承包权与经营权分置以不斩断农村集体成员与农地的法权关系为前提，为非土地承包经营权人利用农地提供了更为稳定、可靠的制度支持。在此种法益平衡过程中，将土地经营权设定为与土地承包经营权同种类型的用益物权有利于保障权利人之间利益稳定，体现了法哲学思想。

（2）承认农村土地经营权抵押的合法地位。在确定了土地经营权物权属性的基础之上，需要进一步承认土地经营权抵押的合法地位，因为在现代物权体系中，无论是大陆法系的民法还是英美法系的财产法，以物的"所有"为中心的物权理念被以物的"利用"为中心的理念所取代，并且该理念得到了社会的普遍认可和高度重视。② 土地承包权与土地经营权的分离为土地经营权的抵押奠定了理论基础，土地经营权作为一种用益物权，具有可处分性，此种处分包括事实处分和法律处分，就事实处分而言指的是指对物的利用，就法律处分来说，用益物权人享有处分权，可以为用益物权设定抵押权，但没有处分所有权的权利。③ 既然土地经营权作为一种用益物权具有可处分性，在权利上设定负担也是一种法律处分，因此，土地经营权抵押便具有法律理论基础。基于此，土地承包经营权作为一项重要的用益物权，立法必须发挥土地经营权的价值，而且不仅包括使用价值，还应包括担保价值。

随着我国部分地区试点条件的成熟，相关法律比如《物权法》、《土地承包经营法》、《担保法》需要随着社会的发展而不断适时的修订，并在具体法律条文中明确规定土地经营权抵押的合法地位，并为后续实施提供法律支持。农地经营权抵押法律制度的完善有利于保障农村土地经营权抵押的合法性，为开展农地抵押贷款业务的各类金融机构的利益保护提供法律基础，减少相应的法律纠纷，减少贷款顾虑，从而保障农户进行融资经营。

（3）建立农村土地经营权抵押登记生效制度。在确立土地经营权抵押合法性的基础之上，为了促进农村土地流转市场的形成，最重要的是把土地大规模集中起来，这样才能

---

① 蔡立东、姜楠：《承包权与经营权分置的法构造》，载《法学研究》，2015年第3期。
② 房绍坤、丁海湖、张洪伟：《用益物权三论》，载《中国法学》，1996年第2期，第92页。
③ 王利明：《物权法研究》，中国人民大学出版社，2002年版，第412页。

实现土地的高效利用,而土地抵押制度只是保障土地被高效利用的一项保障措施,那么为实现土地的规模化效应,保障土地经营权抵押发挥应有的作用,首先应当考虑的问题就是确权赋能。土地承包经营权登记工作已经在全国开展起来,为促进土地经营权的流转,也应当采用登记生效制度,将权利明确下来。

1)土地经营权抵押采用登记生效制度的理论原因:土地经营权抵押采用登记生效主义首先是依据土地经营权的物权属性而构建的,我国《物权法》明确规定物权中不动产的取得应当以登记为生效要件。[①] 集体土地也是不动产,只是因为此项不动产的主体是农村集体组织,而农户仅基于成员身份享有承包经营权,因此在熟人社会下的农村,主体范围很明确,而且国家明令土地承包经营权流转只能在本集体经济组织中,农户的土地承包经营权取得无需耗费大量的成本去登记就可生效。但是随着社会市场经济的发展,农村土地急需进入市场,以充分发挥其最大利用价值。在此理论背景下,2015 年 3 月 1 日实施的《不动产登记暂行条例》第 5 条将集体土地所有权和耕地、林地、草地等土地承包经营权规定于应当办理不动产登记的权利范围内。在这样的发展趋势下,应当统一农地登记制度,土地经营权作为新兴的用益物权,也应当采用登记生效制度。并且依据《物权法》第 180 条规定的"以招标、拍卖、公开协商等方式取得的荒地等徒弟承包经营权"相似。此类土地经营权是通过市场化方式订立土地承包经营合同而设立,并且此类土地经营权抵押采用登记生效主义,基于平等的原则和正义的要求,[②]也应当对土地经营权抵押采用登记生效主义。[③]

2)土地经营权抵押登记制度有利于农村土地市场化:农村土地经营权的市场化流转,需要土地产权交易平台的构建,而清晰、明确的权属状态是市场交易的前提。交易相对人通过对土地承包经营权登记簿的查询,可以得出土地经营权的权利主体、土地承包权剩余期限、权利行使限制等问题。土地经营权抵押登记生效制度,则是完善农村土地产权交易平台的重要方面,有利于保障土地经营权流转的安全、保护双方当事人的权利,为大规模的土地流转提供制度层面的保障,能进一步促进交易市场的良性发展。

3)土地经营权抵押登记制度具体模式构建

第一,建立统一的登记制度。土地经营权作为一项不动产用益物权,应当在县级人民政府不动产登记机构办理,从而有利于建立统一的登记制度,保证土地承包经营权登记机关与土地经营权登记机关相一致,便于查询和交易。土地经营权抵押登记应当是占据中间地位的公法上的行为,不宜让第三方盈利性或公益性组织参加。[④]

---

① 《物权法》第 9 条:不动产物权的设立、变更、转让和消灭,经依法登记,发生效力;未经登记,不发生效力,但法律另有规定的除外。

② 王泽鉴:《民法总论》,北京大学出版社,2009 年版,第 52 页。

③ 高圣平:《承包土地的经营权抵押规则之构建》,载《法商研究》,2016 年第 1 期。

④ 申惠文、杜志勇:《农地融资法律模式研究》,载《河南工程学院学报(社会科学版)》,2016 年第 3 期。

第二，完善登记簿的功能。现行土地承包登记规范采用以户为单位将多个承包地块一并登记于土地承包经营权登记簿，[1]这种是采人的编成主义，与采物的编成主义而设计的不动产登记簿不同，采人的编成主义不利于交易相对人查询土地承包经营权上的权利负担，在土地经营权进一步被登记造册之后，这个问题更加严重。目前来看，采用物的编成主义，可能会造成一户持有多本经营证书，增加了登记成本，但是采人的编成主义所带来的后续交易成本的增加，远远超过了采物的编成主义所增加的登记成本。对于这个问题，可以在实践操作中再具体完善，探寻出简便易行、有利于促进土地经营权流转和抵押的路径。

---

① 《农村土地承包经营权登记试点工作规程（试行）》（农办经〔2012〕19号）；国土资源部政策法规司、国土资源部不动产登记中心：《不动产登记暂行条例释义》，中国法制出版社，2015年版，第91页。

论网签的预告登记效力

袁 昊①

【摘要】 承认网签的预告登记效力已是网签的应有之意。司法行政机关在办理登记与裁判不动产争议案件时亦应注意网签的预告登记效力,在此基础上整合两种制度,将网签纳入预告登记之中,以达到保障交易秩序,避免叠床架屋,节约社会成本的目的。

【关键词】 网签 预告登记 效力

近年来以信息技术为依托,行政部门将以往的商品房预售登记备案逐渐演化为房屋买卖网上签约制度,简称"网签"。网签对于行政部门对房地产市场精准调控和使交易公开透明化都起到了积极作用,同时也遏制了出卖人在合同签订后过户登记前"一房二卖"的不当行为。那么网签是否可以有预告登记限制出卖人处分权的性质,或者说进行网签的同时是否能一劳永逸的解决预告登记的问题,这首先需要从预告登记的运行原理角度分析。

一、预告登记的运行原理

预告登记的实质是通过物权的保护方式对债权人的请求权进行加固,以确保其物权在将来得以实现。这是因为债权的意思自治性决定了合同仅是当事人之间的权利义务关系,与他人无涉,依合同产生的请求权,只能向合同义务人要求履行。具体到房屋买卖合同中,由于我国采用的是不动产物权变动强制登记制度,买受人与出卖人在订立合同后,还需要进行房屋过户登记。然而从合同订立到完成过户登记往往存在一定时间差,这期间若出卖人又将房屋卖给他人,或者进行了其他处分并进行了登记,则买受人因为债权相对性的束缚,仅能向出卖人主张违约责任,不能主张所有权取得,这对其极为不利。因此,法律通过预告登记,赋予债权请求权以部分物权效力,使买受人的债权请求权能够通过预告登记对抗出卖人的房屋处分权,我国《物权法》第 20 条规定,预告登记后,

---

① 袁昊,河南大学法学院民商法学硕士研究生。

未经预告登记权利人同意,处分该不动产的,不发生物权效力。

经过预告登记的债权请求权会产生限制出卖人处分权的原因在于,预告登记的载体——不动产登记簿具有的公示效力。物权作为支配权、绝对权,具有对世的效力,需要通过公示手段使不特定多数人周知,不动产的公示手段就是不动产登记。正是因为登记簿上所负载的预告登记,其公示出的物权处于不完满状态,将受到买受人债权限制,所以出卖人无权在预告登记后擅自处分房屋。由此可以看出,预告登记就是通过借用物权公示的方法对债权请求权进行保护。那么网签是否具有物权的公示效力,进一步是否能够承认网签的预告登记效力,笔者认为答案是肯定的。

二、承认网签预告登记效力的依据

(一)网签在技术上已具备不动产的公示效力

网签源于商品房预售登记备案制度,因为互联网信息技术的方便快捷,商品房预售登记备案从诞生之初就在朝网上签约制度迈进。早在1995年出台的《城市商品房预售管理办法》第10中就要求"房地产管理部门应当积极应用网络信息技术,逐步推行商品房预售合同网上登记备案。"其后,北京、上海、西安等地相继出台了关于房屋网签的实施细则,特别国务院2010年做出的《国务院办公厅关于促进房地产市场平稳健康发展的通知》中明确要求,进一步建立健全新建商品房、存量房交易合同网上备案制度。这就以国务院文件的形式明确不管是增量房还是存量房,其交易合同都要进行网上备案,即进行网签。2015年《不动产登记暂行条例》的出台,改变了以往不动产登记由多部门各自为政的局面,将不动产登记职责统一于国土部门,同时要求不动产登记信息应与住房城乡建设、农业、林业、海洋等部门的审批信息、交易信息等应当实时互通共享,不动产登记机构能够通过实时互通共享取得信息。这就意味着网签系统与不动产登记系统的信息已经能够互联互通。基于互联网公开性以及房屋交易信息共享机制,网签已经具备预告登记的公示效力。

(二)承认网签的预告登记效力是网签的应有之意

传统理论一般认为网签是由行政机关的商品房预售合同备案发展而来,所以网签依旧还是一种行政管理行为,不具有民法意义上预告登记保护买受人的效力。[①] 笔者认为,上述观点已经不适应现实的要求。其一,商品房预售合同备案最初确实以行政部门对房地产开发商的监管为目的建立,而行政服务部门近年来将相对封闭的商品房预售合同备案转化为可以公开查询的房屋网签制度,尤其是将自然人之间的存量房交易也纳入网签,这就极大增强了该制度对买受人的保护。此外,对于防止"一房二买",维护房地产交

---

① 王利明:《物权法研究(上卷)》,中国人民大学出版社,2013版,第23页。

易市场的稳定与发展发挥了积极作用。如果依旧坚持网签与"预告登记"不兼容理论,则会造成第三人虽明知房屋上已有网签存在,但只要出卖人处分权未经预告登记限制,则第三人依旧能取得房屋不动产的后果。然而这显然与网签制度的初衷不符。其二,虽然行政机关规定网签是房屋买卖的必经程序,但这并不能否认网签是由当事人意思自治推动的结果。应当看到网签负载有两重法律关系,分别存在于行政机关与当事人和当事人与当事人之间。当事人进行网签就表示其愿意履行合同义务,愿意被网签的公示性质所约束。如果只强调网签的单一行政管理性质,就忽视了当事人之间民法上的意思表示效果,则与当事人真意违背。

(三)承认网签预告登记效力的意义

通过上文的分析可知,商品房预售登记演变为网签制度后,通过网签的房屋也具备了预告登记的公示债权,排斥第三人的效力。该制度的主要作用也已经由单纯的行政监管,变为行政监管与保护民事交易兼顾。笔者认为承认网签的预告登记效力至少有以下积极意义:

1.维护市场秩序　根据《房屋登记办法》第 69 的规定,申请预告登记必须有当事人之间关于预告登记的独立约定,这在现实中常常会导致房产开发商基于自己的优势地位,在办理预告登记时持拒绝态度或附加额外条件,从而导致预告登记目的落空。而反观房屋网签,由于其是由行政服务部门所推动,是房屋买卖的必经程序,具有强制性,并不会被当事人的优势地位所左右,因而相较于预告登记,网签制度在维护市场诚信秩序,防止"一房二卖"方面更能发挥积极作用。

2.充分保护购房者　相当一部分学者依据网签仅是一种行政保护,不具有物权排他效力的观点,认为买受人在进行网签后,若想限制出卖人处分房屋必须再次办理预告登记。然而普通大众对预告登记并不熟悉,加上现实中开发商的故意隐瞒,很多购房者仅办理了网签,而并未办理预告登记。但是公众基于对行政主导程序的信任,有充足的理由认为网签就是一种确保其能依约取得房屋所有权的保障。因此,承认网签的预告登记效力也是对公众信赖利益的一种充分保护。

3.符合经济效率,方便交易当事人　通过透明化的网上签约,不仅使交易信息公开可查,便捷高效的模式也将极大的方便市场主体。目前各地都已经开通了商品房网上签约备案系统,通过该系统,行政机关、当事人、利害关系人皆可以快捷方便地了解待售房屋的基本情况,如交易单位基本信息、房屋是否存在不利负担等。这种便利高效的制度融入预告登记效力,对于行政机关而言符合经济效率原则,对于交易当事人而言则免去了"一事二办"的周折,是一种双赢的策略。

(四)司法实践的认可

首先值得注意的是在网签尚未完全替代商品房预售合同备案登记之时,最高法院已经指出:"商品房预售合同备案登记往往具有较强的对外公示效力,在我国登记生效为不动产物权变动的原则下,此类公示效力可以成为对购房者期待权的一种保护。"①可以肯定的是基于互联网技术,网签的公示效力肯定要强于传统的商品房预售合同备案,网签当然有因公示具有保护购房者的功能。其次,近年来法院在司法裁判中更是注意到因为网签的公示排他效力导致其与预告登记之间效力的竞合关系。以下试举两例:

案例 1 "在原告买受人办理网签,支付房款并入住后,被告房屋出卖人又将房屋抵押予农行大兴支行,并在市住建委办理了抵押登记。本院认为:……进行了网上签约的房屋在申请抵押登记前,存在重大财产争议,房屋登记机构对此类房屋有能力也有义务对该事项进行审查。如出现申请登记的房屋在此前已网签的情形,房屋登记机构应高度注意。"②

案例 2 本院认为:"……联机备案(网签)是政府部门为规范商品房销售行为,防止商品房一房多卖,有效促进房地产业持续快速健康发展而采取的一项举措,虽然不同于登记备案,但通过联机备案同样能起到公示性和排他性,故黄某所持有的合同具有公示性。"③

三、实践中可行的做法

认识网签性质应将其纳入与房屋不动产物权相关的制度体系之中,而不能单独看待。应当认识到网签与房屋买卖合同、不动产登记等制度一道共同组成了维护房屋买卖市场秩序,保障交易安全,维护当事人利益的体系。笔者认为在明确房屋网签具有预告登记效力的前提下,实践中应从以下几点进行操作:

(一)对于已网签的房屋,登记机构应着重审查

《房屋登记办法》第 20 条规定"申请登记的事项应与房屋登记簿记载的房屋权利不冲突"。已经过网签的房屋具有较强的公示力,登记机关在受理登记申请时应当着重调查。对此北京市住建委印发的《北京市国有土地上的房屋登记业务分级办理规定及岗位职责》就明确要求"登记受理岗位负有查看申请房屋是否存在网签的职责。"一些地方的登记机关亦明确表示买受经过网签的房屋,其办证流程都应由网签相对方参与,仅依房屋买受协议无法办理过户登记。

(二)网签应作为法院裁判的依据

法院在房屋权属争议案件时,应注意到网签与预告登记相同的效力。一旦争议房屋办理了网签手续,那么原权利人未经网签相对方同意再次处分房屋的行为应判属无效。

① 参见最高法院(2015)民申字第 661 号民事裁定书。
② 参见北京市第二中级人民法院(2015)二中行终字第 106 号行政判决书。.
③ 参见河南省南阳市中级法院(2014)南民二终字第 01188 号民事判决书。

进一步网签也应当成为判断第三人能否适用善意取得的标准,《物权法司法解释一》第16条已经明确在预告登记有效期内,受让不动产应经由预告登记权利人同意,否则既为恶意。同理当受让人知道房屋存在有效网签时,应征得网签相对人同意后才能继续交易,否则法院亦不能判定其适用善意取得。

(三)整合两种制度,由预告登记吸收网签

目前,网签和预告登记尚属两项功能相似,但分属不同系统的交易保障措施,这在制度运行、相关解释、司法裁判中都造成诸多不变。笔者认为应当对两种制度加以整合,首先,应当明确在房屋不动产领域,预告登记的核心要点有三:第一,限制处分权的效力;第二,排除破产债权和强制执行程序的效力;第三,当债权消灭或能够进行登记之日起三个月内未登记的预告登记应当归于无效,对于以上三点在网签的功能之中也应当得到全面体现。其次,应当考虑在日后由预告登记将网签吸收,理由如下:第一,预告登记除适用于不动产交易之外,还具有保障一切债权请求权的顺位利益,使其请求权具有排斥后续登记权利的效力,[①]如抵押权的预告登记,质押权的预告登记。可以说网签仅体现了预告登记功能的一部分,预告登记的外延要比网签大很多,其功能完全可以涵摄网签。第二,现在网签的主要功能是为当事人提供交易信息,维护交易秩序,但是也可以承担其所负载的行政职能,所以应当由预告登记将网签吸收。最后,由预告登记吸收网签制度后,将目前由住建部门主管网签和由国土部门主管的预告登记统一于一个部门管理,从而符合令出一门,行政便捷高效的要求。

四、结语

网签通过互联网拥有公示效力,网签部门与预告登记部门的信息也存在共享机制,二者又都有行政机关的信誉背书,是故应当承认网签的预告登记效力。行政服务部门在办理登记,司法部门在裁判不动产纠纷案件时都应考虑网签的预告登记效力。在交易信息共享的基础上,可以考虑整合两种制度,将网签纳入预告登记之中,凡是办理网签的房屋即视为已经进行了预告登记,从而达到节约公共资源,避免制度重叠,减少适用困惑,方便当事人的目的。

---

① 孙宪忠:《中国物权法总论》,法律出版社,2014 年版,第 352 页。

试析中小企业民间借贷的问题及立法防治

田　竞①

【摘要】　在国有商业银行重"大"轻"小"的传统观念影响下,民间借贷越发成为中小企业融资的一种主要方式。随着民间借贷主体日趋多元化和借贷规模日益扩大,在经济转轨、下行的压力下,许多中小企业因资金链断裂而倒闭。贷款人合法权益难以维护,引发大量的民间借贷纠纷案件,严重影响了社会和谐稳定,规范民间借贷已成为当务之急。现行民间借贷法律制度存在严重缺陷,法律监管不到位,信用担保体系不完善,征信管理体系不健全。应该加大监管力度,完善银行信贷体系和全社会的征信体系,加强立法防治。

【关键词】　民间借贷　中小企业　金融机构　立法防治

改革开放以来,我国大批中小企业陆续出现。民间借贷作为中小企业的重要融资方式,弥补了正规金融机构的不足,优化了资源配置的组合,促进了经济的繁荣发展。随着民间借贷规模的不断扩大,借贷主体也日趋多元化,在经济转轨、下行的压力下,许多中小企业因资金链断裂而出现倒闭现象,引发民间借贷纠纷案件数量居高不下,严重损害了贷款人的合法权益,影响了企业的发展和社会的和谐稳定,解决上述问题需要立法防治。

一、中小企业民间借贷的现状与问题

(一)中小企业民间借贷的现状

1.民间借贷规模愈来愈大,主体日趋多元化　中小企业在融资出现困难时,因不符合正规金融机构贷款条件而无法满足其融资需求,只能转向通过民间借贷方式筹集资金。民间借贷一般对借款用途不加限定,借贷主体往往是正规金融机构以外的民事主体。最近几年,国有企业、银行、风险投资公司、担保公司、公务员等也参与其中。② 民间

---

① 田竞,周口市川汇区法学会副秘书长,主要研究民商法学。
② 席月民:《我国当前民间借贷的特点、问题及法律对策》,《政法论坛》,2012年第3期。

借贷主体与正规金融机构相比,它的随意性和隐蔽性较大,缺乏有效监管,易产生诸多不稳定因素。

2.民间借贷纠纷增多　随着民间借贷的活跃和规模的不断扩大,民间借贷高利率、高风险与投机性的结合,借贷人"跑路"事件不断发生,导致近几年法院受理民间借贷纠纷的案件一直在飙升。民间借贷案件数量的急剧增长,审理难度系数普遍较高,给当前的民事审判工作带来了前所未有的压力。这类案件还往往会引发企业破产与清算、劳动争议及金融诈骗类违法犯罪行为等问题。

(二)中小企业民间借贷存在的问题

1.金融风险上升,各种不稳定因素逐渐浮现　在中小企业向民间借贷时,常有不签订书面协议、利率不合法、不及时催收借款或以高息为诱饵行骗等严重破坏民间借贷信用体系的行为,往往导致出借人血本无归。相当一部分出借人在收不回借款或被欺骗后,因承受不了刺激和压力,引发上访甚至自杀等恶性事件。

2.国家税收流失,正规金融机构的利益受损　民间借贷本身具有隐蔽性,不利于税务、工信部门及金融机构等的监管,这样会造成营业税和所得税难以征收,致使国家税收流失。大量民间闲散资金流动于民间借贷之间,占领了正规金融机构的一定市场,对正规金融机构往往会形成一种不正当竞争关系。

3.贷款人的合法权益难以维护　由于民间借贷的法律法规尚不健全,民间借贷往往会对贷款人造成一定的损害。一旦借款人投资失败失去还款能力或丧失信用,贷款人就很难维护自己的合法权益。贷款人往往会抓住借款人急需资金的心理,把利率定得很高,这种高息容易导致借款人无力偿还借款,甚至有些借款人在巨大压力下选择出逃等方式来避免债务。

4.企业的可持续发展受到一定影响　马克思关于高利贷对企业的影响曾有一段经典的评价,即"高利贷不改变发生方式,而是像寄生虫那样紧紧地吸附在它身上,使它虚弱不堪。高利贷吮吸着它的脂膏,使它精疲力竭,并迫使再生产在每况愈下的条件下进行。"[①]民间借贷对中小企业的影响同样适用这一理论。中小企业通过民间借贷筹措到资金的利率往往会远远高于银行同期贷款利率,这让经营本来就很不易的中小企业背负更大的压力和负重。企业背负高息后,利润就会大大缩水,经营成本无形加大,抵御市场风险的能力就会减弱,市场竞争力也会逐步降低,严重影响了企业的可持续发展。

---

① 马克思:《马克思恩格斯全集》,北京人民出版社,1975 版,第 10 页。

二、民间借贷问题产生的法律原因

（一）民间借贷法律制度有缺陷

目前，我国尚无一部专门针对民间借贷的法律，只是散见于《合同法》、《民法通则》、《担保法》和最高人民法院的司法解释等中。这种法出多门的规定，司法审判时往往会出现因援引的法律不同而出现同案不同判现象。如《合同法》第211条规定："自然人之间的借款合同对支付利息没有约定或约定不明确的，视为不支付利息。"从该条规定可推出，自然人之间的借款合同对支付利息约定不明确的，视为不支付利息。而《最高人民法院关于贯彻执行〈中华人民共和国民法通则〉问题的意见（试行）》124条规定："借款双方因利率发生争议，如果约定不明，又不能证明的，可以比照银行同类贷款利率计息。"从该条规定则可推出，自然人借款双方因利率约定不明，又不能证明的，可以比照银行同类贷款利率计息。

目前这些零散的规定远远不能满足现实的需求。一方面，当前关于民间借贷的法律规定与民间借贷的发展现状脱节，民间借贷的市场及资金规模不断扩大，借贷范围越来越普遍。可是，我国有关民间借贷的法律规定却杂而分散，在处理各种复杂疑难案件时，现有的这些简单粗糙的滞后法律规定就显得力不从心。另一方面，现有法律规定与我国民间借贷的政策并不十分契合。2005年，中国人民银行发布的《2004年中国区域金融运行报告》中就承认民间借贷是一种补充正规金融的必要状态。2010年中共中央制定的《关于制定国民经济和社会发展第十二个五年规划的建议》和《国务院关于鼓励和引导民间投资健康发展的若干意见》都鼓励民间资本进入金融领域。这一系列的政策表明国家在民间借贷这一问题上已经承认其合法地位，鼓励支持其发展，但这些政策零散粗糙，难以执行。

（二）民间借贷法律监管不到位

对中小企业的民间借贷的法律监管问题，仅在工信局或金融办等部门的职能中有些模糊的关联规定，并且在民间借贷的法律规范中，缺乏对其有效监管的法律规定。同时，民间借贷隐蔽性特点加大了工信局、金融办等部门对其监管的难度，使民间借贷长期处于"野蛮生长"的状态，失去了应有的约束和控制。一些不法分子趁机大肆敛财，甚至可能会演变成非法集资、集资诈骗等破坏金融秩序的刑事犯罪。

（三）信用担保体系不完善

在中小企业通过民间借贷进行融资时，由于专门从事民间借贷担保的人很少，导致出借人承担不能收回借款的风险很大。如有些小额贷款的公司或机构在发放贷款过程中，由于缺少正规的质押、抵押等担保手续，最后贷出的款额往往会无法收回。很多中小企业民间借贷不能受到现行法律保障,各种恶性讨债事件屡屡发生,严重扰乱了社会秩序。

(四)征信管理法律规范不健全

目前,我国征信管理虽有中国人民银行致函国家工商行政管理局《中国人民银行关于企业资信、证券评估机构审批管理问题的函》、财政部《中小企业融资担保机构风险管理暂行办法》等相关规定,但主要涉及的是信用评级,相关规定仍不够健全,这样就会导致两种不良后果。一是导致银行与企业之间的信息不对称,增加银行对企业贷款审批的难度,影响企业向银行融资渠道,迫使其转向民间融资。二是直接影响借款人向企业借款的融资风险。这样不但影响征信业的发展,还会影响金融机构对中小企业借款人信用状况的评估。

三、完善中小企业民间借贷的立法建议

(一)建立专门针对民间借贷的法律规范或设立《中小企业法》

借鉴国外相关先进经验,尽快颁布一部专门规制中小企业民间借贷的单行法律,或设立《中小企业法》,将中小企业的民间借贷相关规定融入其中。

1. 建立专门针对民间借贷的法律规范

(1)确定民间借贷的合法地位。对民间借贷双方的权利义务加以规定,对合法的借贷行为与非法集资、集资诈骗等违法犯罪行为给予明确界定,保障正当的借贷行为主体的自由和利益,有效避免民间借贷对中小企业的可持续发展、国家经济快速增长产生不利影响。

(2)明确民间借贷的主体资格。在民间借贷关系中最重要的是确定放贷人的主体资格,需要对国有企业、银行、风险投资公司、担保公司、公务员等分别给予明确具体规定。如果放贷人是企业,还要对其资金状况、放贷金额等做出一定的具体要求。还要防止企业间拆借资金后再去转贷牟利,以维护国家的金融安全。

(3)对借贷利率加以合理规定。利率不仅是民间借贷的核心,也是法律规范的重中之重。2015年9月1日起施行的《最高人民法院关于审理民间借贷案件适用法律若干问题的规定》第26条明确了三个区间:第一个区间是民事法律应予保护的固定利率为年利率24%;第二个区间是年利率36%以上的借贷合同为无效;第三个区间就是24%～36%属自然债务区,如向法院提起诉讼要求保护,将得不到司法支持,但若当事人自愿履行,法院也不反对。该司法解释回应了人民法院对统一裁判标准和正确适用法律的需求,并对涉及民间借贷的虚假诉讼、合同效力等也做出了相应规定,对于支持大众创业解决"融资难"起到一定的导向促进作用。然而,该司法解释忽略了地域经济发展不平衡等问题,不利于民间借贷利率的市场调节。利率的规定应当考虑投资的效益、风险性、借贷的用

途、通货膨胀率、市场供求关系等因素，引导民间借贷利率朝更加合理、健康的方向发展，不能搞一刀切。另外，中小企业民间借贷应更多体现出合同意思自治的精神，而上述司法解释却有悖于民法精神。

很多国家和地区在完善民间借贷市场方面制定了专门的法律，如日本的《放贷业务法》、香港的《放债人条例》、英国的《放债人法》等都是通过设立专门针对民间借贷的法律法规，确定民间借贷的合法地位，对民间借贷的合同形式、主体及利率等都做出详细的规定。我国应借鉴这种保护民间借贷行为的法律规定，也制定一部专门针对民间借贷的法律规范。

2. 设立《中小企业法》 借鉴美国立法模式制定《中小企业法》，将公民与企业间的民间借贷行为模式、权利与义务等具体要求规定其中。进一步规范和完善中小企业的融资环境，允许中小企业发行股票和债券等，拓宽中小企业的融资渠道，简化中小企业融资的审批程序，通过降低发行股票和债券等融资方式的条件限制。

（二）健全监管制度

对民间借贷进行监管，既要建立有效的风险防范机制，又要建立监督制约机制，以此来规范民间借贷活动，避免民间借贷向金融诈骗等违法犯罪行为转换。

1. 进一步明确监管机构 我国目前金融监管的主体主要有中国人民银行、证监会、银监会和保监会。这些金融监管主体的现有职能，都不能有效地监管中小企业的融资问题。鉴于此，可以借鉴日本设立针对中小企业的行政机构、融资机构和允许中小企业发行股票和债券的做法，综合台湾地区建立中小企业财务融通辅导体系的做法，[①]并结合大陆实际，完善相关职能，如增设兼具中国人民银行、工信委、金融办等多个职能部门职能的综合管理监管机构，或整合现有的工信局、金融办等部门的有关民间借贷相关职能，明确规定中小企业的民间借贷等融资监管及由此引发的非法集资等问题均由金融办进行监管，以避免工信局、金融办等部门间相互推诿扯皮，从而加大中小企业民间融资监管力度。既对中小企业的经营、资金和技术上提供支持和指导，帮助中小企业解决现实中遇到的实际困难，又在中小企业向银行贷款受挫的情况下，帮助提供专项贷款，解决中小企业资金紧张的问题，还可引导中小企业优化经营策略，实现企业健康高效发展。

2. 设立登记制度 金融办等监管部门可以对民间借贷活动进行登记，记录每一笔借贷业务的双方主体、交易资金、资金用途、利率和还款期限等详细信息。通过设立登记制度，方便监督机构对其进行监督，为借贷双方提供有效的法律保障。

3. 明确监管对象 把借贷资金来源和用途作为重点监管对象，严格审查资金来源，如有些国企从银行获得低息资金或从其他企业借贷资金后，不用于自身的发展，而是把从银行或其他企业借来的资金投入民间高利贷市场以赚取差额利息，对此要作为重点对象进行监管。另外，对资金的流向也要进行监管。只有这样实现双向监管，才能防止盲

---

① 荣冀川：《中小企业融资制度比较研究》，《河北法学》，2010年第8期。

目、过分的投资行为,从根源上遏制民间借贷的投机违法行为发生。

(三)健全银行信贷体系

1. 树立全新的服务理念　国有商业银行需转变重"大"轻"小"的传统观念,改进中小企业的融资环境,树立中小企业与大型企业同等重要的全新服务理念。

2. 完善信用担保制度　一是规定担保机构的组织形式。中小企业民间借贷的程序、手续等比较灵活,其设定担保的要求不应像正规金融机构一样严格,[①]对民间借贷的担保要充分考虑其灵活性,进一步完善现有规定。二是严格审查、评估担保机构的资信。信用担保机构的资信往往会影响到自身的担保资格和担保能力,因而需要进一步完善信用评估和审查机制,应定期或不定期地对担保机构的信用进行审查和评估。三是担保机构工作人员应具备一定的资历。不仅应具备若干年限的工作经验,还应具备一定的担保、金融等相关法律知识。

3. 健全征信评估体系　银行等金融机构要针对中小企业,量身定制一套切实可行的信贷政策和信用等级评估体系,改进信用评级制度下的放贷审批权限,增强对中小企业贷款的积极性,从而减少中小企业民间借贷的数额和风险。

(四)建立全社会的征信体系

国家在这方面已经出台《征信管理条例》来加速征信体系的建设。当然,这是一项规模浩大的工程,其涉及人口多、信息量大,建立全社会的征信体系难度较大。不过,随着全国"互联网+"模式的推进,相信在不久的将来,在全社会建立广泛的征信体系,将是水到渠成的事情。全社会征信体系建好后,将那些信用不好的企业或个人实行动态管理,根据失信程度,及时计入不同程度的失信人名单,并定期向全社会公布。这样,对中小企业民间借贷的健康良性发展将起到一定的促进和保障作用。

综上所述,在当下民间借贷飞速发展的形势下,如何规避民间借贷带来的负面影响,是立法者应该亟待解决的问题。规范和完善民间借贷问题是一个长期而艰巨社会系统工程,需要政策、金融、法律等齐头并进,综合治理。而在法治国家、法治政府、法治社会共同推进,全面实施依法治国的当下,更应该从建立健全法律规范方面来解决当下中小企业民间借贷存在的诸多问题。首先,应该出台专门针对中小企业民间借贷的法律法规,完善中小企业的融资环境,拓宽中小企业的融资渠道,为民间借贷行为保驾护航。同时,也要建立健全有效监管机制,降低借贷双方的风险、避免或减少民间借贷纠纷的出现。还要完善银行信贷体系和全社会的征信体系,保障中小企业民间借贷的健康发展。笔者相信,通过法律法规、监管制度和征信体系三者作用的有机结合,一定能改变中小企业民间借贷乱象丛生的不良现状。

---

① 　徐红红:《民间借贷法律规制初探》,《经济研究导刊》,2009 年第 24 期。

五

民事行为

通谋虚伪表示及其立法取舍

石红伟[①]

【摘要】 通谋虚伪表示作为一种瑕疵意思表示,在大陆法系各国立法中得到普遍的认同。我国民法通则和合同法中"恶意串通,损害国家、集体或者第三人利益"以及"以合法形式掩盖非法目的"的民事行为或合同无效的规定,与通谋虚伪表示有一定的交叉或重叠,但三者之间在立法理念和适用范围上有着根本的区别。值此我国民法总则立法之际,应在未来的民法总则中规定通谋虚伪表示,同时处理好其与现有规定之间的关系。

【关键词】 通谋虚伪表示 恶意串通 以合法形式掩盖非法目的 善意第三人

意思表示健全是法律行为的生效要件,而意思表示瑕疵包括意思与表示不一致和意思表示不自由。意思与表示不一致分为故意的意思表示不一致(虚伪表示)与偶然的意思表示不一致(错误表示),其中虚伪表示又分为单独虚伪表示(真意保留)与通谋虚伪表示。在传统民法中,几乎所有的意思表示瑕疵均属可撤销的法律行为,但通谋虚伪表示属无效的法律行为,我国对此尚无规定。《民法通则》第58条、《合同法》第52条规定的"恶意串通,损害国家、集体或者第三人利益的民事行为"以及"以合法形式掩盖非法目的的民事行为",与传统民法中通谋虚伪表示理论并不一致。2002年,以梁慧星研究员为负责人的中国民法典立法研究课题组完成的《中国民法典草案》总则第129、130条对通谋虚伪表示做出了规定。[②] 目前,我国已启动民法总则的立法工作,中国法学会、中国人民大学、中国政法大学拟定的民法总则草案都对通谋虚伪表示做出了相应的规定。[③] 因此检讨、比较虚伪意思表示理论在几部草案中的规定具有重要意义。

---

① 石红伟,华东政法大学法律学院2014级民商法学博士生,洛阳师范学院政法学院副教授。

② 中国民法典立法研究课题组:《中国民法典草案建议稿附理由总则编》,法律出版社,2004年1版,第159-161页。

③ 中国政法大学民商经济法学院民法研究所"中国民法典研究小组"《民法总则建议稿》第109条、中国人民大学民商事法律科学研究中心"民法典编纂研究"课题组《民法总则草案》(建议稿)第137条、中国法学会民法典编纂项目领导小组和中国民法学研究会《民法总则专家建议稿》(提交稿)第135条。

一、通谋虚伪表示的域外审视

通谋虚伪表示,又称通谋虚伪意思表示、虚伪行为、伪装行为、虚假行为,指表意人与相对人通谋后,双方一致对外做出虚假的、非自己真意的意思表示。[①] 卡尔·拉伦茨认为:"虚假行为是指表意人和表示的受领人一致同意表示事项不应该发生效力,亦即双方当事人一致同意仅仅造成订立某项法律行为的表面假象,而实际上并不想使有关的法律行为的法律效果产生"。[②] 迪特尔·梅迪库斯认为,"在虚伪行为,表意人仅仅是虚假地发出了一项需要受领的意思表示,而受领人对此是同意的。在这里,(双方)往往不仅对这种保留心照不宣,而且还着意加以约定:(表示出来的内容)不应产生法律效力成了法律行为的内容"。[③] 山本敬三认为,虚伪表示是指与相对人通谋实施的、没有真实意思的意思表示。[④]

近代法国对通谋虚伪表示规制比较早,《法国民法典》第1321条规定了虚伪法律行为理论:"订有变更或废除契约的秘密文件的,仅于当事人之间有效,对于第三人不生效力。"法国法区分相对的虚伪行为与绝对的虚伪行为,前者是指被隐蔽的法律行为处于可看见的状态,公开的意思表示(法律行为)全面掩盖着另一个正在持续或保持的法律行为;后者指被隐蔽的法律行为处于看不见的状态的情形。针对虚伪法律行为,法国法确立了两个规则:一是在当事人之间,根据意思主义,仅承认当事人间所订立的秘密协议;二是若在当事人与第三人之间,则保护善意第三人。[⑤]

古代日耳曼法没有规定虚假的意思表示或虚伪法律行为,任何公开法律行为,只要具备有效法律行为的外表或形式,纵被利用也无可争议地有效。德国在制定《德国民法典》时引入了这一概念,并为后世其他大陆法系民法所借鉴。《德国民法典》第117条规定:"表意人与另一方通谋而做出虚假的意思表示的,该意思表示无效。以虚假行为隐蔽他项法律行为的,适用关于隐蔽的法律行为的规定。"《德国民法典》仅规定了通谋虚伪表示在当事人之间无效,并没有对保护善意第三人的信赖利益进行规定。德国学理和判例主要从成文法规定中类推适用、吸收借鉴法国虚伪法律行为以及引入信托理论对第三人的信赖利益提供救济。[⑥]

在借鉴和吸收法国、德国立法成果的基础上,《日本民法典》及我国台湾地区的"民法

---

① [德]迪特尔·梅迪库斯:《德国民法总论》,邵建东译,法律出版社,2003年版,第446页。

② [德]卡尔·拉伦茨:《德国民法通论》(下册),王晓晔、邵建东、程建英等译,法律出版社,2003年版,第497页。

③ [德]迪特尔·梅迪库斯:《德国民法总论》,邵建东译,法律出版社,2003年版,第446页。

④ [日]山本敬三:《民法讲义I:总则》(第3版),解亘译,北京大学出版社,2012年版,第120页。

⑤ 龙卫球:《民法总论》(第2版),中国法制出版社,2002年版,第489页。

⑥ 龙卫球:《民法总论》(第2版),中国法制出版社,2002年版,第487—490页。

典"都规定:通谋虚伪表示在当事人之间无效,但不得以此对抗善意第三人。就效力而言,通谋虚伪表示在当事人之间无效的观点基本没有异议,如《德国民法典》第117条、《日本民法典》第94条、中国台湾地区"民法典"第87条、《瑞士债务法》第18条等。不同的是,《德国民法典》没有规定对善意第三人的信赖保护规则,这与其他国家和地区在是否对第三人的信赖利益给予立法上的保护有所区别。对此日本学者我妻荣认为:"在像德国民法那样,交易外形信赖者得到保护的制度(特别是登记的公信力)普遍采用的法制之下,已无此必要。但是,在像日本民法那样,没有采用这种制度的法制之下,具有极为重要的意义。"①

英美法系存在虚伪意思表示的概念,但不同于大陆法系的通谋虚伪表示。英国法上所谓的虚伪意思表示或陈述,是指一方当事人于订立契约过程中,所作出之不真实或虚假之陈述或表示(untruestatement,falsestatement)。② 美国合同法与英国法中虚伪意思表示或陈述相类似的概念为"误述",指做出的陈述与事实不符。美国《路易斯安那民法典》中将虚假陈述定义为通过相互的协议而未能明示双方的真实意图。虚假陈述分为绝对虚假陈述与相对虚假陈述,前者是指双方意图使其合同在双方间不产生任何效力,后者是指双方意图使其合同产生效力,但不同于他们在合同中的陈述。③ 绝对虚假陈述因双方不欲使其生效而认定在双方间无任何效力,相对虚假陈述在满足所需要件的前提下在双方间产生所意图的效力。绝对虚假陈述或相对虚假陈述对第三人都可产生效力,但双方以单独的文书表明真实意图时,虚假陈述对于第三人不产生效力。

二、通谋虚伪表示的法律效力

王泽鉴认为,"通谋虚伪表示应具备的要件有三:须有意思表示的存在;须表示与真意不符;须其非真意的表示与相对人通谋"④。三者在逻辑上为递进关系,先有意思表示的存在,再有双方通谋,最后是表示与真意不符。其中,"通谋"是通谋虚伪表示最重要的构成要件,也是其与单独虚伪表示的根本区别。

"通谋"是指表意人与相对人(受领人)之间具有意思联络,二者共同对外做出与内心真意不一致的表示行为。"所谓通谋为虚伪意思表示,乃指表意人与相对人互相故意为非真意之表示而言,故相对人不仅须知表意人非真意,并须就表意人非真意之表示相与为非真意之合意,始为相当,若仅一方无欲为其意思表示所拘束之意,而表示与真意不

---

① [日]我妻荣:《民法讲义 I:新订民法总则》,于敏译,中国法制出版社,2008年版,第273页。
② 杨帧:《英美契约法论》,北京大学出版社,2007年版,第224页。
③ 娄爱华:《路易斯安那民法典》,厦门大学出版社,2010年版,第238页。
④ 王泽鉴:《民法总则》,北京大学出版社,2009年版,第285页。

符之意思者,尚不能指为通谋而为虚伪意思表示"。① "若表意人与相对人固均明知对方为非真意表示,而欠缺相与为非真意之'合意',既非本条所称通谋虚伪意思表示,充其量可能成立'民法'第244条第2项之债权诈害行为,而得为撤销之问题"。②

通谋虚伪表示的法律效力主要有两点:一是在当事人之间无效,二是不得对抗善意第三人。

(一)在当事人之间的效力

《德国民法典》第117条第1款规定:"表意人与另一方通谋而做出虚假的意思表示的,该意思表示无效。"日本、韩国及我国台湾地区民法典和瑞士债务法的有关规定基本相同。通谋虚伪表示在当事人之间采用的是意思主义,"第117条第1款遵循当事人意思,规定其虚伪表示所为的法律行为无效"③。通谋虚伪表示的无效源自于表意人与受领人之间的"合意","表意人和表示的受领人一致同意表示事项不应该发生效力,亦即双方当事人一致同意仅仅造成订立某项法律行为的表面假象,而实际上并不想使有关的法律行为的法律效果产生"④。"根据第117条第1款的规定,就需相对他人做出的意思表示而言,当双方一致同意该意思表示仅作为虚伪表示做出时,该意思表示无效"⑤。

通谋虚伪表示无效系尊重当事人的自由意志、以求实现当事人的真实意思,体现了私人自治或意思自治的理念,符合我们在论述法律行为的解释时所阐明的原则——如双方当事人一致在同一意义上理解了某些表示,则该项表示即在此双方共同所指的意义上发生效力,而不管是否还可对该项表示做出何种其他理解。在虚假行为中,双方一致所指的意义是:"表示事项事实上不应发生效力"。⑥ "表意人仅仅是虚假地发出了一项需要受领的意思表示,而受领人对此是同意的。在这里,(双方)往往不仅对这种保留心照不宣,而且还着意加以约定:(表示出来的内容)不应产生的法律效力成了法律行为的内容"。⑦ 由此可见,通谋虚伪表示无效的真正根源是双方当事人的自由意志,正是双方当事人的"合意"使虚伪表示行为无效。对此,我国也有学者基于下列原因而否认通谋虚伪表示的效力:一是法律行为的生效条件应是当事人的真实意思表示;二是当事人的通谋

---

① 1973年台上字第316号判例,参见王泽鉴:《民法总则》,北京大学出版社,2009年版,第286页。

② 林诚二:《民法总则》(下册),法律出版社,2008年版,第359-360页。

③ [德]迪特尔·梅迪库斯:《德国民法总论》,邵建东译,法律出版社,2013年版,第449页。

④ [德]卡尔·拉伦茨:《德国民法通论》(下册),王晓晔、邵建东、程建英等译,法律出版社,2013年版,第497页。

⑤ [德]维尔纳·弗卢梅:《法律行为论》,迟颖译,法律出版社,2013年版,第480页。

⑥ [德]卡尔·拉伦茨:《德国民法通论》(下册),王晓晔、邵建东、程建英等译,法律出版社,2003年版,第497-498页。

⑦ [德]迪特尔·梅迪库斯:《德国民法总论》,邵建东译,法律出版社,2013年版,第446页。

行为违反诚实信用原则而无效。①

通谋虚伪表示做出之后，当事人能否撤回？通谋虚伪表示在当事人之间无效，但如果善意第三人主张通谋虚伪表示有效，那么表意人和相对人可能会主张撤回该意思表示。为保护善意第三人的信赖利益，当事人做出通谋虚伪表示后不能撤回，除非当事人消除通谋虚伪表示的外形，将其恢复至做出通谋虚伪表示之前的状态。"虚伪表示，得经当事人之合意撤回之。但对虚伪之意思表示，法律本欲保护外形之信赖者，故该外形非经除去（例如，即使有撤回之合意，但未经涂销登记时），仍不得对善意第三人主张无效"②。"因为残存着相信虚伪表示的外形不知撤回的第三人有遭受不当损害之虞。只要做出了虚伪表示，即使被撤回对善意第三人也有第2项的适用，因此，应当解释为，为收到撤回之实，只有消除虚伪表示的外形防止善意第三人的产生"③。例如：债务人为避免其财产被强制执行，与他人订立虚假的房屋买卖合同并办理了产权过户手续，若债务人与相对人仅达成撤回该虚假买卖合同的协议，尚不能达到撤回的效果，还必须将房屋登记回复到通谋虚伪表示之前的状态。

（二）对于第三人的效力

虽然通谋虚伪表示不以存在第三人为构成要件，但在通常情况下，当事人做出虚伪表示往往是针对第三人的。德国民法没有对此作出规定，因此就面临"是否应当以及如何保护因虚伪行为而受到欺诈的第三人的利益"④的问题。《德国民法典》未直接规定其对第三人的效力，但其判例认为虚伪行为的无效不得对抗善意第三人。日本、韩国、我国台湾、澳门地区立法出于保护交易安全的目的，都确立了通谋虚伪表示不得对抗善意第三人的原则。

1. 第三人的范围 一般认为，第三人是虚伪表示之当事人及其概括继承人以外之人。⑤ 虚伪表示本就无效，若要表意人对第三人承担相应责任，则第三人也应满足一定的条件，即必须有正当的、值得保护的独立利益。"所谓第三人，指通谋虚伪表示的当事人及其概括继承人以外的第三人，就该表示之标的新取得的财产上权利义务，因通谋虚伪表示无效而必受变动者而言，如虚伪买卖标的物的受让人、设定抵押权之人。"⑥因此，第三人还必须"指虚伪表示的当事人及其包括承继人（例如继承人）以外者，就虚伪表示的外形造成新利害关系者"⑦。"新利害关系者"是指"新取得之财产上权利因通谋虚伪表

① 郑云瑞：《民法总论》（第五版），北京大学出版社，2013年版，第297页。
② 刘得宽：《民法总则》，中国政法大学出版社，2006年版，第219页。
③ ［日］我妻荣：《新订民法总则》，于敏译，中国法制出版社，2009年版，第275页。
④ ［德］迪特尔·梅迪库斯：《德国民法总论》，邵建东译，法律出版社，2013年版，第446页。
⑤ 史尚宽：《民法总论》，中国政法大学出版社，2000年版，第387页。
⑥ 王泽鉴：《民法总则》，北京大学出版社，2009年版，第286页。
⑦ ［日］我妻荣：《新订民法总则》，于敏译，中国法制出版社，2009年版，第273页。

示而必受变动之"①。"新利害关系"表明该利害关系是在通谋虚伪表示做出之后产生的，并且该利害关系存在于虚伪表示的标的之上。

例如，甲与乙通谋做成甲转让房屋给乙的虚假行为，并办理了过户登记手续。第一种情形：乙将该房屋转让给善意之丙，并完成过户登记；第二种情形：乙将该房屋抵押给善意之丙，并办理抵押登记；第三种情形：乙将该房屋转让给善意之丙，但未办理过户登记；第四种情形：乙将该房屋出租给善意之丙。在前两种情形下，丙是在通谋虚伪表示做出之后，取得虚伪表示标的——房屋之上的物权性质的所有权或抵押权，显然属于"就虚伪表示的外形造成新利害关系者"，应该纳入第三人的范畴。当然，善意之丙也可根据善意取得制度取得该房屋的所有权或抵押权，甲与乙主张虚伪表示无效对其并不产生实质影响。在第三和第四种情形下，甲乙通谋做出虚伪表示之后，丙基于买卖合同或租赁合同，对于房屋取得债权性质的请求权。若容许甲乙主张虚伪表示无效，则丙的债权请求权将可能无法实现。甲乙故意造成虚伪表示的假象，而善意之丙基于此假象做出法律行为（订立买卖合同和租赁合同），此时衡著双方利益，甲乙对此虚假法律状态的产生具有过错，而丙对此虚假法律状态产生的信赖利益应予保护，在第三和第四种情形下，也应将丙纳入第三人的范围。使得甲乙主张该虚伪表示之无效，不得对抗善意第三人丙。

第三人不包括通谋虚伪表示当事人的代理人。第三人因通谋虚伪表示的外形而具有独立的法律利害关系。虚伪表示当事人的代理人，即使其为善意，但其从事的代理行为乃是为了被代理人的利益，不具有独立的自身利益，因而不属于第三人的范畴。"为使第三人享受虚伪意思表示之有效效果，须就其有效之信任有正当之利益，虚伪表示当事人之代理人，就虚伪表示之有效无自己本身之利益，不得享受虚伪表示之有效效果。"②

第三人不包括诈害债权中的债权人。债务人与第三人通谋虚伪表示诈害债权人的行为，虽容易引起债权人也是通谋虚伪表示第三人的误会，但法律规定通谋虚伪表示无效不得对抗善意第三人的目的，在于使第三人不受通谋虚伪表示无效的不利益。在通谋诈害债权人的场合，债权人既未在虚伪表示发生之后于标的物上产生新的利害关系，又未在通谋虚伪表示无效之后利益受到损害，反而是无效对其有利，故不属于第三人的范畴。

第三人也不包括第三人利益合同的受益人。该问题源于我国台湾地区"高等法院"1983年度法律座谈会提出的法律问题：债务人乙为逃避法院强制执行，与丙通谋订立虚伪的买卖合同，将乙名下唯一的土地转让给丙，并登记在丙指定的不知情的丁。后债权人甲发现，甲是否有权提出乙、丙之间的通谋虚伪表示无效，代位乙提出涂销丁的所有权登记？③ 王泽鉴认为，在债务人乙未向第三人丁为给付之前，丁即使为善意，但是乙、丙可以通谋虚伪表示无效加以对抗；但若完成给付则不适用，因为土地所有权人乙有权对土

---

① 王泽鉴：《民法学说与判例研究》（第六册），北京大学出版社，2009年版，第223页。
② 史尚宽：《民法总论》，中国政法大学出版社，2000年版，第389页。
③ 王泽鉴：《民法学说与判例研究》（第六册），中国政法大学出版社，2005年版，第218–219页。

地进行处分,乙将土地移转登记于善意的丁,属于合法有效的物权行为,善意的丁因有效的物权行为取得土地,而非基于通谋虚伪表示无效不得对抗善意第三人的法律规定。

2.如何认识"善意"　何为善意?主要有"积极观念说"与"消极观念说"两种观点:前者要求行为人"相信"其行为符合法律规定或其行为相对人拥有合法权利,该说认为善意无法与"怀疑"并存;后者仅要求行为人"不知道"或"不应知道"其行为缺乏法律依据或其行为相对人缺乏合法权利,"有怀疑"的情形并不被排除在外。通谋虚伪表示无效不得对抗善意第三人的规定,在于保护交易安全。如果采用"积极观念说",则"善意"要求行为人在行为时明确知道其行为有法律依据或其相对人有合法权利,未免过于苛刻。从"谁主张,谁举证"的角度,要求第三人证明自己行为时有法律依据亦属困难。因此,对善意宜采用"消极观念说",即行为人"不知道"或"不应知道"其行为无法律依据或相对人无合法权利。在诉讼中,对第三人的善意采取推定,如果虚伪表示当事人认为第三人并非善意,则应由当事人负责举证。此时恶意的认定可分为两种情况:一种是第三人"明知"其行为缺乏法律依据的,可直接认定为恶意;另一种是对第三人"应当知道而不知"具有过失的情形再作分析:若行为人欠缺一般人应有的注意,为重大过失,依"重大过失等于恶意"的规则,推定其为恶意;若行为人欠缺有一般知识、经验的人诚实处理事务时应尽到的注意,则为一般过失或轻微过失,可认定为善意。第三人的善意,通说认为应以第三人与虚伪表示的标的发生利害关系时为准。例如,第三人从通谋虚伪表示当事人处受让权利的,只需于受让时善意即可,其后善意与否不予考虑。

3.不得对抗之理解　所谓"不得对抗善意第三人",是指"善意第三人固得主张其无效,但亦得主张其为有效;若主张其为有效时,则表意人不得以无效加以对抗"[①]。善意第三人既可以主张通谋虚伪表示无效,也可以主张其为有效,实质上赋予善意第三人以选择权。但第三人主张其为有效并非意味通谋虚伪表示有效,因为通谋虚伪表示属于当然、自始、确定无效,并不会因第三人有效的主张而导致效力的逆转。基于交易安全和信赖保护的要求,"不得对抗善意第三人"实质上是保护善意第三人的利益。第三人主张有效的实质乃是拟制虚伪意思表示为真实的法律状态,表意人与相对人要承担自己行为的不利后果,第三人可以主张虚伪行为与真实有效行为具有相同的法律后果。

通谋虚伪表示"不得对抗善意第三人"的立法本意,主要是出于保护善意第三人的债权。我国物权法已经规定了善意取得制度,即使没有"通谋虚伪表示不得对抗善意第三人"的规定,善意第三人也可以根据善意取得制度保有标的物的财产权利。但法律没有规定债权可否类推适用善意取得,此时根据"不得对抗善意第三人"的规定,就可以保护善意第三人的债权利益。例如,甲乙通谋虚伪表示将债权进行转让,后乙又将该债权转让给善意第三人丙。如果没有通谋虚伪表示"不得对抗善意第三人"的规定,甲乙主张虚伪表示无效,则丙将不能取得该债权,只能向乙请求损害赔偿。而由于有"不得对抗善意第三人"的规定,丙就可主张通谋虚伪表示有效,丙可以取得该债权,从而可以更好地保

---

① 王泽鉴:《民法总则》,北京大学出版社,2009年版,第286页。

护善意第三人的利益。

(三)隐藏行为的法律效力

在通谋虚伪表示中,隐藏他项真实的法律行为的,称为隐藏行为①。通谋虚伪表示中既有存在隐藏行为情形,也有不存在隐藏行为的情形。"隐藏行为的存在是与虚伪表示联系在一起的,无虚伪表示也就无所谓隐藏行为,有隐藏行为也就存在虚伪表示;但存在虚伪表示,不一定有隐藏行为"②。德国和我国台湾地区的法律对于隐藏行为的效力都有明确的规定,即"隐藏法律行为适用关于该项法律行为之规定"③。对于隐藏行为的法律效力应把握以下两点:

第一,隐藏行为的效力不受通谋虚伪表示的影响。在通谋虚伪表示伴随有隐藏行为的情况下,将隐藏行为与通谋虚伪表示相分离,单独评价隐藏行为的效力。通谋虚伪表示在当事人之间是自始、当然、确定的无效。隐藏行为的效力并不因被隐藏而受影响,隐藏行为的效力要根据其是否符合法律关于此类行为的有效要件加以判定。

第二,隐藏行为的效力仅存在通谋虚伪表示当事人之间,其效力不及于第三人。如果隐藏行为符合法律的生效条件,则隐藏行为有效。在隐藏行为有效的情况下,通谋虚伪表示当事人不能以其有效对抗善意第三人。换而言之,隐藏行为与第三人无关,第三人仍可依法律规定享受通谋虚伪表示有效的利益。

三、我国立法与司法实务中与通谋虚伪表示的有关规定

(一)"恶意串通,损害国家、集体或者第三人利益"的规定

《民法通则》第 58 条第 1 款第 4 项和《合同法》第 52 条第 2 项规定:恶意串通,损害国家、集体或者第三人利益的民事行为或合同无效。"恶意串通行为",是指双方当事人非法串通实施某种行为或订立某种合同,造成国家、集体或第三人利益的损害。恶意串通具有如下特点:第一,当事人出于恶意;第二,当事人之间相互串通;第三,损害国家、集体或者第三人的利益。

"恶意串通行为"与通谋虚伪表示之间的共性在于当事双方均具有意思联络:"恶意串通行为"包括恶意串通做出真实的法律行为和恶意串通做出虚伪的法律行为;通谋虚伪表示包括恶意的通谋虚伪表示和非恶意的通谋虚假表示。恶意的通谋虚伪表示基本等同于恶意串通做出虚伪的法律行为,两者的不同之处在于,恶意串通做出真实的法律

---

① 姚瑞光:《民法总则论》,中国政法大学出版社,2011 年版,第 233 页。

② 中国民法典立法研究课题组:《中国民法典草案建议稿附理由总则编》,法律出版社,2004 年版,第 161 页。

③ 《德国民法典》第 117 条,台湾地区民法第 87 条第 1 项。

行为与非恶意的通谋虚假表示则是两种完全不同的情况。概括来说,两者之间有以下区别:

第一,通谋虚伪表示强调表示与真意不符,属于双方故意的意思与表示不一致,恶意串通行为则不要求必须存在意思与表示不一致。恶意串通行为既包括恶意串通为虚假的行为,如甲为逃避人民法院的强制执行,将自己的房屋以"买卖"的形式过户到其父母名下;也包括恶意串通为真实的行为,如甲为逃避对乙的债务,将自己的房地产低价卖给其朋友丙。

第二,恶意串通行为要求有损害第三人利益的后果,而通谋虚伪表示则不要求一定以加害他人为目的。通谋虚伪行为可能损害他人利益,如甲为不使其房子在与乙离婚时被分割,与其父丙通谋,以"买卖"的形式将房子过户给丙;也可能不损害他者的利益,如甲想将自己的房子赠予乙,又担心其亲人不悦,故与乙以买卖转让的形式将房子赠予乙。

第三,通谋虚伪表示的无效是基于意思主义的考虑,恶意串通行为是因其行为上的非正当性而无效。通谋虚伪表示的当事人缺乏真实的法效意思,其无效表明法律尊重当事人的真实意思表示,并不包含对其道德上的否定性评价。恶意串通行为当事人出于恶意,损害国家、集体或第三人的利益,合同目的具有违法性,该无效是对其在道德上的否定性评价。

从民法理论和司法实践来看,恶意串通的概念表述和司法适用较为模糊,缺乏明确统一的理解。司法实践中依据"恶意串通"所作的裁判归结起来,主要有以下几种理解:①代理人或代表人与相对人恶意串通,损害被代理人或所代表法人的利益;②恶意串通逃避债务;③恶意串通实施无权处分;④恶意串通实施财产权的多重转让,如"一房二卖"等;⑤恶意串通实施共同欺诈,如诱骗一方当事人签订合同或提供担保;⑥恶意串通以规避法律。由此可见,我国恶意串通规则定义不清、适用范围没有明确界限,导致其司法适用具有一定的随意性。并且从公序良俗以及违法性的角度否定其效力,规定其无效为当然、自始和绝对无效,进而否定了第三人根据其利益状态做出判断的选择权。当行为人串通的意思表示为虚伪状态时,善意信赖其为有效的第三人的利益将难以获得周全的保护。"损害第三人利益应区分损害特定的第三人还是不特定的第三人;如果损害的是不特定第三人的利益,实质损害的是社会公共利益,绝对无效;如果损害的是特定第三人的利益,应属相对的无效,只能由该受害的第三人主张无效"①。实际上,上述恶意串通规则适用的大多数情况,都可由代理规则、无权处分规则、债权人撤销权规则和公序良俗原则予以解决。对于第三人利益保护问题,交由通谋虚伪表示规则处理起来效果更佳。

(二)"以合法形式掩盖非法目的"的规定

《民法通则》第 58 条第 1 款第 7 项和《合同法》第 52 条第 3 项规定:以合法形式掩盖非法目的的民事行为或合同无效(以下简称以合法形式掩盖非法目的)。何谓"以合法形

---

① 王利明:《合同法研究》(第一卷),中国政法大学出版社,2006 年版,第 649 页。

式掩盖非法目的"？对此有两种观点：隐藏行为说与规避行为说。隐藏行为说认为："所谓合法形式掩盖非法目的的行为，是指行为人通过利用一个合法的民事行为来达到掩盖另一非法民事行为的目的"①。规避行为说认为："所谓合法形式掩盖非法目的的行为，是指通过使用不直接违反禁止性规定的手段来实现法律所禁止的目的，理论上称为脱法行为或规避行为"②。在不同的司法判例中，"以合法形式掩盖非法目的"可被认为是脱法行为、隐藏行为、通谋虚伪表示以及为实施犯罪而采用的手段。

"以合法形式掩盖非法目的"与通谋虚伪表示的共性在于：两者当事人之间都存在意思联络，并且两者都属于当事人意思与表示不一致的情况。两者之间形成交叉关系，存在交集部分。具体而言，在通谋虚伪表示中，含有隐藏行为的通谋虚伪表示既包含隐藏行为具有非法目的的情况，也包含有隐藏行为目的合法的情况。换言之，只有隐藏行为具有非法目的的通谋虚伪表示，才与以合法形式掩盖非法目的行为形成重叠。两者的不同主要在于以下几点：

第一，通谋虚伪表示既可能包含隐藏行为，也可能不包含隐藏行为。并且通谋虚伪表示即使包含隐藏行为，该隐藏行为也未必具有某种非法目的，有时可能只是出于某种考虑，如为避免将财产赠予某人而引起子女不满，做出买卖的虚伪表示；而以合法形式掩盖非法目的行为中一定包含有隐藏行为，并且该隐藏行为必须具有非法目的，否则无法构成此种行为。

第二，对于包含有隐藏行为的通谋虚伪表示，该隐藏行为的效力应根据法律的规定做出判断，隐藏行为符合法律规定的生效条件的，为有效，反之则无效；而以合法形式掩盖非法目的中的隐藏行为，系为实现非法目的，其为无效毋庸置疑，否则其也不构成此种类型。

第三，通谋虚伪表示无效的根源在于当事人之间的"合意"，其法理基础为当事人的自由意志，因而当事人不得以其无效对抗善意第三人；而以合法形式掩盖非法目的的行为，其无效的根源则在于"目的非法"，其法理基础在于违法性，其无效的因素与当事人的自由意志无关。

以合法形式掩盖非法目的行为的法律规定，在司法实践中的适用主要有以下三种情况：一种情况是以"合法形式"掩盖违反法律强制性规定的"非法目的"而无效；另一种情况是以"合法形式"掩盖违反当事人约定的"非法目的"而无效。另外，以合法形式掩盖非法目的行为中的"非法目的"有时表现为恶意串通损害国家、集体和第三人利益的行为，这使得在司法实践中有的法院会判决某些案件同时适用这两项规定。从司法实践的

---

① 马强：《合同法总则》，法律出版社，2007年版，第58页；王利明：《民法总则研究》，中国人民大学出版社，2003年版，第571页；李永军：《民法总论》，法律出版社，2006年版，第514页。

② 龙卫球：《民法总论》，中国法制出版社，2002年版，第487页；崔建远：《新合同法原理与案例评释》，吉林大学出版社，1999年版，第186页；朱庆育：《民法总论》，北京大学出版社，2013年版，第257页。

效果来看,由于以合法形式掩盖非法目的行为与脱法行为、通谋虚伪表示等存在交叉与重叠,导致了实践中法官对其认定的模糊性和适用的非准确性。并且适用以合法形式掩盖非法目的规则,一律否定法律行为的效力,也存在有碍交易安全和损害第三人利益的问题。

四、结论:通谋虚伪表示的立法建议

我国现行民法没有对通谋虚伪表示行为进行规制,有的学者主张用通谋虚伪表示行为规则代替恶意串通行为规则和以合法形式掩盖非法目的行为规则。也有的学者认为通谋虚伪表示行为规则与恶意串通行为规则、以合法形式掩盖非法目的行为规则可以相互替代,从而提出只规定前者或只规定后两者的立法建议。无论上述哪种主张,都说明"恶意串通,损害国家、集体或者第三人利益"和"以合法形式掩盖非法目的"的行为或合同无效之规定,无法取代传统民法中有关通谋虚伪行为的规定。

恶意串通行为规则和以合法形式掩盖非法目的行为规则都存在一些固有的缺陷。首先,"恶意串通,损害国家、集体或者第三人利益的"和"以合法形式掩盖非法目的"的合同无效的规定之间存在交叉重合。如当事人通谋虚伪行为掩盖非法目的,同时又损害国家、集体或者第三人利益的情形;其次,在当事人通谋虚伪行为不损害国家、集体或者第三人利益或者通谋虚伪行为掩盖合法目的的情形,不属于我国法律规定的无效情形;再次,我国无效制度之规定缺乏对善意第三人的保护,不利于维护交易安全。

通谋虚伪表示行为与恶意串通行为、以合法形式掩盖非法目的行为,自身所蕴含的价值理念和立法者对其进行价值评判所依据的法理基础均不相同。前者本质为当事人的自由意志的表达,立法者和裁判者对其进行价值评判时应充分体现出对意思自治和契约自由原则的尊重,只有为了维护善意第三人的信赖利益时才能对其进行合理限制;而后两者本质是当事人的意志自由超出了自由的界限,超出了法律所能容忍的限度,立法者和裁判者对其进行价值评判时体现出国家和社会的强制,以最严厉的方式否定其效力。

通谋虚伪表示行为规则的主要目的在于平衡虚伪表示当事人之间及其与善意第三人之间的利益,在自由意志所表达的私人利益与善意第三人所付出的信赖利益之间寻求最佳平衡点,故法律规定其在当事人之间无效,但该无效不得对抗善意第三人;而恶意串通行为规则和以合法形式掩盖非法目的行为规则的主要目的在于调整虚伪表示当事人的私人利益与社会利益之间的冲突与矛盾,体现出在自由意志与社会利益之间的价值选择,因而法律站在社会利益的立场上,坚决否定其法律效力。三者的制度功能不同,不具有相互替代性。

虽然恶意串通行为规则和以合法形式掩盖非法目的行为规则都涉及当事人的虚假意思表示,但这些规定的重点并不在于当事人的虚假意思表示("串通"或"掩盖"),而在于损害"国家、集体、第三人的利益"和"非法目的"。显然还属于国家管制的立法思维,而这些应交由法律行为或合同无效制度予以规制。从私法自治和意思自治的立场出发，我国民事立法应就通谋虚伪表示作出规定，从而弥补现有法律的漏洞。

根据各国立法规定和现有的各种版本法律草案，我国民法总则草案关于通谋虚伪表示的规定可拟订如下：

第 X 章　法律行为

第 X 节　意思表示

第 X 条　［通谋虚伪表示］

表意人与相对人通谋做出虚伪意思表示的，该意思表示无效。但不得以其无效对抗善意第三人。

因通谋虚伪表示隐藏其他法律行为的，适用该项法律行为之规定。

论意思表示错误制度的构建

敦蓓蓓①

【摘要】 法律行为效力是民法总则编纂工作的核心问题,而重大误解制度是法律行为效力的重中之重。受苏联民法理论的影响,我国目前仍使用"重大误解"一词来表述意思表示错误的相关问题。反观大陆法系其他国家或地区的民法典,均采用"错误"的表述,并对错误形态进行分类,确定了不同的法律效果。对我国"重大误解"一词来源进行梳理,对不同国家和地区的意思表示错误制度进行比较分析,方能建构我国科学的意思表示错误制度。

【关键词】 民法总则 法律行为 意思表示 错误 重大误解

民法典编纂工作现在正按照"先总后分"的"两步走"的工作思路进行,在各研究单位提出的建议稿中,中国民法学研究会的《民法总则专家建议稿(提交稿)》和社科院民法典立法研究课题组的《民法总则建议稿》均采纳了"意思表示错误"的表述来代替"重大误解"一词。中国政法大学、中国人民大学和北京航空航天大学三所大学相关课题组编写的草案建议稿亦全部采用了"意思表示错误"的表述。但全国人大法工委公布的《民法总则(草案)》中第 125、130 条,《民法总则(草案二审稿)》中第 140、145 条,《民法总则(草案三审稿)》中第 148、153 条,仍旧采用了"重大误解"的表述。"重大误解"和"错误"有何区别? 各国如何规定? 我国应当如何借鉴? 本文将进行相关探讨。

一、我国的重大误解制度

1."重大误解"一词的来源 在中国,重大误解一词由来已久。20 世纪 50 年代我国第一次起草民法典时便使用了重大误解一词。该词的使用深受苏联民法理论影响。1949—1956 年,我国宣布废除民国旧法典,高校法律教学基本上只开设苏俄民法课程,教材也译自苏联。1956 年新中国第一部民法典草案也以 1922 年《苏俄民法典》为蓝本。② 该法典第 32 条规定:由于……或者由于严重的误解而实施的法律行为,可以申请法院宣

---

① 敦蓓蓓,河南大学法学院民商法学硕士研究生。

② 参见何勤华、殷啸虎:《中华人民共和国民法史》,复旦大学出版社,1999 年第 1 版,第 19 页。

告这种法律行为的全部或者一部无效①。

之后，我国历次民法典起草基本上都使用了"重大误解"的表述方式。我国1963年启动的第二次民法典草案活动，由于并未涉及意思表示瑕疵方面之条文，因此也就无"重大误解"的相关规定。但从第三次起草活动开始又出现涉及意思表示瑕疵的内容，并重现"重大误解"的表述方式。

2.《民法通则》及《民通意见》和《合同法》中的相关规定　我国《民法通则》第59、61条，《民通意见》第73条及《合同法》第54-58条，涉及了重大误解的含义、撤销权的行使、限制和法律效果等相关内容。其中，《民通意见》第71条对重大误解做了解释："行为人因对行为性质、对方当事人、标的物的品种、质量、规格和数量等的错误认识，使行为的后果与自己的意思相悖，并造成重大损失的，可以认定为重大误解"。《民通意见》第77条对第三人传达错误和第三人未传达进行了规定。

3.重大误解与错误的关系　德国民法典中对错误的基本认识是，泛指某人对任何事情、过程或者联系具有不正确的认识，亦即他所设想的或认为的东西不符合现实。② 按照拉伦茨的解释，这里的现实应在最广泛的意义上理解，包括心理方面的和有效力的事实等。法国法对错误的界定体现在合同法上，错误即误解，指合同的订立时至少有一方当事人对行为的基本条件发生认识上的错误。日本民法中，一般将错误界定为"由表示推断的意思（表示上的效果意思）与真意（内心的效果意思）不一致的意思表示，其不一致表意者自身并不知道"。③ 我国台湾地区民法理论认为：表意人不知其真意与表示不一致而为意思表示者，即其意思的欠缺，为表意人所不知，是为错误。④ 英国合同法上的错误是指，签订合同过程中当事人对订立合同的客观条件产生误解，并依此误解签订了合同。美国合同法上的"错误"，指合同当事人对于构成他们之间的交易的基础的事实在认识上的错误。⑤

魏振瀛教授将重大误解理解为错误和误解两个方面，包括表意人认识和表达错误，相对人的理解和表达错误，以及表意人的错误陈述（非欺诈）等情形。张民安教授指出重大误解可以分成两部分：其一是当事人自己意思表示错误的情形；另一种是对相对人意思表示的内容做出错误理解。王利明教授认为错误制度和重大误解制度在概念外延、分类方法、法律效果上均存在较大差异。徐晓峰认为误解发端于表意符号多样性，是由语言的模糊性引起的；错误则源自当事人的事实认识能力有限性。

笔者认为，从字面上看"误解"是对表意人心理状态的描述，"错误"是对认识本身的

---

① 在翻译此法典时，译者认为该条的误解与错误含义相似，在该法典中："误解是指对所实施的法律行为或法律行为的某种因素理解错误。"参见郑华译：《苏俄民法典》，法律出版社，1956年第1版，第10页。

② ［德］卡尔·拉伦茨：《德国民法通论》（下册），王晓晔、邵建东、程建英等译，法律出版社，2013年版，第502页。

③ ［日］我妻荣：《新订民法总则》，于敏译，中国法制出版社，2008年版，第277页。

④ 王泽鉴：《民法总则》，中国政法大学出版社，2001年版，第352页。

⑤ 王军：《美国合同法》，对外经济贸易大学出版社，2004年版，第154页。

描述,但不能仅从字面上对比重大误解和错误。我国民法中"重大误解"一词源虽是对前苏俄民法典的继受,但其真实含义是对法律行为、人的特征、标的物的品种、质量、规格和数量产生了错误的认识,与大多数"错误"的规定有相似之处。不同的是,别的国家或地区的"错误"含义更加广泛,规定的错误类型更丰富一些,这正是需要我们借鉴之处。

二、意思表示错误制度的比较法考察

1. 罗马法中的错误制度　现代民法制度,历史渊源多可以追溯到罗马法。意大利学者彼得罗·彭梵得将罗马法中的"错误"归结为三类:有关行为性质即原因的错误,它通常被称为有关特性和性质的错误;有关人身(即相对人)的错误;有关对象的错误,包括"对体态的错误"和"对性质的错误"。[①] 但从目前的罗马法文献来看,罗马法似乎并没有在条文或者注释中明确指出统一的错误体系。事实上,罗马法中错误的适用宽泛散乱、错误逻辑并不清晰。罗马法所谓的体系应该是后来研究罗马法的学者们根据理论研究深入的程度而人为构造的。诚如英国罗马法学者尼古拉斯所言"虽然在罗马法文献中可以找到有关错误的材料,甚至某些术语,但是这些分类不可避免地会歪曲罗马法学家具体情况具体分析的观点"。

2. 德国民法中的错误制度　关于意思表示错误的法律行为之效力,德国民法典第119条和第120条对其进行了详细的规定。第119条规定了因错误而可撤销,其第1款规定:"在做出意思表示时,就其内容发生错误或根本无意做出这一内容的表示的人,如果他在知道事情状况且合理地评价此情况时就不会做出该表示,则他可以撤销该表示。"第2款则规定:"关于交易上认为重要的人的资格或物的特性的错误,也视为关于意思表示的内容的错误"[②]。第120条规定了因误传而可撤销,为传达而使用的人或机构不实传达的意思表示,可以按照与根据第119条撤销错误地做出的意思表示相同的要件撤销之。

在意思表示错误的情形,其错误往往会因发生在意思表示在通往到达的过程中的不同阶段而不同。根据错误发生的阶段可将错误划分为动机错误、内容错误、表示错误、传达错误和受领人错误这五个范畴。[③] 其中,动机错误往往对法律行为的效力不发生影响(性质错误除外);内容错误和表示错误须先适用"解释先行于错误"和"误载不害真意"规则后再考虑是否应撤销之;传达错误适用的前提是传达人主观上想做正确的传达;受领人的主张撤销的前提是受领人自己受错误理解的影响而发出了意思表示(若其知道真实情况就不会做出该意思表示)。另外,在德国民法学界也提出了一些归属不无疑问的错误,如法律后果错误、签名错误、计算错误等情形,这些错误可以通过对具体情况的分

---

① [意]彼得罗·彭梵得:《罗马法教科书》,黄风译,中国政法大学出版社,1992年版,第70页。
② 陈卫佐:《德国民法典》(第2版),法律出版社,2006年版,第37页。
③ [德]迪特尔·梅迪库斯:《德国民法总论》,邵建东译,法律出版社,2001年版,第567-571页。

析而得出其到底属于内容错误、表达错误抑或是一些民法典不予关心的错误。《德国民法典》没有规定共同错误,但法院填补了这一空白,在双方当事人对基本事实都有错误的情况下,援用"交易基础丧失"规则。①

3. 法国民法中的错误制度 法国法对于错误制度的规定主要体现在契约法中。《法国民法典》第1110条认为错误仅在涉及契约标的物之实质本身时才构成契约之无效原因。如果仅仅涉及当事人想要与之订立契约的个人时,不构成无效原因。但如出于该个人的考虑是当事人与之订立契约的主要原因时除外。法国判例弥补了成文法规定的不足之处。一般认为,法国法的这一规定源自罗马法上的"与本质动机相关的错误和与人相关的错误"。法国学者认为,该条沿用了法典起草时通行的注释学派的分类。当时注释学派将错误分为主要性质错误、法律行为性质错误、当事人本人错误、标的物错误四类。其中,主要性质错误是指作为法律行为决定性动机的理由(即广义的原因)的错误。

4. 日本民法中的错误制度 日本旧民法起草人法国的博瓦索那德教授将法国法中的规定和通说加以整理,制定了日本旧民法中的"错误"制度。旧民法中的"错误"有欠缺合意与合意瑕疵两种类型:欠缺合意,是指表意人在对合意的目的、原因、性质和相对人等诸多方面的认识上发生了错误,在原则上可以发生阻却承诺的效力并最终使合意变为无效;合意的瑕疵,是指当事人对物的重要性质或关于当事人的附随性因素发生了错误,其法律效果是可撤销。而对于物的一般性质的认识错误,只有当当事人明确表示重视该性质时才能构成承诺的瑕疵。

现行日本民法典第95条规定:"当法律行为的要素中存在错误时,意思表示无效。"但是,在表意人有重大过失的情形中,表意人自己不能主张其意思表示无效。从第95条的规定可以看出,现行民法的起草人富井政章放弃了继续适用法国法的模式,而转用"要素的错误"来判定是否能够适用于法条。是否属于要素的错误,应当就各个场合具体的确定:

(1)关于人的错误。①关于人的同一性的错误,重点在于个人的法律行为,例如在赠与、信用买卖、借贷等中,构成要素的错误。② ②关于人的身份、资产的错误,对其身份、资产具有重要意义的法律行为,也构成要素的错误。

(2)关于物的错误。①关于标的物的同一性的错误,一般构成内容的错误;②关于物的性状、来历的错误,在与关于人的身份、资产等的错误同样的范围内,可以构成要素的错误;③关于物的数量、价格等的错误,只在其程度视为交易上重要的场合,构成要素的错误;④法律或者法律状态的错误,也与物的性状的错误相似。另外,日本学理上也有学者将错误划分为表示行为自身错误(误记、误谈)、表示行为的意义错误(亦称内容的错误)、进行意思表示的动机(缘由)有错误这三种样态。对传达错误也赞同德国法的规定,但需注意三种场合:①中介人为代理人时,就代理人的意思考虑错误的有无;②已经完成

---

① ［德]海因·克茨:《欧洲合同法》(上卷),周忠海、李居迁、宫立云译,法律出版社,2001年版,第274页。

② ［日]我妻荣:《新订民法总则》,于敏译,中国法制出版社,2008年版,第281页。

的意思表示被误达时,实质上是意思表示不到达,不构成错误;③使者擅自变更表示的内容作出了与本人的意思不同的表示时,可能受表见代理规则的适用。

5. **英国合同法中的错误制度** 英美合同法中对错误种类的基本划分为单方错误、双方错误和共同错误。单方错误指一方当事人签订合同的过程中发生错误,对方知道或者应当知道这一错误却保持沉默,致使双方并未真正达成意思表示一致,合同可能因此无效或被撤销;双方错误是指双方签订合同的过程中所指的标的物不一样,导致合同可能因此无效;共同错误是指当事人双方在签订合同的过程中对合同存在的基础事实出现了同样的错误,导致合同的表示并非当事人双方的真实意思。①

英国合同法中的错误因其处理方式的不同又分为普通法上的错误规则和衡平法上的错误规则。普通法上的错误规则具体包括:①当事人对合同根本性质的错误,当事人基于相对方的诈欺行为而对成立的合同性质发生错误认识;②当事人对标的物的重要问题发生的双方错误包括三种情况:其一,双方当事人对合同约定的标的物发生了错误,即指一方当事人以为就 A 物订约而另一方则以为就 B 物订约,实际上没有就同一标的物达成一致意见,即便是相互错误由第三人的疏忽引起也同样适用此规则;其二,当事人对标的物的存在与否发生共同错误,若标的物在订立合同时已不存在,则所订合同无效;其三,当事人对标的物的质量发生共同错误;③与相对方当事人具有牵连关系的单方错误。衡平法上的错误规则一般表现为:①关于合同性质的错误;②关于主体身份的错误;③关于当事人自身表达的错误;④关于合同标的物质量的错误。由于衡平法规则具有很大的灵活性和自由裁量性,因此此种概括远不能涵盖衡平法中的错误形态。

6. **美国合同法中的错误制度** 在美国,错误问题通常被作为免责问题来处理,在具体案件处理中,错误方的救济条件会因为是共同错误、双方错误、单方错误而存在着区别。一是共同错误。对于构成交易的基础事实,如果交易双方产生了认识上的错误,并且该错误对双方同意的对于履行的互换有重大的影响,受到不利影响的一方又不存在承担这种风险的事由时,可以共同错误为由否认合同的有效性。根据美国司法实践,共同错误主要包括两个类型:有关合同基础事项中品质或事实的共同错误;有关合同标的物存在与否的共同错误。二是双方错误。在双方错误的情况下,合同一般为无效。美国《第二次合同法重述》规定,以双方错误为由撤销合同的条件为:错误要涉及合同订立基础的基本假设;错误对约定的给付交换有实质的影响;错误并不属于当事人应当承担的合同风险;发生错误的当事人不存在重大过错。三是单方错误。美国传统司法理论认为单方错误不会对合同的效力产生任何影响,理由是对于错误的发生当事人无可指责,自然单方错误也就无法得到救济。不过目前美国很多法院放弃了单方错误不予救济的观点,如果一方的错误是由他方造成的,合同可以因一方的错误而无效;如果甲方意识到了乙方的错误而保持沉默,甲方的错误即使是单方错误,合同也因此无效。

7. **我国台湾地区民法中的错误制度** 我国台湾地区民法关于错误的规定基本同德

---

① 何宝玉:《合同法原理与判例》,中国法制出版社,2013 年版,第 318 页。

国法一致。台湾地区民法典第88条规定了意思表示错误得以撤销的情形：意思表示内容错误的、表意人若知即不为意思表示者。当事人之资格或物之性质在交易上认为重要者，其错误可视为意思表示内容有错误。上述错误存在的前提是表意者不存在过失。紧接着第89条规定了传达错误，第90条规定了错误表示撤销的除斥期间，第91条规定了错误表意人的赔偿责任。学理上，同德国一样，先使用"解释先行于错误"和"误载不害真意"规则，但经解释后认定意思表示不一致时，存在有利于表意人或相对人愿意接受表意人内心所欲者，仍应排除表意人的撤销权。

依第88条及第89条的规定，表意人得为撤销之错误的意思表示有：意思表示之内容有错误（内容错误）、表意人若知其事情即不为意思表示（不知、表示行为错误）、关于当事人之资格或物之性质的错误、意思表示因传达人或传达机关传达不实。① 动机错误，原则上是不影响意思表示效力的，因为动机存于内心，非他人所得窥之。若允许表意人主张撤销，将会不利于交易安全的保护。传达人故意为不实传达的，与无权代理的利益状态较为类似，应类推适用无权代理的规定，由传达人对善意的相对人负损害赔偿的责任。就特殊的错误类型，如法律效果错误、计算错误、签名错误，应具体分析。对于撤销权的形式，法律设有限制：须表意人无过失；须其错误在交易上认为重要；须自意思表示后1年内撤销。撤销权行使后的法律效果："该意思表示视为自始无效"；"对于信其意思表示为有效而受损害之相对人或第三人，应负赔偿责任，但其撤销之原因，受害人明知或可得而知者，不在此限"②。

三、意思表示错误制度在我国的构建

1. 以"意思表示错误"取代"重大误解" 前文的比较法考察选取的基本上是两大法系最具有代表性的国家及地区的民法规范及理论学说，它们均采用了"意思表示错误"的表述。我国虽受苏俄民法典的影响，采用了"重大误解"来表述，但其实质上起到的就是"错误制度"的部分作用，多数学者认为我国《民通意见》规定的对法律行为、人的特征、标的物的品种、质量、规格和数量的错误认识，即德国法上的内容错误；《民通意见》中第三人传达错误和第三人未传达，即德国法上的传达错误。但该第三人传达错误显然不在"重大误解"当中，《民通意见》对于第三人传达错误后是无效还是可撤销也未加以明确。也有学者认为我国的重大误解概念重在平衡交易双方的利益，在长期司法实务中并没有发现多少问题，应当维持不变。但笔者认为值得商榷，理由如下：

首先，"重大误解"无法涵盖"错误"。第三人传达错误显然不包括在"重大误解"当中；与德国民法相比较，"重大误解"也并未对表示错误与动机错误进行区分。对标的物的质量以及对方当事人的特征的错误认识可能包括非重大性质错误的动机错误在内，而

---

① 王泽鉴：《民法总则》，中国政法大学出版社，2001年版，第372页。
② 黄荣坚：《月旦简明六法》，元照出版公司，2009年9月版。

非重大性质错误的动机错误在德国民法里是不能撤销的。

其次,"重大误解"不仅要求使行为的后果与自己的意思相悖,还要求"造成较大损失",多数国家对"造成较大损失"并未作规定。

最后,为保护意思表示相对人对意思表示的信赖利益,表意人撤销意思表示时,应在对方当事人可期待的履行利益范围内,赔偿给对方因信赖其意思表示而造成的损失。如赔偿范围超过对方当事人可以期待的履行利益,超过部分应当视为不当得利。

2. 意思表示错误的类型 考虑到我国民法属于大陆法系,英美法系将普通法上的错误规则和衡平法上的错误规则共同作用的模式并不适合我国国情。而参考德国法模式按照错误发生的阶段分为动机错误、内容错误、表示错误、传达错误及受领错误的做法值得借鉴。另外,应特别注意以下几点:

(1)在判断意思表示错误之前优先适用"解释先行于错误"和"误载不害真意"规则。

(2)动机错误一般由表意人自担风险。相对人明知表意人表示的缘由及其错误,尚不足以作为转嫁表意人料事错误或投机失败的危险。① 只有相对人违反诚实信用,利用表意人的动机错误而订立合同,表意人欲主张因错误得撤销,相对人却主张动机错误应由表意人自担风险的,应认为是权利滥用,不再保护相对人。

(3)传达人非故意为不实传达时,表意人可依据错误制度撤销其意思表示;传达人故意为不实传达时,类推无权代理的相关规定,由传达人对善意的相对人负损害赔偿之责。《民通意见》还规定了传达人未传达的情形,依学理,第三人未传达,意思表示未到达相对人,表意人的所为的要约或承诺未到达相对人即失效,若因此造成相对人信赖利益受损,由表意人承担责任后向传达人追偿(表意人与传达人之间可视为委托关系)。

(4)关于特殊错误类型(法律效果错误、计算错误、签名错误),可依学理具体分析。

3. 意思表示错误的法律效果 各国法律对于意思表示错误的法律效果规定不尽相同,从各国立法来看,主要有以下两种立法例:

第一种为无效。对于无效的规定,各国立法也有所不同。可分为三种情况:其一为绝对无效,如日本。其二为相对无效,如法国。其三,便是英美法律对于意思表示错误的规定,总的态度也是无效,但是在普通法法院审理此类案件而宣告契约无效前,受害一方可根据适当的情形,取得衡平法上的救济。这种衡平法上的救济可分以下几种:①有条件地撤销合同;②拒绝发布特定履行令;③改正合同。

第二种为可撤销。德国,意大利,我国大陆地区、台湾及澳门地区,均采用了此种法例。如我国澳门特别行政区"民法典"第240条第1款规定:"法律行为之意思表示得因表意人之重要错误而撤销,只要该错误为受益人可认知之错误,或系因其所提供之资讯而产生。"

本文认为,德、意等国的立法例更符合民法中"意思自治"这一核心理念的要求,允许撤销错误意思表示,也意味着赋予了民事主体更大的自由选择空间。我国的意思表示错误制度建立起来之后,仍可继续采用可撤销的立法例。

---

① 王泽鉴:《民法总则》,中国政法大学出版社,2001年版,第374页。

情事变更原则中不可归责要件的分析与证成

张　永①

【摘要】　在我国台湾地区工程领域,对不可归责是否为情事变更原则的构成要件存在对立看法,基于文义解释、责任自负原则、可预性规则、错误制度比较、违约责任与情事变更原则衔接与配合,应坚持不可归责要件说的立场。发包人的协力义务为从合同义务之一种,其违反构成债务不履行,无情事变更原则之适用。在情事变更可归责于第三方且构成通常事变时应有情事变更原则之适用可能。《合同法》第121条存在隐藏的法律漏洞,于通常事变场合应通过目的性限缩限制第三人的范围,且可类推第107条做免责处理,这样处理有学理解释、历史解释、比较法解释上的充分依据。

【关键词】　情事变更　通常事变　界面冲突　从给付义务　错误

一、问题的源起

在我国台湾地区的工程领域,对于不可归责是否属于适用情事变更原则的要件有不同看法。我国台湾地区"民事诉讼法"曾在第397条对于情事变更原则有明确规定,要求"因不可归责于当事人之事由"才能适用情事变更原则。但我国台湾地区现行"民法"第227条之2却删去该要件之规定。对于这种变化有两种解释:不少学者认为只有在不可归责时方能适用情事变更原则,若当事人有可归责之事由则没有保护之必要,应由合同当事人依其原法律效果履行义务并承担危险。② 或者认为"民法"第227条之2虽未如"民事诉讼法"第397条设有明文,然探求立法者的内心真意,并不是要废弃这项构成要件,③其理由在于情事变更之"情事"纯粹是一种客观之存在,本质上是不可能归责于任何

---

① 张永,郑州大学法学院讲师,清华大学民法学博士。

② 郑玉波:《民法债编总论》,三民书局股份有限公司1996年版,第330页;姚志明:《一般情事变更原则于给付工程款案例之适用——兼评最高法院九十四台上字第八九八号判决》,载《月旦法学杂志》,2008年4月第156期,第266页。

③ 关于变更之立法理由书文字表述为"情事变更,纯属客观之事实,当无可归责于当事人之事由所引起之事例,故民事诉讼法第三百九十七条规定'因不可归责于当事人之事由'等文字无赘列之必要。"

一方当事人的。^① 删除的原因在于"不可归责于当事人"乃是不言自明的构成要件之一,无须明确规定,所以,"不可归责于当事人"仍然是情事变更原则的适用要件之一。该说的关键论据在于本条之修订说明。^② 多数学者也认为此法条虽然没有明文规定,其适用仍以"不可归责于双方当事人"为必要。^③ 此类学说可归纳为"不可归责要件说"。另一种观点则认为既然新法删除了"不可归责于当事人"这一要件,就意味着即使可以归责于当事人的事由也可能适用情事变更原则,即"不可归责于当事人"不再是情事变更原则的适用要件,此说称之为"不可归责非要件说"。^④

我国台湾地区司法实务见解多认为不可归责于当事人是情事变更原则的适用前提之一,若情事变更可归责于当事人,则无情事变更原则之适用必要。^⑤ 也有个别裁判坚持不可归责于双方当事人并不是情事变更原则之适用要件,即纵使可归责于一方当事人仍不妨碍情事变更原则之适用。^⑥

此外,台湾地区司法实务中还有一种争论,即如果引发情事变更之事由不可归责于

---

① 林诚二:《情事变更原则之再探讨》,载《台湾本土法学杂志》,2000 年 7 月第 12 期,第 68 页。刘春堂:《民法债编通则(一)契约法总论》,三民出版有限公司,2001 年版,第 154—155 页。

② 本条之修订理由:又情事变更,纯属客观之事实,当无因可归责于当事人之事由所引起之事例,故"民事诉讼法"第 397 条"因不可归责于当事人之事由"等文字无赘列之必要。

③ 黄立:《台湾工程承揽契约中情事变更之适用问题》,载施建辉:《工程法上的民法问题研究——第一届海峡两岸工程法学研讨会实录与论文集》,东南大学出版社,2010 年版,第 74 页;林诚二:《民法摘编总论——体系化解说》,中国人民大学出版社,2003 年版,第 312—313 页;邱聪智:《新订民法债编通则(下)》,中国人民大学出版社,2004 年版,第 259 页;黄茂荣:《债法总论》,中国政法大学出版社,2003 年版,第 230 页;林诚二:《民法问题与实例解析》,法律出版社,2008 年版,第 64 页;林诚二:《民法理论与问题研究》,中国政法大学出版社,2000 年版,第 40 页。

④ 洪国钦、陈宗坤、曾俊智:《情事变更原则与公共工程之理论与实务——兼论仲裁与判决之分析》,元照出版有限公司,2010 年版,第 319 页。

⑤ 台湾地区高等法院九十四年(2005 年)度保险上字第 49 号判决略谓:"八十八年四月二十一日增订之民法第二百二十七条之二第一项规定:契约成立后……系按修正前民事诉讼法第三百九十七条立法体例而增订,即所谓情事变更原则……如于法律行为成立后,因可归责于当事人一方之事由,致他方受有损害,仅生债务不履行负损害赔偿责任之问题,非属该条所称之情事变更,自无该条规定之适用。"

⑥ 台湾地区"中华民国"仲裁协会 87 年(1998 年)商仲麟声仁字第 70 号仲裁判断。略谓:"惟相对人(定作人)罔顾实际工程需要,于出入口设计变更方案尚未完工前,即命令声请人(承揽人)限期拆移道路中央带围篱,使声请人就系争工程部分开口之围篱面积减缩,声请人于签约时无法预见系争工程位在道路中央之开口,会在无围篱架设之情况下进行投标、施作工程,更无法预料某工程配合道安会报决议中央围篱带围篱拆除之执行,当属不合理地运用权力修改、限制声请人,业经核对之工地区域,此种情事变更已超出声请人订约时所能合理预见之范畴,自非声请人于签约时所能预料……按所谓不可归责于当事人之事由,依法理言,应指不可归责于主张显失公平之人即足,而非指不可归责于被主张之人,查本件出入口变更设计,既应于八十五年七月一日以前定案,而相对人于该变更设计尚未定案前,即命令声请人限期拆移中央围篱,自应认为是项情事变更系不可归责于声请人之事由。基上而论,声请人主张本件仲裁有情事变更事实存在,核属可采。"

工程合同之当事人,但是可归责于合同当事人之外的第三人,此时受有不利益的合同当事人能否主张适用情事变更原则来调整合同。①

相对于台湾地区工程领域中对情势变更原则适用问题的深入而广泛的讨论,我国大陆对于情事变更原则的司法适用一向严格,对于工程领域中该原则的适用更加罕见,据笔者掌握的资料目前在工程领域中涉及情事变更原则的判决不足三十个,对于上述两个问题的讨论更没有充分展开。②

二、不可归责要件说的重申与证成

笔者上文中所引述判决、裁定以及我国台湾地区学者之讨论共涉及两个问题:其一,若存在可归责于合同一方当事人之事由,可否适用情事变更原则来调整乃至解除施工合同? 台湾地区工程司法实践中显然有两种声音。其二,在不可归责于当事人但可归责于第三方时,能否适用情事变更原则。

对于第一个问题,笔者坚持传统观点,即不可归责要件说,即在情事变更可归责于发包方或承包方任何一方时,均没有情事变更原则之适用余地。其理由有以下数端:

首先我国法释〔2009〕5 号第 26 条虽未明文规定必须要不可归责于合同当事人,但我

---

① 持肯定观点之判决如台湾地区"最高法院"94 年(2005)台上字第 898 号判决,略谓:"查民法第二百二十七条之二所称情事变更,系指债之关系成立后,其成立当时之环境或基础有所变动而言。系争工程契约订立后,是否原已存在合理运程内之合法弃土场嗣均已不存在,订约当时之环境或基础已有变动情事,攸关有无情事变更原则之适用。原审就此未调查审认,徒以系争工程中,北部地区所有合法弃土场均遭有心人士垄断,弃土证明运作失序,即认本件得适用情事变更原则,尚嫌速断。"该案原审判决显然认为只要情事变更之情事是属于不可归责于当事人之事由即可,即使有可归责于其他人之事由仍然可以适用情事变更原则。反对的观点则认为不但可归责于当事人任何一方时不能适用情事变更原则来调整合同,即使可归责于合同当事人之外的第三人时,也不能适用情事变更原则,典型如台湾地区高雄法院 90 年(2001)年仲诉字第 1 号判断,略谓:"又如系第三人之行为导致依原法律行为约定履行有不公平之情事,即无情事变更原则适用。因此,本件被告所主张台电施工界面及工期延长,乃特定当事人间之问题,客观的社会情事并未变更,显然与情事变更原则不符⋯⋯。"

② 我国大陆地区最早规范工程领域中情势变更原则适用的规范性文件是 2002 年 8 月份最高人民法院颁布的《关于审理建设工程合同纠纷案件的暂行意见》,该意见第 27 条规定在建材价格异常波动时,有情势变更原则的适用余地。典型判决有"仲崇金与江苏万象建工集团有限公司等建设工程施工合同纠纷申请案""北京城乡建设工程有限公司诉吉林省北方建业劳务服务有限责任公司建设工程施工合同纠纷案""广东新广国际集团有限公司与邓益基、李本朝建设工程施工合同纠纷案""温州二井建设有限公司与山西蒲县黑龙关宏兴煤业有限公司建设工程施工合同纠纷案""江西省建工集团公司与中共乐清市委党校建设工程合同纠纷案"等。工程领域中情势变更原则适用的主要论文见黄喆:《情势变更原则在建设工程合同中的适用——德国建筑私法实践及其对我国的启示》,《法律科学》,2013 年第 5 期;张永:《界面冲突的法律构造——实务研讨与路径选择》,《中国建设工程法律评论》(第四辑),2016 年版第 204-228 页。而对"不可归责"是否为情势变更原则的构成要件在我国大陆也确有否定意见,见彭诚信:《"情势变更原则"的探讨》,《法学》,1993 年第 3 期。

国立法机关和主流学说都坚持将不可归责作为情事变更原则的要件。[①] 受立法机关委托的民法典课题组所拟订的《中国民法典草案建议稿》第846条也重申此点,强调不可归责性的要件地位。[②]

基于责任自负原则,若承包商违反义务以致发生情事变更,则其责任自负一般没有问题。不要件说所强调的是,若情事变更可归责于发包方时,承包方作为受害方依然可以主张适用情事变更原则。笔者难以苟同,因为这样处理会使情事变更原则和违约责任之间的界限非常模糊,考虑到情事变更原则仅仅是一种例外,而且其适用具有补充性,即在有债务不履行规则及其他风险负担规则能够妥善救济受有不利方的损害的情况下,应当限制情事变更原则适用,否则将造成该原则适用过于频繁甚至滥用,并模糊功能和使命不同的各民法制度之间的界限。

另外,适用情事变更原则必须满足不可预见性要件,而在可归责于一方当事人之义务违反场合,后者有违约行为,构成违约责任。而合同履行中可能发生违约,乃至可能的违约行为大致有几种、可能造成多大损害,事实上大致都是可预见的。《合同法》第113条就确立了违约责任的可预见规则。[③]

而台湾地区学者支持不要件说的一个理由是我国台湾地区"民法"对于错误制度的适用要求极其严格,必须表意人自己不存在过失,因此在异常地质状况等情形下,承包人往往无法据此来维护权益。况且根据我国台湾地区"民法"第88条,[④]承包人只能主张撤销合同,而非变更,此种处理未必是承包人所真正期待的,也未必符合其经济利益,法院因此才在某些工地状况异常等情况下适用情事变更原则来维护承包人的合法权益。笔者以为在我国大陆则不存在此种"不得已",因为我国大陆地区法制中的重大误解与我国

---

① 梁慧星:《合同法上的情事变更问题》,《法学研究》1988年第6期;杨振山:《试论我国民法确立"情势变更原则"的必要性》,《中国法学》1990年第5期;马俊驹:《我国债法中情势变更原则的确立》,《法律评论》1994年第6期;韩世远:《情事变更原则研究》,《中外法学》2000年第4期;曹守晔:(最高人民法院《关于适用〈中华人民共和国合同法〉若干问题的解释(二)》之情势变更问题的理解与适用),《法律适用》2009年第8期;王成:《情势变更、商业风险与利益衡量——以张革军诉宋旭红房屋买卖合同纠纷案为背景》,《政治与法律》2012年第1期;黄喆:《情势变更原则在建设工程合同中的适用——德国建筑私法实践及其对我国的启示》,《法律科学》2013年第5期;韩世远:《情势变更若干问题研究》,《中外法学》2014年第3期。

② 该条规定:合同依法成立后,因不可归责于当事人的事由致使作为合同基础的客观情况发生异常变化,如仍维持合同原有效力将显失公平的,受不利影响的一方当事人可以请求与对方重新协商;协商不成的,可以请求人民法院或者仲裁机构变更或者解除合同。参见中国民法典立法研究课题组:《中国民法典草案建议稿》(课题组负责人:梁慧星),法律出版社,2003年版,第176页。

③ 《合同法》第113条:当事人一方不履行合同义务或者履行合同义务不符合约定,给对方造成损失的,损失赔偿额应当相当于因违约所造成的损失,包括合同履行后可以获得的利益,但不得超过违反合同一方订立合同时遇见到或者应当预见到的因违反合同可能造成的损失。

④ 台湾地区"民法"第88条:意思表示之内容有错误,或表意人若知其情事即不为意思表示者,表意人得将其意思表示撤销之。但以期错误或不知事情,非由表意人自己之过失者为限。

台湾地区的错误制度有所不同，①一则并不要求表意者必须本身没有过失；二则我国大陆法上的重大误解，不仅包括传统民法中的错误情形，还包括误解的情形，即双方共同错误也可以纳入其中；三则表意者不但可以请求撤销合同，也可以请求变更合同，即给予当事人更多选择余地。所以对于异常地质状况等情形，完全可以根据重大误解制度来处理，不过过失方需承担缔约过失责任而已，并无情事变更原则之适用余地。

另一个反对意见可能在于违约责任能否给予承包方以充分救济。以违约责任最主要的承担方式损害赔偿为例，如上所述，根据《合同法》第113条关于损害赔偿范围之规定可知违约损害赔偿受可预见规则的限制。若情事变更可归责于发包方，比如发包方没有及时取得工地交付给承包方施工，期间建材价格飞涨，使得原来的施工成本大大增加。此际，承包方若主张违约损害赔偿，则只能要求发包方赔偿该期间通常之水费、电费、机具折旧费、管理费、人工费等，但对于因建材价格飙涨带来的施工成本增加则无法要求赔偿或补偿，因为后者并不属于发包方订立合同时预见到或应当预见到的因违反合同可能造成的损失，因此这部分损失必然由承包方承担。但笔者以为，此不能成为支持不要件说的理由，因为在坚持要件说的前提下依然可以妥善解决此问题。即如果在发包人违约期间，如没有履行协助义务致使工期迟延期间发生情事变更，则此时可类推适用《合同法》第117条第1款后半段之规定，即发包人迟延履行期间发生情事变更，则发包人对于由此带来的损失依然要承担违约损害赔偿责任。② 日本通说及判例也否定了此种情形情事变更原则的适用性。③ 此外，学说和部分立法认为如违约方能证明即使不发生迟延履行，也会发生不可抗力并致履行不能，即能证明所谓"假想因果关系"之存在，仍然可以免责，我国台湾地区"民法"第231条也有类似规定，④对情事变更应予以等同评价。

笔者以为，如此处理另一种解读是：虽然通常情况下违约损害赔偿的范围应当受到《合同法》第113条可预见规则之限制，但在债务人迟延履行且发生情事变更、不可抗力的场合，则例外地放弃此种要求，即对于因情事变更、不可抗力造成的损失，即使违约方在缔约时无法预见，也一样纳入损害赔偿之范围，违约方不得根据可预见规则推脱责任而将此等风险损失转嫁于守约方承担。

因此，笔者赞同多数学者的看法，即工程建设领域情事变更原则亦仅限于不可归责于双方当事人之事由，其基本考虑仍然是法律体系下的风险分配。属于交易基础的内容不可能是合同之内容，因为交易基础应该是外在环境的产物，如果是由一方当事人可归责的行为引发，则在法律体系内已有其他的法律规范予以调整，并合理分配风险，比如债

---

① 《合同法》第54条：下列合同，当事人一方有权请求人民法院或者仲裁机构变更或者撤销：（一）因重大误解订立的；……

② 张坦：《论对情势变更原则的限制》，载《河北法学》，1996年第5期；韩世远：《情事变更原则研究》，载《中外法学》，2000年第4期。

③ 韩世远：《合同法总论》，法律出版社，2011年版，第388页。

④ 该条规定：债务人迟延，债权人得请求其赔偿因迟延而生之损害。前项债务人，在迟延中，对于因不可抗力而生之损害，亦应负责。但债务人证明纵不迟延给付，而仍不免发生损害者，不在此限。

务不履行、侵权行为、缔约过失责任等规定有损害赔偿请求权,而情事变更原则适用的前提是没有其他法定或者约定的救济途径可以合理分担风险并避免利益失衡。比如承包方承诺以固定价格为发包人建造房屋,原则上就承担了建材价格上涨的风险,反之,如约定根据实际产生的费用结算,则不承担涨价的风险。这表明当事人可以通过约定来明确风险分担机制。只有在当事人没有预料到风险,因此也不能对风险做出事先约定时,才应当考察是否存在法律上有关的风险分担的规定。例如在承揽合同中,依据《德国民法典》第649条规定,虽然定作人在工作物对他来说已无用处的情况下可以终止合同,但通常其仍然必须支付全部的工程价款。所以这些法定的关于风险分配的规定原则上适用于当事人事先没有预见到有关障碍或者做出了错误设想的情形。① 因此原则上在没有法定或约定风险分配机制的情况下,才需要通过情事变更原则来妥善分配不可预见之风险。

三、发包人协力义务之定性

发包人协力义务的定性往往会影响情事变更原则之适用。事实上一般承揽工作之完成,常需要定作人之协力,若定作人不为协力义务(我国《合同法》第60条称之为"协助义务",应无不同),承揽人势难完成工作。而定作人不为协力者,于债之原理上,系定作人成立受领迟延,承揽人也不构成违约。② 但在工程合同中如此处理,似乎对承包人极不公平,例如发包人未按时提供供工地或协调关联厂商,承包人因此而不能及时开工,造成停工、窝工,可能会给承包人带来重大损失,如果其没有救济之道,岂不滑稽。我国台湾地区"民法"第507条及《合同法》第259、283条都有类似规定,在工程领域,不仅工地取得障碍涉及协助义务,在界面冲突场合也存在问题,此处的关键问题是协力义务之性质。

有观点认为该义务即为发包方之给付义务,认为台湾地区"民法"第507条协力义务之违反,亦构成定作人之债务不履行,如承揽人不依第507条主张权利(解除契约及损害赔偿),而径依台湾"民法"第231条以下主张损害赔偿,解释上应无不可;③也有学者讨论承揽契约之特性,认为定作人不为协力义务,不仅对定作人产生消极的不利影响,而且也会造成承揽人积极的损害,依照诚信原则,定作人应负有协力义务,该义务之违反,应依积极侵害债权之理论处理;④还有认为该协力义务并非合同义务,仅为发包方(定作方)之

---

① Vgl. Dieter Medicus, Allgemeiner Teil des BGB, 9. Aufl. , 2006, Rdn. 863。

② 邱聪智:《新订债法各论》(中),中国人民大学出版社,2006年版,第80页。

③ 戴修瓒:《民法债编各论》(上册),三民书局股份有限公司,1964年版,第181页;邱聪智:《新订债法各论》(中),中国人民大学出版社,2006年版,第81页。

④ 林孜俞:《公共工程契约之订定与招标机关之义务》,台湾大学法律研究所硕士论文,2002年7月,第136-138页。

行为,如不协力,仅为受领迟延;①个别学者还认为该协力行为是特别规定,而非其义务,盖此一义务之违反并不以定作人之过失为要件,与民法债务不履行体系下义务之违反并不相同,故定作人之协力行为,并非其义务,则定作人如不协力,仅生受领迟延之效果而已,显非单纯受领迟延,故解为特殊规定;②黄茂荣先生则认为,我国台湾地区"民法"第507条就其违反,仅明文规定承揽人得解除合同,似乎倾向于对己义务之看法;③杨芳贤先生认为,依我国台湾地区"民法"第507条之规定,定作人之协力义务仅系对己义务或不真正义务,并不具有给付义务之性质,该承揽人对于定作人应为之协力义务,难认为具有诉请强制履行之利益,因为依据第511条规定,于承揽人利益之保护下,定作人得随时终止契约,因此有关第507条第1项规定之完成工作所必要之协力行为,定作人得不为之。④

而实务判决中,也有判决认为发包人之工地提供义务不属于合同义务。⑤ 但也有采肯定见解之判决,即认为发包人提供工地供承包人施作之义务属于发包人之合同义务,而不是所谓对己义务。⑥

对此,笔者坚持认为发包人之协力义务(以发包人取得工地为例)属于合同之从给付义务,首先,这里的用地取得义务不属于不真正义务或称对己义务。因为对己义务之特征在于即使义务人违反此等义务,对方当事人也不能请求损害赔偿或据此解除合同,仅仅是使义务人本身承担有关不利后果而已。⑦《合同法》第119条第1款、第157、158、370条均属之。但此处发包人不提供工地,不但使其自身遭受不利益,而且还造成了承包人的损失,且根据第259条之规定,承包人可以要求发包人履行此义务,该义务非属于所谓

---

① 史尚宽:《债法各论》,1986年作者自版,第232页。

② 郑玉波:《民法债编各论》(上册),1992年作者自版,第387页。

③ 黄茂荣:《债法各论(第一册)》,2003年8月作者自版,第494页。

④ 杨芳贤:《承揽》,载于黄立编:《民法债编各论(上)》元照出版有限公司,2004年版,第655-656页。

⑤ 典型判决略谓:"上诉人(定作人)一再抗辩:提供工地仅属定作人即伊之协力行为,惟两造并未将此合意约定为契约义务,即系争契约未就伊交付工地以供被上诉人(承揽人)施作之协力义务应另负特别责任为约定……别无任何关于上诉人应提供土地或给付工地之记载,似仅涉及非被上诉人之责任而影响工期时,上诉人应主动核算延长工期之约定。上诉人所辩,是否全无足采,非无研究之余地。原审徒凭此一约定,径认交付工地予被上诉人进场施作乃上诉人之契约义务,进而为上诉人不利之论断,自由未恰。"台湾地区"最高法院"99年(2010)台上字第222号判决。

⑥ 典型判决略谓:"被上诉人为公路建设施工之公务执行单位,对道路施工用地之取得,以及工程施工中相关路线及管线迁移等岂能不事先妥为规划处理,即得贸然规划施工? 如可如此规划施工,其依据何在? 被上诉人又何须事后再予以取得及排除? 故此等施工用地之取得及施工路径管线迁移等,自属工程契约中定作人之从给付义务及附随义务,其如能事先妥为规划,取得用地及迁移管线等,自不会造成另须延展工期之情形,则其应事先规划取得用地及迁移管线等,而疏未规划取得迁移,其规划及执行本件道路工程,其有过失,极为显然。被上诉人辩称无过失云云,亦无足采。"台湾地区高等法院台中分院91年(2002年)重上字第87号判决。

⑦ 王泽鉴:《债法原理》,中国政法大学出版社,2001年版,第47页。

不真正义务应无异议。其次,该义务也不属于附随义务。因为附随义务一般不是基于约定也不是基于法定而产生的,而是基于诚实信用原则在合同履行过程中产生的;附随义务随着合同关系的发展不断产生,与合同类型无关;附随义务一般不产生履行抗辩权的问题;附随义务违反不得诉请履行,也不得解除合同;①还有观点认为附随义务是为了确保合同当事人的固有利益不受损害,因此它更多的是一种保护义务。② 发包人不提供工地以供开工,损害的不是固有利益而是承包人的履行利益,承包人可诉请履行,可解除合同,在我国有法律的明确规定。再次,一般而言主给付义务决定着合同的类型,而从给付义务没有此等决定性。发包人之主给付义务为给付工程报酬,发包人给付报酬之义务与承包人完成一定工作之义务为决定施工合同类型之基本义务,而发包人提供协力并无法决定施工合同之类型,因此发包人之协力义务应非施工合同之主给付义务。最后,发包人之此协力义务是否为从给付义务? 从给付义务可基于法定约定或者诚实信用原则而产生。因此,当合同约定发包人应提供工地供承包人施作时,则发包人依约有提供该协力义务之从给付义务,发包人不为协力时,承包人得依《合同法》第259条③之规定,催告发包人在合理期限内履行该协力义务,发包人逾期仍不履行的,承包人可以解除合同。此外也可以《合同法》第94条作为请求权基础。

至于台湾地区法上有学者坚持在可归责于一方当事人时,依然可以适用情事变更原则,其根本原因在于发包人协力义务(协助义务)违反的性质认定。正因为不少学者及法院认为,即使发包人违反协力义务,比如未及时提供工地供承包方施工、提供地质资料不真实、没有及时排除居民抗争、没有及时完成征地、没有妥善协调关联承包商等等,也仅仅是不真正义务的违反,不构成违约责任,因此承包人不得据此主张违约损害赔偿;另一方面,传统情事变更理论又坚持不可归责性,既然发包人可归责,当然也没有情事变更原则之适用。如此一来,则承包人一方面不能主张违约损害赔偿,另一方面又不能主张适用情事变更原则,所谓"叫天天不应,叫地地不灵",显失公平。为予以救济,必须寻找合适的出路,台湾地区部分学者的药方就是抛弃不可归责于当事人这一要件,以使得情事变更原则的适用更加方便。

笔者则认为,此方乃本末倒置,问题的根本在于如何界定发包方之协力义务。此义务违反不仅不利益于发包方本人,而且对承包方利益有损,显然不仅仅是不真正义务;根据《合同法》第259、283、284、287条,发包人违反协助义务时,承包人还可以解除合同、要求赔偿损害,因此可以认为该义务为一种从给付义务或者附随义务,我国台湾地区"民

---

① 王泽鉴:《民法债变总论·基本理论·债之发生》(第1册),三民书局,1993年版,第31页。

② 贾若山:《论合同法上的附随义务》,清华大学法学院2005年法律硕士专业学位论文,第26页。

③ 《合同法》第259条:承揽合同需要定作人协助的,定作人有协助义务。定作人不履行协助义务致使承揽工作不能完成的,承揽人可以催告定作人在合理期限内履行义务,并可以顺延履行期限;定作人逾期不履行的,承揽人可以解除合同。《合同法》第287条:本章没有规定的,适用承揽合同的有关规定。

法"第507条也有类似规定。① 而德国民法自债法改革以来，已经并不严格区分主给付义务、从给付义务、附随义务等概念，而是将违反这些义务的法律后果统一规定在其民法典第280条，并创造"义务违反"之概念（Pflichtverletzung），即只要义务违反，就要承担债务不履行之后果；也有不少台湾学者认为发包人不为协力义务构成债务不履行，承包人得主张违约责任。② 因此，在发包人违反协助义务且可归责之际，承包人自可基于《合同法》第283、284、259条主张解除施工合同及请求损害赔偿，而无情事变更原则之适用余地。

四、可归责于第三人场合情事变更原则之适用性

如上所述，若情事变更系可归责于合同当事人之外的第三人时有无情事变更原则之适用可能是工程领域的另一争点。学说及工程司法实践中都存在两种立场：一种认为情事变更仅仅适用于绝对事变，对于相对事变（通常事变）不能适用，因为此种场合债务人可对第三人主张违约责任或侵权责任以资救济；另一种观点认为，在可归责于第三人之情形债务人仍然可以主张情事变更原则之适用，而无须向债权人承担违约责任。

笔者以为，若承包商对于第三人根本没有干涉之可能性，比如因为关联承包商施工不力导致承包商施工迟延，或者因为周边居民抗争导致承包商无法按期完工等，此种场合即所谓"界面冲突"。如此等情事变更不可归责于发包方，而工期展延期间过长，使得施工成本大大增加，以至于坚持原施工合同之效力显失公平，笔者认为此际应有情事变更原则之适用。其道理在于：承包商没有故意、过失或其他可归责事由；此种风险损失非承包商缔约时所得预料；要承包方为关联承包商之不当行为买单显失公平，因为前者对后者没有干涉可能性，后者也不是前者的履行辅助人；承包商向关联承包商或抗争居民追偿困难甚至无法追偿，不满足《合同法》第121条后半句，若再不能主张适用情事变更原则，则显非合理。

以工程领域中的界面冲突在很多情况下可能构成通常事变，但在我国大陆地区，于界面冲突乃至所有通常事变场合适用情事变更原则却困难重重。其根源在于《合同法》第107条的规定。③ 学者认为此条规定确立了《合同法》严格责任的基本立场。④ 虽然也

---

① 台湾地区"民法"第507条：工作需定作人之行为始能完成者，而定作人不为其行为时，承揽人得定相当期限，催告定作人为之。定作人不于前项期限内为其行为者，承揽人得解除契约，并得请求赔偿因契约解除而生之损害。

② 邱聪智：《新订债法各论》，中国人民大学出版社，2006年版，第81页；戴修瓒：《民法债编各论》（上册），三民书局股份有限公司1964年版，第181页；蔡章麟：《民法债编各论》（下），1959年作者自版，第139页。

③ 《合同法》第107条：当事人一方不履行合同义务或者履行合同义务不符合约定的，应当承担继续履行，采取补救措施或者赔偿损失等违约责任。

④ 梁慧星：《从过责任到严格责任》，载梁慧星：《民商法论丛》（第8卷），法律出版社，1997年版，第1—7页。

有部分条文例外地采取了过错责任,如 179、180、181、222、262、265、280、281、370、371 条,①但是前者为原则,后者为例外。②

在比较法层面,多数国家和地区的民法典所坚持的依然是过错责任原则而非严格责任原则。如《德国民法典》第 276 条③、我国台湾地区"民法"第 220 条④、《意大利民法典》第 1218 条、《日本民法典》第 415 条⑤、《法国民法典》第 1147 条⑥等,不管是采主观说还是客观说,过错责任还是过错推定,这些立法例均强调过错在归责中的重要性,大陆法系中像《合同法》第 107 条完全以无过错责任为违约责任归责原则的确属罕见。⑦

笔者以为《合同法》以严格责任为原则的立法政策,对通常事变的处理及情事变更原则的适用带来巨大冲击,使其呈现出与台湾地区完全不同的面貌。以界面冲突为例,在当前法制下,处理界面冲突的可能方案有:①界面冲突导致施工迟延,意味着承包方违约,在严格责任的归责原则下,根据《合同法》第 107 条,承包方承担违约责任;②关联厂商 A 施工迟延导致承包方 B 无法按时完工,由于违约责任属严格责任,依《合同法》121 条,承包方 B 仍要承担违约责任;③依传统民法理论,界面冲突应定性为通常事变,因此施工受阻的承包商 B 不构成违约,也不应当承担由此引发的风险,对于其因此风险遭受的不利益,B 可主张适用情事变更原则请求法院调整、解除合同。

从法感情上讲,尽管第 1、2 种方案让人难以接受,因其会使无辜的承包商 B 承担不应有的损失和风险,即 B 不得不为 A 的意外情况或施工不力买单。但是《合同法》第 121 条的字面意义显然在于债务人不但要为法律关系人的行为负责,而且在通常事变场合也同样要为非法律关系人的行为负责,此种立场显然与传统民法有异。韩世远教授也认为第 121 条对"第三人"未做任何字面限制,可见对为第三人负责场合的"第三人"并不局限于债务人之履行辅助人,即使"通常事变"情形也应当由债务人负责。而在传统民法理论上,一般将通常事变设置为债务人的免责事由,《合同法》显然放弃了这一立场,使得违约

---

① 崔建远:《合同法》,北京大学出版社,2012 年版,第 310 页。

② 韩世远:《合同法总论》,法律出版社,2011 年版,第 589-590 页。

③ 《德国民法典》第 276 条:(1)债务人必须就故意和过失负责任……根据德国法传统有责性原则上取决于过错。

④ 台湾地区民法典第 220 条:Ⅰ债务人就其故意或过失之行为,应负责任。……

⑤ 《日本民法典》第 415 条:债务人不按债务本意履行债务时,债权人可以就因此发生的损害请求赔偿。因为应归责于债务人事由致使不能履行的,亦同。我妻荣教授认为债务不履行之"可归责事由",应指债务人的故意、过失或在诚信原则下可等同视之的事由,该等事由中尤为重要的是履行辅助人的故意、过失。参见[日]我妻荣:《新订债权总论》,王燚译,中国法制出版社,2008 年版,第 94 页。

⑥ 尹田教授认为第 1147 中规定的当事人"不履行义务的行为",已当然包含了当事人的过错。参见,尹田:《法国现代合同法:契约自由与社会公正的冲突与平衡》,法律出版社,2009 年版,第 356 页。

⑦ 立法论上的不同见解,参考崔建远:《严格责任?过错责任——中国合同法归责原则的立法论》,载《民商法论丛》(第 11 卷),法律出版社,1999 年版,第 190 页以下。韩世远:《违约损害赔偿研究》,法律出版社,1999 年版,第 88 页。

责任的发生范围大大扩张。①

但完全按照第 121 条处理的问题在于 B 和 A 之间没有任何法律关系，B 很难向 A 主张违约责任。可能的选择是 B 向 A 主张侵权，但是 A 侵犯了 B 的什么权利呢？答案可能是 A 侵犯了 B 的债权，即 A 的行为使得 B 无法顺利履行与发包人的合同从而获得报酬，反而有可能要承担迟延违约金。《侵权责任法》第 2 条中没有列举债权，其"等人身、财产权益"的字眼，解释上认为原则上不应当包括债权。② 一般情况下第三人侵害债权难以构成侵权行为。学者认为债权属于典型的请求权、相对权，债权人对于债务人之人身和给付标的物都没有支配力，而且债权没有像物权那样的公示手段，第三人不会知道某两人之间有没有债权债务关系，而同一个债务人很可能有多个债权人，如果第三人要为受其行为影响的债权负责，则第三人的责任将无限扩大，与期待可能性的社会生活准则不符，因此债权原则上不能成为侵权行为的作用对象，对此应进行限制解释。③《德国民法典》第 826 条、我国台湾地区"民法"第 184 条第 1 项后段固然可作为第三人侵害债权的请求权基础，但 B 需要证明 A 必须以"违反善良风俗的方式故意加损害于他人"方可，④对于有众多承包商的重大工程建设，这种证明显然是十分困难的。笔者认为，侵权损害赔偿的路子即使不是没有可能，显然也是非常狭窄的，而且 B 在毫无可归责的情况下要向发包商承担违约责任，之后还要面临困难曲折的追偿之路，利益衡量有失公允。

在制定法不完美时，学术研究的价值不在于抛弃现行法而直奔立法论，其真正的价值在于通过解释论的作业弥补有关的立法缺憾，使不正义在个案审判中很大程度地受到抑制。⑤ 笔者以为之所以会出现上述不正义之情形，其根本原因在于目前我国《合同法》坚持的严格责任的归责原则不适当地扩大了违约责任的发生范围。这种扩大化的典型表现就是将上述的通常事变统统列入违约责任的管辖范畴，不论是这里的界面冲突还是前文提及的居民抗争，作为通常事变却并不能使承包人免责。根据《合同法》第 121 条的规定，⑥合同债务人为他人承担违约责任。对于《合同法》第 121 条，自文意解释看，似乎可以认为只要是因为第三人的事由导致合同不能履行，则不论该第三人与债务人有没有关系，有什么性质的关系，债务人均必须承担违约责任。如此则不论是界面冲突还是居

---

① 韩世远：《合同法总论》，法律出版社，2011 年版，第 599-600 页。

② 王利明：《侵权行为法研究》（上卷），中国人民大学出版社，2004 年版，第 68 页；王泽鉴：《侵权行为》，北京大学出版社，2009 年版，第 172-173 页。反对意见杨立新：《侵权责任法》，法律出版社，2012 年版，第 19 页。系统整理见曾世雄：《损害赔偿法原理》，中国政法大学出版社，2001 年版，第 43-48 页。

③ 王泽鉴：《侵权行为》，北京大学出版社，2009 年版，第 172-173 页；杨震：《侵权责任法》，法律出版社，2010 年版，第 67 页。

④ ［德］马克西米利安·福克斯：《侵权责任法》，齐晓琨译，法律出版社，2006 年版，第 162-170 页。崔建远、韩世远、于敏等：《债法》，法律出版社，2010 年版，第 653 页。

⑤ 韩世远：《民法的解释论与立法论》，载 2005 年 5 月 18 日《人民法院报》B1 版。

⑥ 《合同法》第 121 条：当事人一方因第三方的原因造成违约的，应当向对方承担违约责任。当事人一方和第三方之间的纠纷，依照法律规定或者按照约定解决。

民抗争,则承包方都需要向发包方承担违约责任,显然不公平。对此崔建远教授曾举例说明,演员甲依约赴剧场演出,被第三人撞成重伤,耽误了演出。依据第121条的规定,甲仍须向剧场承担违约责任,如此处理显失公平,可能的思路是对第121条进行目的性限缩,将某些第三人行为造成的债务人不履行排除于该条适用范围。①

笔者坚持认为第121条存在隐藏的法律漏洞②,即其将一部分不应当如此处理的案型纳入其中,导致个案判断中的利益失衡,有必要进行目的性限缩,通过类型化将性质上不同的部分剔除出去,③尤其在不可抗力和某些通常事变场合不应有该条的适用余地。首先从第121条字面意思上讲,无论该第三人与债务人有何关系,甚至有没有关系,基于严格责任的立场,债务人都要为第三人的行为负责,如此则债务人的债务几乎成为超级债务,除了不可抗力场合外,债务人就是上刀山、下火海也要奋不顾身地履行债务,否则都要承担违约责任,债务人的债务成为几乎无法免责的超级债务,如此极端化的处理方式显失公平。④况且"第三人的原因"过于抽象,其覆盖的案型也各不相同,从履行辅助人的微弱疏忽到强烈的通常事变乃至不可抗力都可以纳入其中。如属于履行辅助人的疏忽,当然可将责任归属于债务人;但如"第三人的原因"已构成不可抗力,那么债务人当然可根据《合同法》第117条免责。这两者之间存在着广袤的中间过渡地带,是否全部可根据第121条一刀切地将合同不能实现的风险划到债务人头上,显然可疑。⑤

从学理解释看,梁慧星教授认为此处的"第三人"不是合同之外的任意第三人,而是与债务人有关系的第三人,比如债务人的雇员、内部职工、原材料供应商、配件供应人、合伙人或者其上级机关等;⑥韩世远教授也认为让债务人为通常事变负责大大加重了债务人的负担,十分不公平,第121条债务人的范围应当局限于两类:一是债务人的履行辅助人;二是上级机关,应当借鉴《荷兰民法典》的规定,将该条的条文表述改为"为债之履行债务人利用他人服务时,债务人对他们的行为应像自己的行为一样负责";⑦也有学者认为这里的第三人不应包括债务人的履行辅助人,后者在合同履行过程中没有独立人格,其人格被债务人吸收;⑧有学者认为在第三人与债务人没有任何法律关系时要求债务人

---

① 崔建远:《合同法》,北京大学出版社,2012年版,第318页。

② 如果法律对应于规范之案型虽已加以规范,但未对该案型之特别情形在规范上给予考虑,并相应地以一个特别规定加以规定,则这种对一般规定之应有的特别规定之欠缺便构成这里所称之"隐藏的法律漏洞"。参见[德]卡尔·拉伦茨:《法学方法论》,陈爱娥译,商务印书馆,2003年版,第254页。

③ 黄茂荣:《法学方法与现代民法》,法律出版社,2007年版,第495页。

④ 周江洪:《〈合同法〉第121条的理解与适用》,载《清华法学》,2012年第5期,第155-156页。

⑤ 谢亘:《论〈合同法〉第121条的存废》,载《清华法学》,2012年第5期,第143-144页。

⑥ 梁慧星:《梁慧星教授谈合同法》,四川省高级人民法院印,川新出内(98)字第174号,第150页。

⑦ 韩世远:《他人过错与合同责任》,载《法商研究》,1999年第1期,第35页。

⑧ 王立兵:《关系论视阈下第三人违约问题研究——以〈合同法〉第121条为中心》,载《学术交流》,2010年第2期,第65-66页。

为其行为负责，有悖实质正义，应将第 121 条中的第三人限定在履行辅助人、上级机关以及与债务人有一定法律关系的第三人，如合伙人、共有人、共同担保人等，但不包括积极侵害债权的第三人；①也有学者认为债务人为第三人负责的情形要求该第三人必须与债务人存在某些关联，如该第三人的原因构成了不可抗力或通常事变，则债务人不具有可归责性；②还有学者主张完全废除第 121 条，认为给付因为第三人原因造成障碍时，判断债务人是否构成违约责任的根据在于准确确定合同的内容，以此来判断债务人承接了多大范围的合同债务，而第 121 条不仅多余，而且有害。③

从立法史上看，《合同法》第 121 条是从《经济合同法》第 33 条、④《民法通则》第 116 条发展而来，⑤在《合同法》立法过程中，学者建议稿第 139 条曾规定"合同当事人一方因与自己有法律联系的第三人的过错造成违约的，应当向他方当事人承担违约责任"，《征求意见稿》第 87 条的表述为"当事人一方因第三人的过错造成违约的，应当向对方承担违约责任"，按照梁慧星教授的解读，该条文修改是考虑到"与自己有法律关系的"一语并不能达到限制第三人范围的目的，因此予以删除，但并不意味着不对该第三人的范围进行任何限制。⑥ 而在《合同法草案》阶段，出现了两个并列的条文，即第 124 条和第 125 条，其中第 124 条的表述和《合同法》第 121 条完全一致，但该草案第 125 条专门规定了第三人积极侵害债权制度，所以可以断定该草案第 124 条的"第三人"是不包括积极侵害债权的第三人在内的，可在审议通过时第 125 条被删除，导致第 121 条中的第三人究竟有没有范围限制单单从字面上已无法体现了。可从上述立法史料的梳理可以看出，立法者其实并没有打算把第三人放宽到任意第三人的程度。

从比较法上看，传统民法的类似法条一般规定为债务人应当为其代理人或履行辅助人负责，如 PECL 第 8:107 条⑦、《德国民法典》第 278 条⑧、《意大利民法典》第 1228 条⑨。

---

① 张影：《第三人原因违约及其责任承担》，载《北方论丛》，2002 年第 6 期，第 45–48 页。

② 耿卓：《〈合同法〉第 121 条中"第三人"的理解与适用》，载《贵州警官职业学院学报》，2009 年第 3 期，第 66 页。

③ 解亘：《论〈合同法〉第 121 条的存废》，载《清华法学》，2012 年第 5 期，第 150、152 页。

④ 《经济合同法》第 33 条：由于上级领导机关或业务主管机关的过错，造成经济合同不能履行或者不能完全履行的，上级领导机关或者业务主管机关应承担责任，但先由违约方案规定向对方偿付违约金或赔偿金，再应由其领导机关或业务主管机关负责处理。

⑤ 《民法通则》第 116 条：当事人一方由于上级机关的原因，不能履行合同义务的，应当按照合同约定向另一方赔偿损失或者采取其他补救措施，再由上级机关对它因此受到的损失负责处理。

⑥ 梁慧星：《关于中国统一合同法草案第三稿》，载《法学》，1997 年第 2 期，第 51 页。

⑦ PECL 第 8:107 条：将合同履行委托于他人的一方当事人，对于履行仍然负责。

⑧ 《德国民法典》第 278 条［债务人为第三人而负的责任］：在与债务人自己的过错相同的范围内，债务人必须对其法定代理人和债务人为履行其债务而使用的人的过错负责任。不适用第 276 条第 3 款的规定。

⑨ 《意大利民法典》第 1228 条：不妨碍当事人与此不同的意思，对于债务人关系的履行利用第三人行为的债务人，对于此等第三人的故意或有过失的行为亦负有责任。

显然都对债务人为之负责的第三人的范围进行了限制,防止债务人负担过重,对于债务人没有过错从而不具有可归责性的场合排除违约责任的成立。像《合同法》第121条这样完全不对"第三人"的范围予以限制的立法例十分罕见。

这样处理的道理还在于这里的其他关联承包商 A 显然不属于受不利影响承包商 B 的履行辅助人(Erfüllungsgehilfe),两者之间也没有供货关系、合伙关系、共有关系等其他法律关系。履行辅助人是根据个案的事实情况以债务人的意思在履行对债权人所负担的义务时作为辅助人而从事活动的人。①其不仅包括非独立的辅助人,也包括债务人在合同履行中聘任的独立经营者。对于履行辅助人是否以干涉可能性为必要传统民法历有争论。笔者持肯定说,即债务人和履行辅助人之间未必一定要存在支配、依附或者从属关系,但起码债务人应当对履行辅助人之行为有干涉的可能,否则后者就不是前者的履行辅助人,日本民法也持此见解,②我国台湾地区通说也认为债务人对于债务履行辅助人之行动以可得干涉为必要,否则即非为履行辅助人。③在界面冲突等通常事变场合,关联承包商 A 显然不是受不利影响承包商 B 的履行辅助人,也不是供货人、合伙人、共有人等。在数个承包商在时间上有先后的情况下,德国联邦最高法院也没有让发包人依《德国民法典》第278条要求后承包人为前承包人负责任。④

将通常事变作为免责事由的困难在于《合同法》只规定不可抗力这一一般性免责事由,而对于通常事变是否具有免责效力没有正面规定,构成法律漏洞。笔者以为,从解释论上此处可类推适用《合同法》第117条。其道理在于:两者都属于行为人支配范围外之客观情事;两者都不可预见、不可克服、不能避免,仅存在程度上的区别;从比较法上很多民法典都将通常事变作为一般性免责事由,《法国民法典》第1148条⑤、DCFR 第3-3、104条第(1)款⑥、《日本民法典》第536条第①款⑦、《德国民法典》第275条第(2)款⑧、《意大

---

① BGHZ 13,111;Palandt/Heinrichs §278 Rn. 7

② 韩世远:《合同法总论》,法律出版社,2011年版,第598页。

③ 孙森焱:《民法债编总论》(下册),法律出版社,2006年版,第412页。

④ [德]迪特尔·梅迪库斯:《德国民法总论》,杜景林、卢谌译,法律出版社,2004年版,第256页。

⑤ 《法国民法典》第1148条:如债务人是因不可抗力或偶然事件不能履行其负担的给付或作为之债务,或者违约实施其受到禁止的行为,不引起任何损害赔偿。

⑥ DCFR 第3-3、104条:债务人不履行是因债务人不可控制的障碍所引起的,且债务人不能避免或克服该障碍或其后果的,债务人不履行债务可以免责。

⑦ 《日本民法典》第536条:①除前两条规定的情形外,因不可归责于当事人双方的事由致使债务不能履行时,债务人不享有接受对待给付的权利。

⑧ 《德国民法典》第275条[给付义务的排除]:……(2)在注意到债务关系的内容和诚实信用原则的情况下,给付需要与债权人的给付利益极不相当的费用的,债务人可以拒绝履行给付。在确定可合理地期待于债务人的努力时,也必须考虑债务人是否须对待、给付障碍负责任。

利民法典》第 1256 条①、PECL 第 8:108 条第（一）款②均如此处理。

如将通常事变全部纳入《合同法》第 121 条解决，对债务人过于苛刻，使权利义务严重失衡，风险分配不合理；将通常事变的情形从第 121 条中分离出来，方可使其更能聚焦于其本来之作用范围。

事实上，《合同法》第 121 条的规定也不能否定例外的存在，比如第 117 条的情形，如果第三人的原因构成了不可抗力，则显然债务人无须承担违约责任，此际可将第 117 条视为特别法，而将第 121 条视为一般法。由于通常事变具有与不可抗力的实质一致性，在第三人原因构成通常事变且满足情事变更原则的适用要件时，也应当认为法释〔2009〕5 号第 26 条是《合同法》第 121 条的特殊规定。即如果第三方的原因构成不可抗力、通常事变、情事变更时，则不可抗力规则、情事变更原则的规定应当视为特别法，优先于《合同法》第 121 条适用。反过来，从法释〔2009〕5 号第 26 条的文字表述反推可知，其所指的情事变更不包括不可抗力，也不包括商业风险，③如果连通常事变也不能包括在内的话，实在不知道情事变更原则还有什么用武之地。

将第 121 条作上述解释，可能的障碍在于立法文意显然并没有将"第三人"限定为债务人的履行辅助人、供货人、共有人、合伙人等，而是包括了所有的第三人情形。事实上立法者当初也许可能确确实实地考虑到了所有情形，但其仍然坚持债务人应当对通常事变负责，即这里存在的是立法政策的问题，而并不存在所谓的隐藏的法律漏洞，后者的处理方法很可能是故意曲解立法者的意思，其真正的解决之道在于修法，而不是曲解法律。④ 对此，笔者固执己见，因为法律解释历有主观说与客观说之争论，前者重在立法者之意思，后者强调法律的规范意旨。王泽鉴教授认为立法资料的价值，应依据社会变迁予以评估，法律愈新，立法资料愈有参考价值，法律愈老，参考价值较少。⑤《合同法》生效已有十六年之久，社会变革巨大，继续坚持第 121 条之原有立法精神既然会造成严重不公，则应舍弃立法者之原意，采客观说对其进行解释，并通过比较法探讨与目的限缩将"第三人"局限于债务人之履行辅助人以及供货商、共有人、合伙人等。

至此可以得出一个初步结论，即有必要对《合同法》第 121 条进行目的性限缩。从正面讲，其中的第三人应当局限于与债务人有法律关系的人，包括其代理人、履行辅助人、

---

① 《意大利民法典》第 1256 条：债务关系，因不得归责于债务人的原因，于给付成为不能时消灭。

② PECL 第 8:108 条：（一）如果一方当事人能够证明，由于超出其控制的障碍导致了不履行，而且不能够合理地期待它于合同成立时将此种障碍考虑在内或者避免或克服该障碍或其后果，则对该方当事人的不履行免责。

③ 这种立法存在严重问题，误解了情事变更与不可抗力和商业风险的关系。

④ 在 2015 年 3 月 7 日的读书会上，导师韩世远教授曾经就此对笔者提出了明确批评，认为债务人应就通常事变负责是立法者的本意，是立法政策使然，对《合同法》第 121 条目的性限缩实际上是曲解制定法。

⑤ 王泽鉴：《法律思维与民法实例：请求权基础理论体系》，中国政法大学出版社，2001 年版，第 217、218、228 页。

供货人、合伙人、共有人以及其他可能对债务人的债务履行构成影响的人,但不包括积极侵害债权的第三人。从反面讲,如果第三人的原因同时构成了不可抗力、通常事变、情事变更以及在保管、委托等以过错为责任构成要件的合同类型(《合同法》第374、406条等),则这些情形不属于第121条的作用范围,与此相关的法条应视为特别法,优先适用。

五、小结

在施工合同中,若承包人具有可归责事由,则其不得主张适用情事变更原则,反而需要向发包方承担违约责任;若发包方具有可归责事由,则承包方也只能向发包方主张违约责任,不得主张适用情事变更原则。即"不可归责于双方当事人"是情事变更原则之适用要件之一。我国台湾地区之所以认为即使可归责于发包方,承包方仍得主张情事变更原则之适用,其"苦衷"一方面在于对于发包人协力义务性质之界定错误,另一方面在于其错误制度适用要求过于严苛。若能将发包人之协力义务正确界定为从给付义务,则发包人协力义务违反当然构成债务不履行,承包方可以要求赔偿损失乃至解除合同以获得充分救济。在通常事变场合如严格坚持《合同法》第107条的严格责任原则显然有失公平。可能的方案在于对第121条进行目的性限缩,使其仅仅局限于债务人需对其代理人、履行辅助人及其他法律关系人的行为负责的情形;对于通常事变、不可抗力、情事变更的情形则应当排除在外,即此时债务人无须对第三人行为负责,这样处理有充分的比较法上的依据,能缓解《合同法》严格责任的严苛性,以恢复第121条的本来面目,于个案衡量时也更能保障发包人和承包人的权利、义务、风险的均衡。应当赋予通常事变以免责效力,此一法律漏洞可以通过类推117条关于不可抗力的规则进行填补,这样做也有比较法的基础。

再论《民法典》自助行为制度的构建

李宏伟①

【摘要】 民事权利救济包括公力救济和私力救济。对于私力救济,《民法通则》只规定了自卫行为,而缺少有关自助行为的规定,出现了权利保护的真空。本文对自助行为的制度渊源及其必要性、构成要件及其法律效果、相关法律冲突等进行了较为深入的分析。结合梁慧星教授等专家提出的《民法典建议稿》与近期中国法学会专家提出的《民法总则建议稿》相关规定,提出了自助行为构建的立法建议。

【关键词】 民法总则 民事权利 私力救济 自助行为

一、民事权利行使概说

权利系法律所赋享受利益之力,具有一定的社会功能,并且为社会秩序的一部分。② 或曰:"权利谓得为某事或不为某事之法律上之力,此力之现实化,即为权利之行使"。③ 各级人民法院在每年受理的案件当中有很大一部分就是因为权利行使的正当与否引起的诉讼。正确地行使权利,将有助于有效调整社会中各种利益之间的相互冲突,有助于实现社会的公平正义,有助于维护人际间和睦相处的社会关系,很大程度地维持稳定正常的社会生活秩序和经济秩序,同时也是我们建立和谐社会的一个必不可少的条件和手段之一。④

19 世纪末以来,民法思想发生了变迁,认为权利本系社会的制度,其行使应有一定的范围。如《德国民法典》第 226 条规定:"权利的行使只能具有给他人造成损害的目的的,不准许行使权利"。我国法律除《宪法》第 51 条设有禁止权利滥用的规定外,《民法通则》第 4 条、第 7 条、第 58 条以及《合同法》第 6 条、第 7 条都设有权利行使的限制性规定。但应特别注意的是,对民事权利行使进行限制,应有一个合理的"度",否则将违背权

---

① 李宏伟,河南省社科院法学研究所副所长,副研究员。
② 王泽鉴:《民法总则》,中国政法大学出版社,2001 年版,第 18 页。
③ 史尚宽:《民法总论》,中国政法大学出版社,2000 年版,第 201 页。
④ 王利明:《侵权行为法》,中国人民大学出版社,1993 年版,第 46 页。

利行使之本义,甚至可能沦为专断的工具。

笔者认为,随着社会日益进步,私力救济逐渐被公力救济所代替。但是,如果绝对禁止私力救济,对于权利保护及行使会造成损害,亦有悖于权利救济制度的初衷。

二、自助行为制度及其渊源

笔者曾遇到这样一则案例:赵某开着满载粮食的四轮拖拉机在公路上行驶,突然一辆康明斯大卡车呼啸着急驶而来,将赵某的车撞翻到路沟里,幸而赵某眼疾手快跳车逃生。卡车司机王某见状欲驾车溜之,赵某急呼路人将卡车拦回,并将王某及卡车扣下,将卡车轮胎卸下一只,并将输油管扯断,后将王某交到交警队,要求赔偿车、粮损失。王某则诉至法院,要求按《民事诉讼法》第117条和《民法通则》第117条之规定追究赵某责任。法院通过开庭审理,认定上述事实,合议庭一致认为,王某应当赔偿赵某的车、粮损失,但在围绕应否依法追究赵某的责任问题上产生了两种不同意见:一种意见认为,赵某私自扣押王某车辆卸胎扯断油管,确属于违反《民事诉讼法》第117条和《民法通则》第117条的行为,应当依法追究赵某的责任。另一种意见则认为,王某欲逃时,受害人赵某根本来不及请求国家机关采取保全措施,赵某为保证自己权利的实现,将卡车扣押并使之无法行驶,实为不得已而为之,如果对赵某追究责任于常识、常情、常理之不通,势必违背法正义之价值理念。笔者认为,追究赵某的责任,固然于法有据,但为其行为抗辩更为合情合理。

有学者给自助行为下了这样的定义:自助行为是指权利人为保护自己的权利,在情事紧迫而又不能及时请求国家机关予以救助的情况下,对他人的财产或自由加以扣押、拘束或其他相应措施,而为法律或社会公德所认可的行为。[①] 由于这种行为针对的是义务人不履行义务或逃避的不法行为。故行为人虽然超出了常规,启动了私力救济的手段,对义务人的人身或财产施以暂时的拘束、扣押或毁损,但也不算违法,不负侵权的民事赔偿责任或犯罪的刑事责任。

自助行为属于私力救济的一种形式。它不像正当防卫或紧急避险那样完全处于被动,它是自助人积极且主动地损害义务人的自由或财产来保护自己的合法权益的行为。

私力(自力)救济源于人类社会早期的无政府状态,在原始社会,由于没有一个具有强制力的公共权力机关,为了保护自身利益,只能是凭借部落或个人的力量,用"以牙还牙"的方式进行自力救济。为了维护统治秩序,统治者逐渐加强国家权力,限制私力救济,推行公力救济。但这并不是说,私力救济一下子完全消失了。事实上,私力救济手段从它产生之日起,就一天也没有被停止使用过。现代法制社会,力求维护社会秩序与保护个人权利两者之间的平衡,在注重公力救济的前提下,也都在一定条件下允许采取私力救济手段。我国大陆现行《民法通则》未规定自助行为,但在《德国民法典》、我国台湾

---

① 王利明:《侵权行为法》,中国人民大学出版社,1993年版,第85页。

地区《瑞士债务法》、《泰国民法典》、《台湾民法典》里则对自助行为有专门规定。例如《德国民法典》在总则编中第6章专门规定了"权利的行使，自卫和自助"，将自助行为与正当防卫、紧急避险并列为民事权利保护的私力救济方式。① 该法在其他地方还规定了专门的自助权，其意义在于行使这些权利时，不需要承担无过错的赔偿责任。

三、自助行为的要件及法律效果

台湾著名学者梅仲协先生在《民法要义》一书中这样写道："自助行为人所处之地位，与国家强制执行机关无异。故关于强制执行之方法，自助行为人均得为之，但以避免困难所必要之程度为限"。②

笔者认为，一般而言，自助行为要符合以下条件：

1. 明确的权利义务关系的存在　即自助人是权利主体，相对人是义务主体，自助须出于保护或实现自己权利的目的。自助时可以接受他人的帮助，例如前文中的赵某借助于路人帮忙将卡车拦下的行为。

2. 权利性质须适于自助　有的学者主张自助仅限于救济请求权，有的学者则主张适用于包括人身权在内的一切合法权利。笔者认同后者：债权请求权自不必说，物权请求权之自助在外国法中已有先例，如《德国民法典》专门规定了特别自助权（第561条、580条、581条、592条、704条）等，形成权、抗辩权等本身就是权利主体在权利行使过程中的自助行为。因支配权受到侵害时所发生的请求权（如制止侮辱，诽谤人格之请求权或归还被拐骗的妇女儿童的请求权）亦应允许自助。

3. 必须能够转化为公力救济予以实现　已过诉讼时效的请求权和有抵消抗辩权与之对立的（并且此抗辩权已行使）请求权不在自助范围之列，如婚约履行请求权、夫妻同居请求权。

4. 权利须处于危险状态

（1）权利本身的危险状态。这种危险状态不是暂时的，而是永远不能实现或者实现十分困难。

（2）债务人的故意行为。如果是由于不可抗力或其他原因，则不能对义务人采取自助行为，而且如果义务人的行为非故意的话，也不能实施自助行为。譬如说企业法人已宣告破产，债务人无履行能力，等等。

5. 情况紧急，来不及请求国家机关帮助　来不及请求帮助，是指在权利处于危险状态的情况下，自助人或因路途遥远，或因机关假日，或因通讯不便等等，不可能及时得到帮助和及时的公力救济。

6. 自助行为必须采取法律规定的方式并且不得超过必要限度　《德国民法典》第230

---

① 杜景林、卢谌译：《德国民法典》，中国政法大学出版社，1999年版，第50页。

② 梅仲协：《民法要义》，中国政法大学出版社，2004年版，第164页。

条第 1 款规定:"自助不得超过为免除危险而为必要的限度"。那么,何种手段属于适于保护和实现权利的手段,应综合考虑权利种类,一般实现方法及权利的危险状态而定。笔者认为,对物,在自助返还请求权时,是原物,在自助其他债权时可以不限于原物,特别是在自助金钱债权时,可以是任何法律允许扣押之物。如果该物是动产(包括票据、有价证券等),可以实施扣押;如果债务人利用某物危害债权,债权人就可以损坏该物甚至毁灭该物。如果是不动产,则可以实施腾让,但必须注意:

(1)该物必须限于义务人所有之物而不能是他人之物。自助人明知或可得而知是他人之物而有毁灭损坏行为的,应负赔偿责任。

(2)该物须为可强制执行物。若法律不准许对此物强调执行,则除非返还请求权恰在该物,否则不许针对该物实施自助行为(如一般不得对珍贵历史文物采取行为自助其他债权);对义务人可实施以暂时的拘束或制止其不当行为(如抵押权人制止抵押人妨碍变卖抵押物的行为)。

(3)应当仅限于义务人本人。对义务人本人也应当限于在其有为逃避债务而逃跑或毁损标的物及证据等直接危害权利安全的动向时采用。如扣押一物已足者,则不得对两物,对从物已足者不得对主物;如果毁损其财物即可达到目的,则不得拘束其人身。

7. 行为人应及时报告国家机关 《台湾民法典》第 152 条规定:"依前条之规定,拘束他人自由或押收他人财产者,应实时向法院申请处理"。这里的"实时"为时间要求,意即迅速、及时,在行为时或行为后立即报告国家机关并获得国家机关批准。

但是,这里值得注意的是,尽管各国关于自助行为制度的规定都要求这一条件,即行为后实时报告国家机关。笔者认为,这一规定并不全面,也不科学。民事纠纷的解决不外乎两种途径——诉讼和和解。在很多情况下自助行为结束后会引起诉讼等一系列公力救济措施,但在实际生活中,当权利人采取了自助行为后,义务人也可能在其侵害行为无法达到预期效果的情况下选择履行其义务。此时,如果仍坚持诉诸公力救济,那就值得商榷了。例如,某人在一家饭店吃完饭后不想付账,这时老板将其本人或相关财物扣押并准备向有关部门申请解决。这时候欠账人自知理亏,他就想赶快付账走人,老板也很乐意接受这种方式,既然他的目的已达到,而且不会损害国家、集体、社会或第三人利益,因此国家不应对此强行干预。其实在《德国民法典》及《台湾民法典》中已经有了关于该项条件的例外规定。如《德国民法典》第 230 条第 3 款规定:已回复义务人之自由者,则无须申请援助等。①

综合以上分析,权利人的自助行为如果具备前述要件,即可发生自助行为的法律效果。② 可以设想,建立自助行为制度对于预防权利呆滞、落空,保护公民和法人的民事权利将起到积极的促进作用,而严格的条件限制又能将自助行为约束在合情、合理、合法的

---

① 陈盛清:《中国大百科全书——法学》,中国大百科全书出版社,1989 年版,第 42 页。

② 所谓自助行为的法律效果,指因实行自助行为所加于债务人的损害,权利人可不承担赔偿责任。包括民事责任和刑事责任。

范围内，不至于给义务人带来过度的损害。既然生活中存在，那么法律就有加以规范的必要。

四、必要性之探讨

我国历史上早在唐宋时期就有了对自助行为的一些规定。如"牵掣"和"役身折酬"。等"牵掣"是指私力扣押。唐、宋律规定，负债不还，债主可以自己夺取债务人的财物、奴隶和牲畜，但不得超过本息总额，超过的部分按赃罪处罚。如果没有超出，则告到官府也不受处罚。"役身折酬"指拘禁债务人本人及其家属（男性）以劳务代偿债务，但必须以无力偿债为前提。[1]

《民法通则》虽没有自助行为制度的规定，但有学者提出可以作为抗辩事由来对待。理由是我国侵权制度确立的是法定抗辩事由与自由裁量的抗辩事由相结合的立法模式，在较广泛的范围内允许自由裁量的抗辩事由的存在。[2] 笔者认为此种理由未免有些牵强，况且其认定过程中的主观因素较多，实践中司法机关并不太好掌握。我们还是有必要建立起独立的自助行为制度，来填补这一方面的法律空白，彻底地规范民事权利行使过程中的自助行为。

1. 公力救济力量不足　我国幅员辽阔，人口众多，山区面积比较大，交通不便、办案力量相对薄弱，再加上三十多年来改革开放，市场经济制度的基本框架已经确立，各种新问题，新矛盾层出不穷，多年来各种纠纷都呈上升趋势，而司法机关的人力、物力因各种因素的制约又很有限（如一个有 5 万多人口的镇，派出所仅有 12 名干警；一个管辖 10 万多人口的人民法庭，仅有 4 名法官；一个 90 多万人口的农业大县，警察不足 300 人，法官不足 120 人），[3]在此种情况下，要想使众多的民事、经济纠纷都能及时通过司法机关予以救济，民事权利都能随时随地受司法机关的保护是根本不可能的。

2. 民事权利保护的需要　当权利人的权利受到侵害的时候，特别是存在具体侵害行为的时候，首先发现的人乃是权利人本人。依据"不告不理原则"，司法机关也不能直接介入。于是乎，便出现了权利保护的真空。得不到及时的公力救济，又不让权利人对义务人采取应急措施，这是非常不公平的，也是权利人所不能接受的。也正是因为这种不合理性，现实生活中，权利人采取自助行为之后，不敢向司法机关求助，从而导致矛盾的升级、侵权的程度加剧。有的私自扣押债务人的财产甚至变卖，有的拘束债务人限制人身自由来追索债务，甚至造成伤亡。由一般的民事纠纷转化成刑事案件。而这并不是一时一地的个别现象。

3. 降低维权成本的需要　司法救济的主要方式就是依诉讼程序来解决纠纷。这个

---

[1]　陈盛清：《中国大百科全书——法学》，中国大百科全书出版社，1989 年版，第 618 页。
[2]　刘士国：《现代侵权损害赔偿研究》，法律出版社，1998 年版，第 95 页。
[3]　作者对豫东地区一个省级扩权县做的调查统计数字。

诉讼过程必然要耗费大量的人力物力和时间,也就是司法成本。那么,花大量的时间,人力和物力去调查、取证、审判、执行,有时候时过境迁,甚至会导致"颗粒无收"或高投出低收入。也就是群众所称的"迟来的判决"显得毫无意义。

4.稳定社会关系的需要　在没有规定自助行为制度的情况下,在发生侵害行为时,权利人无法自助。如果一旦采取了自助行为反被误认为是侵权,增加了义务人实施了侵权行为而不受惩罚的可能性,从而将导致更多的侵权行为的发生,原因很简单,因为有利可图。这与现代法治社会的基本要求是相悖的。尤其是对于权利人与义务人之间的法律关系的稳定性而言,将会更加不稳定,从而破坏整个的社会生活秩序和经济秩序,和谐社会的目标也就无从谈起。[①]

综合以上分析,笔者认为,任何事物的存在,都有它合理的理由。与其让权利人无奈之下寻求私了,不如给其一条出路即在限制一定条件的前提下,从法律上承认他采取应急措施的合法性,以便把权利人的自助行为纳入秩序的轨道,法治的轨道。

五、自助行为与相关法律规范的衔接及其冲突

纵观世界各国自助行为制度的立法及司法实践,自助行为法律规范的制度并不是孤立的,往往是实体法与程序法及其相关法律制度都存在着某种衔接与冲突。

《德国民法典》第229条规定了自助行为制度,第230条规定了自助行为的限度,第231条规定了错误自助制度。作为第231条的配套规定,《德国民事诉讼法》第127条规定了私人逮捕权。同时,《德国民法典》又规定了几类特别自助权。与《德国民法典》类似,《台湾民法典》第151条规定了自助行为制度,第447条规定了出租人之自助权,第960条规定了占有人的自力救济,其第二款关于"占有物被侵夺者,如系不动产,占有人得于侵夺后,实时排除加害人而取回之。如系动产,占有人得就近或追踪向加害人取回之"的规定,采占有人之自助救济权的规定。同时第961条还规定了占有辅助人的自助权。

有学者认为,如果在民法典中制定自助行为制度,就会与民事诉讼法第117条构成法律冲突;结合我国现有国情,制定自助行为制度时机还不成熟,否者必须对《民事诉讼法》第117条进行修改。

笔者认为,《民事诉讼法》第117条并未构成建立自助行为制度的障碍:首先,该规范立法之本义在于仅适用于已起诉到法院进入诉讼程序的案件,即使如此,也难以保证能够及时做到公力救济。其次,它所针对的是采取非法拘禁他人或者非法私自扣押他人财产追索债务的行为。这些行为的发生往往具有随意性。不像自助行为的发生那样具备前述的必要条件,它们的典型特征一是非法二是私自——行为后也不报告国家机关请求帮助,为所欲为,一意孤行,公然蔑视国家权威。这样的行为当然算不上自助行为,我们不能误用该条规定来否定自助行为。再次,一旦自助行为经过立法确认,即为合法,即不

---

① 秦俊:《在我国民事立法中引入自助行为的几点思考》,载中国法学网。

适用该条之规定,而径行适用有关自助行为的法律规定。最后,该条可以作为自助行为制度的补充,即行为人如果在不具备自助行为的原因要件的情况下采取私力手段,则不认其为自助行为,即径行适用该条的规定。行为人虽具备自助行为的原因要件,但行为的对象、手段、强度、时间、主观认识等超过了法律允许的程度范围、也可以直接适用该条之规定。所以说,在将来的民法典中增设自助行为制度与现行的《民事诉讼法》第117条之规定并非冲突,而是衔接,是相辅相成,互为补充的规范体系。

六、专家草案中自助行为制度的增设

2005年,梁慧星教授领衔起草的《中国民法典草案建议稿》①在第5编第63章第4节抗辩事由里的第1559条规定了自助行为,即"为维护自己的合法权益而对他人实施自助行为的,行为人不承担民事责任,行为人超过必要限度的,行为人应当承担相应的民事责任"。② 在一些民法典中,自助行为被认为是合法的抗辩事由,我国理论界对是否认可自助行为是合法的抗辩事由也存在争议。起草人认为,自助行为既然是法律许可的民事行为,也就当然有免除或者减轻民事责任的效力,因此将自助行为规定为抗辩事由的一种。起草人在他们的理由里面,进一步说明了成立自助行为的四个要件。对于前三项要件笔者没有异议,但对第四个要件不敢苟同。在以市场经济体制为框架下的现代法治社会,其本质是民主、自由、平等和独立,它强调分权、自治和权利的保障,要求国家尽可能减少对民事主体的干预,充分尊重私人之间的合意和自由的选择权,在"公民的合法的私有财产不受侵犯","国家尊重和保障人权"③等重大原则下,将公力救济作为自助行为的必然趋向是不科学的,也是违背事物发展规律的。因此,对于这一要件笔者建议人大在审议时再做进一步修改,或者由最高司法机关在未来的司法解释或者在《关于贯彻执行<中华人民共和国民法>若干问题的意见》当中增加一个但书,即"行为后和解并且不危害国家、集体和社会公共利益及第三人合法权益者除外"。但《民法典草案》对于准占有人没有规定自助救济权。第628条规定了占有辅助人制度,但并没有明示占有辅助人的自助权。可是在该条的"说明"里起草人解释说:"……但对于第三人,占有辅助人可以行使占有人的自力救济权"。由此我们可以得出结论:占有辅助人在针对第三人的侵害时,享有自助权。

2015年4月,中国法学会民法典编纂项目领导小组负责起草的《民法总则专家建议

① 2005年7月8日全国人大常委会公布的《物权法(草案)征求意见稿》却没有《中国民法典专家建议稿》中关于所有权人和占有人的"排除他人干涉的权利"及"自力救济权"。很显然自助行为制度当时并没有被立法机关所采纳。
② 梁慧星:《中国民法典草案建议稿附理由》,法律出版社,2004年版,第27页。
③ 《中华人民共和国宪法》第13条第1款:"公民的合法的私有财产神圣不可侵犯"。第33条第3款:"国家尊重和保障人权"。

稿》正式征求意见。与梁慧星教授领衔起草的《中国民法典草案建议稿》不同的是,这次将自助行为制度放在了总则部分第九章,明确为"民事权利的行使和保护"专章。较前一次专家们的建议稿来讲,这次的建议稿规定的更明确、更详细、更具体了。尤其是对自助行为适用条件的规定就比较清晰。譬如限定在请求权范围内、情况紧急、来不及寻求公力救济等,在不到130字内就规定了8项适用条件。

但是,如前笔者所述,这次建议稿仍然将"报官"即寻求公力救济作为自助行为的唯一去向是不合乎情理的,也不符合现实生活当中的真实情况和实际需要。笔者认为,这一规定并不全面,也不科学。在很多情况下自助行为结束后会引起诉讼等一系列公力救济措施,但在实际生活中,也存在不少另外的一种情况——当权利人采取了自助行为后,义务人很可能在其侵害行为无法达到预期效果的情况下选择履行其义务,此时,如果仍坚持诉诸公力救济,那么这种规定的合理性也就值得商榷了。例如,某人在一家饭店吃完饭后不想付账,这时老板行使自助行为将其本人或相关财物扣押并准备向有关部门申请解决。这时候欠账人自知理亏,他就想赶快付账走人,老板也很乐意接受这种方式,既然他的目的已达到,这时再去寻求公力救济还有什么意义吗? 而且,他这样做也不会给国家、集体、社会以及第三人带来任何损害。因此,国家也就不该对这种权利行使行为进行强行干预,而要具体情况具体分析。其实在《德国民法典》及《台湾民法典》中已经有了关于该项条件的例外规定。如《德国民法典》第230条第3款规定:已回复义务人之自由者,则无须申请援助等。因此,笔者建议,在《民法总则建议稿》第216条增设第三款,即"行为后和解并且不危害国家、集体和社会公共利益及第三人合法权益者除外"。

街区制改革中《物权法》面临的困境与出路

刘奕彤[①]

【摘要】 街区制改革的核心举措是小区道路公共化,对此应准用征收理论进行法律定位。街区制改革并未违反《物权法》保护小区业主共有权的立法原意。应当在我国《物权法》中增加关于准征收制度及合理补偿标准的规定,以此作为推广街区制的法律依据。新建小区推广街区制时应当区分用地性质,分别采取划拨或出让的供地模式。已建成小区推广街区制应合理补偿小区业主的损失,分步推行改革。街区制模式下住宅建设用地应当自动、无偿续期。未来应将开放小区的物业管理纳入公共服务系统,由市政部门与物业服务企业签订合同,国家财政拨款支持,必要时向小区业主收取一定比例的费用。

【关键词】 街区制 公共地役权 准征收 建筑物区分所有权 物业管理

《中共中央国务院关于进一步加强城市规划建设管理工作的若干意见》(以下简称《意见》)提出要推行街区制,具体包括"新建住宅要推广街区制,原则上不再建设封闭住宅小区,已建成住宅小区和单位大院要逐步打开"。此举意在"实现内部道路公共化,解决交通路网布局问题,促进土地节约利用",这引发社会各界的广泛关注。最高人民法院民一庭庭长程新文指出,"《意见》尚处于党和国家政策层面"[②]。该政策如何在法律层面得以实现呢?

一、问题的提出

对于"街区"这一概念,国内比较权威的定义来自于《绿色住区标准》的解释:"在城市中由城市街道围合成的区域称之为街区,通常以一个居住组团为单位。街区是城镇居民生活和邻里交往的一个基本单元,是城市生活价值的集中体现。"[③]"街区制"被《中国大百科全书》称为"街区型住区"(Housing Block),即城市中由街道包围的,供城市居民生

---

① 刘奕彤,河南南阳人,河南大学法学院民商法学硕士研究生。

② 罗书臻:《最高人民法院召开新闻发布会公布物权法司法解释详解不动产登记等焦点回应"开放小区"中的物权法问题》,载《人民法院报》,2016 年 2 月 24 日,第 001 版。

③ 《CECS377:2014 绿色住区标准》,中国计划出版社,2014 年版,第 5 页。

活居住的地段。① 相对于小区制,街区制更强调小尺度、网络状道路、功能混合性及开放性。

一方面,街区制的推广有利于提高土地资源的利用率,实现城市空间利用最大化,促进公共资源共享,缓解交通压力,改善城市交通微循环,为市民便捷高效的出行提供保障。因此街区制是一个具有前瞻性的、与时俱进的城市发展理念,也是我国未来城市住宅规划的发展方向。但在另一方面,由于现有法律的缺失,街区制也会引发一系列的社会问题,其中治安隐患和物业管理问题显得尤为突出。

在法律层面上,现有的《物权法》、《土地管理法》和《物业管理条例》等法律规范已经对小区的绿地、道路等业主共有领域的物权归属及保护和利用等方面做出了较为明确的规定:例如《物权法》第 73 条规定,业主对于建筑区划内的道路、绿地、其他公共场所、公用设施等享有共有权;《物业管理条例》第 27 条规定,业主依法享有物业共用部位、共用设施设备的所有权或者使用权。结合我国当前的立法规定,街区制与《物权法》的指导思想是否矛盾? 推广街区制是否意味着小区业主原本享有的建筑物区分所有权中的共有权将不复存在? 对小区内道路的使用权进行限制的法律性质如何,在《物权法》上是否具有正当性? 推广街区制应遵循何种程序,怎样对小区业主进行补偿? 街区制对《物业管理条例》有何冲击? 开放小区的物业管理问题怎样解决? 本文主要针对街区制改革涉及的以上物权法问题进行分析,力图为街区制的顺利推行探索出一条法律路径。

二、小区道路公共化的法律定位

小区道路公共化是街区制改革的核心举措,探讨该行为的法律性质是从法律层面论证街区制改革的合法性和正当性的前提,也是对街区制进行法律规制的理论基础。有关小区道路公共化的法律定位主要存在以下两种观点:

(一)公共地役权理论

王利明教授认为,不同于私法上的地役权,公共地役权是因公共利益而设定的地役权,其实际受益者为不特定的社会公众。此种关系远非民法上特定当事人之间的地役权关系,更多的是一种因为公共利益而对于私人土地所有权的限制,并且其具有命令与服从的关系。② 陈华彬教授指出,公共地役权既具有地役权制度本身的优点,又能突破地役权只能双方意定这一缺陷。③

表面看来公共地役权理论解决了传统地役权只能经双方协商订立的局限,实则存在诸多自相矛盾和不周延之处,结合公共地役权制度的特征,对该理论能否适用于街区制

---

① 《中国大百科全书》,中国大百科全书出版社,2011 年版。
② 王利明:《物权法研究》,中国人民大学出版社,2007 年版,第 222 页。
③ 陈华彬:《物权法前沿》,经济科学出版社,2012 年版,第 214 页。

改革作如下探讨：

第一，公共地役权必须直接依据法律规定设立，无须双方合意，具有强行性，这在本质上有悖于私法的意思自治原则。如前述，王利明教授指出，设立公共地役权的双方当事人之间具有命令与服从的关系。[①] 笔者认为，此种界定明显已经超出了地役权作为私法上平衡等民事主体双方利益的行为规范的属性，而更接近于行政法领域的调整范围，因而无法适用传统民法的价值观念和体系框架进行调整。

第二，公共地役权的产生是基于公共利益的目的，而何为"公共利益"这一问题一直是中国法学界尚待解决的难题之一。在我国，无论是《宪法》还是《物权法》都回避了对"公共利益"概念的正面界定，《物权法》对此采取抽象表述的方法。基于公共利益概念的宽泛性、内容的发展性和内涵的不确定性，笔者认为，可以将公共利益理解成是为了不特定多数人的利益，促进社会生存发展不可欠缺的合理秩序。简言之，公共利益是一种合理的社会秩序。一方面，在司法实践中，当法律在维护秩序和保护公平不可兼得时，往往毫不犹豫的优先维护秩序而舍弃公平，即容忍一定程度的不公平，这种法政策又被称为"秩序胜于不公正"。对于司法实践中的这种做法，笔者持保留意见。以街区制为例，公共地役权理论首先需要解决缓解城市交通拥堵和损害小区业主共有权二者之间的矛盾，如何证明市民通行利益高于小区业主权益是一个较为复杂的问题，需要做出进一步的判断。如果把小区业主的利益看作是零星法益，当然不可将其作为对抗市民通行的理由。但假如小区并非处于城市拥堵地段，而是较为偏僻，且小区自身占地面积较大，涉及业主人数众多，此时如何区分何为公共利益呢？也就是说，公共利益并非是一成不变的衡量标准，而更接近于一个从量变到质变的动态过程。另一方面，过于强调公共利益使得其与私人利益相对立的做法在私法领域是不可取的，民法追求结果的公正，在某些情况下可以适当弱化权利的边界，而非楚河汉界、泾渭分明。同时，笔者认为，认定公共利益还需结合当地的具体情况，比如，开放小区可能带来的道路拥堵、环境污染、治安困扰等问题，这些是否属于公共利益范畴都需要具体分析。

第三，公共地役权一般是无偿的，仅在给公共地役权人造成损害之时才予以补偿。笔者认为，就街区制的推广而言，适用该项原则明显不当。在我国，城市土地所有权属于国家，小区内建设用地使用权多是由房地产开发商与国土资源部门签订土地出让合同并经登记取得，之后通过买卖合同以有偿方式转让给业主使用。[②] 因而小区业主对于小区的绿地、道路和设施等公共资源均存在成本支付和价值预期。因此笔者认为应当采取合理补偿小区业主的方式，且对于后续因检修等工程对小区业主的财产再次利用或造成损害仍应予以补偿或赔偿。综上，公共地役权理论不能很好地解决小区道路公共化的法律定位问题。

---

① 王利明：《物权法研究》，中国人民大学出版社，2007年版，第222页。
② 高圣平：《开放小区的现行法径路》，载《武汉大学学报（人文科学版）》，2016年第3期。

(二)准征收理论

准征收理论是指政府行使公权力造成对公民私有财产权的限制超过必要的限度。该理论滥觞于美国判例法的"管制型征收"(regulatory takings),即管制行为对土地使用的限制,即使达不到完全排除其经济效益的程度,仍然可能构成征收。[①] 我国台湾地区的部分学者对此也进行过专门的研究。该理论在大陆尚未引起足够的关注。

不同于一般的征收,准征收制度不移转财产的所有权,但通过限制财产权中某些实质性权能的行使,使得权利人不能对该财产再享有相应的占有、使用、收益、处分等权能。该特点是准征收与一般征收制度的本质区别,同时也是准征收制度与我国征用制度相比最大优势所在。针对当前提出的街区制改革,有学者指出,街区制模式下小区道路公共化是基于城市规划布局的公共利益,政府行使公权力对小区业主共有权的过度限制,属于准征收的范畴。[②] 笔者基本赞同这种观点。就街区制改革中对业主共有小区土地权利的限制行为而言,该行为不构成传统的征收。因为征收是公权力剥夺财产所有权的行为,所有权转移为其本质属性。而根据我国《物权法》第 47 条的规定,城市土地属于国家所有,小区业主仅享有共有的建设用地使用权。因此国家基于公共利益的需要开放小区,将小区道路公共化的行为不存在所有权移转问题,而是对小区业主享有的建设用地使用权的过度限制,应属于准征收的调整范畴。

目前我国已初步形成了以《物权法》、《土地管理法》等法律为核心的土地征收法律规范体系。《物权法》第 42 条第 1 款规定,为了公共利益的需要,依照法律规定的权限和程序可以征收集体所有的土地和单位、个人的房屋及其他不动产。同时第 3 款规定,征收单位、个人的房屋及其他不动产,应当依法给予拆迁补偿,维护被征收人的合法权益;征收个人住宅的,还应当保障被征收人的居住条件。《土地管理法》第 2 条第 4 款规定,国家为了公共利益的需要,可以依法对土地实行征收或征用并给予补偿。纵观我国征收理论与实践,不仅存在基本概念不清、政府滥用公权力征收、征收目的偏离公共利益、征收补偿标准显失公平等问题,而且对于过度限制财产权的现状缺乏应有的关注和研究。[③] 因此笔者认为,学界应该以准征收制度的建立为契机,重构中国的征收制度。

值得注意的是,尽管准征收理论的存在弥补了财产权征收理论的不足,而且能够较为恰当地反映街区制法律关系的特征,但不可否认该理论本身仍存在诸多不完善之处:一方面,如何界定公共利益对准征收而言也是一大难题;另一方面,补偿是征收制度不可

---

① 房绍坤、王洪平:《公益征收法研究》,中国人民大学出版社,2011 年版,第 31 页。
② 黄胜开、刘霞:《"街区制"模式下小区道路公共化的法律规制》,载《理论学刊》,2016 年第 5 期。
③ 莫于川:《土地征收征用与财产法治发展——兼谈对待当下行政管理革新举措的态度》,载《法学家》,2008 年第 3 期。

297

或缺的组成部分和重要特征。① 德国法甚至把征收条款和补偿条款联系在同一法律中，称为"唇齿条款"或者"联结条款"。准征收制度虽有别于征收制度，但补偿规则可参照征收的具体规定。目前从世界各国的实践经验来看，关于征收的补偿标准，大致存在四种不同的模式：一是完全补偿模式，即要求全额补偿，遵循"财产权绝对保障"，以"市场经济之交易价值"作为评估标准；② 二是适当补偿模式，至于何为"适当"，大多由法官事后裁定；三是公平补偿模式，即权衡公共利益与私人利益后决定补偿的原则，公平补偿通常都是按照公平的市价给予补偿；③ 四是合理补偿模式，即权衡公益的需要，参考当事人的财产状况给予适当的补偿数额。我国《物权法》对此并未做出明确规定。笔者建议对于街区制模式下给予小区业主的补偿应采纳合理补偿的标准，主要理由有以下几点：第一，完全补偿实际上是将征收等同于普通的侵权行为，公平补偿弹性过大，适当补偿的标准过低；第二，只有合理补偿才能充分保护小区业主的私有财产，防止政府滥用公权力，协调公共利益与私人利益之间的关系。第三，合理补偿标准可以为国家发展和保护公共利益留下必要的回旋空间，便于随着市场的发展和社会的变化对补偿标准作出调整。

通过对以上两种理论的分析可以发现，适用准征收制度解决小区道路公共化的法律定位问题更为妥当，街区制模式下小区道路的公共化是基于城市空间利用的公共利益通过行使国家公权力对业主共有的建设用地使用权的过度限制，应当采用合理补偿的原则给予小区业主一定的补偿。

三、街区制改革的正当性和可行性分析

（一）街区制改革正当性

街区制改革的提出目前尚处于党和国家的政策层面，还需要一个通过立法实现法制化的过程。国家政策与法律作为社会规范，互为补充、相辅相成：一方面，政策入法有助于调和法律的滞后性同社会生活的复杂性这一对矛盾，实现个人利益和社会利益的协调；另一方面，有学者指出《物权法》本身即为国家政策融入民事法律关系预留了众多通道。④ 例如《物权法》第 42 条关于征收的规定，可以为国家实现公共利益如南水北调、三峡水利以及此次的街区制改革等提供法律依据。任何政策的出台都可能对现有体制作出改变，我们没有必要把其当成洪水猛兽，更不能因噎废食，而应当看到街区制改革的积极作用，在实施过程中不断改进和完善。

---

① 申卫星：《构建公权与私权平衡下的中国物权法》，载房绍坤、王洪平：《不动产证受法律制度纵论》，中国法制出版社，2009 年版，第 9 页。

② 王利明：《我国民法典重大疑难问题之研究》，法律出版社，2006 年版，第 428 页。

③ 梅夏英：《物权法·所有权》，中国法制出版社，2005 年版，第 130 页。

④ 张红：《论国家政策作为民法法源》，载《中国社会科学》，2015 年第 12 期。

(二)街区制改革的可行性

1. 街区制与《物权法》

(1)街区制不违背物权法的立法原意。《物权法》立法之初,封闭式小区是中国普遍的现实,但随着商品经济的发展和城市规划理念的转变,街区制显然更有利于城市的健康发展。当前,是否违反以《物权法》为核心的保护小区业主利益的现有法律规范体系是街区制改革争议的焦点,也是未来街区制推广过程中将要面临的最大阻力。如前述,现有的《物权法》、《土地管理法》和《物业管理条例》等法律规范,已经对小区的绿地、道路等业主共有领域的权利归属及保护和利用等方面做出了较为明确的规定:例如《物权法》第 73 条规定,"建筑区划内的道路,属于业主共有,但属于城镇公共道路的除外。建筑区划内的绿地,属于业主共有,但属于城镇公共绿地或者明示属于个人的除外。"笔者认为,不能片面认为街区制违反了物权法对小区业主共有权的保护,《物权法》第 73 条中"属于城镇公共道路的除外"和"属于城镇公共绿地的除外"本身就表明了立法的态度,即《物权法》保护私人财产,但公共利益优先考虑。一方面,街区制的本质是为了城市规划的公共利益。另一方面,针对小区业主的建筑物区分所有权而言,业主仅针对房屋等专有部分享有专有权,也就是说,房屋才是业主私有财产的核心,而道路等公共区域原本就属于业主共有而非业主的私有财产,开放小区仅仅涉及道路使用权的公共化问题,并非损害业主私有财产的行为。因此街区制并未违反《物权法》保护小区业主共有权的立法原意。

推广街区制对于新建小区而言,意味着不再建设封闭住宅小区,这涉及城市规划方法和手段的调整。就已建成的住宅小区和单位大院而言,推行街区制意味着逐步打开,这就存在开放范围、程度和顺序的问题。

(2)新建小区推广街区制。新建小区推广街区制要考虑如下因素:一方面国土资源部门应当在地块上市之前,把规模调整为适合"小街区"规格的地块,从源头上避免占地面积过大的"超级小区"。例如成都的街区制试点要求街区的单元尺寸不得大于 200 米乘以 200 米,街区单元规模不得超过 50 亩,这种细化的要求值得我们借鉴。另一方面,对于新建小区不应再笼统的采用出让方式取得小区内的建设用地使用权。就小区内作为公共资源开放的土地而言,其用地性质为城镇公共基础设施用地,应当以划拨方式取得该部分土地的建设用地使用权。小区内除了开放区域以外的土地仍应以出让的方式取得建设用地使用权,由业主通过购买房屋分摊土地使用权出让金。也就是说,今后各地出让土地时应当将公共面积剥离出去,不能让业主个人为城市规划的公共事业买单。

(3)现有小区推广街区制。已建成的住宅小区和单位大院在落实街区制时应当分步实施,优先从单位大院入手并合理补偿小区业主的损失,同时应考虑完善适用建设用地使用权自动、无偿续期制度。

单位大院应当优先推广街区制。根据《土地管理法》第 54 条和《城市房地产管理法》第 23 条的规定,单位大院的建设用地使用权经县级以上人民政府依法批准以划拨方式无偿取得,且无期间限制。考虑到单位大院本身就是国有资产,其必然要承载着维护公共利益的职能，在街区制改革中，不得适用公共利益抗辩机制来维护本单位小集体的利益，因而从其入手推行街区制试点不失为一种较好地选择。

街区制模式下已建成的住宅小区道路公共化属于准征收的范畴，在实施过程中应当采用合理补偿的标准补偿小区业主的损失。笔者认为，在街区制的推广过程中，可以对合理补偿标准做出进一步的界定：合理补偿须针对小区业主的全部直接损失，须以准征收时小区土地的市场公平价格为标准，同时综合考虑地域差异、房屋地段、土地已使用年限、当地经济发展水平等因素。当不存在市场公平价格时，可以考虑通过独立的第三方中介机构进行合理公正的评估。对于小区规划内的道路、绿地及公共设施，由于小区业主在买房时已经支付过这部分公摊面积的对价，因此当然应当予以补偿。此外对于小区道路公共化之后带来的其他不利影响，国家也应当给予适当补偿。另外，补偿过程中应注重实质公平，应注意区别对待已经为业主私人所有和业主共有的、设立在业主共有道路上车库车位以及对原不临街、开放后临街导致生活质量降低的业主和一般业主。①

根据我国《物权法》第149条的规定，住宅建设用地使用权出让的最高年限为70年，70年期限届满后自动续期，当前社会关注的热点在于"自动续期"是有偿还是无偿的问题，笔者认为住宅建设用地使用权到期以后应当自动、无偿续期，既不需要批准，也不需要补缴土地出让金，原因在于土地使用权到期后，开放小区将使得小区区划内业主共有的道路、绿地等转化为公共用地，小区业主承担了城市整体规划和城市交通微循环的社会义务，根据权利义务一致性的原理理应赋予其无偿继续使用土地的权利。推而广之，在现有小区需要进行拆除重建、旧房改造等过程中也可以直接实现开放小区的建设目标。

街区制改革作为一项系统性的社会改造工程，应当稳步推进。住建部长陈政高在答记者问时指出，推广街区制并不是"一刀切"，讲的是"逐步打开"："逐步"就是要分门别类、循序渐进，"打开"应该是因地制宜、采取多种方式，不是简单的所谓"拆围墙"。无论是新建小区还是现有小区，在具体实施过程中都应该结合小区的实际情况。例如某些小区占地面积较小，内部道路狭窄，且对于城市整体交通影响微弱，这样的小区即使开放也难以达到舒缓交通压力和完善城市规划的目的，反而会加剧自身交通状况的恶化。同时笔者认为，可以先从原来的封闭式过渡到适度封闭，即缩小社区的占地面积和业主共有区域，进而再向街区制过渡。

2. 街区制与《物业管理条例》　根据《物业管理条例》第2条的规定，物业管理是指业主通过选聘物业管理企业，由业主和物业服务企业按照物业服务合同约定，对房屋及配套的设施设备和相关场地进行维修、养护、管理，维护物业管理区域内的环境卫生和相关秩序的活动。也就是说，物业管理是一种由业主与物业管理企业通过合同形式约定，由物业管理企业提供有偿管理服务，并向业主收取费用的活动，物业管理的职责是对小区内公共设施的维修管理以及小区卫生和治安环境的维护。近年来随着经济的发展和居

---

① 高圣平：《开放小区的现行法径路》，载《武汉大学学报（人文科学版）》，2016年第3期。

民生活水平的提高,物业管理服务的内容不断扩大:从最初提供以安保、清洁、绿化等为主的基础性公共服务,逐步拓展到包括车辆管理、经纪代理、商业服务、金融服务和文化体育等在内的针对性专业服务,以及委托性特约服务领域。

笔者认为,街区制模式下不会出现取消物业的情况,物业管理的本质也不会发生变化,只是未来物业管理的范围会进一步拓宽,物业服务与公共服务的边界将变得更加模糊,物业服务可能将包含大量应由政府提供的公共服务,例如道路养护、治安维护等。基于未来物业管理与公共服务的交叉性,以及开放小区的现实需求,笔者认为应将开放小区的物业管理纳入公共服务系统,由国家财政拨款支持,必要时可以向小区业主收取一定比例的费用。这样做既可以减少业主的日常物业管理成本,又有助于为居民普遍诟病、效率低下的业委会运作机制增添活力。根据《物业管理条例》第35条的规定,物业服务合同由业主委员会与物业服务企业签订。如前述,街区制模式下的物业管理应由国家财政拨款予以支持,相应地,物业服务合同应由市政部门与物业服务企业签订,业主委员会不再作为合同的一方当事人。

我国目前调整物业管理的法律规范主要有《物权法》、《物业管理条例》、《物业纠纷解释》和《建筑物区分所有权解释》及有关地方性法规或者政府规章,这些规范之间不可避免地存在一些冲突或者法律漏洞。因此,应提高物业管理法律规范的立法层级,制定全国统一的《物业管理法》以替代《物业管理条例》。

四、结语

街区制是一个具有前瞻性的、与时俱进的城市发展理念,也是我国未来城市住宅规划的发展方向。小区道路公共化是街区制改革的核心举措,关于该行为的法律性质存在公共地役权和准征收两种理论,适用准征收制度解决该问题更为妥当。街区制改革并未违反《物权法》保护小区业主共有权的立法原意。新建小区推广街区制时应当区分用地性质。已建成小区推广街区制应当同时完善配套措施,分步推行改革,并采取合理补偿标准补偿小区业主的损失。笔者认为应当在我国《物权法》中增加关于准征收制度及其配套的合理补偿标准的规定,以此作为街区制推广的法律依据。街区制模式物业管理的本质并未改变,只是管理服务的方式会有所变化。未来应将开放小区的物业管理纳入公共服务系统,由国家财政拨款支持,必要时向小区业主收取一定比例的费用。街区制改革在具体的实施过程中,应当结合各地区的具体情况具体分析,以逐步实现从解决交通路网布局问题到促进城市土地节约利用的目标。

街区制模式下《河南省物业管理条例》之修订

张 罡①

【摘要】 封闭式小区遏制城市发展的现象如今愈发明显,因而中央提出逐步推广街区制。在立法理念上,《河南省物业管理条例》应定为于"服务",而不是"管理"。在立法原则上,建议增加"基层行政组织与物业管理相协调",强化基层行政组织与自治组织对物业管理区域的监督与协助,明确了"围墙"开放后,街区内部治理新思路。在立法规则上,建议增加若干业主内部小团体自治的基本规则,如物业管理区域自主化的规则、业主代表投票自决化的规则、小区团体管理多元化等,从而实现了物业管理更加自主、多元、开放,为街区制引入创造条件。从实证分析上,建议引入行业自律协会、业主筹备小组等,破解实践中的难题。

【关键词】 业主 物业管理 街区制 河南省物业管理条例

2016 年 2 月 6 日,中共中央、国务院发布了《关于进一步加强城市规划建设管理工作的若干意见》(以下简称《意见》)规定,"优化街区路网结构中,加强街区的规划和建设,分梯级明确新建街区面积,推动发展开放便捷、尺度适宜、配套完善、邻里和谐的生活街区。新建住宅要推广街区制,原则上不再建设封闭住宅小区。已建成的住宅小区和单位大院要逐步打开,实现内部道路公共化,解决交通路网布局问题,促进土地节约利用"。明确提出将逐步推广街区制。在具体落实这一要求时,必须要解决法律应如何配套跟进、怎样为推广街区制提供法律支持等问题。鉴于此,笔者通过探讨封闭式小区与街区制小区的利弊,从与街区制密切相关的《河南省物业管理条例》(以下简称《条例》)出发,分析建构物业管理条例街区制引入的合理性研究。

一、城市现代化进程中推广街区制的时代意义

封闭式小区在全世界都有分布,但在我国显得尤为普遍。1949 年建国之后,我国许多城市大面积兴建单位大院。城市被分割成一个一个的大院,大院内相关基础设施一应

---

① 张罡,河南大学法学院硕士研究生。

俱全,是为典型的封闭式小区模式。后从 1980 年起,房地产市场全面放开,各地封闭式小区大规模出现,且延续至今,形成如今的城市景观布局。①

封闭式小区与街区制小区并非政体之间的分野,也不是基于根本土地制度的无奈选择。封闭抑或街区制其实质上是城市发展形态的不同选择,随着城市发展阶段的不同,需要权衡需求,去选择最优解。封闭式小区充分体现了居住空间的边界性,仅注重整个小区的封闭性,强调对小区从物理到管理上的内部性,将小区内部与外部明确的区分化。由于封闭小区有相对明显的分界线,内部自成一体,所以不管是服务,还是管理都更容易推行。由于封闭式小区相对封闭,愈发难以满足现代城市现代化建设的需要。

美国的住宅小区大部分是开放式的,"根据美国社区调查,大多数美国城市拥有的封闭式社区数量少于 10%。在美国,封闭式社区主要有围墙社区和访问控制社区这两种";②英国早在 1967 年便制定了《街区保护法》,后又将《街区保护法》纳入了城乡规划法的体系之中,成为城乡规划的街区保护制度。③ 日本城市中曾存在着被称为"团地"的居住小区,但最终为实施土地区划治理工程、街区再开发工程、提高街区治理水平。日本制定了《土地区划整治法》,其中所规定的街区制顺应了日本传统文化,成为日本城市规划建设的基本方式。④ 在区划整理和城市规划建设方面,各国均不同程度地接受了街区制。

不过,在借鉴吸收域外经验时,一定要结合本国国情具体分析。事实上,多数国家虽都推行街区制,但在具体做法与制度构建上仍有明显区别。以日本为例,其在街区治理上根据本国需求发展出了具有日本特色的三主体(即:町内会、市场化服务公司、地方自治体)共同合作、协调推进的模式。⑤ 因此,在我国街区制推广中要充分考虑社会发展的需要,解决问题要更有针对性。逐步推广街区制实质是指,在街区框架下,构建具有中国特色的城市规划形式,核心精神应当是有序化、科学化、现代化。

二、街区制对河南省物业管理与服务领域的新挑战

我国调整物业与业主关系的行政法规是《物业管理条例》,河南省制定了《河南省物业管理条例》(以下简称《条例》)。具体到《条例》的内容,从字面上都是在强调"管理"二字,例如第三条第二款:"本条例所称物业管理,是指业主或业主组织对其物业的共有部

① 糜毅、陈仕娇、田叶:《街区制在我国的发展与展望》,载《住宅与房地产》,2016 年第 3 期。
② 黎史翔:《美国开放社区已成风俗 增警力配置保障居民安全》,载《法制晚报》,2016 年 2 月 24 日第 006 版。
③ 晏子:《媒体揭秘国外"街区":英国把街区保护纳入立法》,载《北京青年报》,2016 年 2 月 29 日第 004 版。
④ 参见李国庆:《日本街区治理的经验与启示》,载《人民论坛》,2016 年第 5 期。
⑤ 参见李国庆:《日本街区治理的经验与启示》,载《人民论坛》,2016 年第 5 期。

分和共同事务委托物业管理企业进行管理的活动。"物业管理的基本依据在于当事人之间的意思自治，即业主与物业相关企业所签订的物业服务合同。其出发点和落脚点无一例外地都着眼于"服务"，通过相关合同条款的约束，使物业服务企业更好地服务业主及整个物业区域。而且这也更切合业主引入物业的初衷。但不论是《条例》抑或是实践中，"服务"很少被提及，取而代之的是大量管理内容的出现。管理、服务二字并非简单的字面之争，其内核藏有复杂的深意：即业主自治体是否能够有力地监督物业企业。例如：在小区内部，物业企业更像小区主人，对小区业主的需求不闻不问，处理小区事务随心所欲。但事实上物业企业并非高高在上，而是需要勤勉、忠实的为小区业主服务。街区制的逐步推广在带来小区内部物理形态变化的同时，也势必会给物业管理服务带来翻天覆地的变化。

街区制重要的初衷与目的是，打通城市毛细血管，使城市路网稠密，缓解城市交通拥堵，达到"治堵"的目的，改善城市通行秩序。伴随着街区制的逐步推广，小区内道路对外开放，允许外来车辆入出，使车流压力分散转移到小区支干道路，使小区道路资源得到充分的利用。但相应地，业主基于建筑物区分所有权所共有的建筑区划内的道路及绿地，其维护与清洁将被业主自治组织（含业主大会）外包或纳入社区管理范畴。那么对于物业服务企业来说其物业管理区域将出现较大变化，小区中大部分变为了市政道路及公共配套设施。物业管理服务业务内容将收缩。管理服务内容精细化加强，更具人性化。一方面，整体管理内容大幅度削减，另一方面，基于组团与独栋的服务内容大幅度地增加，这势必会引起整个物业行业的大洗牌。物业企业如果想继续立足该行业，由管理导向转为服务导向必不可少。在整个变迁中，首当其冲的便是法律，法律作为制度保障，要与实践接轨。然而，现阶段《条例》中服务理念尚未引入，依然沿用"物业管理""物业管理企业"等概念规定，存在严重脱节。

街区制的逐步推广所带来的最大改变不是小区"围墙"的拆除，而是小区管理社区化。小区内部基础设施相对完善，而且作为边界划线明显的区域，无论是收缴生活费用抑或是公共区域的利用，小区业主可就小区围墙内的事务实现自我管理、自我服务。我国基层群众自治组织是村委会和居委会。农村多以户为单位分散地分布在一个行政村区划范围内，农村基层管理组织很容易渗透到每家每户，实施管理服务职能。且农村居民的生活生产资料为土地，生活范围相对固定且村委会在土地的承包分配与流转过程中，发挥着重要的作用。农村基层管理较容易地落到实处。反观城市，原则上社区居委会与业主大会之间为指导与监督关系。但由于许多封闭式小区的存在，管理被人为割裂，且小区内部大多事务是由小区业主自治组织（含业主大会）来决定，由物业服务企业来处理。居委会对于城市封闭小区的管理薄弱，且难以渗透到居民的每家每户。街区制的逐步推广使封闭的小区被开放的街区所取代，不仅原本属于物业管理的大多数区域需要社区居委会接管，而且伴随着小区内部管理范围收缩，物业管理职权将进一步厘清，居委会的管理更加方便、高效。但是目前来看，《条例》仅在第四、五、六条笼统规定由省人民政府建设行政主管部门监督管理全省，市县由人民政府房地产管理部门监督指导，各级有关部门按照各自职责做好。实际上这种条款只是笼统规定,在具体操作中往往是虚置的,这些行政部门并不能很好地起到监督指导作用。而在目前最需要发挥作用以及将来需要承担更多职责的基层自治组织没有得到足够重视。

伴随着街区制的逐步推广与封闭式小区"围墙"的打开,小区内部住宅群形态和物业服务形式都将会发生重要的变化。大型的居住小区开始解体,取而代之的是组团、独栋形式的出现。组团即四五个住宅楼联结在一起,内部形成小型封闭社区,但没有中央景观、出入口少,仅为小型居民集聚区。独栋则是以一栋居民楼为单位,"围墙"退到居民楼大门,在一栋楼内部进行管理。就物业服务管理而言,封闭式小区的服务管理红线是由小区边界,边界以内的业主基于物权中的共有权产生共同的管理权,从而结成共同体。但当住宅街区制实施之后,伴随小区边界消失与共同管理权开放,业主小区共同体开始瓦解,业主大会赖以存在的基础消失,很多问题都会暴露出来。如业主大会设立难度大,公共事项决策效率低等亟待解决。《条例》中基于一个建筑区划设立业主大会的规定,将无法实施。不仅仅如此,各组团之间以及各栋之间的内部区域不一,统一决策会导致出现决策不合理,决策难以实施。而且伴随着区域由大到小,许多旧的物业管理内容不能满足业主自治管理的新需求。

谈及物业服务管理,就不能回避司法实践。笔者将通过对 2013—2015 年近三年来河南省基层法院物业服务纠纷案件的数据进行统计,分析现今物业管理中的缺陷。

图表一:2013—2015 年河南省物业服务纠纷案件数量情况对比①

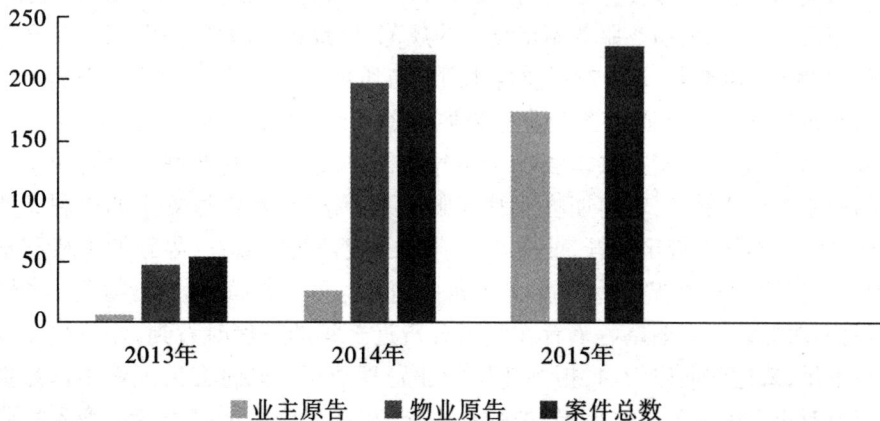

河南省2013—2015年基层法院物业服务
纠纷案件统计表

■业主原告 ■物业原告 ■案件总数

从图表一,我们可以看到:2013—2015 年,河南省基层法院物业服务纠纷案件数分别为 53 件、220 件、227 件,案件数量总体呈上升趋势。该类案件在 13、14 这两年来增幅尤

---

① 案件数量统计来自中国法院裁判文书网。

为明显。说明近年来伴随着房地产业的蓬勃发展,物业服务增多的同时,物业服务合同纠纷案件也在不断地增多。与此同时,业主以及业主大会作为原告的案件也呈现上升的趋势,司法途径不光成为物业服务管理公司救济的渠道,业主及业主委员会也更多选择依靠法律来维护自己的合法权益。随着案件的不断增多与业主维权意识的增强,客观上就要求相关的物业管理法规更贴近实践,更具有操作性。使其能够更好地服务司法实践。

图表二:2013—2015 年河南省物业服务纠纷案件案由分布情况[①]

年度 （年）	案件数（件）	诉讼案由（件）		所占案件比例（%）	
		合同纠纷	物权纠纷	合同纠纷	物权纠纷
2013	53	49	4	92.4%	7.6%
2014	220	211	4	95.9%	1.8%
2015	227	227	0	100%	0%

从图表二看到:2013—2015 年河南省物业服务纠纷案件中,90% 以上的案件都是由于物业服务合同引起的纠纷。笔者分析发现,纠纷主要集中在以下两种:①业主及业主委员会作为原告的案件,集中在业主不满物业服务质量。物业服务行业未形成完整统一的服务机制,行业自律协会组织松散,起不到应有作用。物业服务企业在物业服务过程中,服务缺位,不循合同进行管理服务活动。相关资质不健全,管理服务人员素质低下,管理服务活动肆意越权。违约不执行相关决议,不履行合同义务等。很重要的原因在于法律法规滞后性,未能为物业服务制定统一的规范,导致物业服务过程中权利、义务不清楚。[②] 如《条例》第四章中,并未对行业自律组织有所规定,便会造成物业服务行业内部缺乏有效的监督机制。②物业服务企业作为原告的案件,集中在业主拖欠物业公司物业费。一方面,相关业主对相关法律法规认识片面,机械地认为物业服务合同应当由每位业主与物业服务企业签订,对前期物业管理服务不予认可,对法律规定的权利义务认识模糊。业主大会不能依规定召开,业主委员会也不能依规定成立,导致业主权利不能很好地行使。[③] 甚至出现怠于应诉,不参与答辩的情况。另一方面,业主对物业服务期望度过高,对物业服务认识有偏差。笔者在整理分析近三年的案例时看到,业主往往以物业服务存在不足,未达到期望为由,拒绝缴纳物业管理费用。同时会出现业主认为物业服务企业应当对小区内事务全权负责,把财物失窃、相邻纠纷等诸多内容都纳入物业服务

---

① 案件数量统计来自中国法院裁判文书网。
② 参见河南省信阳市平桥区人民法院(2015)平民初字第 1056 号判决书。
③ 参见河南省安阳市北关区人民法院(2015)北民初字第 774 号判决书。

中,并以此作为拒缴物业管理费用的抗辩理由。①

三、《河南省物业管理条例》的修订建议

根据上文分析,《条例》无论是与将要逐步推广的街区制对接,还是解决物业服务中所面临的问题,都无法做到切实高效。务实的做法是,对《条例》进行修订,使其充分适应城市科学发展的要求,克服现有的问题缺陷,从而能够既立足现实又着眼未来。

(一)由管理到服务之转变

1981 年 3 月 10 日,深圳市房地产管理局借鉴香港的物业管理模式成立了中国大陆第一家物业公司——深圳市物业管理公司,"物业管理"从此开始被广泛使用。② 在 2003 年国务院颁布的《物业管理条例》中,"物业管理"被明确使用。但到 2007 年时,伴随着《物权法》制定与颁布,《物权法》第 81 条将物业企业所从事的工作称之为"物业服务",《物业管理条例》随后根据《物权法》的有关规定,将"物业管理企业"修订为"物业服务企业"。《物业服务纠纷解释》准确地将其调整范围定位于"物业服务纠纷"。"最高法院司法解释的最初稿子,试图把物业服务纠纷与建筑物区分所有权纠纷纳入到同一个解释中规定,但不久就放弃初衷,改而分别制订了《物业服务解释》和《建筑物区分所有权解释》,反映出最高审判机关对两类关系区分认识上的深化"。③

物业管理与物业服务,仅一词之差,却反映了不同的物业理念、定位以及权利形态。物业管理是指业主或业主组织行使基于建筑物区分所有权而享有的共同管理权的行为,业主对小区内部事务进行自主使用、收益、处分。其来自业主的成员权,其权利行使的主体是业主及业主组织,其权利的性质为物权,是为真正的物业管理。而现《条例》中,第三条的规定却本末倒置,指称:委托物业管理企业进行管理的活动。在实践中,往往出现物业管理企业以"管理者"身份自居,对业主进行粗暴地管理。物业服务则是基于一种债权性质的合同关系。"物业企业依据物业服务合同向业主提供专业服务,核心内容是保障小区的清洁、安全、绿化和设施正常运转,以上服务并不涉及对共有部分的支配、收益和处分,而是一种纯粹劳务提供行为。"④伴随着街区制的逐步推广,现有社区的片区化格局将被打破。大型社区会被单元化分割,社区的物理边界更加模糊,但这并不意味着社区功能和社区服务需求的降低,反而会对社区服务的要求将大大提高,推动物业企业的转型。由此可见,对物业服务的厘清,不仅仅是为了区分权利属性,更是为了让物业企业回归"服务"的本位,为街区制的逐步推广扫清障碍。

---

① 河南省漯河市召陵区人民法院(2015)召民初字第 1218 号判决书。
② 朱爱华、张彦、陈佩华:《物业管理》,社会科学文献出版社,2001 年版,第 5—6 页。
③ 颜雪明:《从实务角度看物业服务司法解释的亮点与不足》,载《法律适用》,2009 年第 7 期。
④ 于飞:《物业管理与物业服务的区分与交叉——兼论我国物业立法概念运用之准确化》,载《浙江社会科学》,2012 年第 6 期。

故基于以上分析，为了使《条例》更好实现从管理到服务的转型，提出以下修订意见：

1. 将《条例》中"物业管理企业"修改为"物业服务企业"，"物业管理服务合同"修改为"物业服务合同"。一方面，可以与《物权法》《物业管理条例》的名称保持一致，另一方面，可以体现物业企业的服务本位。称谓的改变，意味着更强调业主的自治管理和物业服务。突出服务意识，使其双方定位更加准确。

2. 将《条例》第一条修订为："为规范物业管理活动，维护业主、使用人和物业服务企业的合法权益，创造和保持安全、整洁、文明、舒适的生活、工作环境，根据国家有关法律、法规，结合本省实际，制定本条例。"将规范的客体从物业管理行为改为物业管理活动，不仅将业主及业主组织的物业活动囊括在内，而且使服务之义也寓于其中。国家对物业管理活动进行监督管理的基础在于，物业管理往往涉及众多业主的公共利益。当单一业主的利益和业主间的公共利益出现冲突时，需要有一个协调机构和协调机制，需要有指导各方行为的准则。因此，对于权利义务的明确主要由物业服务合同基于双方意思自治原则来约定。对物业管理立法，自应以维护合法权益为核心。《条例》的出发点与落脚点应当是如何更好地维护合法权益，这样才更贴近立法本义。

3. 将《条例》第三条第二款修订为："本条例所称物业管理，指业主通过选聘物业服务企业，由业主和物业服务企业按照物业服务合同约定，或者自行通过其他形式，对房屋及配套的设施设备和相关场地进行维修、养护、管理，维护相关区域内的环境卫生和相关秩序的活动。"确立物业管理的两种路径：一种是基于物业服务合同，物业服务企业得到授权的物业管理。另一种是业主自己行使物业管理权。当然，这不仅是管理到服务转变的体现，更是为街区制推广之后，组团或独栋业主小组自行物业管理有法可依所做的相应对接。

4. 将《条例》第三条第五款修订为："本条例所称物业服务企业，是指依法取得独立法人资格、具有相应资质，从事物业服务的企业。"由于上文中建议将条例所涉及的"物业管理企业"修订为"物业服务企业"。相应地关于关于物业服务企业的概念也需重新厘定。且相较于之前的规定，对于物业服务企业要求更加严格。

（二）基层行政组织与物业管理的协调结合

"基层行政组织与物业管理在地理空间、主体上存在一定结合，因为若干个物管区域可能正好构成某一社区的管理空间，而这些物管区域内的建筑物所有人或使用人则正好亦是居住于该社区之居民，故两者在现实中不可避免地交织在一起。"[①]尤其是伴随着"小区"变"街区"的推进，小区中大部分为市政道路及公共配套设施，基层行政组织不可避免地要开始，处理原本属于物业服务范围的事务，与物业管理联系愈加紧密。相对于封闭式小区而言，开放的街区更需要基层行政组织的参与，否则便会陷入"新型城中村"的困境。但也要注意到物业管理本身是意思自治、私法色彩浓厚的民事活动，而基层行政组

---

① 唐先锋：《浙江省物业管理条例之完善》，载《法治研究》，2009年第7期。

织作为公法主体,来进行监督、指导,就颇有公法干预私法之嫌。因此在基层行政组织与物业管理协调结合的法律设计中要审慎处理。基于此,故提出如下修订建议:

1. 将《条例》第六条修订为两款。第一款为:"县级以上人民政府的公安、城管、工商、规划、建设、房管、环保、价格、财税、人防等与物业管理有关部门应当依照各自职责,做好本行政区域内物业管理的相关工作。"第二款为:"街道办事处、乡(镇)人民政府指导、协助、监督业主大会、业主委员会的组建及日常运作,协调处理物业管理中的纠纷。居民委员会、村民委员会予以协助和配合。"旧时封闭小区内部负责对小区公共道路及设施等的统筹管理。随着小区开放,公共管理权将逐步向行政机关让渡,这其中便需要各个行政部门细化与对接,如若职责划分不能权责分明,便会出现推诿扯皮现象。该条原规定过于笼统,对其进行非穷尽式列举加抽象规定,有助于各部门更好地承担责任。明确街道办事处、乡镇人民政府负责协调物业管理与社区管理、社区服务的关系,同时将基层自治组织居民委员会、村民委员会纳入其中。

2. 在《条例》第十二条第二款业主委员会职责中与第二十八条物业服务企业义务中增加:"配合街道办事处、乡镇人民政府、居民委员会做好物业管理区域的社区建设工作。"业主委员会与物业服务企业需要配合基层行政组织在该区域内开展社区服务和社区文化活动。

3. 在《条例》第十八条第一款后增加:"业主委员会不履行或者无法履行职责的,物业所在地街道办事处、乡镇人民政府应当责令其限期履行职责;逾期仍不履行的,街道办事处、乡镇人民政府应当指导协助业主召开业主大会会议决定有关事项。"第二款后增加:"业主大会和业主委员的决定违反法律、法规、规章的,物业所在地街道办事处、乡镇人民政府应当责令限期改正或者撤销其决定,并通告全体业主。业主大会、业主委员会做出的决定侵害业主合法权益的,受侵害的业主可以请求人民法院予以撤销。"原十八条的第一款仅规定了业主委员会履行职责的效果,却未规定当业主委员会不履行时的救济。

(三)物业管理小团体化与自主化

封闭式与街区制在物业管理的主体与区域上都会大相径庭。在主体上,开放的小区没有"围墙"之后,建筑物区分所有权将从整个小区转变为针对一栋建筑物。之所以出现这种变化,是因为只有针对特定某一栋建筑物内部,业主间才存在不相分离的共有权。继续坚持业主委员会与业主大会的模式,将每栋内部的事务交于街区之下的业主大会与业主委员会决策,一方面,机构庞大,尾大不掉,增加决策的难度,降低决策效率,另一方面,"需要决策的事项由于参与决策者无直接利益而无法决策通过,这样将会损害部分业主的利益"。[①] 在区域上,缺少物理边界的街区,如何厘定物业管理区域,也是一个需要通过法律法规确定下来的问题。综上,在物业管理过程中,应当基于组团、独栋的区分所有,组建独立的小团体来行使物业管理。要出台物业管理区域的划分来为街区制做铺

---

① 黄武双:《物业管理自治机构的完善》,载《法学》,2002 年第 2 期。

垫,并针对内部物业事务赋予小团体一定的自主性。根据上述分析,提出如下修订建议:

1. 在《条例》第一章最后增加物业管理区域的相关规定。第一款规定:"物业管理区域的划分以有利于实施物业管理为原则,综合考虑规划条件、共用设施设备、建筑物规模、业主人数、自然界限、社区布局、社区建设等因素确定。物业管理区域的划分,应当征求居民委员会的意见。"这条款为街区制推广之后物业管理区域复杂情况的解决提供制度保障。第二款规定:"调整物业管理区域的,还应当征得专有部分占建筑物总面积过半数的业主且占总人数过半数的业主同意。"该条款为已建成的封闭小区的逐步打开提供相应的决策机制。

2. 在《条例》第十条中增加:"业主可以以幢、单元或者楼层等为单位推选业主代表。凡需投票表决的,业主的赞同、反对、弃权意见须由业主本人签字。"该条是为了业主可以更好地通过组团式、独栋式团体来参与物业管理,而且能更好地提高物业大会召开的效率。

3. 在《条例》第二章最后增加:"同一物业管理区域内有两幢以上房屋的,可以以幢、单元为单位成立业主自治小组。业主自治小组由该幢、单元的全体业主组成。业主小组应当履行下列职责:决定本自治小组范围内住宅共用部位、共用设施设备的维修、更新、改造和养护等其他事项。业主自治小组议事由该业主自治小组产生的业主代表主持。业主自治小组行使前款规定职责的程序,参照本章关于物业管理区域业主大会议事规则执行。"业主自治小组的设计既可以解决街区制下业主委员会、业主大会难以组建的问题,也提升了街区内部各组团、独栋物业管理的效率,保证了物业管理自治的实现。

(四)破解物业服务纠纷难题

在建立和完善物业法律法规的过程,基于实证分析来提出建议十分有必要。只有着眼于物业服务所遇到的问题,制度的构建才会更有针对性。因此,笔者将在下文针对物业服务纠纷司法实践中的突出问题,提出以下几点修订意见。

1. 司法实践中,物业服务企业缺乏相关的监督监管,行业内部混乱,且信用机制不健全,管理不透明。应当引入"行业自律组织"加强管理,同时设置诚信档案制度,及时公开物业服务企业失信行为。故建议在《条例》第一章最后增加一条:"物业管理行业协会应当依法加强行业自律监管,积极规范行业经营行为,制定行业服务规范,维护会员合法权益。建立行业诚信档案,将物业服务企业与从业人员纳入信用风险预警制度中。对违反法律法规和行业规范的,应当给予警告、业内通报批评或者公开谴责并报区主管部门备案。"

2. 在新旧物业服务企业交替之时,实践中经常会出现纠纷。究其原因,主要在于两点:一则是因为新旧物业交替容易导致小区内部管理混乱,易引发争端。二来是新旧物业交替没有法律法规规制,交接无序,往往导致"旧的不去,新的不来"的尴尬局面。建立物业服务企业退出机制,加强交接监管很有必要。故应当在《条例》第五章增加:"物业所在地的县(市、区)物业管理行政主管部门、街道办事处(乡镇人民政府)应当加强对物业服务企业交接工作的监管,居民委员会(村民委员会)应当协助业主委员会办理交接手续。被解聘的物业服务企业拒不撤出物业管理区域的,物业所在地的县(市、区)物业管理行政主管部门应当责令其限期撤出,业主委员会可以依法提起诉讼或者申请仲裁。"

　　3.现实中,由于在小区成立之初,没有能成功召开业主大会,建立起业主委员会,导致业主对自己权利义务认识不清楚,维权存在缺位。建议应当在《条例》中规定"业主筹备小组",使业主入住物业管理区域前期可以顺利召开业主大会、组建业主委员会。将第九条分为四款。第一款规定:"在一个物业管理区域内,已交付业主使用的房屋建筑面积达到百分之五十以上,或者已交付业主使用的房屋建筑面积达到百分之三十以上不足百分之五十,但使用已超过十二个月,尚未召开首次业主大会的,经百分之二十以上业主书面要求,街道办事处、乡镇人民政府应当在三十日内会同物业所在地的区、县人民政府房地产行政主管部门指导、协助业主推荐产生业主大会筹备组。"第二款规定:"业主大会筹备组由业主代表、建设单位以及街道办事处、乡镇人民政府及房地产行政主管部门代表组成,人数应为单数。其中业主代表比例应占业主大会筹备组人数的百分之六十以上,筹备组成员名单应当自成立之日起三日内在物业管理区域内书面公告。"第三款规定:"筹备组在筹备组成立之日起三个月内完成筹备召开首次业主大会会议,街道办事处、乡镇人民政府、居民委员会应当予以协助。"第四款规定:"筹备组在业主委员会依法成立后自行解散。"